utb 6453

utb.

D1996615

Eine Arbeitsgemeinschaft der Verlage

Brill | Schöningh – Fink · Paderborn –
Vandenhoeck & Ruprecht · Göttingen – Böhlau · Wien · Köln
Verlag Barbara Budrich · Opladen · Toronto
facultas · Wien
Walter de Gruyter · Berlin · Boston
Haupt Verlag · Bern
Verlag Julius Klinkhardt · Bad Heilbrunn
Mohr Siebeck · Tübingen
Narr Francke Attempto Verlag – expert verlag · Tübingen
Psychiatrie Verlag · Köln
Psychosozial-Verlag · Gießen
Ernst Reinhardt Verlag · München
transcript Verlag · Bielefeld
Verlag Eugen Ulmer · Stuttgart
UVK Verlag · München
Waxmann · Münster · New York
wbv Publikation · Bielefeld
Wochenschau Verlag · Frankfurt am Main

Klaus Dorn

Geschichte Israels

Von Abraham bis Bar Kochba: Heilsgeschichte und Historie

ÖNINGH

Der Autor:

Geboren am 20.8.1951 in Laufach bei Aschaffenburg, Besuch des Musischen Gymnasiums, Studium der Katholischen Theologie und Physik an der Uni Würzburg und im Theologischen Studienjahr Jerusalem an der Dormition Abbey, Assistent am Lehrstuhl für Biblische Einleitungswissenschaft an der Uni Würzburg, Promotion ebd. Ehemals Hochschuldozent am Katholisch-Theologischen Seminar an der Philipps-Universität Marburg in den Fächern Einleitung AT, Einleitung NT, Exegese NT, Hebräisch. Vortragstätigkeit in der Erwachsenenbildung und in der Weiterbildung, div. Publikationen zu unterschiedlichen Themen aus dem biblischen Bereich.

Umschlagabbildung:

Stained Glass of Saints Cyril and Methodius by Alphonse Mucha, Adobe Stock #108994367, © jorisvo

Bücher, Online-Angebote oder elektronische Ausgaben sind erhältlich unter **www.utb.de**

Bibliografische Information der Deutschen Nationalbibliothek
Die Deutsche Nationalbibliothek verzeichnet diese Publikation in der Deutschen Nationalbibliografie; detaillierte bibliografische Daten sind im Internet über https://www.dnb.de abrufbar.

Koninklijke Brill BV umfasst die Imprints Brill, Brill Nijhoff, Brill Schöningh, Brill Fink, Brill mentis, Brill Wageningen Academic, Vandenhoeck & Ruprecht, Böhlau und V&R unipress

www.brill.com
E-Mail: info@schoeningh.de

Printed in Germany.
Herstellung: Brill Deutschland GmbH, Paderborn
Einbandgestaltung: siegel konzeption | gestaltung

UTB-Band-Nr: 6453
ISBN: 978-3-8252-6453-6
eISBN: 978-3-8385-6453-1

Für Ursel...

und Nicolas, Benjamin, Moritz, Emilia und Jonathan

Inhalt

Vorbemerkungen

So sehr es ein Allgemeinplatz ist, so sehr muss doch immer wieder daran erinnert werden: Jesus von Nazareth war ein gläubiger Jude, genauso wie seine Nachfolger, zumindest bis in die 40er Jahre des ersten nachchristlichen Jahrhunderts. Er stand fest in seiner Religion und dies war die Religion Israels, die im Laufe von mehr als einem Jahrtausend geworden und gewachsen ist. Der Glaube Israels ist somit kein unnötiger Ballast für das Christentum, das sich zunächst als jüdische Sekte entwickelte, sondern ist eine Grundlage des Christentums.

Wie und warum sich dieser – in der Antike einmalige – Glaube entwickelt hat, soll hier skizziert werden.

Wieso hier von der „Einmaligkeit" des Glaubens die Rede ist, muss freilich begründet werden: Natürlich existieren im Hauptzeugnis des jüdischen Glaubens, dem Ersten oder auch Alten Testament, Bilder, Ideen, oder – allgemein – Aussagen, die sich auch in anderen Religionen des Vorderen Orients finden. Darauf haben die Religionskritik und die vergleichenden Religionswissenschaften hingewiesen. Natürlich gibt es auch schriftliche Zeugnisse davon, aber keine Religion hat ein derartiges Werk hervorgebracht wie das kleine Volk Israel mit der Offenbarung und Darstellung eines einzigen Gottes, der als Schöpfer der gesamten Welt verehrt wird.

Wie in vielen anderen Völkern stellte man sich diesen Gott zunächst als „Eigengott" vor, das heißt, als Gott, der ausschließlich oder doch wenigstens vorrangig für jene Gruppe bereitsteht, die ihn verehrt, also für Israel. Spätestens mit jenem Ereignis, das als das Babylonische Exil bezeichnet wird, erfolgte ein Bruch in dieser Einstellung, und Gott wird zunehmend als Weltengott verstanden. Er ist ein Gott jedes einzelnen Menschen, des Volkes Israel, wie auch der Welt und als solcher auch Schöpfer, Regent und Fürsorger. Aber: Dieser Gott ist nicht vom Himmel gefallen, sondern hat sich im Laufe der Zeit herausgebildet, wie wir ihn aus dem AT zu kennen glauben. Selbstverständlich gibt es in diesem großen, heterogenen Werk, das die Juden Tenach oder Tenak nennen, zusammengesetzt aus Thora, Nebiim (Propheten) und Ketubim (Schriften), Spuren von einem Götterpantheon, von anderen Göttern aus der kanaanitischen Umwelt und der z. T. militant verlaufenden Durchsetzung des einen Gottes. Aus archäologischen Funden wissen wir auch, dass man diesem einen Gott zeitweise und regional unterschiedlich eine „Frau", eine weibliche Göttin namens Ascherá oder Anat zugesellte.

Drei Sachverhalte sind außerdem eigens zu erwähnen:

1. Jene Schöpfungserzählung, mit der das Alte Testament einsetzt, ist eine relativ junge Geschichte, vermutlich aus der Zeit aus oder nach dem Exil (586–538). Dies gilt auch für andere scheinbar „alte" Erzählungen, die in Wirklichkeit relativ „jung" sind.

2. Die Entstehung der Geschichte Israels, die nicht von Historikern, sondern von Theologen erzählt und gestaltet ist, wurde nicht in der Reihenfolge erzählt, wie sie heute im AT vorliegt. Jüngere Erzählungen (wie eben die Schöpfungserzählung) können recht weit „vorne" im AT stehen, alte Erzählungen irgendwo in der Mitte oder theoretisch sogar gegen Ende des AT. Es ist daher keine fortlaufende Geschichte, sondern eine Sammlung unterschiedlichster Art von Texten mit unterschiedlichem Alter.

   Dieses Buch wird im Folgenden genauer erläutern, was damit gemeint ist.
3. Bei biblischen Erzählungen muss in der Regel unterschieden werden zwischen Erzählzeit (also dem historischen Standort des Erzählers bzw. Verfassers) und erzählter Zeit (der Zeit, in der sich die vorgetragene Geschichte angeblich abspielt). Zwischen beiden können Jahrhunderte liegen! Vätergeschichten, Exoduserzählung oder die negative Bewertung „Kanaans" und seiner Religion, aber auch die Erzählungen über die Könige lassen stellenweise nicht nur einen langen und langwierigen Entstehungsprozess erkennen, sondern darüber hinaus eine Abfassungszeit, die weit vom erzählten Geschehen entfernt ist. Dabei ist die Datierung konkreter Texte ohnedies meist nur unter Vorbehalt möglich, denn die historische Situation, die zur Datierung (und Interpretation) der Texte erforderlich ist, kann vielfach nur aus eben diesen Texten gewonnen werden. Es kommt daher bisweilen zu einem äußerst problematischen Zirkelschluss.

Ein Beispiel:
Josef heiratet laut Gen 41,45 eine ägyptische Frau. Da die Eheschließung mit einer Nichtisraelitin in exilischer wie auch frühnachexilischer Zeit ausdrücklich untersagt ist – aus naheliegenden Gründen: der Erhaltung des Volkes und seiner Religion wegen –, müsste die Josefsgeschichte demnach früher verfasst worden sein. In der Erzählung selbst wird diese Ehe jedenfalls mit keiner Silbe problematisiert, obwohl Josef sogar die Tochter eines ägyptischen *Priesters* heiratet, der Glaubensabfall damit programmiert zu sein scheint. Dennoch ist ein früher zeitlicher Ansatz der Erzählung aus diversen Gründen unwahrscheinlich: Es ist immer damit zu rechnen, dass sich weniger „orthodoxe" Stimmen zu Wort melden, und diese wurden keineswegs grundsätzlich wegretuschiert, wie man an anderen Stellen erkennen kann. Auch Davids moabitische Urgroßmutter Ruth ist offensichtlich akzeptabel und im Buch Jona geht es um nichts weniger als um einen barmherzigen (Welten-)Gott, der sich der sündigen Heiden in Ninive erbarmt.

Wie gesagt, geht es „dem Alten Testament" nicht um die historische Zuverlässigkeit seiner Erzählungen. Es ist aber auch nicht ohne zugrunde liegende historische Fakten entstanden. Beides voneinander zu trennen, ist nicht immer möglich, denn i.d.R. wird bereits in den Erzählungen selbst der theologischen Geschichtsdeutung der Vorrang vor der Historie gegeben.

Dies bedeutet: Das AT taugt nur bedingt dazu, die Ereignisse seiner erzählten Zeit historisch bewerten zu können. Die Historie muss vielmehr aus der „erzählten“ Geschichte extrahiert werden, auch unter Verwendung außerbiblischer Überlieferung, welche selbstverständlich ebenfalls von eigenen Interessen geleitet wird.

Beides – die Darstellung der „Heilsgeschichte(n)“, wie auch die Rekonstruktion der ggf. zugrunde liegenden Historie – sind die Ziele dieses Buches. Der Plural (Heilsgeschichten) steht deshalb, weil die Texte oft lange Überlieferungsstrecken durchlaufen und auf dem Weg unterschiedliche Interpretationen erfahren (können).

Die Bezeichnung des Gebietes als „Palästina“, insbesondere für die Zeit, in der Israel keinen Staat darstellt, ist wissenschaftlich allgemein üblich. Eine politische Implikation für heute ist damit grundsätzlich auszuschließen. Der Gottesname wird in der Regel mit J“ wiedergegeben.

1. Geschichte als Heilsgeschichte

„DIE“ Geschichte gibt es nicht. Geschichte ist immer nur im Rückgriff auf Geschehenes und damit nicht mehr unmittelbar und „objektiv“ greifbar, und das gilt für alle Geschichte. Vielmehr kann Geschichte stets nur „gefiltert“ durch den Augenzeugen, den Archäologen, den Erzähler, den Ausschnitt des Fotografen, den Schriftsteller oder kurz gesagt: durch die Sicht des Vermittlers empfangen werden. Jeder dieser Vermittler berichtet jedoch aus einem individuellen Interesse – auch jener, der beansprucht, eine Dokumentation oder eine Autobiographie vorzulegen, denn keine Wiedergabe ist in der Lage, tatsächlich das Gesamt des Geschehens einzufangen. Mein Lehrer für Sprache und Medienkompetenz pflegte zu sagen: Es gibt nichts Subjektiveres als das Objektiv einer Kamera.

Im Grunde verstehen sich diese Bemerkungen von selbst, aber es muss immer wieder darauf hingewiesen werden, insbesondere wenn es um die Bibel als „Heilige Schrift“ geht, denn auch diese ist nicht als Block vom Himmel gefallen, sondern wie jede Überlieferung das Werk von Erzählern, Verfassern, Redakteuren, die nur im besten Fall auf einen Augenzeugen zurückgreifen können.

Ein junger Mann rannte bei einem Wolkenbruch zur Bushaltestelle, um den nächsten Bus nach Hause zu erwischen. Seinen Schirm hatte er vergessen, aber der hätte ihm auch nicht viel genutzt, denn bei jeder Pfütze bekam er neben dem Wasser von oben auch noch eine Unterbodenwäsche durch die Autos, die an ihm vorbeifuhren. Schließlich war er völlig durchnässt und fror, denn neben dem Regen blies auch noch der Novemberwind durch die Straßen. Schließlich suchte er in der nächstbesten Bäckerei mit Kaffeeausschank Zuflucht und bestellte sich einen Kaffee. Er war nicht allein in dem Laden – eher das Gegenteil war der Fall, denn auch andere Fußgänger hatten sich in das Straßencafé geflüchtet. Er aber schien von allen Menschen, die Zuflucht gesucht hatten, am stärksten durchnässt zu sein. Die Menschen bemitleideten ihn, einige mit Worten, die meisten aber mit einem Blick der Anteilnahme: Das ist aber auch heute scheußliches Wetter – der arme Kerl, völlig durchnässt bis auf die Knochen. Die Bäckerin, die ihn vom Brötchenholen kannte, meinte: Ein zweiter Kaffee geht heute aufs Haus. Er selbst dachte: Wie dumm kann man denn sein, dass man an einem solchen Tag ohne Schirm und Regenjacke aus dem Haus geht? Schließlich ließ der Regen nach und eine junge Frau aus seiner Nachbarschaft bot ihm an, ihn unter ihren Schirm zu nehmen. Vor der Wohnung angekommen, lud sie ihn zu einem Tee ein.

Wie denken die beiden wohl über diesen einen Tag, dieses Ereignis, nachdem sie ein Paar wurden?

Als ich etliche Monate nach dem Jom-Kippur-Krieg mein Studium in Israel begann, wurde ich bei einer orthodoxen Familie zum Essen eingeladen. Wir sprachen über mein Studium, meine Herkunft, die Vergangenheit des gut deutschsprechenden Ehepaares und natürlich auch über den Krieg, in dem Israel auf Druck der Amerikaner nach der Eroberung der Westseite des Suezkanals zum Rückzug gezwungen worden war. Die Militärs knirschten mit den Zähnen angesichts dieser vermeintlichen Niederlage: Man wäre innerhalb weniger Stunden in Kairo gewesen und hätte Ägypten einen Waffenstillstand oder gar Frieden diktieren können. Mein Gastgeber war da ganz anderer Ansicht. Er dankte Gott, dass die israelische Armee von den Amerikanern zum Rückzug gezwungen worden war, denn nunmehr konnte Ägypten noch mit einem Rest an Nationalstolz mit Israel verhandeln und musste nicht, am Boden zerstört, das Friedensdiktat Israels unterschreiben. Die USA oder die UN als Sachwalter Gottes zu verstehen, fehlte es mir damals an Phantasie. Für meinen Gastgeber war dies hingegen ein weiterer Akt der Heilsgeschichte Gottes mit seinem Volk.

Noch weitergehende Geschichtsinterpretationen gab es ebenfalls vor ein paar Jahrzehnten: Es wurde die Ansicht geäußert, ohne den Holocaust gäbe es keinen Staat Israel. Diese Aussagen gab es freilich nur vereinzelt und sie wurden zumeist heftig abgelehnt.

2. Mündliche und schriftliche Überlieferung

Mit die spannendsten Überlegungen sind die zur Tradierung der Vätererzählungen wie auch anderer in die Frühzeit Israels verweisende Texte. So umfasst die Abrahamerzählung beispielsweise eine sehr große Zeitspanne. Teils könnte man sein Auftreten um 1800 v. Chr. oder gar noch früher ansetzen, anderen Angaben zufolge aber erst um 1200 oder gar noch später. Es stellen sich daher folgende Fragen:

- Unter welchen zeitlichen und soziologischen Gegebenheiten ist die Entstehung der Vätererzählungen, im Besonderen der Abrahamerzählung oder wenigstens Teilen davon, vorstellbar?
- Unter welchen Bedingungen ist überhaupt eine mündliche und/oder schriftliche Tradierung vorstellbar?
- Welche Ereignisse könnten auf die fortschreitende Tradierung Einfluss genommen haben?

Eine mündliche Entstehung und Tradierung ist schon sehr früh möglich, nämlich in der Zeit der nomadischen Existenz der „Vorläufer" Israels. Die Sippen- und Clanchefs sitzen am Abend zusammen, trinken Tee und erzählen von einem ihrer Vorfahren, der beispielsweise besonders wohlhabend und mächtig, oder der besonders alt oder kinderreich war. Gerade die Geschichte von der „Gefährdung der Ahnfrau" ist in einem solchen Kreis gut vorstellbar. Darunter versteht man die beiden Erzählungen, denen zufolge ein Mächtiger/König die wunderschöne Sarah in seinen Harem nimmt, ehe Abraham sie – unversehrt – zurückbekommt. Einer erzählt die Geschichte, ein Zweiter schmückt sie aus und verlegt den Ort des Geschehens und ein Dritter bestreitet die beiden vorausgegangenen Erzählungen und reklamiert die Geschehnisse für einen anderen Scheich aus der Vergangenheit. Die Frage ist jedoch, wie dauerhaft derartige Geschichten mündlich überliefert wurden. Ist da eine Tradierung über mehrere hundert Jahre vorstellbar, selbst wenn man damit rechnet, dass dabei erzählerische Veränderungen vorgenommen wurden? Eine Antwort auf diese Frage lässt sich aufgrund heutiger Verhältnisse nur schwer geben. Wir haben die Möglichkeit, etwas aufzuschreiben. Von großen Männern gibt es mehr oder weniger zeitgeschichtliche Quellen, die von Historikern nach allen Regeln der damaligen literarischen Kunst verfasst wurden, heute kritisch ediert und kommentiert vorliegen. Das „einfache Volk" hat freilich kaum derartige Erzählungen über seine Vorfahren erschaffen. Fragt man heute Menschen des 21. Jh. nach ihren Vorfahren, so ist im optimalen Fall der Name des Ur- oder Urgroßvaters/Großmutter bekannt, vielleicht noch dessen Beruf, aber damit hat es sich schon. Besondere Ereignisse aus seinem Leben sind im Regelfall vergessen oder auf wenige Charakteristika beschränkt. Wir leben in einer Kultur, in der nichts mehr erzählt wird – etwa davon, dass in den Zeiten der beiden Weltkriege Schweine „schwarz“, d.h. ohne die gebotene Meldung in der Gemeinde, geschlachtet wurden, um keine Abgaben leisten zu müssen. Mein Großvater erzählte mir, dass er unter dem Brennholz ein Gewehr versteckt hatte – eine lebensgefährliche Maßnahme, besonders am Kriegsende, einer Zeit, in der alle Waffen abzugeben waren. Und ein Großonkel ging gerne auf die Jagd. Einen Waffenschein hatte er nicht, Jagdpächter war er ebenso wenig. Das Gewehr schießt auch ohne Waffenschein, sagte er mir einmal. Meinen Kindern und Enkeln habe ich das noch nicht erzählt. Sie werden es dann wissen, wenn sie eines Tages dieses Buch lesen.

In einer Gesellschaft, die sehr traditionsverbunden ist und auf der Weisheit der Alten aufbaut, weil sich im täglichen Leben kaum etwas ändert und die Erfahrung der Ältesten daher von bleibendem Wert ist, ist eine länger dauernde mündliche Tradition vorstellbar, aber über welchen Zeitraum? Und wenn die Erzählungen schon zur Zeit der Entstehung aufgeschrieben wurden?

Unter nomadischen Verhältnissen ist eine Verschriftlichung nicht wahrscheinlich. Wer soll Nomaden eine Schrift beibringen? Schreiber gehören zu einem Fürstenhaus und wachsen in Schreibschulen auf. Wie bei den Beamten geht es auch bei den Schreibern darum, dass diese nicht als „produktiv“ im materiellen Sinne bezeichnet werden können. Sie produzieren nichts, keine Lebensmittel, keine Gebrauchswaren, und tragen damit nicht zur Wertschöpfung bei. Vielmehr muss es eine Überschusswirtschaft geben, sodass die Schreiber durch die Einkünfte des Hofes alimentiert werden können.

Wer braucht überhaupt Schreiber? Auch diese Frage verweist auf einen Königshof oder zumindest auf eine Verwaltung, wo Schreiber für Korrespondenz einerseits und für die Führung von Bilanzen andererseits erforderlich waren: Wie viele Tribute von welchen Stoffen oder Lebensmitteln sind eingegangen? Wie und an wen wurden sie ausgegeben/verteilt? Wer ist säumig oder konnte den geforderten Tribut nicht erbringen? Wer beansprucht welche Felder? D.h., Schreiber waren erforderlich im Zuge von Verwaltungsmaßnahmen, welche wiederum erst im Kontext eines größeren Staatsgebildes bzw. einer Zentralmacht entstanden. Für Israel ist erst in der Königszeit mit der Ausbildung und Anstellung von Schreibern zu rechnen. Schließlich müssen diese neben ihrer Verwaltungstätigkeit Zeit gehabt haben, die überlieferten Erzählungen aufzuzeichnen. Und dies wiederum geschah nicht zum Zeitvertreib und weil man nun einmal gerne die Geschichte seines Volkes tradiert hätte, sondern mit mehr oder weniger konkreten, v.a. theologischen Absichten. Man kann sich beispielsweise vorstellen, dass die Gottesoffenbarung an Abraham und die Verheißung des Landbesitzes dazu verwendet wurden, um Ansprüche gegenüber Nachbarvölkern zu rechtfertigen, wie dies z. T. heute im Nahen Osten noch immer geschieht – und schon ist die Theologie Bestandteil der „Profan“-Geschichte und der Politik, die zu dieser Zeit noch kaum schriftlich festgehalten wurde, es sei denn zum Machterhalt der Herrscher – oder der Priester. Entsprechende geschichtliche Aufzeichnungen in

Ägypten, durchaus zu Lebzeiten des Auftraggebers verfasst, sind als Propaganda des Herrschers zu verstehen. Da werden verlorene Schlachten oder Patt-Situationen schnell einmal als mehr oder weniger grandiose Siege ausgewiesen (vgl. Ramses II 1274 v. Chr. bei der Schlacht von Kadesch, die mehrfach schriftlich festgehalten wird).

Also: Mit den Anfängen der Verschriftung ist erst in der Königszeit zu rechnen. Wahrscheinlich wird insbesondere in Krisensituationen versucht, Geschichte und Geschichten aufzuschreiben. Dies nicht nur, weil ein Verlust der Tradition befürchtet wird, sondern auch, weil in solchen Zeiten Geschichte reflektiert wird. Man macht sich Gedanken darüber, weshalb man in eine Krisensituation geraten ist. Hatte das Volk gesündigt? War der König nicht rechtmäßig? Bei einer solchen Frage kommt unweigerlich Gott ins Spiel, denn dieser gilt als Garant des Volkes, des Herrscherhauses und des Staates, und dies nicht nur in Israel. Man überlegt also, aus welchen Gründen sich Gott abgewandt haben könnte, denn nur dies kommt als Lösung in Frage. Kein Volk hätte zugegeben, dass der eigene Gott zu schwach war, um die kriegerischen Aktionen der Nachbarvölker abzuwehren. Selbstverständlich ist der eigene Gott der Mächtigste von allen. Deshalb verehrt man ihn schließlich. Wenn es also zu Schwierigkeiten kommt, dann kann das nur daran liegen, dass man sich nicht genug um ihn gekümmert hat, oder, wie man in Israel sagt, den Bund mit diesem Gott gebrochen hat. Dies konnte geschehen, indem man zusätzlich (oder stattdessen) andere Götter verehrt. Die Propheten, hier besonders Jesaja, Amos, Micha und Hosea, sehen als Ursache für die Abkehr Gottes, dass man seinen Volksgenossen verarmen lässt. Es gibt also durchaus verschiedene Gründe, die Gott dazu bewogen haben können, seine Unterstützung zu verweigern.

Krisenzeiten gab es eine ganze Reihe in Israel. Eher könnte man fragen, wann sich Israel *nicht* in einer Krise befand. Es sollen hier nur einige besondere Hürden in der Geschichte Israels genannt werden. Im weiteren Fortgang dieses Buches wird klar werden, mit welchen z. T. fundamentalen Einbrüchen Israel zurechtkommen musste. Abgesehen vom Exodus, der nur eine bestimmte Gruppe des späteren Israel betraf und von ihr tradiert wurde, ist zunächst die Gefahr durch die Philister zu Beginn der Staatsgründung zu nennen. Eine Zäsur stellt sodann die Reichstrennung nach Salomo dar, die Bruderkriege zwischen Süd- und Nordreich, die Deportation der Bevölkerung des Nordreiches durch die Assyrer 722 v. Chr. und das Babylonische Exil (586–538), welches zur Deportation der Bevölkerung des Südreiches führt. Eine schwierige Zeit war sicherlich auch die Zeit nach dem Exil, als die Exilierten zurückkehren und in einem mühsamen Prozess mit den im Lande Verbliebenen und in Abgrenzung zur Bevölkerung des Nordreiches ein neues „Juda“ begründen. Es war kein Königreich mehr, sondern eine Art „Gottesstaat“ mit einem Hohe Priester als weltlichem und geistlichem Herrscher an der Spitze des Staates.

Zusammenfassung

Wie weit, über welchen Zeitraum hinweg, mündliche Überlieferung weitergegeben wird, ist noch wenig erforscht. Eine Überlieferungsstrecke von mehreren hundert Jahren oder gar einem Jahrtausend dürfte freilich unrealistisch sein. Es ist zu vermuten, dass sich die Überlieferungen im Laufe der Weitergabe verändert haben, angewachsen sind und die je aktuelle Situation in die Traditionsstrecke eingeflossen ist.

Die schriftliche Überlieferung wiederum bedarf einiger Voraussetzungen wie z.B. eine Strukturierung des Staates, d.h. Institutionen wie etwa eine Zentralregierung, Tempel und ihre Verwaltung, die Notwendigkeit diplomatischer Korrespondenz u.a., Überproduktion von Lebensmitteln, die über den persönlichen Gebrauch hinausgeht, und damit verbunden ein Abgabensystem. Erst in solchen Kontexten sind Schreiber erforderlich.

3. Wann und wie stellt sich „Israel“ seine Entstehung vor?

3.1 Was sagt die Schrift?

Nach Aussagen des AT ist diese Frage einfach zu beantworten: Es gab da die Schöpfungsgeschichten, danach folgt Noach mit seinen drei Söhnen und im Anschluss daran die Väter der Reihe nach mit Abraham, dessen Sohn Isaak und dessen Sohn Jakob. Alle drei weisen noch starke Verbindungen zum angeblich ursprünglichen Herkunftsort des Abraham auf, an das Zweistromland, und aufgrund dieser Genese und ihrer Rückführung auf die drei Noahsöhne sind alle in irgendeiner Weise miteinander verwandt.

Aus den zwölf Söhnen Jakobs gehen die zwölf Stämme Israels hervor. Das Milieu, in dem sich das alles abspielt, ist der vordere Orient, genauer: der so genannte fruchtbare Halbmond, der sich aus dem Zweistromland von Euphrat und Tigris über die Küstenregion des Libanon und Israels bis hinunter nach Ägypten zieht. Es ist das Milieu der Hirten, der Kleinviehnomaden und der mehr oder weniger mächtigen Stadtstaaten an geographisch bedeutsamen Punkten, das hier leicht bis stark idealisiert dargestellt wird. Die Städte werden weitestgehend gemieden, denn sie sind Orte von Laster, Unzucht und Sittenlosigkeit aller Art und schließlich des Polytheismus. Schon früh, schon von Abraham an, wenden sich er und seine Nachkommen dem einen und einzigen Gott zu, der als Schutzgott und Lenker der Geschichte erfahren wird.

Bei einem zeitweiligen Aufenthalt der zwölf Stammväter in Ägypten – des Hungers wegen – wachsen die zwölf Gründerfamilien zu Sippen und schließlich Stämmen heran, die von einem Mann mit dem ägyptischen Namen Mose (= Kind; vgl. die Pharaonennamen Ahmose, Ra-Mose, besser bekannt als Ramses) wiederum mit Gottes Hilfe aus dem inzwischen zur Gefangenschaft und Fron gewordenen Ägyptenaufenthalt herausführt. Im Anschluss daran siedelt „Israel“ in dem nördlich davon gelegenen Landstrich, der später selbst Israel genannt wird. Die nomadische Vergangenheit wird dabei aber nicht vergessen, ebenso wie der glorreiche Exodus, der Auszug aus Ägypten, mit dem die wichtigsten (religiösen und. z. T. schon traditionellen) Feste verknüpft werden. Von früheren oder sonstigen traditionellen Festen wird nur spärlich berichtet, wie z.B. von Mondfesten.

Das Land, in welches das Volk einzieht, ist nicht leer und so wird es laut dem Buch Josua erforderlich, die indigene Bevölkerung, die offenbar komplett in Städten lebt, zu unterwerfen, ja nach Möglichkeit zu massakrieren und auszurotten. In der Folgezeit entsteht sogar ein Königreich „Israel“, doch ist damit auch der Niedergang des Volkes „Israel“ eingeleitet und eingeläutet. Es folgen also die Königszeit, die durch das Exil des inzwischen gespaltenen Reiches beendet wird.

Das so genannte Nordreich endet im Jahre 722 durch die Assyrer, das Südreich, im Wesentlichen aus dem Gebiet „Juda“ und „Benjamin“ bestehend, im Jahre 586 mit dem Babylonischen Exil, das, wie der Name sagt, von den Neubabyloniern verursacht wird. (Die Altbabylonier und deren Reich datiert man in die Zeit zwischen 1840 und etwa 1530).

Die nachexilische Zeit wird weitaus weniger ausführlich dargestellt. Manches aus dieser Zeit wird in den verschiedenen Prophetenbüchern überliefert oder in den Büchern Esra und Nehemia. Ein Geschichtswerk über diese Zeit gibt es freilich nicht mehr.

So stellt man sich die eigene Geschichte vor.

Der Zeitrahmen dieses Geschehens wird freilich sehr ungenau bestimmt. Wie erwähnt soll Abraham laut Tradition um den Beginn des 2. Jt. vor Christus gelebt haben. Eine ganze Reihe von zeitlichen Unstimmigkeiten (Anachronismen) wecken allerdings gravierende Zweifel an dieser Einschätzung. Abraham wird z.B. mit den Philistern in Beziehung gesetzt, die nachweislich erst unter dem Pharao Ramses III. (ca. 1221–1156) im Vorderen Orient auftreten (Gen 21,22–34). Zudem dürfte mit der Abrahamerzählung (wie auch mit den Vätererzählungen insgesamt) keine eigentlich historische Geschichte über einen Mann vorliegen. Vielmehr bieten die Texte Informationen über Ereignisse, die sich über Jahrhunderte in dieser oder sehr ähnlicher Weise abgespielt haben können. Anders gesagt: Abraham ist keine historische Figur etwa um 1800, sondern eine Idealfigur, deren „Bild“ erst im Laufe der Zeit entstand. Immer wieder neue Erzählungen werden mit ihm verknüpft und aus einem irgendwann einmal tatsächlich existierenden Familien- oder Sippenoberhaupt wird eine zeitlose Gestalt in der Geschichte Israels. Dies gilt mehr oder weniger auch für die beiden anderen großen Väter, Isaak und Jakob.

Historisch gesehen ist vieles davon jedoch vereinfacht, geschönt oder rein aus theologischer Sicht erzählt.

Dieses „Konzept“ scheint sehr einfach und plausibel zu sein. Aber vielleicht ist es auch nur deshalb so plausibel, weil man es mehr oder weniger gut kennt. Noch vor 50 Jahren war ein kritisches Hinterfragen ohnedies noch kaum opportun, von – auf katholischer Seite – wenigen vorwitzigen Theologen abgesehen. Schließlich hatte man ja das Wort Gottes vor sich, das einfach nicht hinterfragt werden *durfte*. Diesbezüglich hat sich die Haltung der Kirche – hier des Lehramtes – geändert, auch wenn dies noch keineswegs bei allen Gläubigen (und Theologen) angekommen ist. Aber das ist ein eigenes Problem.

Kritische Bibelforscher – vorwiegend aus dem Bereich der Kirchen der Reformation – haben schon lange Unstimmigkeiten in den Erzählungen festgestellt, die nicht nur das sukzessive Zusammenwachsen verschiedener Einzelerzählungen nahelegen, sondern auch Zweifel an der Historizität der erzählten Ereignisse aufkommen lassen.

Und so stellt sich die Geschichte Israels grundsätzlich anders dar, als in der obigen kurzen Zusammenfassung skizziert.

3.2 Wie hat man sich die Anfänge aus historischem Blickwinkel vorzustellen?

Streicht man die Urgeschichte der Genesis – sie trägt zur Geschichte Israels nicht unmittelbar etwas bei – dann beginnt diese streng genommen eben mit Abraham.

Der stammt angeblich aus Ur in Chaldäa, aus dem Zweistromland.

Ob sich in dieser Aussage zur Herkunft Abrahams eine historische Erinnerung, eine so genannte Reminiszenz, bewahrt hat, ist einerseits keinesfalls sicher. Andererseits muss man fragen, warum die alt. Erzähler oder Verfasser Abraham eine fremde Herkunft bescheinigen sollten, und dies nicht nur Abraham, sondern auch einigen Familienmitgliedern seines Clans.

Dafür kann es verschiedene Gründe geben:

Zum Ersten ist es erwünscht, Israel nicht von den im Lande ansässigen Clans oder Stämmen der Hethiter, Girgaschiter, Amoriter, Kanaaniter, Perisiter, Hiwiter und Jebusiter abstammen zu lassen. Von diesen Völkern hat sich Israel fernzuhalten, so die Anweisung Gottes, weil sie Israel „zum Fallstrick" werden könnten, wenn es zur Inkulturation kommen sollte. Israel, so die Aussage des AT, hat eigene Wurzeln und hat nichts mit diesen Völkern zu tun, die laut Anweisung Gottes vertrieben oder beseitigt werden sollen. Dass dies letztlich nie gelungen ist und sich noch in später Königszeit „fremde" Elemente im Land befinden, steht auf einem anderen Blatt.

Ein zweiter Grund, Abraham „aus Babylon" anreisen zu lassen, könnte in der theologischen Aussage der Erzählung gesehen werden: Abraham rennt ja nicht einfach ohne Besinnung los, sondern folgt dem Ruf Gottes, der ihn in „sein" Land, nach Israel, führen möchte. Völlig gegen jede rationale Überlegung macht sich Abraham auf den Ruf Gottes hin auf den Weg, lässt seinen Clan, in dem er Schutz und Ansehen genießt, hinter sich und wandert mit einigen wenigen seiner unmittelbaren Verwandten von Ur in Chaldäa (Gen 11,28.31) weg. Bei einem Zwischenstopp in Haran, heute im Grenzgebiet von Türkei und Syrien gelegen, ergeht an ihn die Weisung Gottes, ohne seine Verwandten (mit Ausnahme seines Neffen Lot) in das verheißene Land weiter zu ziehen. Dort leben er und Lot, zunächst als Fremde, als „Schutzbürger" inmitten der autochthonen (ursprünglich ansässigen) Bevölkerung. Schutzbürger heißt, er bleibt ein Fremder in seinem Umfeld, genießt Gaststatus, freilich auch einen gewissen Schutz durch seine Nachbarn. In der Lotgeschichte Gen 13–19 wird deutlich, wie weit der Schutz eines Gastes ggf. gehen kann oder muss.

Betrachtet man diese Erzählung im Zeitfenster des Babylonischen Exils, so gewinnt sie für die Menschen jener Zeit eine höchst aktuelle Relevanz:

Als der Perserkönig Kyrus II. nach der Beendigung des Neubabylonischen Reiches die Erlaubnis zum Wiederaufbau des Jerusalemer Tempels gibt, kehren viele der i.J. 586 v. Chr. von den Babyloniern verschleppten Juden nach Israel zurück. Davon später mehr. Wie viele es endgültig waren, entzieht sich unserer Kenntnis. Fakt ist, dass in Babylon eine zeitweise aufblühende jüdische Gemeinschaft entstand, aus der letztlich auch der „Babylonische Talmud" und die babylonischen Gelehrtenschulen hervorgehen.

Es muss daher davon ausgegangen werden, dass keineswegs alle, die ins Exil geführt worden waren, wieder nach Israel, genauer: nach Judäa, zurückkehrten. Dies ist nur zu verständlich: Man hatte sich in „Babylon“ eingerichtet, hatte vermutlich Land und Besitz erworben, war mit der einheimischen Bevölkerung Ehen eingegangen und hatte sich vielleicht in wichtigen Ämtern emporgearbeitet. Dies plötzlich alles stehen und liegen zu lassen, war nicht jedermanns Sache. Vielleicht kehrte der eine oder andere erst auf Drängen seiner Verwandtschaft zurück. Man wusste schließlich aus dem Mutterland, mit dem man mehr oder weniger brieflich in Verbindung stand, dass es auch hier zu einer Umverteilung von Eigentum gekommen war. Die Häuser und Felder der Exilierten haben wahrscheinlich nicht 50 Jahre brach gelegen haben, zumal die Elite, die deportiert worden war, die besten Felder besessen haben dürfte. Da wird der eine oder andere Grenzstein irgendwie einmal abhandengekommen sein.

Den jüdischen Frommen unter den Heimkehrern war dagegen sehr daran gelegen, dass alle zum Volk Israel Gehörenden in ihr von Gott verheißenes Land zurückkehren – und dies bis zum heutigen Tag! Das Land ist Gottes Heilsgabe an das Volk, an sein Volk. Nur dort kann Israel wieder stark werden und Nachkommen erhalten, unzählbar wie der Sand am Ufer des Meeres und die Sterne am Himmel. Dies hatte Gott dem Urvater Abraham zugesagt. Und nun weigern sich Stammesgenossen, diese Verheißung durch den Verbleib im fremden Land zu torpedieren. Musste da nicht zwangsläufig Abraham auf der Bühne erscheinen, um seinen Nachfahren klarzumachen, dass es eine Pflicht zur Rückkehr gebe? So wie Abraham alles hinter sich gelassen und aus Ur in Chaldäa in das fremde Land aufgebrochen war, so sollten auch die „Neureichen“ in Babylon ihrem Gott vertrauen und den Schritt in das Unbekannte wagen. Abraham wird für die Exilierten zum Paradigma für ein Leben in Israel. In die gleiche Richtung weist seine „Funktion“ als derjenige, der auf Geheiß Gottes und als Bundeszeichen die Beschneidung einführt. Damit wird zu Recht dargestellt, dass die Beschneidung in „Israel“ schon in der Frühzeit, also vor der Volkwerdung, praktiziert wurde. Von besonderer Bedeutung aber wird diese, die auch von vielen Völkern im Umfeld Israels praktiziert wurde, im Babylonischen Exil, denn die Neubabylonier waren gerade *nicht* beschnitten, sodass die Beschneidung zu einem Identitätsmerkmal der Juden wird. Im Übrigen wird die Zugehörigkeit der Exilierten zu „Israel“ durch die Erstellung von Stammbäumen und Listen festgehalten und bestätigt.

Es ist von daher gut denkbar, dass man Abraham als Urvater aus eben diesem Land Babylon, dem Land der Chaldäer (d.h. Neubabylonier) aufbrechen ließ, um gewissermaßen den schwankenden, unentschlossenen Exilierten einen „Mose“ vorauszuschicken, der alle wieder in das verheißene Land zurückbringen sollte.

Deshalb taugt die Geschichte von Abrahams Aufbruch nur bedingt als historische Ursprungsgeschichte. Es ist zumindest gegenüber der heute vorliegenden Endgestalt eine gerüttelte Portion Misstrauen angebracht.

Sollte man hier eine Völkerwanderung postulieren, in deren Kontext sich auch Abraham vom Zweistromland nach Westen aufmachte, so hilft diese Option auch nicht weiter: Völkerwanderungen für die fragliche Zeit des 2. Jahrtausends sind nicht nachzuweisen, wohl aber Volkwerdungen im Umfeld Israels. Die Nachbar-"Völker" Israels haben sich ebenso und zur gleichen Zeit aus Sippen und Stämmen zu „Völkern" entwickelt wie Israel selbst.

Gehen wir also davon aus, dass „die Väter" Israels Kleintier(?)-Nomaden waren, so beginnt die Suche nach ihrer Geschichte ggf. erst *nach* der angeblichen Einwanderung/Migration Abrahams, woher immer er auch gekommen sein mag. Letzteres wird in der ganzen Vätergeschichte derart häufig und betont vorgetragen, dass daran kaum zu zweifeln ist: Israels entstammt nicht oder zumindest nicht ausschließlich aus den in Israel längst ansässigen Bevölkerungselementen. Abraham lässt sich außerhalb des Einzugsgebietes der schon Jahrtausende vorher entstandenen Kanaanitischen Stadtstaaten nieder bzw. treibt seine Schafe und Ziegen durch das nicht oder nur dünn besiedelte Gebiet, außerhalb des Einflussbereiches der Stadtstaaten, vorzugsweise in der Gegend von Hebron, wo es keine bedeutenden Städte gab. Die Behauptung, er habe auch Kamele besessen (Gen 24), entbehrt der historischen Grundlage, denn in der fiktiven Zeit Abrahams gab es noch keine domestizierten Kamele. Sie sind erst ab dem beginnenden 1. Jt. v. Chr. nachweisbar. Ganz nebenbei: Zu dieser Zeit gab es auch noch keine Chaldäer = Neubabylonier! Auch die Möglichkeit, dass Abraham bereits Rinder besaß (vgl. Gen 18,7; 20,14; 21,27) und diese ebenfalls durch die Wüstenrandgebiete trieb, ist mit Vorsicht zu genießen. Wir kennen die klimatischen Verhältnisse des 2. Jahrtausends zu wenig, um sagen zu können, ob die Weidegebiete genügend Futter (und Wasser!) für Rinder bereithielten.

Je nach Ausmaß der Weidegebiete konnte sich Abraham allerdings der Oberhoheit der Stadtstaaten entziehen. Er meidet Städte. Wenn er dies nicht konsequent einhält, gereicht es ihm zum Schaden und er kann diesen nur wieder korrigieren, weil sein Gott ihm beisteht. Deutlich wird dies bei der so genannten „Gefährdung der Ahnfrau" in Gen 20 (s.u. S. 35–40).

3.3 Wie hat man sich das Siedlungsgebiet vorzustellen?

Im Buch Josua ist zu lesen, dass sich die ins Land eingewanderten Stämme vorzugsweise im Gebirge Judas und Ephraims niederließen und dort die Wälder rodeten, Zisternen bauten und Siedlungen errichteten. Archäologisch nachzuweisen ist, dass dies gegen Ende des 2. Jt. geschah und die Siedlungen häufig keine Vorgänger hatten, es sich mithin um neu besiedeltes Land handelt. Die Stadtstaaten ließen diese Dörfer wahrscheinlich weitgehend in Ruhe, vielleicht waren sie tributpflichtig.

Die Stadtstaaten lagen zumeist, wenn auch nicht ausschließlich, in der Ebene bzw. in der Schefela, jenem Küstenstreifen der sich von West nach Ost, vom Meer bis zum Aufstieg zum eigentlichen Bergland erstreckt. Durch dieses Gebiet verläuft die uralte Küstenstraße, die so genannte „via maris", die Meeresstraße, die von Ägypten kommend nach Damaskus und von dort weiter ins Zweistromland führt. Entlang dieser Straße befinden sich die wichtigsten und mächtigsten Städte wie z.B. Megiddo an dem Pass, der über den Carmel führt oder die weiter im Norden an eben dieser Straße gelegene Stadt Hazor oder Hatzor, die in der Schrift als die „Hauptstadt aller Städte“ bezeichnet wird (Jos 11,10) und vermutlich eine Reihe von kleineren Ortschaften und Städten in der Umgebung unter ihre Vorherrschaft gebracht hatte.

In der Stadt regierte ein Stadtkönig, vermutlich mit Hilfe einer bewaffneten Polizeitruppe. Die Ortschaften ringsum waren einerseits tributpflichtig, durften aber vermutlich andererseits im Kriegsfall ihre Zuflucht in der Stadt nehmen, wie dies im Mittelalter im Umfeld der Burgen der Fall war. Die Versorgung der Stadt geschah freilich nicht nur durch die umliegenden Dörfer. Auch die Städter selbst besaßen und bebauten Land rings um die Stadt, soweit sie nicht ausschließlich von einer Arbeit als Handwerker lebten. Wichtigste Voraussetzungen für die Lokalisierung und Begründung einer Stadt waren der Zugriff auf Wasser, etwa durch eine Quelle, die an oder in der Stadt entsprang und zum Zweiten ein verteidigungsfähiger Hügel, auf dem die Stadt angelegt werden konnte. Nachdem die wenigsten Quellen auf einem Hügel entspringen, wurden in den Städten tiefe Brunnen oder begehbare Wasserschächte bis hin zum Quellkopf gegraben. Eindrucksvoll sind derartige Anlagen wiederum in Megiddo und Hazor.

Je vermögender eine Stadt war oder wurde, umso mächtiger waren die Mauern, mit denen sie sich umgab. Und dies gilt natürlich auch umgekehrt: Eine starke Befestigung lässt auf eine reiche Stadt schließen. Als älteste Stadt der Welt gilt (zumindest in Israel) die in der Jordansenke gelegene Stadt Jericho, die auf das 9. Jt. v. Chr. und damit noch in die Epoche der Steinzeit datiert wird. Sie war bereits in dieser Zeit von Lehmziegelmauern umgeben und besaß auch Türme – und natürlich Quellen.

Ob diese Städte in ihrer Frühzeit bereits vom König/Bürgermeister besoldete Beamte hatten, ist unklar. Wenn ja, dürften es nur wenige gewesen sein, denn sie mussten von den Nahrungsproduzenten, also denen, die Landwirtschaft betrieben, mitversorgt werden. Und dies setzt voraus, dass bereits eine Überproduktion an Lebensmitteln erzeugt werden konnte und ein Abgabesystem existierte – und damit Schreiber, welche die Abgaben aufzeichneten. Natürlich wurde der Kult zu einem Götterpantheon gepflegt, wobei auch der König oberster Kultherr und Priester sein konnte, wie dies auch in der Zeit Sauls, Davids und Salomons noch der Fall war. Zu der Reihe von Priesterkönigen ist vermutlich auch jener sagenhafte Melchisedek (Melchi-Zedek: König der Gerechtigkeit oder: mein König ist Gerechtigkeit) zu rechnen, von dem kaum mehr bekannt ist, als dass er dem Abraham freundlich und friedlich begegnete. Jedenfalls bedurfte es offensichtlich zunächst noch keiner besonders tätigen Priester. Einschränkend ist zu bemerken, dass die Stadt Jerusalem laut AT zumindest zur Zeit Davids und Salomos bereits einen (?) Oberpriester, den Priester Zadok, besaß, auf den sich eine vermutlich bis in die christliche Zeit reichende Priesterdynastie zurückführen lässt.

Abraham zieht also in dieses Land ein und hält sich dort als Nichtsesshafter auf. Wie groß seine Familie oder Sippe gewesen sein mag, lässt sich nur ansatzhaft schätzen. Er hat Knechte und Mägde, vielleicht sogar Sklaven. Der Status der Hagar, jener Frau, die Abraham als Erstes schwängert und die seinen ersten Sohn Ismael gebiert, ist unklar. Sie war angeblich ägyptischer Herkunft (Gen 16,1 u.a.) und gilt als „Magd" seiner Frau Sara (Sarah). Später wird Paulus darüber schreiben, dass Hagar die Magd, die Unfreie, war, während Isaak aus Sarah, der Freien hervorgegangen ist und als Bild für die Christen, die Freien, gilt.

Von der dritten Frau Abrahams mit Namen Ketura (Gen 25,1) wissen wir so gut wie nichts, außer dass sie sechs Söhne gebar: Simran, Jokschan, Medan, Midian, Jischbak und Schuach. Hier wird deutlich, dass sich „Israel" einer (weitläufigen) „Verwandtschaft" u.a. mit den Midianitern bewusst ist. Dies wird noch an anderer Stelle interessant sein, wenn es um die Verbindung von Mose zu den Midianitern und um den Glauben an J" geht. Über Ismael, der als Stammvater der Araber gilt, besteht ebenfalls eine Verwandtschaft zu diesen. Gen 25,6 zu Folge ist nicht auszuschließen, dass Abraham neben Hagar und Ketura noch weitere „Nebenfrauen" hatte:

> *Und den Söhnen der Nebenfrauen, die Abraham hatte, gab Abraham Geschenke; und er schickte sie, während er noch lebte, von seinem Sohn Isaak weg, nach Osten in das Land des Ostens.*

Auch von seinem Verwandten Lot hatte sich Abraham getrennt, indem er sich vorzugsweise in anderen Gebieten als Lot aufhielt.

Will man aus den vorliegenden Angaben die Region abstecken, in der Abraham umherzog, so ergibt sich das Gebiet der späteren Stämme Juda und maximal noch Benjamin. Angeblich ist er zur Zeit der Hungersnot bis nach Ägypten gezogen, um dort zu überleben. Auch diese Angabe ist ambivalent zu sehen. Einerseits hält sich „Israel" mehrfach und sogar über einen größeren Zeitraum in Ägypten auf, ja Ägypten kann sogar nach biblischer Lesart als „Wiege" Israels bezeichnet werden, und im Grunde ist eine temporäre Ägyptenvergangenheit „Israels" wenig zweifelhaft. Der Aufenthalt dort und der Exodus scheinen derart fest in der Überlieferung „Israels" verankert zu sein, dass mit historischen Wurzeln gerechnet werden muss. Zum anderen ergibt sich ein ähnliches Bild wie bei der Auswanderung Abrahams aus „Chaldäa". Auch Ägypten mit seiner in der Regel überbordenden Fruchtbarkeit konnte für „Israel" ein verführerischer Ort sein, um sich dort niederzulassen. In der Folgezeit ist immer wieder von einer Annäherung Israels an Ägypten die Rede (s. S. 57–66). Zudem ist sogar aus ägyptischen Quellen zu erfahren, dass sich „Fremde", d.h. Nichtägypter, zeitweise im Land aufhalten durften. In Ägypten werden diese Menschen nach Inschriften des 2. Jt. vor Christus „Hapiru" oder auch Apiru genannt. Natürlich liegt es nahe, das Wort Hapiru sprachlich mit dem Begriff „Hebräer" in Beziehung zu setzen, von denen im AT häufig die Rede ist. Dabei gilt aber zu bedenken, dass Hapiru in Ägypten eher soziologisch besetzt ist. Das Wort meint keinen Clan, Stamm und auch keine Ethnie, sondern dient dazu, Outlaws, Gesetzlose und landlose Gruppierungen zu bezeichnen. Davon zu unterscheiden ist eine andere Gruppe, für die der Begriff „Schasu“ verwendet wird. Das Verhältnis der beiden Termini zueinander ist nicht geklärt. Die Tatsache, dass Abraham und die Väter unter soziologischem (d.h. ägyptischem) Aspekt dieser Gruppe entsprachen, legen es nahe, dass die Begriffe Hapiru und Hebräer verwandt sind oder teilweise sogar identisch verwendet werden, bzw. die Gruppe(n) der Hebräer mit den Hapiru etwas zu tun haben.

Ein gewisses Zentrum des Aufenthalts Abrahams wird auch daran ablesbar, dass er für sich, seine Angehörigen und seine Nachkommen eine Grabstätte kauft. Es wird ausdrücklich betont, dass er das Gelände käuflich erwirbt (Gen 23,19) und er somit Landbesitz erhält. Das Grab befindet sich nach Aussagen des AT in einer Höhle namens Machpela (Doppel[gräber]) im Gebiet von Mamre, welches in oder in der Nähe von Hebron liegen soll oder damit identisch ist. Ein anderer Name Hebrons, das auch als „Wohnort“ Abrahams bezeichnet wird, lautet Kirjat Arba (Stadt der vier [Quellen?]).

> *Gen 23,1 Und die Lebenszeit Saras betrug 127 Jahre; das waren die Lebensjahre Saras. 2 Und Sara starb zu Kirjat-Arba, das ist Hebron, im Land Kanaan. Und Abraham ging hin, um über Sara zu klagen und sie zu beweinen. 3 Dann stand Abraham auf und ging weg von seiner Toten und redete zu den Söhnen Het: 4 Ein Fremder und Beisasse bin ich bei euch. Gebt mir ein Erbbegräbnis bei euch, dass ich meine Tote von meinem Angesicht hinwegbringe und begrabe! 5 Da antworteten die Söhne Het dem Abraham und sagten zu ihm: 6 Höre uns an, mein Herr! Du bist ein Fürst Gottes unter uns, begrabe deine Tote in dem auserlesensten unserer Gräber! Keiner von uns wird dir sein Grab verweigern, deine Tote zu begraben. 7 Da erhob sich Abraham und verneigte sich vor dem Volk des Landes, vor den Söhnen Het. 8 Und er redete zu ihnen und sagte: Wenn es euer Wille ist, dass ich meine Tote begrabe von meinem Angesicht hinweg, so hört mich an und legt Fürsprache für mich ein bei Efron, dem Sohn Zohars, 9 dass er mir die Höhle Machpela gebe, die ihm gehört, die am Ende seines Feldes liegt; zum vollen Kaufpreis gebe er sie mir zu einem Erbbegräbnis in eurer Mitte! 10 Efron aber saß mitten unter den Söhnen Het. Und Efron, der Hetiter, antwortete dem Abraham vor den Ohren der Söhne Het, vor allen, die ins Tor seiner Stadt gekommen waren, und sagte: 11 Nein, mein Herr, höre mir zu! Das Feld schenke ich dir; und die Höhle, die darauf ist, dir schenke ich sie; vor den Augen der Kinder meines Volkes schenke ich sie dir. Begrabe deine Tote! 12 Da verneigte sich Abraham vor dem Volk des Landes; 13 und er redete zu Efron vor den Ohren des Volkes des Landes und sagte: Ach, wenn du doch auf mich hören wolltest! Ich gebe dir den Kaufpreis des Feldes. Nimm ihn von mir an, dass ich meine Tote dort begraben kann! 14 Da antwortete Efron dem Abraham und sagte zu ihm: 15 Mein Herr, höre mich an! Ein Land von vierhundert Schekel Silber, was ist das zwischen mir und dir? So begrabe deine Tote! 16 Und Abraham hörte auf Efron; und Abraham wog dem*

Efron das Geld dar, von dem er vor den Ohren der Söhne Het geredet hatte, vierhundert Schekel Silber, wie es beim Händler gängig ist. 17 So fiel das Feld Efrons, das bei Machpela gegenüber von Mamre liegt, das Feld und die Höhle, die darauf war, und alle Bäume auf dem Feld innerhalb seiner ganzen Grenze ringsum 18 als Besitz an Abraham vor den Augen der Söhne Het, vor allen, die ins Tor seiner Stadt gekommen waren. 19 Und danach begrub Abraham seine Frau Sara in der Höhle des Feldes von Machpela, gegenüber von Mamre, das ist Hebron, im Land Kanaan. 20 So fiel das Feld und die Höhle, die darauf war, von den Söhnen Het an Abraham als Erbbegräbnis.

Aus der Erzählung erfährt man einiges über die Gepflogenheiten dieses Kaufvorgangs. Abraham will das Gelände ausdrücklich kaufen. Er will es nicht als Geschenk, und er zahlt den vollen Kaufpreis von vierhundert Schekel Silber (ca. 48 kg). Es wird vermerkt, dass es sich dabei um ein Gewicht handelt und nicht um eine Anzahl Münzen, die es noch nicht gab. Man erfährt außerdem, dass das Geschäft vor Zeugen „im Tor" abgeschlossen wird. Die Bemerkung „im Tor" ist wörtlich zu nehmen und wird auch an anderer Stelle (vgl. das Buch Rut) als Ort für Verhandlungen oder (Gerichts-)Entscheidungen zwischen Bürgern angegeben. Betrachtet man das Damaskustor in Jerusalem, so kann man sich die Szene auch bildlich vorstellen: Die verhandelnden Personen stehen im oder am Tor der Stadt, der freie Platz davor bietet genug Raum für Zuschauer bzw. Zeugen.

Abb. 1: Das Damaskustor in der Nordseite der Mauer von Jerusalem

Abraham erwirbt das Grundstück von einem Hetiter, der eigentlich selbst „Ausländer“ ist, nichts desto weniger aber Besitzer eines Feldes, in dem der Begräbnisplatz liegt. Wie oben schon bemerkt, wird immer wieder behauptet, dass die städtische Bevölkerung bzw. die „Urbevölkerung“ des Landes aus Angehörigen der Hethiter, Girgaschiter, Amoriter, Kanaaniter, Perisiter, Hiwiter und Jebusiter besteht. Dies ist jedoch nicht zu verifizieren.

Heute befindet sich über dem Abrahamgrab eine Synagoge und eine Moschee, im Wesentlichen gebaut in der Zeit Herodes des Großen, und bis in die heutige Zeit immer wieder Grund und Ort von Auseinandersetzungen zwischen Juden und Moslems. Dass im NT, in Apg 7,16, die Geschichte anders erzählt und das Grab nach Sichem in Samaria verlegt wird, soll hier nur der Vollständigkeit wegen erwähnt werden.

Zusammenfassung

Die Gestalt des Abraham ist weder geografisch noch chronologisch zu datieren. Angeblich stammt er aus dem Zweistromland, aus Ur in Chaldäa, aber Chaldäer nennt man erst die im 1. Jt. v. Chr. auftretenden Neubabylonier. Lediglich die durchgehende Aussage, dass „Israel“ sich nicht auf die im Lande ansässige Bevölkerung zurückführt, wird man als sicheren Kern der Erzählung verstehen dürfen. Abraham „besitzt“, wie für einen Clanchef üblich, mehrere Frauen, mit denen er etliche Kinder hat, die Stammväter verschiedener Völker werden. Aber nur mit Isaak, dem Sohn seiner Hauptfrau Sarah wird die Heilsgeschichte fortgeschrieben.

Die Chronologie des Abraham beginnt etwa um 2000 v. Chr., führt aber auch ins erste Jahrtausend (vgl. „die Chaldäer“). Abraham trifft sich mit dem Stadtkönig von Jerusalem genauso wie mit einem Philisterkönig: Philister/Pelishtim gibt es erst im 12. Jh. v. Chr. in Palästina. Abraham verfügt über erst um 1000 v. Chr. domestizierte Kamele wie auch über Rinder, die in der Wüste Juda, so wie wir sie heute kennen, sicher nicht überlebt hätten. Als Fremder und Schutzbürger kauft er zum ersten Mal Land, als er seine Frau Sarah begraben möchte.

Kurz: Abraham ist eine Idealgestalt die nahezu durch ein ganzes Jahrtausend wandert, verschiedenste – zunächst sicher mündliche – Überlieferungen an sich zieht und Abraham damit als frommen, weisen und mächtigen Clanchef und Urvater ausweist. Er ist der Stammvater vieler Völker und steht zudem unter dem Schutz eines besonderen Gottes. Dieser Gott schließt mit Abraham verschiedene Formen von Verträgen (Bundesschlüssen) – auch dies Zeichen des längeren und keineswegs einsträngigen Überlieferungsweges der Geschichte.

4. Die Vätererzählungen

Die Genealogie der Väter in chronologischer Abfolge nach dem AT

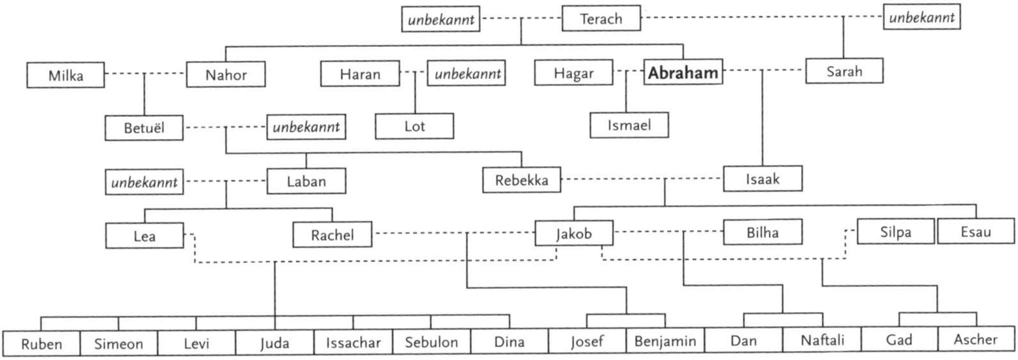

Abb. 2: Eine erweiterte Genealogie mit der Verwandtschaft Abrahams

4.1 Frauengeschichten

Abraham hatte, wie gesehen, mindestens drei Frauen, wovon das AT Sarah/Sarai als Haupt- und Lieblingsfrau nennt. Sarah ist schon zusammen mit Abraham eingewandert und kommt aus dem Stammland Abrahams und aus seiner Verwandtschaft. Gen 11,29–31 zufolge könnte Sarah die Tochter des Bruders Abrahams, des Haran gewesen sein. Sie wäre dann seine Nichte. Endogamie, d.h. Eheschließungen in der eigenen Familie oder Sippe ist in Teilen des AT nahezu selbstverständlich. In jüngeren Texten des AT wird Endogamie jedoch stark eingeschränkt (Lev 18,6–18).

> *29 Da nahmen sich Abram und Nahor [laut Gen 11,26 der Bruder Abrahams] Frauen. Abrams Frau hieß Sarai und Nahors Frau Milka, Harans [weiterer Bruder Abrahams] Tochter, der der Vater war der Milka und der Jiska.*

Demnach hat also auch Nahor seine Nichte geheiratet. In Gen 20 wird eine ähnliche Geschichte erzählt. Dort behauptet Abraham, Sarah sei seine Halbschwester:

> *11 Abraham sprach: Ich dachte, gewiss ist keine Gottesfurcht an diesem Orte, und sie werden mich um meiner Frau willen umbringen. 12 Auch ist sie wahrhaftig meine Schwester, denn sie ist meines Vaters Tochter, aber nicht meiner Mutter Tochter; so ist sie meine Frau geworden. 13 Als mich aber Gott aus meines Vaters*

Hause wandern hieß, sprach ich zu ihr: Die Liebe tu mir an, dass, wo wir hinkommen, du von mir sagst, ich sei dein Bruder.

Und selbstverständlich ist es auch kein Problem, dass Abraham und auch Jakob mehr als eine Ehefrau haben und auch von den anderen Frauen Kinder bekommen. Diese Praxis existiert in manchen Kulturen/Religionen bis zum heutigen Tag: Ehefrauen sind häufig Cousinen, der Onkel heiratet die Nichte u.a.

Sarah ist Gegenstand zweier Erzählungen:

Zum einen wird gleich bei ihrer Einführung von Sarah gesagt, dass sie unfruchtbar sei. Für eine Frau gilt Unfruchtbarkeit als ein schwerwiegendes Problem, ja mitunter als Gottesstrafe. Dies in erster Linie deshalb, weil damit „der Name" des Mannes nicht weitergegeben wird, wobei mit „Name" natürlich wesentlich mehr gemeint ist als dies vordergründig den Anschein hat. Es geht um die Weiterexistenz des Menschen in seinen Kindern. In ihnen pflanzt sich die Familie des Mannes fort und trägt die Erinnerung an ihn weiter. In einer Religion, die mit hoher Wahrscheinlichkeit noch nicht von einer postmortalen Existenz ausgeht, nicht an ein „Weiterleben" nach dem Tod glaubt, – in welcher Form auch immer, – kommt Kinderlosigkeit der Vernichtung der Existenz gleich.

Im AT hat man für den Fall der Kinderlosigkeit eine Lösung eingeführt, die genau das verhindern soll: Stirbt ein Mann kinderlos, so hat der Bruder des Mannes die Pflicht, die Frau zu übernehmen und mit ihr Kinder zu zeugen, die dann nicht als Kinder des Erzeugers gelten, sondern des Verstorbenen. Zweimal ist von dieser so genannten „Leviratsehe" im AT die Rede. Die beiden Fälle sowie die „gesetzliche" Fassung im Buch Dtn 25, dem so genannten 5. Buch Mose, werden allerdings so unterschiedlich dargestellt, dass das genaue Vorgehen und die näheren Umstände nicht zu erheben sind.

Die eine Erzählung findet sich in Gen 38 und erzählt die Geschichte von Juda und seiner Schwiegertochter Tamar, die sich mit List und Tücke Nachkommenschaft von Ihrem Schwiegervater erschleicht. Dass sie sich dabei als Hure ausgibt, wird nirgendwo moralisch bewertet.

Gen 38,1 Und es geschah in jener Zeit, dass Juda von seinen Brüdern hinabzog und zu einem Mann von Adullam einkehrte, dessen Name war Hira. 2 Dort sah Juda die Tochter eines kanaanitischen Mannes, mit Namen Schua; und er nahm sie zur Frau und ging zu ihr ein. 3 Und sie wurde schwanger und gebar einen Sohn, dem gab er den Namen Er. 4 Und sie wurde wieder schwanger und gebar einen Sohn, dem gab sie den Namen Onan. 5 Und noch einmal gebar sie einen Sohn, dem gab sie den Namen Schela; Juda war aber zu Kesib, als sie ihn gebar. 6 Und Juda nahm für seinen Erstgeborenen Er eine Frau, deren Name war Tamar.7 Aber Er, der Erstgeborene Judas, war böse in den Augen des HERRN, so ließ der HERR ihn sterben. 8 Da sagte Juda zu Onan: Geh zu der Frau deines Bruders ein, und geh mit ihr die Schwagerehe ein, und lass deinem Bruder Nachkommen erstehen! 9 Da aber Onan wusste, dass die Nachkommen nicht ihm gehören würden, geschah es, wenn er zu der Frau seines Bruders einging, dass er den Samen auf die Erde fallen und verderben ließ, um seinem Bruder keine Nachkommen zu geben. 10 Und es war böse in den Augen des HERRN, was er tat; so ließ er auch ihn sterben. 11 Da sagte Juda zu seiner Schwiegertochter Tamar: Bleibe Witwe im Haus deines Vaters, bis mein Sohn Schela groß sein wird! Denn er sagte sich: Dass nicht auch er sterbe wie seine Brüder! So ging Tamar hin und blieb im Haus ihres Vaters. 12 Als nun viele Tage vergangen waren, da starb die Tochter Schuas, Judas Frau. Und als Juda getröstet war, ging er zu seinen Schafscherern hinauf nach Timna, er und sein Freund Hira, der Adullamiter. 13 Und es wurde der Tamar berichtet: Siehe, dein Schwiegervater geht nach Timna hinauf, um seine Schafe zu scheren. 14 Da legte sie die Kleider ihrer Witwenschaft von sich ab, bedeckte sich mit einem Schleier und verhüllte sich. Dann setzte sie sich an den Eingang von Enajim, das am Weg nach Timna liegt; denn sie hatte gesehen, dass Schela groß geworden war und sie ihm doch nicht zur Frau gegeben wurde. 15 Und Juda sah sie und hielt sie für eine Hure, denn sie hatte ihr Gesicht bedeckt. 16 Und er bog zu ihr ab an den Weg und sagte: Auf, lass mich zu dir eingehen! Denn er erkannte nicht, dass sie seine Schwiegertochter war. Sie aber sagte: Was gibst du mir, wenn du zu mir eingehst? 17 Da sagte er: Ich will dir ein Ziegenböckchen von der Herde senden. Sie sagte: Wenn du ein Pfand gibst, bis du es sendest! 18 Da sagte er: Was für ein Pfand soll ich dir geben? Sie sagte: Deinen Siegelring und deine Schnur und deinen Stab, der in deiner Hand ist. Da gab er es ihr und ging zu ihr ein, und sie wurde schwanger von ihm. 19 Dann stand sie auf und ging hin, sie legte ihren Schleier von sich ab und zog die Kleider ihrer Witwenschaft wieder an. 20 Juda aber sandte das Ziegenböckchen durch die Hand seines Freundes, des Adullamiters, um das Pfand aus der Hand der Frau zu holen; aber er fand sie nicht. 21 Da fragte er die Leute ihres Ortes: Wo ist jene Geweihte, die zu Enajim am Weg war? Sie aber sagten: Hier ist keine Geweihte gewesen. 22 Da kehrte er zu Juda zurück und sagte: Ich habe sie nicht gefunden, auch sagten die Leute des Ortes: "Hier ist keine Geweihte gewesen." 23 Da sagte Juda: Sie soll es bei sich behalten, damit wir nicht zum Gespött werden; siehe, ich habe ja dieses Böckchen gesandt, und du hast sie nicht gefunden. 24 Und es geschah nach etwa drei Monaten, da wurde dem Juda berichtet: Deine Schwiegertochter Tamar hat Hurerei getrieben, und siehe, sie ist sogar schwanger von Hurerei. Da sagte Juda: Führt sie hinaus, sie soll verbrannt werden! 25 Als sie nun hinausgeführt wurde, da sandte sie zu ihrem Schwiegervater und ließ ihm sagen: Von einem Mann, dem dies gehört, bin ich schwanger. Und sie sagte: Untersuche doch, wem dieser Siegelring und diese Schnur und dieser Stab gehört! 26 Da untersuchte es Juda und sagte: Sie ist im Recht mir gegenüber, deswegen weil ich sie meinem Sohn Schela nicht gegeben habe. Und er erkannte sie künftig nicht mehr.

Die andere Darstellung findet sich in Rut Kap 4

1 Boas aber war zum Tor hinaufgegangen und hatte sich dort hingesetzt. Und siehe, der Löser [derjenige, der auf Grund des Verwandtschaftsverhältnisses die Rut eigentlich heiraten müsste] kam vorbei, von dem Boas geredet hatte. Da sagte er: Komm herüber, setze dich hierher, du Soundso! Und er kam herüber und setzte sich.

2 Und Boas nahm zehn Männer von den Ältesten der Stadt und sagte: Setzt euch hierher! Und sie setzten sich. 3 Und er sagte zu dem Löser: Das Feldstück, das unserem Bruder Elimelech gehörte, will Noomi, die aus dem Gebiet von Moab zurückgekehrt ist, verkaufen. 4 Da habe ich nun gedacht, ich will es deinem Ohr eröffnen und vorschlagen: Erwirb es im Beisein derer, die hier sitzen, und im Beisein der Ältesten meines Volkes! Wenn du es lösen willst, löse! Wenn du es aber nicht lösen willst, dann teile es mir mit, damit ich es erkenne! Denn außer dir ist niemand zum Lösen da, und ich komme erst nach dir. Er sagte: Ich will es lösen. 5 Da sagte Boas: An dem Tag, da du das Feld aus der Hand Noomis erwirbst, hast du auch die Moabiterin Rut, die Frau des Verstorbenen, erworben, um den Namen des Verstorbenen auf seinem Erbteil neu erstehen zu lassen. 6 Da sagte der Löser: Dann kann ich es für mich nicht lösen, sonst richte ich mein eigenes Erbteil zugrunde. Übernimm du für dich meine Lösungspflicht, denn ich kann wirklich nicht lösen! 7 Früher nun galt in Israel für ein Loskaufverfahren oder für ein Tauschgeschäft, wenn man irgendeine Sache bestätigen wollte, dies: Der eine zog seinen Schuh aus und übergab ihn dem anderen; und das galt als Bezeugung in Israel. 8 Als nun der Löser zu Boas sagte: Erwirb es dir! – zog er seinen Schuh aus. 9 Da sagte Boas zu den Ältesten und zu allem Volk: Ihr seid heute Zeugen dafür, dass ich aus der Hand Noomis hiermit alles erworben habe, was dem Elimelech, und alles, was Kiljon und Machlon gehört hat. 10 Somit habe ich mir auch Machlons Frau, Rut, die Moabiterin, als Frau erworben, um den Namen des Verstorbenen auf seinem Erbteil neu erstehen zu lassen, damit nicht der Name des Verstorbenen ausgerottet wird aus dem Kreis seiner Brüder und aus dem Tor seines Heimatortes. Ihr seid heute Zeugen! 11 Und alles Volk, das im Tor war, und die Ältesten sagten: Wir sind Zeugen!

Es liegt freilich auch noch eine Art Gesetzestext vor, wie im Falle der Leviratsehe vorzugehen ist. Aber wie schon gesagt, sind die Unterschiede in den drei Darstellungen nicht zu überbrücken. Insbesondere der Ritus des Schuhausziehens, der in Rut 4,8 dargestellt wird, hat im „Gesetzestext" von Dtn 25,5–10 eine völlig andere, eine abwertende Bedeutung.

Dtn 25,5 Wenn Brüder zusammenwohnen und einer von ihnen stirbt und hat keinen Sohn, dann soll die Frau des Verstorbenen nicht auswärts einem fremden Mann angehören. Ihr Schwager soll zu ihr eingehen und sie sich zur Frau nehmen und mit ihr die Schwagerehe vollziehen.6 Und es soll geschehen: Der Erstgeborene, den sie dann gebiert, soll den Namen seines verstorbenen Bruders weiterführen, damit dessen Name aus Israel nicht ausgelöscht wird.7 Wenn aber der Mann keine Lust hat, seine Schwägerin zu nehmen, dann soll seine Schwägerin ins Tor hinaufgehen zu den Ältesten und soll sagen: Mein Schwager weigert sich, seinem Bruder den Namen in Israel aufrechtzuerhalten; er will die Schwagerehe mit mir nicht eingehen. 8 Und die Ältesten seiner Stadt sollen ihn rufen und mit ihm reden. Doch stellt er sich dann hin und sagt: Ich habe keine Lust, sie zu nehmen, 9 dann soll seine Schwägerin vor den Augen der Ältesten zu ihm hintreten und ihm den Schuh von seinem Fuß abziehen und ihm ins Gesicht spucken. Und sie soll antworten und sagen: So soll dem Mann geschehen, der das Haus seines Bruders nicht bauen will! 10 Und sein Name soll in Israel heißen "Haus des Barfüßers".

Für Abraham geht es natürlich nicht um die Schwagerehe. Er ist ja am Leben und nur seine Frau ist kinderlos. In einem solchen Fall scheint es üblich gewesen zu sein, sich eine weitere Frau zu nehmen. Die Kinder der Magd bzw. Nebenfrau gelten als Nachkommen der Ehefrau. Entsprechend verfährt Jakob, der zwei Ehefrauen hat, Rachel und Lea, und bei deren temporärer Kinderlosigkeit mit den Mägden oder Sklavinnen seiner beiden Ehefrauen Kinder zeugt. Abgesehen von der Bevorzugung Josefs und Benjamins, beides Söhne seiner Lieblingsfrau Rachel, sind die Söhne der Ehefrauen und die der Mägde gleichgestellt.

Das Thema der Kinderlosigkeit wird nicht nur im AT, sondern auch im NT in verschiedenen Erzählungen entfaltet. Die Geburt eines Kindes, genauer: eines Sohnes, im vorgerückten Alter der Mutter bzw. der Eltern. Nirgends wird ein Zweifel daran gelassen, dass es sich dabei um ein Heilshandeln J“s handelt. Entsprechend wird im Vorfeld ausdrücklich die Nähe Gottes zu den Eltern betont. Die Eltern werden als rechtschaffene Leute dargestellt, die sich nicht erklären können, warum ihnen Gott Kinder versagt. Es tritt dann in der Regel Gott selbst oder ein Bote auf, der die Schwangerschaft im vorgerückten Alter verheißt. Das Kind, das geboren wird ist nicht nur ein Wunschkind, sondern es „lohnt sich“ für den Erzähler, dieses Kind auf seinem Lebensweg zu begleiten, denn nicht nur die Geburt, sondern auch sein Leben steht unter dem Segen Gottes. Als Erwachsener ragt der Betreffende über die Normalität hinaus, wird zum Stammvater eines Volkes (so in der Abrahamgeschichte), zum „Retter Israels“ (so bei Simson in Ri 13), zum maßgeblichen Propheten (so Samuel als Prophet in 1 Sam 1–3) oder zum Vorläufer Jesu Christi (so bei Johannes dem Täufer im NT vgl. Lk 1–2).

Bei Abraham ist es Gott selbst, der bei ihm als Gast erscheint und ihm und seiner (ungläubigen) Frau Sarah die Geburt des Isaak verheißt. Wie schon erwähnt, stehen diese „Spätgeborenen“ grundsätzlich unter dem besonderen Schutz der Gottheit, wodurch sie zu besonderen Leistungen befähigt werden.

Die mehrfach im gleichen Erzählschema vorgetragene Geburt des „Retters“ gibt zu erkennen, dass es sich eben tatsächlich um ein Erzählgerüst handelt, auf das man immer wieder zurückgreift. Das Einmalige und Individuelle des Ereignisses geht dabei freilich verloren, sodass die näheren Umstände nicht rekonstruiert werden können (s.u.).

Ein zweites Thema, das mit Sarah verknüpft ist, ist die so genannte „Gefährdung der Ahnfrau“, die auch als „Preisgabeerzählung“ bezeichnet wird.

Darunter versteht man die Geschichte, in der Abraham und Sarah in eine fremde Gegend bzw. Stadt ziehen und Sarah aufgrund ihrer Schönheit im Harem eines

Königs bzw. des Pharaos landet. Diese Geschichte wird insgesamt drei Mal erzählt, zweimal mit Sarah als gefährdete Frau, einmal geht es um Isaak und seine Frau Rebekka.

Synopse Gen 12,10–20; 20; 26,1–11

Gen 12,10–20 Text nach C. Westermann	**Gen 20 Übersetzung von Stefan Ihli**	**Gen 26,1–11 Text nach C. C. Westermann**
10 Es kam eine Hungersnot ins Land. Da ging Abraham nach Ägypten hinab, um dort als Fremdling zu leben; denn schwer lag die Hungersnot auf dem Land.	1 Und von da brach Abraham auf ins Land des Südens [in den Negeb], und er ließ sich nieder zwischen Kadesch und zwischen Schur. Und er war Schutzbürger in Gerar.	1 Es kam eine Hungersnot über das Land außer der früheren, die zur Zeit Abrahams gewesen war, da zog Isaak nach Gerar zu Abimelek, dem König der Philister.
		2 Und Jahwe erschien ihm und sprach: Zieh nicht nach Ägypten hinab, bleibe in dem Land, das ich dir nennen werde!
		3 Bleibe als Fremdling in diesem Land; ich will mit dir sein und dich segnen, denn dir und deinen Nachkommen will ich alle diese Länder geben und so den Schwur, den ich deinem Vater Abraham geschworen habe, bestätigen.
		4 Und ich will deinen Samen so zahlreich machen wie die Sterne des Himmels. Und ich will deinem Samen alle diese Länder geben, und in deinem Namen sollen sich segnen alle Völker der Erde.
		5 Dafür, dass Abraham auf mein Wort gehört und bewahrte, was ich ihn bewahren hieß: meine Gebote, Bestimmungen und Gesetze.
		6 Und Isaak blieb in Gerar.
11 Als er der Grenze nach Ägypten nahekam, sagte er zu Sarah, seiner Frau: Siehe, ich weiß, dass du eine schöne Frau bist.		
12 Wenn dich die Ägypter sehen werden, werden sie sagen: das ist seine Frau! Dann werden sie mich töten, dich aber leben lassen.		

Gen 12,10–20 Text nach C. Westermann	Gen 20 Übersetzung von Stefan Ihli	Gen 26,1–11 Text nach C. C. Westermann
13 Sag doch, du seist meine Schwester, damit es mir gut gehe deinetwegen und ich am Leben bleibe um deinetwillen!		
14 Und als Abraham nach Ägypten kam, da sahen die Ägypter, dass die Frau sehr schön war.		
15 Dann sahen sie die Höflinge des Pharao und rühmten sie vor Pharao, und die Frau wurde in den Palast des Pharao gebracht.	2 Und Abraham sagte über Sarah, seine Frau: „Sie [ist] meine Schwester.“ Und es schickte Abimelech, [der] König [von] Gerar, [nach ihr,] und er nahm Sarah [zu sich].	7 Als nun die Männer des Ortes nach seiner Frau fragten, da sagte er: Sie ist meine Schwester; denn er fürchtete sich zu sagen: Sie ist meine Frau; sonst (dachte er) könnten mich die Männer des Ortes umbringen wegen Rebekka, denn sie ist sehr schön.
		8 Als er nun längere Zeit dort war, da blickte Abimelek, der König der Philister, zum Fenster hinaus und sah Isaak mit seiner Frau Rebekka kosen.
16 Abraham aber ging es gut um ihretwillen: er erhielt Schafe und Rinder und Esel und Knechte und Mägde und Eselinnen und Kamele.		
17 Da schlug Jahwe den Pharao mit schweren Plagen [und sein Haus] Sarahs wegen, der Frau Abrahams.	3 Und Gott ging hinein zu Abimelech im Traum der Nacht, und er sagte zu ihm: „Sieh dich tot wegen der Frau, die du genommen hast und die einem Bräutigam gehört.“	
	4 Und Abimelech hatte sich ihr [noch] nicht genähert, und er sagte: „Mein Herr! Wirst du auch ein gerechtes Volk töten?	
	5 Hat nicht er zu mir gesagt: ‚Sie [ist] meine Schwester.‘ und sie, auch sie gesagt: ‚Er [ist] mein Bruder.‘? In der Unschuld meines Herzens und in der Reinheit meiner Hände habe ich dies getan.“	

Gen 12,10–20 Text nach C. Westermann	**Gen 20 Übersetzung von Stefan Ihli**	**Gen 26,1–11 Text nach C. C. Westermann**
	6 Und Gott sagte zu ihm im Traum: „Auch ich weiß, dass du dies in der Unschuld deines Herzens getan hast, und auch ich habe dich daran gehindert, gegen mich zu sündigen; daher habe ich sie dir nicht gegeben, um sie geschlechtlich zu berühren.	
	7 Und jetzt bringe die Frau des Mannes zurück, denn er [ist] ein Prophet, und er wird für dich Fürbitte einlegen, und lebe! Aber wenn du [sie] nicht zurückgibst, wisse, dass du gewiß getötet wirst und alle, die bei dir sind."	
	8 Und Abimelech machte sich früh am Morgen auf und rief alle seine Diener; und er redete alle diese Worte in ihre Ohren, und die Männer fürchteten sich sehr.	
18 Der Pharao aber ließ Abraham rufen und sagte: Was hast du mir da angetan! Warum hast du mir nicht kundgetan, dass sie deine Frau ist!	9 Und Abimelech rief Abraham und sagte zu ihm: „Was hast du uns angetan, und was habe ich gegen dich gesündigt, dass du über mich und über mein Königreich große Sünde bringst? Taten, die nicht getan werden dürfen, hast du gegen mich getan."	9 Da ließ Abimelek Isaak rufen und sagte: Ach, sie ist ja deine Frau! Wie konntest du sagen: Sie ist meine Schwester! Und Isaak sagte zu ihm: Ich dachte eben, ich müßte ihretwegen sterben!
19 Warum hast du gesagt: sie ist meine Schwester, sodass ich sie mir zur Frau nahm! Und nun: da hast du deine Frau! Nimm sie und geh!	10 Und Abimelech sagte zu Abraham: „Was hast du gesehen, dass du diese Sache gemacht hast?"	10 Da erwiderte Abimelek: Was hast du uns da angetan! Wie leicht hätte einer vom Volk mit deiner Frau schlafen können, und du hättest dann Schuld über uns gebracht.
	11 Und Abraham sagte: „Weil ich [mir] sagte: Gewiß gibt es in diesem Ort keine Furcht vor Gott, und sie werden mich töten wegen der Sache meiner Frau.'	

Gen 12,10–20 Text nach C. Westermann	**Gen 20 Übersetzung von Stefan Ihli**	**Gen 26,1–11 Text nach C. C. Westermann**
	12 Und auch in Wahrheit [ist sie] meine Schwester, Tochter meines Vaters [ist] sie, nur nicht Tochter meiner Mutter, und sie wurde mir zur Frau.	
	13 Und es geschah, als mich Gott irreführte weg vom Haus meines Vaters, da sagte ich zu ihr: Dies [ist] deine Gunst, die du mir tun sollst: Zu allen im Ort, in den wir kommen werden, sage über mich: „Er [ist] mein Bruder."	
	14 Und Abimelech nahm Kleinvieh und Rinder und Knechte und Mägde und gab [sie] Abraham, und er brachte ihm Sara, seine Frau, zurück.	
20 Und der Pharao beorderte für ihn eine Eskorte und entließ ihn und seine Frau mit all seiner Habe.	15 Und Abimelech sagte: „Siehe, mein Land [liegt] vor dir, da, wo es in deinen Augen gut ist, lasse dich nieder!"	11 Darauf gebot Abimelek dem ganzen Volk: Wer diesen Mann oder seine Frau anrührt, ist des Todes.
	16 Und zu Sara sagte er: „Siehe, ich habe deinem Bruder tausend [Stücke] Silber gegeben. Siehe, sie sollen eine Bedeckung der Augen [ein Sühnegeschenk] sein gegenüber allen, die bei dir sind und gegenüber allen, die redlich sind."	
	17 Und Abraham legte Fürbitte ein bei Gott, und Gott heilte Abimelech und seine Frau und seine Dienerinnen, sodass sie [wieder] gebaren.	
	18 Denn der Herr hatte dem Hause Abimelechs jeden Mutterleib gründlich verschlossen wegen der Sache Saras, der Frau Abrahams.	

Diese Synopse ist zitiert aus: Ihli, Stefan: Die „Gefährdung der Ahnfrau". Online-Version: 1998 (http://www.ihlisoft.com/theologie/exegese0.htm; (24.01.2024)

Abraham und Sarah bzw. Isaak und Rebekka gehen aus dem Geschehen jeweils unbeschadet hervor. Noch ehe es zu einem sexuellen Kontakt zwischen dem Pharao bzw. Abimelech/Abimelek, der auch als Philisterkönig ausgewiesen wird, und der Frau kommt, greift Gott ein und stellt damit sicher, dass die Nachkommen auch tatsächlich die der Hauptakteure, Abraham und Isaak, sind. Nebenbei sei noch einmal daran erinnert, dass es zur angeblichen Zeit Abrahams, weit vor dem Exodus, noch keine Philister in Palästina gab.

Einen historischen Gehalt wird man kaum hinter den Erzählungen vermuten. Zumindest ist die theologische Übermalung so stark, dass ein solcher nicht mehr zu rekonstruieren ist. In den Geschichten steckt natürlich ein deutlicher Seitenhieb gegen fremde Herrscher, genauer gegen Städter, die nichts anderes im Sinn haben, als sich fremde Frauen (der Nomaden) anzueignen. Wie oben schon erwähnt, findet sich auch hier das Motiv einer Abgrenzung von der Stadtbevölkerung. Im Vordergrund steht aber zweifelsfrei das Rettungshandeln Gottes, das die Protagonisten nicht nur unbeschadet aus der Affäre kommen lässt, sondern sogar privilegiert und mit neuem Reichtum. Dass es hier, wie vielfach vermutet, *eine* ursprüngliche (Rumpf-)Erzählung gab, die dann in zwei bzw. drei bearbeiten Versionen in den jeweiligen Kontext eingefügt wurde, ist nur *eine* Möglichkeit der Entstehung. Eine einfachere Lösung besteht darin, dass das Grundmotiv der Erzählung bereits in unterschiedlichen Fassungen vorlag/erzählt und entsprechend unterschiedlich literarisch fixiert wurde. Einmal wurde die Geschichte in der Fassung von Abraham und dem Pharao, ein anderes Mal in der von Abimelech und Abraham und ein drittes Mal von Abimelech und Isaak tradiert. Diese Lösung kommt auch für die Entstehung der gesamten Abrahamgeschichte in Betracht: Eine Grundüberlieferung über einen legendären Clanchef, die mündlich tradiert wurde, zog immer wieder neues und anderes Material an sich, das mit diesem Mann verknüpft wurde und schließlich zu einem umfangreichen Abraham-Erzählkomplex anwuchs. Ob schon zwischenzeitlich Teile daraus auch schriftlich festgehalten wurden, sei dahingestellt. Angesichts einer zu vermutenden zeitlich langen Überlieferungskette ist dies aber wahrscheinlich.

Zusammenfassung

Die Haupterzählung der Abrahamgeschichte rankt sich um Sarah und deren Sohn. Er ist zwar später geboren als Ismael, der als Stammvater der Araber verstanden wird, aber dennoch ruht die Hoffnung Abrahams auf dem Sohn der Hauptfrau. Er soll den Abrahamsegen und damit auch die Volkwerdung Israels weitertragen.

Die Erzählung von der „Gefährdung der Ahnfrau“, die zweimal Sarah und einmal Rebekka, die Frau des Isaak betrifft, scheint ein beliebtes Motiv gewesen zu sein. Aus diesen Erzählungen kann einiges über das Selbstbewusstsein der „Nomaden“ abgeleitet werden. Die sesshafte Bevölkerung, insbesondere die Stadtbewohner gelten als übergriffig, moralisch zweifelhaft und nicht gerade als

Freunde der Nomaden. Um ihnen zu entgehen, muss man zur List greifen, ggf. auch zur Lüge. Letzten Endes aber ist es der Beistand Gottes, unter dessen Schutz sich die „Nomaden“ wissen und der sicherstellt, dass sich die Verheißungen erfüllen.

4.2 Die Verheißungen an Abraham

Die Zusagen Gottes an Abraham beschränken sich nicht auf eine einzige, ebenso wenig wie die Bundesschlüsse.

Es soll hier nicht exegetisch untersucht werden, welche Form von Bund vorliegt. Es ist klar, dass ein solcher Bundesvertrag zwischen zwei gleichberechtigten Partnern geschlossen werden kann, aber auch als eine Art „Gnadenbund“, wobei ein höher Gestellter einem anderen einen Bund aus freien Stücken anbietet und dabei z.B. ein Schutzversprechen abgibt. Ein Bundesschluss kann bedingt oder unbedingt ausfallen, d.h., dass er an Bedingungen geknüpft ist und nur so lange gilt, wie diese Bedingungen von einem oder zwei Partnern eingehalten werden. Die Nichterfüllung der Bedingungen oder Vorgaben, die auferlegt oder freiwillig abgegeben wurden, werden dann als Bundes*bruch* verstanden, der unterschiedlich sanktioniert werden kann. Ein solcher Bund hat in der Antike grundsätzlich religiösen Charakter und wird ggf. unter Einbeziehung einer Gottheit geschlossen. Ihr fällt die Aufgabe zu, die Einhaltung der Vorgaben zu überwachen und, falls erforderlich, Sanktionen durchzuführen.

Natürlich sind diese unterschiedlichen Möglichkeiten eines Bundes außerordentlich bedeutsam. Trotzdem sollen sie hier nicht einbezogen oder ausgewertet werden.

Die Verheißungen Gottes an Abraham lassen sich inhaltlich in zwei Grundaussagen finden: die Zusage des Landes und die Zusage der Nachkommenschaft.

Zum einen verspricht Gott dem Abraham, dass er ihn in ein neues Land führen und ihm dieses Land übereignen wird.

Zum Zweiten werden ihm unzählbare Nachkommen zugesagt, die dieses Land einst besiedeln werden.

Beide Aussagen haben bis in die Gegenwart Relevanz, da sie von orthodoxen Juden als Begründung für die Expansionspolitik Israels dienen. Aus der Zusage der Nachkommenschaft resultieren Proteste von Orthodoxen gegen die auch in Israel inzwischen verbreitete Zwei-Kind-Familienplanung. Die Eheschließung mit einer Nichtjüdin ist ohnedies ein No-Go, da nur jene Kinder als Juden gelten, die von einer jüdischen Mutter geboren werden. Wer also als Mann eine Nichtjüdin heiratet, torpediert ganz bewusst Gottes Verheißung.

Freilich kann man aus einer Religion keine Realpolitik ableiten. Diesem Satz werden vermutlich viele Menschen, auch säkulare Juden, zustimmen.

Unter historischer Fragestellung ist zu eruieren, inwieweit die Verheißung von Land und Volk überhaupt belastbar ist. Wie kommt es zu einer solchen Verheißung?

In den allermeisten Fällen, und dies gilt auch für das NT, ergibt sich eine Verheißung aus dem retrospektiven Blickwinkel:

Politik in der Antike, und das gilt nicht nur für die Bibel, ist nicht unabhängig von Religion zu sehen. In der griechischen Literatur müht sich der Mensch, wird von seinem Lieblingsgott bis zu einem gewissen Punkt auch unterstützt, aber letztlich hat er kaum die Möglichkeit, seinem Schicksal zu entgehen. Politische Entscheidungen werden nicht getroffen, Kriegszüge nicht begonnen, ohne sich per Opfer, ggf. auch per Orakel, der Unterstützung der Götter zu versichern. Noch in den ersten drei frühchristlichen Jahrhunderten resultierten Christenverfolgungen nicht zuletzt aus der Tatsache, dass Christen sich weigerten, den Staatsgöttern zu opfern. Im Großen und Ganzen war das römische Reich in religiöser Hinsicht tolerant. Man machte sich zwar über bestimmte Religionen lustig oder beurteilte sie als absurd, ließ die Menschen jedoch in Ruhe, sofern sie neben ihrer persönlichen Frömmigkeit auch den Staatsgöttern ihren Tribut entrichteten. Das Judentum war zeitweise von dieser Verpflichtung ausgenommen, doch handelte es sich dabei in der Regel um ein eigens ausgesprochenes Privileg. Stattdessen war das Judentum verpflichtet, für das Wohlergehen des römischen Staates zu beten und seinem Gott mit dieser Intention zu opfern. Das zu größeren Teilen nicht aus dem Judentum rekrutierte Christentum hingegen weigerte sich von Anfang an, irgendwelchen römischen Gottheiten zu opfern. Die Reaktion des Staates traf das Christentum daher hart, denn dadurch wurde ausdrücklich gegen das Wohl des Staates gehandelt. Die Götter mussten regelrecht empört sein, dass es im Römischen Reich Menschen gab, die ihnen die zustehenden Opfer verweigerten. Zwangsläufig wurden Christen dafür verantwortlich gemacht, wenn es im Reich zu Katastrophen kam, seien es militärische, seien es solche, die durch Naturgewalten verursacht wurden.

Tertullian (+220), Apologeticum 40:

> *40. Man müßte im Gegenteil denen den Namen einer Parteiung beilegen, welche zum Haß gegen die Guten und Rechtschaffenen sich verschwören, welche nach dem Blute Unschuldiger schreien, indem sie zur Rechtfertigung ihres Hasses auch noch jenen leeren Vorwand gebrauchen, dass sie wähnen, von jeder öffentlichen Kalamität, von jedem das Volk treffenden Ungemach seien die Christen die Ursache. Wenn der Tiber bis in die Stadtmauern steigt, wenn der Nil nicht bis über die Feldfluren steigt, wenn die Witterung nicht umschlagen will, wenn die Erde bebt, wenn es eine Hungersnot, wenn es eine Seuche gibt, sogleich wird das Geschrei gehört: „Die Christen vor den Löwen!“ So viele vor einen?! Ich bitte euch, wie viele Kalamitäten haben nicht schon vor Tiberius, d. h. vor der Ankunft Christi, den Erdkreis und die Stadt betroffen? Wir lesen, dass die Inseln Hiera, Anaphe, Delos, Rhodus und Cos mit vielen tausend Menschen zugrunde gegangen sind. Auch berichtet Plato, dass ein Land größer als Asien oder Afrika vom Atlantischen Meere verschlungen sei. Ein Erdbeben hat das korinthische Meer entleert, und die Macht der Wogen Lucanien abgerissen und unter dem Namen Sizilien abgeson-*

dert. Das alles konnte natürlich nicht ohne großen Schaden für die Bewohner geschehen. Wo waren damals, als die große Flut den ganzen Erdkreis, oder doch, wie Plato meint, das niedere Land vertilgte, ich will nicht fragen, die Verächter eurer Götter, die Christen, sondern sie selber, eure Götter? Denn dass sie einer späteren Zeit angehören als die Not der großen Flut, das beweisen eben die Städte, in welchen sie geboren sind und gelebt haben, sowie auch diejenigen, die von ihnen gegründet wurden. Denn nur dann, wenn sie nach jener Kalamität entstanden sind, konnten sie bis zum heutigen Tage bestehen.

Das gleiche Prinzip von „Dienst und Versorgung" des Gottes gilt auch in alttestamentlicher Zeit, und nicht nur in Israel: Jedes Volk verehrt seinen Gott oder „sein" Pantheon. Der Gott bzw. die Götter garantieren das Wohlergehen und den Erhalt „ihres" Volkes. Wenn dieses in den Krieg zieht und gewinnt, verdankt es den Sieg seinem Gott. Wenn es verliert, gibt es im Grunde nur eine Lösung: Selbstverständlich ist der eigene Gott nicht etwa zu schwach, um sich gegen das Nachbarvolk und seinen Gott zu behaupten. Vielmehr hat er sich zurückgezogen, weil er verärgert ist, z.B. über mangelnden Gottesdienst, ungeeignete Opfer oder, wie in Israel, wegen des Bundesbruchs. Dieser besteht darin, dass die Bundesbedingungen, die Einhaltung der Gebote, von Seiten Israels nicht gewährleistet werden. Zur Zeit der Richter durchzieht dieser Gedanke das ganze gleichnamige Buch: Israel hat seine Ruhe. Doch dann tut es, was dem Herrn missfällt, und der Herr schickt einen Bedränger, der Volk und Land für 20 oder 40 Jahre unterdrückt. Daraufhin schreit Israel zum Herrn. Er lässt sich erweichen und sendet einen Retter. Dieser beseitigt mit Gottes Hilfe die Not durch einen Kriegszug oder ein Kommandounternehmen, sodass Israel wieder für etliche Jahre seine Ruhe hat, bis es erneut zum Abfall kommt.

Dass es sich bei diesem Modell nicht um ein rein israelitisches handelt, zeigt die Mescha-Stele:

Mescha ist ein moabitischer König und herrscht im 9. Jh. im Gebiet östlich des Jordans. Lange Zeit befand sich Moab unter der Vorherrschaft des Königs von Israel. Unter Mescha konnte Moab das Joch Israels jedoch abschütteln – dank der „Frömmigkeit" des Mescha, der seinem Gott die ihm gebührende Aufmerksamkeit zukommen lässt.

Die auf einer Stele gefundene Inschrift, die das entsprechende Ereignis festhält, lautet:

»Ich (bin) Mescha, Sohn des KMS[JT], König von Moab, der Dibonite. Mein Vater war König über Moab dreißig Jahre, und ich wurde König nach meinem Vater. Und ich machte dieses Höhenheiligtum für Kamosch in Queriho als Zeichen der Rettung, denn er errettete mich vor allen Angreifern (?) und ließ mich triumphieren über alle meine Gegner.

Omri war König von Israel, und er bedrängte Moab lange Zeit, denn Kamosch zürnte seinem Lande. Und es folgte ihm sein Sohn. Und er sprach: Ich will Moab

bedrängen. In meinen Tagen sprach er so, aber ich triumphierte über ihn und sein Haus. Und Israel ist für immer zugrunde gegangen. Und es hatte sich Omri des ganzen Gebietes von Madeba bemächtigt und er wohnte darin während seiner Tage und der Hälfte der Tage seiner Söhne, vierzig Jahre. Aber es wohnte Kamosch darin während meiner Tage. Und ich baute Baal-Meon (wieder auf) und errichtete die Zisterne darin. Und ich baute Kirjathon (wieder auf).
Und die Leute von Gad wohnten seit jeher im Lande von Ataroth und der König von Israel hatte Ataroth für sich gebaut. Ich griff die Stadt an und nahm sie ein. Und ich tötete alles Volk der Stadt als Darbringung für Kamosch und für Moab. Und ich brachte von dort den Altar ihres DWD (David?) und ich schleppte ihn vor Kamosch in Querejoth. Und ich ließ dort wohnen die Leute von Saron und die Leute von MHRT.
Und Kamosch sprach zu mir: Geh, nimm Nebo im Kampf gegen Israel! Da zog ich bei Nacht los und kämpfte gegen es von Tagesanbruch bis Mittag. Und ich nahm es ein und tötete alles: 7000 Männer, Klienten, Frauen, [Klien]tinnen und Sklavinnen, denn ich hatte es dem Astar-Kamosch durch Bann geweiht. Und ich nahm von dort die [Gerät]e Jahwes und schleppte sie vor Kamosch.
Und der König von Israel hatte Jahas gebaut und lagerte darin während seines Feldzuges gegen mich. Da vertrieb ihn Kamosch vor mir und ich holte aus Moab 200 Mann, alle seine Anführer. Und ich brachte sie nach Jahas und nahm es ein, um es Dibon anzugliedern.
Ich habe Qeriho gebaut, die Mauer der Parks und die Mauer der Akropolis. Und ich habe seine Tore gebaut und ich habe seine Türme gebaut. Und ich habe den Königspalast errichtet und machte die Umfassungsmauern des Becken[s für die Que]llen inmitten der Stadt. Aber eine Zisterne gab es nicht inmitten der Stadt, in Qeriho, sondern ich sprach zu allem Volk: Macht euch jeder eine Zisterne in seinem Hause! Und ich habe die Gruben hauen lassen für Qeriho durch Gefangene Israels.
Ich habe Aroer gebaut und machte die Straße am Arnon. Ich habe Beth-Ba-moth wieder errichtet, denn es war zerstört. Ich habe Beser wieder gebaut, denn es lag in Trümmern, [mit] 50 [Ma]nn aus Dibon, denn (die Leute) von ganz Dibon sind (meine) Untertanen. Und ich regierte [über] 100 in den Städten, die ich dem Lande angegliedert habe. Und ich baute [Made]ba und Beth-Diblathon und Beth-Baal-Meon (wieder auf) und trug dort davon die [. . .] Kleinvieh des Landes. Und (was) Hawronan (anlangt), (so) wohnte darin [. . . Und] es sprach Kamog zu mir: Steige hinab, kämpfe gegen Hawronan! Da stieg ich [hinab und kämpfte gegen die Stadt und nahm sie ein und] Kamosch [wohnte] in ihr in meinen Tagen. Und ... von dort. . . [.] (. ..]ST SD Q und ic[h.. .].«
Quelle: Galling, Textbuch 52
Entnommen aus:
http://www.theologische-links.de/downloads/archaeologie/mescha_stele.html (24.01.2024)

Es geschieht folglich nichts ohne göttliches Wirken. Fragt man, woher denn Mescha weiß, dass er die Gunst des Gottes Kamosch wiedergewonnen hat, so lautet die einfache Antwort: Er kann sie am Erfolg ablesen, an der Schlacht, an dem Krieg, in dem er siegreich war. Zwei ganz einfache biblische Beispiele können dies verdeutlichen: Woher kann Kain erkennen, dass Gott das Opfer seines Bruders Abel akzeptiert hat, sein eigenes hingegen nicht? Die Antwort kann nur lauten: am Erfolg – und nicht etwa daran, dass der (weiße) Rauch von Abels Opfer zum Himmel steigt und jener von Kain in dunklen und grünen Farben zur Erde fällt wie dies früher in den Kinderbibeln abgebildet wurde. Abels Herden sind fruchtbar, während die Äcker Kains keine übermäßigen oder vielleicht sogar zu geringe Erträge hervorbringen.

Abb. 3: Die opfernden Brüder Kain und Abel

Oder woher weiß David und sein Volk, dass der Herr mit dem König ist? Weil er Erfolg hat! Und so lautet die mehrfach zitierte Formel entsprechend: David hatte Erfolg in all seinem Tun, denn der Herr war mit ihm (vgl. 2Sam 5,4). Ähnlich verhält es sich mit Josef (Gen 39,2).

Für die Abrahamgeschichte im speziellen Sinn und für vergleichbare biblische Aussagen im Allgemeinen gilt daher: Die Frage, ob das Handeln oder Ereignisse etc. im Sinne Gottes sind, erweist sich am Ergebnis. Die Geschichten sind retrospektiv, vom Ende her erzählt.

Israel ist zu einem (relativ) großen Volk geworden und konnte sich in diesem Land behaupten. Daraus wird ersichtlich, dass beides dem Willen Gottes entspricht. Zum Ausdruck gebracht wird dies durch die Verheißungserzählungen, in denen Gott selbst oder durch einen Boten seinen Willen bekundet. Und Mescha macht deutlich, dass dies nicht allein für Israel gilt.

Es handelt sich um Erzählungen, die den Verlauf (und die Ergebnisse) vergangener Ereignisse interpretierend darlegen.

Zusammenfassung

Letzten Endes erfährt man eigentlich nicht sehr viel von Abraham: Er ist ein Nomade, freilich auch mit festem Wohnsitz in Hebron und er ist ein Ausländer, der irgendwo aus dem Osten stammt. Er zieht mit seinen Herden durch die Gegend, auch einmal bis nach Ägypten als Folge einer Hungersnot, streitet sich mit Einheimischen bzw. anderen Hirten um Brunnenrechte, ist mit insgesamt mindestens drei Frauen liiert, wobei ihm seine Lieblingsfrau Sarah im vorgerückten Alter den erhofften Nachkommen Isaak schenkt.

Er gilt als besonders gottesfürchtig, lässt sich von seinem Gott führen, der natürlich (nachträglich) mit dem Gott Israels J" identifiziert wird. Dieser Gott hat ihn besonders ausgewählt und in ein Land geführt, das er ihm und seinen Nachkommen zu eigen verspricht. Dazu ist es erforderlich, dass er Söhne bekommt und natürlich vor allem einen Sohn von seiner Ehefrau.

Abraham ist freilich nicht nur Stammvater Israels, sondern durch die Söhne seiner Nebenfrauen/Sklavinnen auch der Araber. Auch die Beschneidung geht auf Abraham zurück.

Wie schon bemerkt, zieht sich das geschichtliche Auftreten des Abraham fast durch ein Jahrtausend. Aufgrund einer ganzen Reihe von so genannten Anachronismen, erzählten Ereignissen, die gar nicht in die Zeit des Abrahams passen, wird deutlich, dass die Abrahamgeschichte im Laufe der Zeit gewachsen ist, tradiert und auch mehrfach neu interpretiert und aktualisiert wurde. Eine historische Person „Abraham" ist nicht mehr rekonstruierbar, so es diese überhaupt gegeben hat. Da sich an den Lebensgewohnheiten der Nomaden fast bis in die Gegenwart kaum etwas geändert hat, ist es möglich, zeitlose Erzählungen mit ihm zu verbinden.

Trotz allem gewinnt der Zuhörer oder Leser der Abrahamgeschichte einen Blick in die „nomadische" Vorzeit Israels, das auf seine Herkunft aus diesem Milieu großen Wert legt. Man gewinnt aber auch einen Blick auf die Erzählweise des AT, dessen Umgang mit historischen Ereignissen und der Art und Weise von deren Deutung.

4.3 Isaak

Isaak ist zwar nicht der Erstgeborene Abrahams, aber der Sohn der Hauptfrau. Wie dann bei Jakob und seinen vier Frauen und zwölf Söhnen zu sehen ist, kann es schon sein, dass der bzw. die Söhne der Lieblingsfrau bevorzugt werden. Rechtlich aber sind sie den anderen Söhnen gleichgestellt. Bei Isaak ist dies aber offensichtlich nicht der Fall. Wenn die Muslime als angebliche Nachkommen des Ismael auf das Erstgeburtsrecht ihres Stammvaters pochen, hat dies durchaus seine Berechtigung, nicht aber aus der Sicht der Schrift, denn Isaak wird auch als der von Gott Erwählte ausgewiesen.

4.3.1 Was sagt die Schrift?

Isaak wird nach langer Unfruchtbarkeit seiner Mutter Sarah geboren. Seine Geburt wird eigens angekündigt: Es kommen drei Männer zu Abraham zu Gast – und plötzlich ist es nur einer – und verheißen Abraham bei einer Mahlzeit, die er für sie herrichten lässt, binnen Jahresfrist einen Sohn. Sarah ist bei dem Mahl nicht dabei – da sind die Männer unter sich – lauscht aber am Eingang des Zeltes dem Gespräch und macht sich über die Verheißung lustig, denn sie ist bereits in einem Alter, in dem eine Schwangerschaft unmöglich erscheint. Und doch kommt es, wie von dem geheimnisvollen Gast angekündigt, und Abraham und Sarah werden im vorgerückten Alter noch Eltern des Knaben Isaak. Es kommt zu Rivalitäten zwischen Sarah/Isaak und Hagar/Ismael sodass Abraham von seiner Frau gedrängt wird, Hagar und ihren Sohn fortzuweisen. Hagar und ihr Sohn werden (zweimal) von einem Engel in der Wüste vor dem Tod gerettet (Gen 16; 21). Mehr erzählt die Schrift hier nicht. Aber auch von Isaak erfährt man nicht viel. Als er erwachsen ist, beauftragt Abraham einen Knecht, für seinen Sohn eine Tochter aus seiner Familie zu holen. Er wird eigens angewiesen, keine andere Frau von irgendeinem Volk anzubringen (Gen 23). Er macht sich auf und erkennt an einer Art Orakel, wer die richtige Frau ist: Es ist Rebecca (die Fesselnde, Betörende). Sie ist die Tochter Betuëls, des Sohnes Nahors, den ihm Milka geboren hat. Somit ist sie die Cousine Isaaks.

Eine besondere Erzählung stellt das „Opfer" bzw. Nichtopfer des Isaak dar. Einmal mehr wird Abraham dadurch zu einer identitätstragenden Person: Auf ihn geht nicht nur der Primärkontakt zu Gott zurück, sondern auch der Gedanke der Auserwählung, er ist Vater des Bundes zusammen mit dem Bundeszeichen der Beschneidung. Er ist der Beginn der Geschichte des Volkes mit seinem zugesagten Land und schließlich bei aller möglichen Interpretationsvielfalt der Erzählung auch der Mann, nach dem es keine Menschenopfer für den Gott Israels mehr geben kann.

Es ist eine merkwürdige Geschichte: Abraham wird von Gott beauftragt, auf einen bestimmten Berg zu ziehen und dort seinen Sohn Isaak, den Sohn der Verheißung, als Menschenopfer darzubringen. Buchstäblich in letzter Sekunde wird der Tod des Jungen von Gott selbst verhindert, womit Abraham die Probe Gottes nach seinem Gehorsam und dem Vertrauen in Gott bestanden hat. Erneut erhält Abraham eine Verheißung und zwar die der Mehrung seiner Nachkommen.

Mit Isaak wird die Geschichte Abrahams fortgesetzt und auch die Erfüllung göttlicher Offenbarungen. Dies gilt bezüglich der Nachkommenschaft für das alte Elternpaar, wie auch der Bundeszusagen an Abraham, die bestätigt oder erneuert werden. Und natürlich ist Isaak wichtig als Vater der beiden Söhne Esau und Jakob – in dieser Reihenfolge bei der Zwillingsgeburt –, wiederum Kinder, die das Paar im fortgerücktem Alter und nach längerer Unfruchtbarkeit bekommt. Mit einem Trick erschleicht sich Jakob zunächst das Erstgeburtsrecht und schließlich mit Hilfe seiner Mutter als „Muttersöhnchen" auch noch den Erstgeburtssegen (Gen 26,27–34; 27).

Hos 12,3–13, neben Mal 1,2 und Ob 1,10 die einzige prophetische Stelle zu Jakob, zeichnet diesen sehr ambivalent und keineswegs so „großartig" wie der Pentateuch:

> *Hos 12,3 Auch mit Juda führt der HERR einen Rechtsstreit. Und er wird Jakob heimsuchen nach seinen Wegen, nach seinen Taten ihm vergelten. 4 Im Mutterleib hinterging er seinen Bruder, und in seiner Manneskraft kämpfte er mit Gott: 5 Er kämpfte mit dem Engel und war überlegen! Er weinte und flehte ihn um Gnade an. In Bethel fand er ihn, und dort redete er mit ihm. 6 Und der HERR, der Gott der Heerscharen – Jahwe ist sein Name – [sprach]: 7 Ja, du darfst mithilfe deines Gottes zurückkehren! [Nur] bewahre Treue und Recht und hoffe beständig auf deinen Gott! 8 Ein Händler [ist Israel], in seiner Hand ist eine Waage des Betrugs, er liebt es zu übervorteilen. 9 Und Ephraim sagt: Ich bin doch reich geworden, habe mir ein Vermögen erworben. In all meinem Erwerb wird man mir keine Schuld nachweisen, die Sünde wäre. 10 Ich aber bin der HERR, dein Gott, vom Land Ägypten her. Ich lasse dich wieder in Zelten wohnen wie in den Tagen des Festes. 11 Und [immer wieder] habe ich zu den Propheten geredet, ja, ich ließ Visionen zahlreich sein, und durch die Propheten gebe ich Gleichnisse. 12 Wenn Gilead [schon] Unheil war, wahrhaftig, dann sind sie Nichtiges geworden. Sie opferten Stiere in Gilgal; so sollen auch ihre Altäre wie Steinhaufen sein an den Furchen des Feldes. 13 Und Jakob floh in das Gebiet von Aram, und Israel diente um eine Frau und hütete [Schafe] um eine Frau.*

Freilich korrigiert der Prophet auch die Sicht auf andere Epochen der Geschichte Israels wie etwa den Putsch des Nordreichkönigs Jehu in Hos 1,4. Jehu wird dagegen in den Königsbüchern sehr positiv dargestellt.

4.3.2 Die Historie

Über Isaak existieren, wie gesagt, nur wenige Erzählungen, wie z.B. die schon bei Abraham doppelte Überlieferung der „Gefährdung der Ahnfrau". Herausgehoben ist einzig die Opferungsgeschichte, aber auch diese endet mit Zusagen an Abraham und nicht direkt an Isaak. Historischen Wert wird man diesen Erzählungen kaum zuschreiben können, da bei der Gefährdung der Ahnfrau mit (gegenseitiger?) Abhängigkeit von der Abrahamerzählung zu rechnen ist. Vielleicht wurde diese Erzählung einfach deshalb aufgenommen, weil man kaum etwas über Isaak zu erzählen wusste.

Insgesamt steht Isaak im Schatten der Abrahamerzählung. Die Zusage der Nachkommenschaft (Gen 26,23–25) ist „nur" eine Wiederholung der Zusage an Abraham, zum Bau des „Eidbrunnens" bzw. Siebenquell (Beerscheba: Gen 26,23–35) gibt es eine Dublette in der Abrahamgeschichte (Gen 21,22–34), und dies gilt auch für die Erzählung von einer Hungersnot, die das Verlassen des üblichen Standortes erforderlich macht (Gen 26,1–6). Im Gegensatz zu seinem Vater zieht er allerdings nicht nach Ägypten, sondern bleibt im Land und begibt sich, wie schon sein Vater Abraham (Gen 20,1), zu dem Philisterkönig Abimelech nach Gerar. Auch zur Brautwerbung für Isaak gibt es mehr oder weniger deutliche Übereinstimmungen in der Brautwerbung von Jakob: Auch ihm wird aufgetragen, sich eine Frau aus der Verwandtschaft zu holen, zumal die Frauen seines Bruders Esau, Judit und Basemat, beides Hethiterinnen, ihren Schwiegereltern angeblich das Leben zur Hölle machen (Gen 26,34f; 27,27).

Im Fortgang der Geschichte Israels werden fremdländische Frauen ausdrücklich verboten, weil sie synkretistische Züge in Israel begünstigen könnten. In Gen 36,2–3 steht freilich nichts mehr von der hethitischen Judit(h) und die weiteren Frauen tragen auch andere Namen. Hier muss man freilich nicht allzu viel hineingeheimnissen, etwa einen frühen Tod der Judith, Doppelnamen oder ähnliches. Wahrscheinlich liegen hier ganz einfach zwei verschiedene Überlieferungen zu Isaak/Esau vor.

Um Ruhe in der Familie zu haben, heiratet Esau Machalath, eine Tochter Ismaels und damit eine Frau aus der Sippe (Gen 28,9).

Die empfohlene Brautreise Jakobs trifft sich gut, weil er sowieso das Weite suchen muss, denn sein Bruder Esau nimmt ihm den Betrug um den Erstgeburtssegen zu Recht ziemlich übel (Gen 27,41–28,22). Der Tod des Isaak wird völlig unspektakulär in einem knappen, als Anhang erscheinenden Vers in Gen 35,27 erzählt: Er starb mit 180 Jahren in Mamre/Hebron und wird von seinen Söhnen Esau und Jakob (dort?) begraben. Vom Tod der Rebekka erfährt man nichts, nur in einem Summarium von ihrem Begräbnis (Gen 49,31).

Das Ende der Menschenopfer für Israel mit dem Nicht-Opfer des Isaak durch Abraham trägt natürlich auch weitreichende Konsequenzen für die Christologie in sich: Jesus kann kein Menschenopfer sein, das Gott für seine Versöhnung einfordert.

Die Schrift erzeugt, wie so oft, eine *genealogische* Abfolge von den Hauptprotagonisten: Auf Abraham folgen Isaak, Jakob und die zwölf Stammväter als Kinder und Kindeskinder. Das ist nicht erstaunlich, denn die Völker der „ganzen Erde" werden in Gen 5 in einer Genealogie abgebildet. So wenig dies aber in Gen 5 und vor allem Gen 10 zutrifft – so sind die Philister mit Sicherheit keine Semiten, die von den Ägyptern abstammen (Gen 10,13f), Abimelech ((Mein) Vater ist König) trug als Philister sicher keinen hebräischen Namen – so wenig muss dies zwingend für Abraham und Isaak zutreffen, trotz der ausführlichen biblischen Darstellung des Vater-Sohn-Verhältnisses.

Wie schon Abraham ist auch Isaak und mit ihm dessen Geschichte nicht datierbar. Wie sein Vater hält er sich in Gerar bei Abimelech auf. Es wurde schon erwähnt, dass die Philister erst ab dem 12. Jh. In Palästina ansässig gemacht wurden. Zu dieser Zeit kann Isaak theoretisch aber nicht gelebt haben, denn erst nach ihm wird sein Enkel Josef nach Ägypten ziehen und dort mit seinen Brüdern ein ansehnliches Volk bilden. Zu dieser Zeit aber gibt es die Philister noch nicht. Sie treten erst in etwa in der Zeit nach dem Exodus auf und Saul und David müssen sich mit ihnen herumschlagen. Damit ist Isaak eine ähnlich zeitlose Gestalt wie Abraham. Wenn man den geographischen Angaben Glauben schenken darf – und dazu würde wieder Gerar passen, welches etwa 20 km nordwestlich von Beerscheba liegt, hält sich Isaak im Negev auf. Dort soll Abraham zwar auch gewesen sein, auch in Gerar, aber sein Hauptsiedlungspunkt war eher Hebron, weswegen sich die beiden Väter demnach in zwei doch relativ weit voneinander entfernten geographischen Räumen aufhalten. Dies ist ein Grund mehr, die Unabhängigkeit der beiden Väter voneinander zu vermuten. Sicherheit ist hier aber nicht zu gewinnen.

Zusammenfassung

Isaak wird zwar als Sohn des Abraham dargestellt, aber die vielen Parallelerzählungen zwischen Abraham und Isaak deuten darauf hin, dass er, ähnlich Abraham, eine historisch nicht fassbare Vatergestalt ist. Er verehrt den gleichen Gott, erhält die gleiche Verheißung reicher Nachkommenschaft, erlebt die gleiche Gefährdung seiner Frau bei dem gleichen Philisterfürsten namens Abimelech, den es zur Zeit des Isaak noch gar nicht geben darf. Im Unterschied zu Abraham hält er sich nicht in der Gegend von Hebron auf, sondern weiter im Süden im Umkreis von Beerscheba. Schnittpunkte mit Abraham sind der Aufenthalt in Gerar und der Bau des Brunnens von Beerscheba. Wie gleich bei Jakob auch noch zu sehen ist, erfährt man von diesen Vätern etwas zur zeitlosen Kultur der angeblichen Vorfahren Israels, die sich mit ihrer bisweilen zahlenmäßig ansehnlichen Familie als Kleinviehnomaden in den Randzonen der Städte aufhalten, den Städten und ihren Bewohnern mit großer Skepsis begegnen und endogam bleiben. Die genealogische Abfolge ist historisch nicht gewährleistet. Die Väter überbrücken ganz einfach die Zeit zwischen Noach und der Volkwerdung Israels und damit einen chronologischen Raum von Jahrhunderten. Dies ist angesichts der Stabilität von Sitte und Brauchtum, die von den Vätern erzählt werden, auch kein Problem.

4.4 Jakob

4.4.1 Was sagt die Schrift?

Esau und Jakob werden als Zwillinge des Ehepaares Isaak und Rebekka geboren. Nachdem sich Jakob das Erstgeburtsrecht und den Erstgeburtssegen erschlichen hat, flieht er vor dem Zorn seines älteren Bruders zur Verwandtschaft seiner Mutter, genauer: zu ihrem Bruder, nach Haran, dem ursprünglichen Siedlungsort von Terach, dem Vater Abrahams. Isaak gibt seinem Sohn die Weisung mit auf den Weg, sich keine Frau aus Palästina zu nehmen. Er und seine Frau hatten unter ihren beiden hethitischen Schwiegertöchtern genug gelitten. Jakob solle sich eine Frau aus der Verwandtschaft seiner Mutter nehmen, eine Tochter Labans, des Bruders von Rebekka. Natürlich ergeht beim Abschied von zu Hause erneut die Verheißung von reicher Nachkommenschaft und Landbesitz – in Palästina. Jakob zieht also nach Norden, allerdings nicht nach Haran, sondern in das westlich gelegene Paddan-Aram (Gen 28,5), das direkt am Euphrat liegt. Unterwegs macht er in dem wenige Kilometer nördlich von Jerusalem gelegenen Bet El halt (Haus/Tempel des Gottes El) und begründet dort nach einer Vision (Jakob und die Himmelsleiter: Gen 28,10–13) einen Kultort. Im Zuge der Vision erhält er eine umfangreiche Verheißung über Nachkommenschaft und Landbesitz. Auch der ursprünglich an Abraham ergangene Segen wird Jakob gegeben:

> Gen 12,3: *Und ich will segnen, die dich segnen, und wer dir flucht, den werde ich verfluchen; und in dir sollen gesegnet werden alle Geschlechter der Erde!*
>
> Vgl. Gen 28,14: *Und deine Nachkommenschaft soll wie der Staub der Erde werden, und du wirst dich ausbreiten nach Westen und nach Osten und nach Norden und nach Süden hin; und in dir und in deiner Nachkommenschaft sollen gesegnet werden alle Geschlechter der Erde*

Jakob verspricht einen Tempel in Bet El aufzubauen und die Abgabe des Zehnten an dieses Heiligtum (Gen 28,22).

Nach seiner Ankunft bei Laban erfolgt die „übliche" Begegnung Jakobs mit seiner künftigen Ehefrau am Brunnen (vgl. Gen 24). Er arbeitet sieben Jahre bei Laban, Rebekkas Bruder, um Rahel, die jüngere und hübschere der beiden Laban-Töchter, zur Braut zu bekommen. Da es jedoch nach Aussagen Labans nicht üblich sei, die jüngere vor der älteren zu verheiraten, gibt ihm Laban statt der Rahel deren Schwester Lea zur Frau. Nach der Hochzeitszermonie wird sie zu Jakob gebracht und er bemerkt wegen Dunkelheit, Alkohol, Schleier oder anderen Gründen den Betrug erst am nächsten Morgen. Da war es aber zu spät. Für Rahel muss er noch einmal sieben Jahre arbeiten. Zwischen den Frauen entspinnt sich ein Wettkampf, wer die meisten Kinder respektive Söhne zur Welt bringt. Nachdem

Rahel zunächst unfruchtbar ist, kommen auch die beiden Mägde der beiden Schwestern ins Spiel. Auch sie gebären Kinder, die als rechtmäßige, eheliche Kinder gelten (vgl. Abraham und seine Frau Sarah bzw. deren Magd). Schließlich bringt Rahel, die Lieblingsfrau Jakobs, Josef als ihren Erstgeborenen zur Welt.

Lea hat insgesamt sechs Söhne, ihre Magd Silpa zwei, Rahel bekommt zwei Söhne und ihre Magd Bilha ebenfalls zwei. Damit ist Jakob der Stammvater der zwölf Väter Israels.

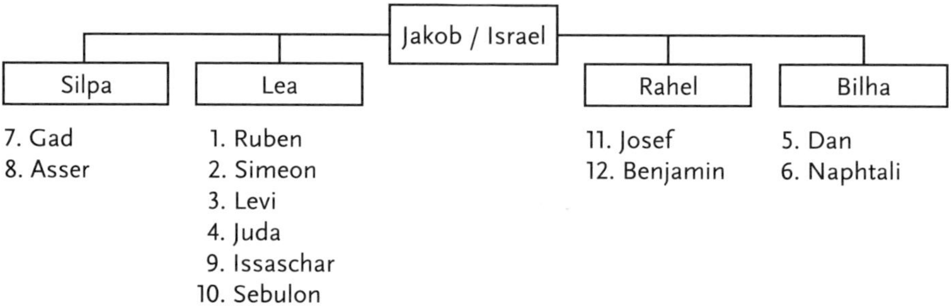

Abb. 4: Genealogie des Jakob und seiner zwölf Söhne

Nach der Geburt des Josef, des Erstgeborenen Rahels, verlangt Jakob von Laban seine Entlassung aus seinem Dienst. Als Lohn für seine 14-jährige Tätigkeit soll Jakob alle gesprenkelten Schafe und Ziegen erhalten (Gen 30,31–34). Durch eine Art Fruchtbarkeitszauber – Jakob erweist sich wieder als sehr trickreich – verschafft er sich ansehnlichen Reichtum:

> Gen 30, 43 *Und der Mann breitete sich sehr, sehr aus, und er bekam viele Herden, und Mägde und Knechte, und Kamele und Esel.*

Im folgenden Kapitel 31,1–18 wird erzählt, nicht Jakob sei der Betrüger, sondern sein Schwiegervater Laban und Jakob sei mit Gottes Hilfe so reich geworden. Einmal mehr begibt sich Jakob auf die Flucht, dieses Mal vor seinem Schwiegervater und macht sich in einer Nacht- und Nebelaktion mit seiner ganzen Familie und seinen Herden davon. Zu guter Letzt stiehlt Rahel auch noch die Götterbilder ihres Vaters. Laban jagt Jakob nach und holt ihn auch ein. Es kommt zum Streit zwischen den beiden, auch wegen der Götterbilder, die man im Lager des Jakob freilich nicht findet, weil sich Rahel daraufgesetzt hatte und behauptet, sie habe ihre Tage. Da sucht natürlich kein Mann! Schließlich kommt es doch zu einer Einigung, die mit einem Opfermahl auf einer jungfräulichen, weil gerade erst geschaffenen, Anhöhe besiegelt wird (Gen 31,44–54).

In Gen 32 und 33 kommt es auch zu einer Versöhnung mit seinem Bruder Esau. Eingeschoben in den Versöhnungsprozess ist der merkwürdige Kampf des

Jakob am Fluss Jabbok mit einem undefinierbaren Wesen. Natürlich wird in der theologischen Überarbeitung der Erzählung dieses Wesen als Engel (so in der Kunst) oder als Gott selbst dargestellt. Wie es sein kann, dass Jakob im Kampf gegen Gott ein Unentschieden gelingen kann, wird nicht erörtert. Mit dieser rätselhaften Erzählung verbunden sind insgesamt drei Ätiologien: Jakob erhält den Namen Israel (32,29; noch einmal in 35,10), der Ort wird wegen des Ereignisses Penuël (Gottesgesicht) genannt und als Drittes führt man auf das Ringen des Jakob ein Kaschrutgebot zurück: Man isst bei Tieren den Muskelstrang über dem Hüftgelenk nicht, weil Jakob von seinem Gegner auf die Hüfte geschlagen wurde, sodass er fortan hinkte.

Nach der Versöhnung zieht Esau weit in den Süden nach Seir, seinem ursprünglichen Wohnort. Jakob begibt sich nach Sichem und kauft dort ein Grundstück, auf dem er einen weiteren Altar baut. Er kann nicht in Sichem bleiben, weil Dina von einem Sichemiten vergewaltigt wurde und ihre beiden Brüder, Levi und Simeon, daraufhin die Männer der ganzen Stadt massakrieren.

Auf diesen Vorfall bezieht sich der Spruch Jakobs über diese beiden im Jakobssegen:

> Gen 49,5 *Die Brüder Simeon und Levi, Werkzeuge der Gewalttat sind ihre Waffen.*

Jakob erhält den Auftrag, zurück nach Bet El zu ziehen, dort zum zweiten Mal den Kultplatz zu begründen und dem Ort erneut den Namen Bet El zu geben. Zuvor werden die Götterbilder, die Rahel ihrem Vater gestohlen hatte – und offensichtlich noch jede Menge weiterer – von Jakob unter der Eiche von Sichem begraben, dazu auch die verstorbene Amme Rebekkas, die Jakob scheinbar begleitet hatte. Auch von einer Himmelfahrt Gottes wird erzählt:

> Gen 35,13 *Und Gott fuhr von ihm auf an dem Ort, an dem er mit ihm geredet hatte.*

Jakob macht sich auf den Weg nach Süden – scheinbar, um zu seinen Eltern zu kommen – doch unterwegs stirbt ihm seine Lieblingsfrau bei der Geburt ihres zweiten Sohnes Benjamin. Dies ereignet sich bei dem Ort Efrata, dessen Identität mit Bethlehem hier zunächst so behauptet wird, freilich auch beim Propheten Micha:

> *vgl. Mich 5,1: Und du, Bethlehem Efrata, das du klein unter den Tausendschaften von Juda bist, aus dir wird mir [der] hervorgehen, der Herrscher über Israel sein soll; und seine Ursprünge sind von der Urzeit, von den Tagen der Ewigkeit her.*

In Gen 35,27 begegnet Jakob noch einmal seinem Vater, ehe dieser stirbt. Wo er ihn getroffen hat, ist nicht so genau festzustellen. Der Text sagt dazu: In Mamre, in Kirjat Arba (Stadt der vier [Brunnen/Quellen?]), das jetzt Hebron heißt (Gen

35,27). Eigentlich sind dies drei verschiedene Orte, die aber allesamt im Umfeld von Hebron liegen. Isaak wird in Hebron begraben, aber die nächste geographische Notiz bleibt auffallend allgemein: Jakob ließ sich in Kanaan nieder (Gen 37,1). Kanaan aber ist eine Bezeichnung für das ganze Land.

Die weitere Geschichte Jakobs ist sodann Bestandteil der Josefsgeschichte, die eigens behandelt werden wird.

4.4.2 Die Historie

Wie schon bei Abraham und Isaak spielt die Erzählung im Hirtenmilieu: Rahel, Jakobs Traumfrau, wird eigens als Hirtin ausgewiesen (Gen 29,9). Ansonsten sind die Erzählungen über Jakob ähnlich (un-)ergiebig wie die über Abraham und Isaak, allerdings in manchen Punkten ausführlicher. Immerhin erhält man einige interessante Informationen über Erstgeburtsrecht und -Segen, die sich Jakob erschleicht und die nicht erneut vergeben werden können. Auch in anderen Situationen erweist sich Jakob als sehr trickreich – man könnte auch sagen: mit allen Wassern gewaschen. Wenn er den Fruchtbarkeitszauber an den starken Tieren der Herde Labans praktiziert und es damit nicht nur zu einer großen, sondern auch kräftigen Herde mit gesunden Tieren bringt, ist das, so wie es beschrieben steht, nicht eigentlich ein Betrug. Der Verfasser – oder wahrscheinlich sekundäre Redaktor des Schrifttextes – sieht sich aber dennoch genötigt, das Verhalten des Jakob zu entschuldigen bzw. als gottgewollt darzustellen (Gen 31). Dort wird die Schuld auf Laban geschoben, der Jakob ein ums andere Mal übervorteilt haben soll – Jakob gewissermaßen nur aus „Notwehr" handelt. Zumindest was die beiden Frauen Jakobs angeht, trifft der Vorwurf gegen Laban aber immerhin zu. Auch im Kampf mit dem merkwürdigen Wesen an der Furt des Jabbok, einem Fluss, der von jordanischer Seite aus in den Jordan fließt, schlägt Jakob für sich einen Vorteil heraus, indem er dem Wesen einen Segen abnötigt.

In der Forschung wird erwogen, dass es sich bei dieser Geschichte um eine Erzählung handelt, in der Jakob einem Wegedämon begegnet, der ihn am Übergang über den Fluss hindern will. Erst sekundär wird Gott in die Erzählung eingeführt, was das Verständnis des Textes aber nicht einfacher macht. Warum fällt dieser „Mann" Jakob überhaupt an? Warum hat er Angst vor dem Sonnenaufgang? Warum kann er den Menschen Jakob nicht überwinden? Warum gibt er seinen Namen nicht preis? Die dreifache Ätiologie zeigt an, dass es doch einiger Mühe bedurfte, die Geschichte einigermaßen im Kontext unterzubringen. Die Ätiologien sind starke Anker, die den Text im Kontext halten.

Bei Abraham und Isaak liest man auch schon von endogamen Ehen: Sowohl Isaak als auch Jakob wählen sich Ehefrauen aus der unmittelbaren Familie. Beide müssen diese aus dem Zweistromland holen. Jakobs Weg führt einmal mehr nach Haran, jenen Ort, an dem auch Abraham zeitweilig wohnte. Der Ort liegt im südlichen Grenzgebiet der heutigen Türkei, im Norden der mesopotamischen Ebene an einem Nebenfluss des Euphrat und kann eine Siedlungsgeschichte bis ins 3. Jt. vorweisen. In der Antike berühmt ist die Stadt spätestens in römischer Zeit, wo der Triumvir Crassus, der Amtskollege Julius Cäsars, mit einem Heer von über 25.000 Mann von den Parthern vernichtend geschlagen wird.

Was man von den zwölf Söhnen und der ungewissen Anzahl von Töchtern aus der Ehe des Jakob mit seinen vier Frauen halten soll, wird im weiteren Kontext erörtert. Insgesamt aber erfährt man von Jakob an historisch verwertbaren Daten herzlich wenig. Lediglich der allgemeine Aufenthaltsort des Jakob in der Gegend von Bet El, also nördlich von Jerusalem, und die Gründung des dortigen Heiligtums ist bemerkenswert. Denn sollte dies historisch zutreffen, hält sich Jakob, wie schon zuvor Isaak, in einem eigenen geographischen Raum auf, sodass die „Verwandtschaft" mit Abraham und Isaak an Wahrscheinlichkeit verliert. Es könnte sein, dass die ganze Jakobsgeschichte andere Tradenten hat als die Abraham-Isaak-Überlieferung. Hinweis darauf ist die Erzählung, dass der schon *vor* Jakob existierende Kultort Bet El, ein Heiligtum für den kanaanäischen Hochgott El, durch den „Vater" Jakob eine Legitimation erfährt, die vor allem für die mittlere bis späte Königszeit erforderlich war: Nach Salomo kommt es den Aussagen der Schrift zufolge zur Trennung des davidisch-salomonischen Reiches. Es zerfällt in das Nordreich Israel und das Südreich Juda (mit Benjamin). Bet El liegt nahe der Reichsgrenze im Nordreich. An dieser Stelle baut der erste König des Nordreiches einen Tempel, um dafür zu sorgen, dass „seine" Bevölkerung nicht zum Tempel von Jerusalem zieht, um dort zu opfern. In einer solchen Situation ist es natürlich optimal, wenn das „Ersatzheiligtum" an der Reichsgrenze auf einen berühmten Gründervater, eben Jakob, verweisen kann.

Es ist freilich schon hier zu vermerken, dass die Geschichte von David und Salomo und ihrer glanzvollen Regierungszeit ihrerseits historisch nicht unbedingt zu halten sind. Die beiden Archäologen Finkelstein und Silbermann gehen als Ergebnis archäologischer Arbeit davon aus, dass die beiden „großen Könige" lediglich Bürgermeister in einem judäischen Bergkaff namens Jerusalem waren und die Glanzzeit „Israels" in die Zeit der Könige des Nordreiches aus der Familie der so genannten Omriden fällt. Unumstritten sind die Ergebnisse der beiden Forscher freilich nicht. Sie kommen zu diesen Ergebnissen, weil sich keine Spuren eines davidisch-salomonischen Großreiches nachweisen ließen. Ob fehlende archäologische Belege die *Nicht-Existenz* historischer Ereignisse beweisen und die Beweislast nicht vielmehr umgekehrt werden muss, sei an dieser Stelle schon einmal angefragt. Das Problem wird im Kontext der Königszeit noch einmal ausführlicher erörtert. Zuvor geht es um die Frage, was mit „Israel" gemeint ist.

Zusammenfassung

Unter historischem Blickwinkel bleibt die Gestalt des Jakob ähnlich unergiebig wie die seiner beiden Vorväter. Die Überlieferungen der Schrift wie etwa die Zwillingsgeburt, der zweifache Betrug des Jakob gegenüber seinem Bruder Esau, der Dienst um seine beiden Frauen und deren Heimholung sowie seine zwölf Söhne lesen sich zwar wie ein Roman, bieten aber kaum Hinweise zur Zeit und Umwelt dieser Familiengeschichte.

5. Israel in Ägypten

Es war in den vorausgehenden Abschnitten schon mehrfach von „Israel“ die Rede. Aber was ist das überhaupt? Ein Land, eine Landschaft, eine Gruppe von Menschen, ein Volk, Teile eines Volkes?

In der Tat muss hier sehr stark differenziert werden. Als „Israel“ bezeichnet sich im AT über weite Strecken ein Volk, das sich angeblich aus zwölf Stämmen zusammensetzt. Diese Stämme gehen auf zwölf Männer zurück, genauer auf die zwölf Söhne des Patriarchen Jakob, die er mit seinen vier Frauen zeugte; Lea und Rahel sowie deren beiden Mägde Silpa und Bilha. Sieht man sich jedoch die Listen an, in denen diese zwölf genannt werden, so sind es hier und da mehr Stämme bzw. Väter. Da tauchen die zwei Stämme Ephraim und Manasse auf. Es handelt sich um die *Söhne des Josef*, sie selbst gehören damit eigentlich nicht zu den Stammvätern. Gelegentlich ist auch von einem Stamm bzw. einer Gruppe Machir die Rede, die in Israel lebt.

5.1 Was sagt die Schrift?

Doch der Reihe nach: In der Schrift taucht der Name Israel als Ehren- oder Aliasname von Jakob auf. Jakob ringt an der Furt über den Fluss Jabbok, im Ostjordanland gelegen, mit einem ominösen Wesen. Keiner kann den anderen bezwingen. Beim Morgengrauen bittet die Gestalt, Jakob möge sie freilassen. Scheinbar hat sie – einem Vampir vergleichbar – Angst vor der aufgehenden Sonne. Jakob willigt ein unter der Bedingung, dass das Wesen ihn segnet. Dies tut die ominöse Gestalt dann auch und gibt Jakob den Namen „Israel“, was mit „Gottesstreiter“ übersetzt wird. Der Gott J“ spielt hier noch keine Rolle und so scheint es fast „normal“, dass Jakob einen El-Namen erhält, den Namen jenes Gottes also, der in Bereichen des „fruchtbaren Halbmondes“ als Hochgott eines Götterpantheons, einer Göttergesellschaft also, verehrt wird. J“ ist ein „jüngerer Gott“, den „Israel“ erst in späterer Zeit kennenlernt und verehrt. Erst die späteren Literaten setzen El kurzerhand mit J“ gleich bzw. verwenden den Namen El als Abstraktum für „Gott“, sodass man von El J“ bzw. von J“ Elohim sprechen kann. In die gleiche Richtung weist die Gottesoffenbarung, die der Stammvater Jakob in Bet-El (Haus/Tempel des El) erfahren hat. Hier findet sich die in vielen Religionen übliche Vorgehensweise, einen „alten“ Gott und sein Heiligtum für einen neuen Gott zu reklamieren. Bet-El war ein Heiligtum des El. Über Jakob und seine dortige Offenbarung wird es zu einem Heiligtum, das „Israel“ für sich beansprucht. In der Königszeit schließlich wird es – unter Beibehaltung des Namens – zu einem J“-Heiligtum. Das alte Heiligtum wird hier ätiologisch auf Jakob zurückgeführt, d.h. eine Erzählung über Jakob macht es möglich, diesen Standort für Israel zu vereinnahmen.

Eine Darstellung der Stammeslisten kann hier etwas Übersicht verschaffen:

Die „12 Stämme“					
Gen 29	Gen 35	Gen 46	Gen 49	Ex 1	Num 1
	Lea:				
1 Ruben	1 Ruben	1 Ruben	1 Ruben	1 Ruben	1 Ruben
2 Simeon	2 Simeon	2 Simeon	2 Simeon	2 Simeon	2 Simeon
3 Levi	3 Levi	3 Levi	3 Levi	3 Levi	3 Juda
4 Juda	4 Juda	4 Juda	4 Juda	4 Juda	4 Issachar
5 Dan	5 Issachar	5 Issachar	5 Sebulon	5 Issachar	5 Sebulon
6 Naftali	6 Sebulon	6 Sebulon	6 Issachar	6 Sebulon	6 Ephraim
	Rachel:				
7 Gad	7 Joseph	7 Gad	7 Dan	7 Benjamin	7 Manasse
8 Ascher	8 Benjamin	8 Ascher	8 Gad	8 Dan	8 Benjamin
	Bilha:				
9 Issachar	9 Dan	9 Joseph	9 Ascher	9 Naftali	9 Dan
10 Sebulon	10 Naftali	10 Manasse	10 Naftali	10 Gad	10 Ascher
	Silpa:				
11Joseph	11Gad	11 Ephraim	11Joseph	11 Ascher	11 Gad
12 Benjamin	12 Ascher	12 Benjamin	12 Benjamin		12 Naftali
		13 Dan			
		14 Naftali			

Num 13	**Dtn 27**	**Dtn 33**	**Jos 21**	**1 Chr 12**	**Ez 48**
1 Ruben	1 Simeon	1 Ruben	1 Juda	1Juda	1 Ruben
2 Simeon	2 Levi	2 Juda	2 Simeon	2 Simeon	2 Juda
3 Juda	3 Juda	3 Levi	3 Benjamin	3 Levi	3 Levi
4 Issachar	4 Issaschar	4 Benjamin	4 Ephraim	4 Benjamin	4 Joseph
5 Ephraim	5 Joseph	5 Joseph	5 Dan	5 Ephraim	5 Benjamin
6 Benjamin	6 Benjamin	6 Sebulon	6 Manasse	6 Manasse	6 Dan
7 Sebulon	7 Ruben	7 Gad	7 Issachar	7 Issachar	7 Simeon
8 Manasse	8 Gad	8 Dan	8 Asser	8 Sebulon	8 Issachar
9 Dan	9 Asser	9 Naftali	9 Naftali	9 Naftali	9 Sebulon
10 Asser	10 Sebulon	10 Asser	10 Ruben	10 Dan	10 Gad
11 Naftali	11 Dan		11 Gad	11 Gad	11 Asser
12 Gad	12 Naftali		12 Sebulon	12 Ruben	12 Naftali
			13 Levi		

Wenn die Schrift von Israel spricht, meint sie in erster Linie das Zwölfstämmevolk, wobei oft ein enges Zusammengehörigkeitsgefühl betont wird. Dass bisweilen 13 oder gar 14 Stämme genannt sind, liegt an der Rolle der beiden Josefsstämme, die den Platz ihres Vaters einnehmen. Des Weiteren spielt der Stamm Levi eine Sonderrolle, weil er über die Stämme verteilt wohnen soll und daher kein eigenes Stammesland erhält. Die Zentrierung auf die zwölf Stämme wird auch daran ersichtlich, dass für die Endzeit die endgültige Zusammenführung der (durch das Exil) verstreuten zwölf Stämme durch Gott selbst oder seinen Messias herbeigeführt wird. In Jes 56,8; Ps 147,2 geschieht diese Sammlung in Jerusalem. Dennoch kann auch die Schrift nicht unterschlagen, dass es unter dem Sohn des Salomon zur Trennung der Stämme kam: Zehn Stämme erwählen sich einen neuen König, Jerobeam I. und bilden fortan das Nordreich mit dem Namen Israel. Juda und Benjamin akzeptierten weiterhin die davidische Dynastie in dem weitaus unbedeutenderen Südreich Juda. Zeitweise führte man auch Krieg miteinander. Zu einer Versöhnung kommt es nicht mehr, sodass das Zwölfstämmevolk nach der Schrift nur für einen kurzen Geschichtsabschnitt existiert, genauer von der Zeit des Ägyptenaufenthalts über die Landnahme bis in die Zeit Rehabeams, des Sohnes Salomos.

5.2 Die Historie

Offenbar gibt es zwei verschiedene Arten von Listen:

In jenen, in denen es um Stammesgebiete geht, fehlt Levi, denn die Leviten, die Menschen des Priesterstammes, besitzen kein eigenes Gebiet. Die Priester sind über die Stämme verteilt. Mit hoher Wahrscheinlichkeit hatte vor der Zentralisierung auf den Tempel in Jerusalem jeder Stamm sein Heiligtum oder seine Heiligtümer und dort seine Priester. Wann diese Zentralisierung erfolgte, wissen wir nicht. Denn selbst Salomo opferte noch an „fremden" Opferstätten (1Kön 3,5). Durch seine insgesamt 1000 Frauen sei er zudem zum Fremdgötterkult verführt worden.

Levi taucht demnach nur dort auf, wo man an der Genealogie interessiert ist. In Gen 46 und Jos 21 liegen Mischformen vor. Sicherlich stammen die verschiedenen Listen auch aus unterschiedlichen Zeiten: Vom Stamm Ruben hört man nicht viel, er scheint irgendwann untergegangen zu sein. Auch die Anzahl zwölf ist mit einiger Wahrscheinlichkeit nicht von Anfang an gegeben bzw. die Stämme verstanden sich nicht immer als Zwölferkreis, wie dies im so genannten Debora(h)-lied im Buch der Richter (Ri 5) deutlich wird.

Einige dieser Namen gelten zudem nicht nur als Stammesbezeichnung, sondern gleichzeitig auch als Landschaftsbezeichnung. Es gibt das Gebiet Juda und es ist vom Ephraimitischen Bergland die Rede. Somit ist das Zwölfstämmevolk keine geschichtlich einheitliche Größe. Die Zwölfzahl scheint stellenweise wichtiger zu sein als die Namen der Stämme, welche diese Zwölf bilden.

Die beiden atl. Segnungen der Stämme, einmal durch den Stammvater Jakob, ein anderes Mal durch Mose, lassen auf unterschiedliche Schicksale der Stämme schließen, unter anderem darauf, dass bei der so genannten Landnahme einige Stämme schon längst im Lande wohnten (dazu mehr im Kontext des Deborahliedes).

In außerbiblischen, genauer ägyptischen, Quellen findet sich der Name „Israel" zum ersten Mal in einer Siegesinschrift des Pharao Merenptha, einerseits in Karnak auf einer Wand, andererseits auf einer Stele.

Abb. 5: Siegesstele des Merenptah aus dem Totentempel des Königs der 19. Dynastie in Theben-West, ausgestellt im Ägyptischen Museum in Kairo

Der Begriff „Israel“ taucht hier im Kontext der Gegner des Pharao auf. Natürlich ist der Pharao über die Koalition der Feinde siegreich. Die Inschriften beschreiben, wie der Pharao die Feinde niedergeworfen hat:

„26 ...Die Häuptlinge werfen sich nieder und rufen šrm.
Tjehenu (*Tḥnw*, Libyen) ist erobert.
Hatti (*Ḫtṯ3*) ist befriedet.
Kanaan (*P3-K3nʿnʿ*) ist mit allem Übel erbeutet.
27 Askalon (*Jsq3rny*) ist herbeigeführt.
Gezer (*Q3ḏ3r*) ist gepackt.
Jenoam (*Ynwʿm3m*) ist zunichtegemacht.
Israel (*Jsrjr*)ist verwüstet, seine Saat [Nachkommenschaft K.D.] ist nicht ^ mehr.
Chor (*Ḫ3rw*) ist zur Witwe (*ḫ3rt*) von
28 Ta-meri (*das Geliebte Land*, d. h. Ägypten) geworden.
Alle Länder sind insgesamt in Frieden.“
(Auszüge aus dem Text der Merenpthah-Stele https://de.wikipedia.org/wiki/Merenptah-Stele)

Die Ägyptischen Hieroglyphen (= heilige [Schrift] Zeichen), in denen der Text geschrieben ist, verwenden so genannte Determinative. Dabei handelt es sich um Zeichen, die einem Namen beigegeben sind und verdeutlichen, ob es sich um eine Stadt, einen Staat, einen Fluss, ein Gebirge, einen Volksnamen oder anderes handelt. Bei Israel nun ist das Determinativ für Personen (Gruppe) angefügt, sodass es sich bei diesem „Israel“ nicht um ein klar fassbares Volk oder ein Land mit seiner Bevölkerung handelt. Das aber bedeutet, dass Israel zur Zeit des Merenptah (Regierungszeit 1213–1204) weder als Land noch als Volk existiert. Die Personengruppe kann z.B. einen umherziehenden nomadischen Clan bezeichnen. Über das „biblische“ Israel oder gar das Zwölfstämmevolk lassen sich daraus also keine Schlüsse ziehen.

Schon hier wird deutlich, dass „Israel“ ein sehr schillernder Begriff ist. Es ist zu vermuten, dass auch die Zuweisung der verschiedenen Jakobssöhne an die unterschiedlichen Stammmütter von Bedeutung ist (Lea/Rachelstämme plus Bilha/Silpastämme)

Heute bezeichnet „Israel“ den „Staat Israel“, wobei die Grenzen dieses Staates umstritten sind. Insbesondere ist die Frage zu stellen, inwieweit die annektierten palästinensischen Gebiete als „Israel“ bezeichnet werden können und dürfen.

Zusammenfassung

Der Begriff „Israel“ hat eine ganze Reihe verschiedener Bedeutungen: Er wird als Aliasname von Jakob eingeführt, gilt als Bezeichnung einer Menschengruppe, sodann als Name des Zwölfstämmevolkes, als das davidisch-salomonische Reich, als Name des „Nordreiches“, und heute natürlich für den Staat Israel. Wenn also der Begriff „Israel“ fällt, ist zu beachten, von welchem Zeitfenster man spricht.

Verkompliziert wird das Ganze dadurch, dass im AT Erlebnisse und Erfahrungen einzelner Gruppen, die später zu Israel zählen, als Begebenheiten *ganz* Israels vereinnahmt und damit der Name „Israel“ so weit wie möglich in die Anfänge verlegt wird, nämlich bereits in den Ägyptenaufenthalt.

5.3 War „Israel“ in Ägypten?

Aus ägyptischen Quellen ist belegt, dass Nomaden zu bestimmten Zeiten nach Ägypten „eingewandert“ sind und dort zumindest für eine gewissen Zeit ihren Aufenthalt nahmen. Insbesondere bei Dürre oder in Jahren von Mangelversorgung scheint dies der Fall gewesen zu sein. Selbstverständlich weiß auch das AT von solchen Aufenthalten. Oben war bereits davon die Rede, dass sich „der Pharao“ Sarah in seinen Harem geholt hatte. Eine detaillierte „Beschreibung“ einer Ägyptenreise bietet die Josephsgeschichte. Diese ist eine in sich nicht ganz spannungsfreie, aber dennoch selbständige Erzählung, die im jetzigen Kontext dazu dient, den Zug des Jakob-Clans nach Ägypten zu begründen. Die Ursache für den Zug nach Ägypten ist eine Hungersnot im Land, wie bei Abraham in Gen 12,10. Wodurch diese hervorgerufen wurde, wird nicht berichtet.

Laut dem Beginn des Buches Exodus wird die Jakobsfamilie mit den zwölf Stammvätern dort zu einem großen Volk (Israel), sodass die Ägypter eine Machtübernahme der Fremden fürchten und damit beginnen, eine Geburtenkontrolle zu erzwingen, indem die männlichen Nachkommen sofort nach der Geburt getötet werden sollen. Selbstverständlich steht dieser Bevölkerungszuwachs Israels theologisch nach wie vor unter dem Mehrungsversprechen, das Gott an Abraham gegeben hat. Die Zunahme der israelitischen Bevölkerung ist Zeichen der Heilszusage Gottes.

Das AT erzählt im weiteren Fortgang des Buches Exodus auch davon, dass „das Volk“ zur Fronarbeit (Ziegelherstellung) herangezogen worden sei. Nach einer Beschwerde über die hohen Lasten habe der Pharao die Arbeiten noch verschärft, indem das für die Ziegelherstellung erforderliche Stroh nicht mehr geliefert wurde. Er ordnete an, dass die Fronarbeiter das Stroh selbst auf den Feldern sammeln sollten – bei gleichbleibend hoher Abgabe an Ziegeln..

Die Unterdrückung nimmt existenzbedrohende Ausmaße an und deshalb schickt Gott in Mose, den er eigens dazu beruft, einen Retter, um sein Volk zu befreien. Dies geschieht in Form der bekannten ägyptischen Plagen, die Mose im Auftrag Gottes auf die Ägypter fallen lässt und die schließlich zum Auszug aus Ägypten führen. Auch in dieser Zeit steht Gott seinem Volk bei und rettet es „aus der Hand der Ägypter“. Auch in der Bedrohung der Wüstenzeit – Hunger, Durst, Schlangen setzen dem Volk zu – rettet Gott und erwählt sich Israel (erneut) zu seinem Volk durch die Gabe der Gebote.

Insgesamt gestaltet sich das Verhältnis zwischen Israel und Ägypten auf die gesamte gemeinsame Geschichtsstrecke als ambivalent (vgl. dazu den Exkurs „Israel und Ägypten“).

Ist der Ägyptenaufenthalt historisch zu belegen? Grundsätzlich ist sowohl aus dem AT wie auch aus ägyptischen Inschriften zu erheben, dass Ägypten einen – vermutlich begrenzten – Zuzug von „Asiaten“ aus dem Norden gestattet hat.

Abb. 6: Eine Gruppe Nomaden zieht zur ägyptischen Grenze

Das Bild zeigt, wie Nomaden in Ägypten einreisen dürfen, sogar mit ihren Waffen. Die „Fremden“ sind gekennzeichnet durch die hellere Hautfarbe, die Haartracht und die Bekleidung.

Gelegentlich werden die „Fremden“ auch als abgemagerte, hungerleidende Menschen dargestellt, denen die Ägypter wohlbeleibt und augenscheinlich satt gegenüberstehen, so im Imhotep-Museum in Karnak (Relief vom „Aufweg des Unas“ zu seiner Pyramide in Sakkara, 5. Dynastie, um 2350 v. Chr.).

Abb. 7: Darstellung hungernder Beduinen, zwischen 2380 und 2350 v. Chr.

Auch das ist Propaganda: Ägypten ist das Land, das seine Bewohner ernähren kann – dank Pharao und seiner Götter.

Die Söhne Jakobs wollen in Ägypten Getreide kaufen, das laut Josephsgeschichte in Zeiten der Fülle in Kornspeichern gehortet worden war. Historisch gesehen war es so, dass das Getreide von den Bauern in die Speicher geliefert wurde. Die Beamtenschaft überwachte die Abgaben und verteilte den Weizen bei Bedarf an die Bevölkerung. Dies war schon deshalb erforderlich, weil ein Teil der Bevölkerung Bautätigkeiten an den pharaonischen Großprojekten nachging und nicht mehr für sich selbst sorgen konnte. Allerdings ruhten die Bauarbeiten möglicherweise in der Saat- und Erntezeit. Auch in Ägypten gab es immer wieder einmal Engpässe bei der Versorgung, etwa wenn die Überflutung der Felder durch den Nil ausblieb. Ebenso konnte politische Instabilität zu Hungersnöten führen, wenn durch die Schwäche der Zentralregierung das System nicht mehr funktionierte.

In späterer Zeit war Ägypten die Kornkammer des römischen Reiches. Rom war abhängig von einem funktionierenden Getreideimport. Offensichtlich blieb aber immer noch genügend in Ägypten, um die Bauern zu ernähren und den Getreideanbau auch für das nächste Jahr sicherzustellen. Auch von Herodes dem Großen wird berichtet, er habe in Zeiten der Not (vermutlich zu Zeiten der Hungersnot 28/27 v. Chr. nach einem Sabbatjahr) Getreide aus Ägypten importiert, um die Not zu lindern. Den Import habe er aus seiner eigenen Privatschatulle bezahlt, auch wenn es sich dabei natürlich letztlich auch um Steuergelder handelte. Diese Notiz wird erzählt um deutlich zu machen, dass der keineswegs beliebte König doch auch Anstrengungen unternahm, um dem Volk zu helfen (Ant XV, 299–316) – vermutlich aber auch um spätere Steuerausfälle zu vermeiden.

Es kann demnach kein Zweifel darüber bestehen, dass Vorfahren „Israels" in Notzeiten als „Wirtschaftsflüchtlinge" nach Ägypten gezogen sind, vermutlich öfter als nur einmal, bei unbestimmter Dauer, und sich dort aufgehalten haben. Über die Dauer erfahren wir nichts und auch nicht über Personenzahlen. Dass man von ägyptischer Seite aber kaum 600.000 Mann (Ex 12,37) plus Anhang dort geduldet hätte, ist mehr als wahrscheinlich. Die Gesamtbevölkerung Ägyptens wird für das Neue Reich auf lediglich 3 bis 4 Mio. geschätzt. Vermutete man auf jeden Mann eine Frau und zwei Kinder, so hätte mehr als die Hälfte der Bevölkerung Ägyptens aus zugewanderten Menschen bestanden.

Ob die Zuzügler versklavt wurden und/oder zum Bau der ägyptischen Tempel und Grabmale gezwungen wurden, ist strittig. Lange Zeit dachte man, dass die Pharaonen ihrer Bevölkerung Fronarbeiten abverlangt hätten. Heute überwiegt die Ansicht, dass es sich bei den Bauleuten um freie Männer handelte, die für ihre Arbeit auch entlohnt wurden, vor allem mit Naturalien. Dabei ist zu vermuten, dass auch die Familien versorgt wurden, denn in der Zeit der Bautätigkeit konnte keiner der Arbeiter seiner Feldarbeit nachgehen. Denkbar ist aber auch, dass die Arbeiten nur in der Zeit der Nilschwemme vorangebracht wurden, in der ohnedies keine Feldarbeit stattfand. Zudem ist angesichts der Kunstfertigkeit der Gebäude mit einer größeren Anzahl von Spezialisten zu rechnen, die vermutlich geschult wurden und überhaupt nie Feldarbeit leisteten. Die Baumeister haben sich im Kontext der Königsbauten verschiedentlich auch eigene Begräbnisstätten errichten lassen, die den königlichen zwar an Größe, nicht aber an Kunstfertigkeit nachstanden. Da sie ihre Arbeiter bezahlen mussten, dürften sie selbst auch nicht schlecht gestellt gewesen sein, selbst wenn man damit rechnen kann, dass ab und an „ein Sack Zement" von der königlichen auf die private Baustelle verschoben wurde.

Das sagt aber noch nichts über den Umgang mit den zugezogenen landlosen Menschen aus. Man wird sie möglicherweise nicht völlig ohne Gegenleistung ins Land gelassen haben. Eine Abgabe in Form von Weidetieren dürfte das Mindeste gewesen sein, was zu leisten war. In Ex 1 heißt es jedenfalls, „Israel" hätte für „den Pharao" – ein Name wird nicht genannt – Pit(h)om und Ramses bauen müssen. Heute ist bekannt, dass diese beiden Städte unter dem größten Baumeister Ägyptens, Pharao Ramses II. (ca. 1303–1213) erbaut wurden. Eine gewisse Bestätigung erfährt diese Aussage in zwei Papyri, Papyrus Leiden 348 und 349, denen zufolge „Hapiru"-Leute (ʻprw) zu Bauarbeiten herangezogen wurden. Die Bemerkung aus ILI News / I Like Israel e.V. vom 22.12.2024 unter der Rubrik „Archäologie", „man habe ein Schwert gefunden, das mit dem Pharao Ramses II in Verbindung gebracht wird, dem gegenüber Mose, wie in der Thora berichtet, die berühmte Aufforderung ‚Lass mein Volk ziehen' aussprach", ist im besten Falle unpräzise, eigentlich aber falsch, denn der Name des Pharaos wird in der Tora gar nicht erwähnt. Archäologie sollte nicht dazu verwendet werden, die Bibel zu beweisen. Dies hat schon viele Male zu falschen Ergebnissen geführt, wie bei David und Salomo und ihrem angeblichen Großreich zu sehen ist.

In zwei hieratischen Texten [hieratisch: Schrifttyp, verwendet vom 3. Jt. v. Chr. bis zum 3. Jh. n. Chr. K. Dorn] aus der Zeit Ramses II. (1279–1212), die als Briefe anzusprechen sind, werden die ‘prw gleichfalls erwähnt. Es sind dies die Texte, die F.J.Chabas zur Identifizierung der ‘prw und der ìbrím (Hebräer?) veranlasst haben. Im ersten Dokument Pap. Leiden 348 verso [Rückseite] col. 6,6 werden die ‘prw mit Transport von Steinen für einen Tempel beschäftigt. Es wird deshalb befohlen, sie mit Proviant zu versorgen. Der Brief lautet folgendermaßen:

> *„Eine andere Botschaft an meinen Herrn: Ich habe den Brief empfangen, den mein Herr mit folgendem Inhalt an (mich) gesandt hat: <Gib Getreideproviant den Leuten des Heeres und den ‘prw, welche für den großen Pylon von ‘...Ramses Miamun‘ Steine ziehen>.“ Im Pap. Leiden 349 behandelt der Briefschreiber eine ähnliche Situation.“ (Loretz 39)*

Trotz der etymologischen Nähe der Worte Hapiru/Apiru und Hebräer kann nicht einfach geschlossen werden, dass es dabei um ein und dieselbe Personengruppe geht, zumal es sich bei „Hap/biru“ nicht um eine Volks- oder Stammesbezeichnung handelt, sondern, wie bereits erwähnt, um eine soziologische Bezeichnung: Es sind Menschen mit einer bestimmten Lebensweise und gesellschaftlicher Stellung.

Letzten Endes ist jedoch ein Ägyptenaufenthalt „Israels“ tief in dessen Geschichte und Theologie verwurzelt, ebenso wie das Ereignis mit dem Namen „Exodus“, Auszug. Man muss daher davon ausgehen, dass es sich hier um historische Reminiszenzen (Erinnerungen) handelt, die für Israel wesentlich sind und mit hoher Wahrscheinlichkeit in ihrer theologischen Verarbeitung mit zur Durchsetzung des J“-Glaubens beitrugen. D.h., diese Ereignisse wurden als geschichtliche Ereignisse betrachtet, in denen Gott sich durch sein parteiliches Eingreifen *für Israel* als Heil schaffend erwiesen hat. Die Erinnerung daran hat nicht unwesentlich dazu beigetragen, dass in der Zeit der Sesshaftwerdung und danach der Glaube an diesen Gott der „Exodusleute“ eine weite Verbreitung fand. Es wird hier schon vorausgesetzt, dass „Israel“ nicht in seiner Gesamtheit in Ägypten lebte und von dort auszog. Die selbständige Josefsgeschichte wird eigens behandelt. Dazu später mehr.

Zu bemerken ist, dass der Exodus „Israels“ bzw. des Mose mit einer Schar in diversen außeralttestamentlichen Schriften der letzten vorchristlichen Jahrhunderte erwähnt wird. Einerseits ist von der Vertreibung der Exodusleute im Kontext einer Seuche die Rede, andererseits von einem Auszug aus religiösen Gründen (Diodor; Poseidonios; Josephus Flavius als Replik auf Manethos; Strabon und nachchristlich Tacitus mit wilden Spekulationen über die Herkunft der Juden, bes. Hist V, 2–5)

Zusammenfassung

Unbestreitbar ist, dass Ägypten zeitweise Zuwanderer in seinen Grenzen duldete. Dies dürfte in Zeiten von Hungersnot der Fall gewesen sein. Vermutlich verkaufte Ägypten in solchen Zeiten auch Getreide an Notleidende. Unklar dabei ist allerdings, wie lange solche Gruppen geduldet wurden, um wie viele Personen es sich dabei gehandelt hat und welche Gegenleistungen verlangt wurden. Das AT spricht von Zwangsarbeit, aber es sind auch andere Formen von Leistungen denkbar. Es ist aber auch nicht zu bestimmen, ob man diese Fremden nötigte, länger als beabsichtigt in Ägypten zu bleiben. Im Falle von Zwangsarbeit – für Apiru ist diese belegt – ist immerhin denkbar, dass die Ägypter forderten, dass die von Seiten der Einwanderer zugesagten Gegenleistungen auch erbracht wurden. Gleichzeitig wäre dann naheliegend, dass sich die Einwanderer so schnell wie möglich von ihren Verpflichtungen zu verabschieden suchten.

5.4 Die Plagen

5.4.1 Was sagt die Schrift

Wie schon bemerkt erzählt das AT, dass das Volk „Israel“ zu groß wird und die Ägypter befürchten, zahlenmäßig ins Hintertreffen zu geraten. Der Pharao befiehlt daher die Tötung der männlichen Nachkommen unmittelbar nach der Geburt. Die beiden (nur zwei!) Hebammen der Israeliten unterlaufen dieses Verbot und ein besonderes Kind namens Mose wird in einem schwimmfähigen Körbchen im Nil ausgesetzt und bleibt dadurch am Leben.

Eine zweite Maßnahme der Unterdrückung durch den Pharao besteht darin, die Arbeitsleistung der Zwangsarbeiter zu erhöhen. Eine Vertreibung der „Fremden“ schließt der Pharao offensichtlich aus. Nachdem diese Option nicht erwähnt oder gar begründet wird, kann nur darüber spekuliert werden, dass der Pharao seine Zwangsarbeiter nicht verlieren will.

Schließlich sieht sich „Israel“ in seiner Existenz bedroht und somit schreitet Gott ein. Jener Junge aus dem Stamm Levi, dem Priesterstamm, der ausgesetzt wurde, wird von der Tochter des Pharao aus dem Nil geborgen und wächst am Hofe des Pharao heran. Wegen Totschlags eines Ägypters von Strafe bedroht, verlässt Mose Ägypten und findet Zuflucht bei einem östlich Ägyptens beheimateten Wüstenstamm, den Midianitern, genauer beim „Priester von Midian“, dessen Tochter er heiratet. Über Abraham sind die Midianiter mit Israel verwandt (Gen 25,1–6). Im Zuge einer Gottesoffenbarung beim Schafehüten (brennender

Dornbusch) erhält er den Auftrag, „Israel" aus der Gewalt des Pharao zu befreien. In der Folge kommt es zu einer ganzen Reihe von Begegnungen mit dem Pharao im Kontext der Plagengeschichten. Nach der letzten Plage, dem Tod aller erstgeborenen Ägypter, lässt der Pharao Israel ziehen. Der Auszug hat z. T. Züge einer Vertreibung, z. T. aber auch eines Raubzuges, denn angeblich geben die Ägypter den Auswanderern auch „Geschenke" mit auf den Weg. Der Auszug von über 600.000 Männern, dazu Frauen, Kinder und Besitz, soll in einer einzigen Nacht erfolgt sein.

Kurze Zeit später ändert der Pharao (wieder einmal) seine Meinung und jagt den Vertriebenen/Fliehenden mit seiner ganzen Armee, mit Soldaten, Streitwagen und Reitern, hinterher. Zunächst wird er durch Gottes Eingreifen – die göttliche Feuersäule – gehindert, Israel nahezukommen. Dann gelingt die Flucht durch das Meerwunder, deren unterschiedliche Erzählgrundlagen bis heute noch erkennbar sind: Zum einen bläst ein Wind das Wasser zur Seite, zum anderen werden die Wasser (die der Wind schon weggeblasen hat?) durch Vermittlung des Mose gespalten, sodass Israel, die Ägypter im Rücken, durch das Meer ziehen kann. Beim Nachsetzen ertrinkt die Armee des Pharao, weil Mose das Wasser zurückkehren lässt.

Abb. 8: Mit Hilfe Gottes spaltet Mose das Meer, sodass Israel trockenen Fußes hindurchgehen kann

Damit ist die Flucht erfolgreich abgeschlossen. Die außerordentliche Hilfeleistung des einen Gottes Israels findet in der Heilsgeschichte ihren Niederschlag, häufig in einer festen Formel.

> *Ex 20:2 Ich bin Jahwe, dein Gott, der dich aus Ägypten geführt hat, aus dem Sklavenhaus/ dem Haus der Knechtschaft.*

Ergänzt wird diese Aussage durch Zusätze wie:

> *mit starker Hand und hoch erhobenem Arm, unter Zeichen und Wundern.*

Das Ereignis wird in gewisser Weise zum Gründungsdatum Israels und wird wieder und wieder in den Büchern des AT wiederholt (vgl. Ex 4,21; 6,7; 13,3; 20,2; Lev 11,45; 19,34.36; 23,43; Num 3,13; Dtn 4,34; 5,15; 7,19; 10,19; 11,2.7; 13,11; 15,15; 26,8 u.v.m.), besonders häufig in jener Literaturschicht, die in der Forschung als deuteronomisch oder deuteronomistisch ausgewiesen wird (vgl. Dorn Basiswissen Bibel 2. Aufl., 88–91).

Schon die relativ stereotype Form der Erzählungen sollte misstrauisch machen. Zunächst gibt es da das Motiv des geretteten Retterkindes, das in vielfältiger Weise (NT: Die Verfolgung des Neugeborenen, der Kindermord zu Bethlehem und die Flucht nach Ägypten!) auch in anderen Erzählzusammenhängen eine Rolle spielt. Die derart stilisiert vorgetragenen Darstellungen haben sich so kaum abgespielt.

Auch bei den Plagen ist deutlich erkennbar, dass diese in eine Erzählform gegossen und mit nur wenig variierenden Elementen versehen sind:

- Auftreten des Mose (und Aaron) vor dem Pharao
- Forderung des Mose an den Pharao: Zunächst Freigang zu einem Opfer in der Wüste, dann zeitlich begrenzter und schließlich endgültiger Auszug
- Ablehnung der Forderung durch den Pharao
- Ankündigung einer Plage
- Rückzug des Mose
- Eintreten der Plage
- Mose wird vor den Pharao gerufen.
- Die Berater/Priester/Zauberer des Pharao können anfangs das gleiche Ereignis auch herbeiführen.
- Bitte des Pharao um Beendigung der Plage mit einer Konzession gegenüber den Forderungen des Mose
- Beendigung der Plage: Das Herz des Pharao verhärtet sich oder Gott macht es hart.
- Er hält seine Zusage nicht ein.
- Auftreten des Mose...

Werner Keller (u.a.) versucht in seinem Buch „Und die Bibel hat doch recht" nachzuweisen, dass sich die Plagen tatsächlich historisch so ereignet haben und er hat damit sogar teilweise Recht. Es trifft zu, dass bei schweren Regenfällen in den Quellgebieten des Nils sich dessen Wasser aufgrund der mitgeführten Sedimente hin zu braun oder auch zu rot verfärbt. Die Belastung des Wassers kann einerseits wegen der Verschmutzung und des daraus resultierenden Sauerstoffmangels im Wasser zum Fischsterben führen, andererseits aber auch dazu, dass die Reptilien, v.a. Frösche, das Wasser verlassen und sich an Land verbreiten. Der Tod der Frösche hat zur Folge, dass sie als natürliche Feinde der Mücken ausfallen und sich diese rasant vermehren, und dies umso mehr, als die Nilflut in den Nebenarmen sumpfige Tümpel hinterläßt – ein ideales Brutgebiet. Es ist schließlich allgemein bekannt, dass die Mückenstiche eine ganze Reihe von Krankheiten, z. T. lebensgefährliche wie die Malaria oder das inzwischen auch bei uns bekannte West-Nil-Fieber (erst 1993 entdeckt) zur Folge haben. Daran stirbt natürlich nicht nur die Erstgeburt, aber die Opferzahlen können so hoch gewesen sein, dass nahezu in jeder Familie Tote zu beklagen waren. Die Dunkelheit in Ägypten wird immer wieder einmal mit einem großen Vulkanausbruch im östlichen Mittelmeerraum in Verbindung gebracht, beispielsweise dem Ausbruch auf Santorin, dem diese Insel bis zum heutigen Tag ihre runde Form verdankt: Der Vulkan brach aus und zerstörte einen Großteil der Insel, sodass nur der Kraterring übriggeblieben ist, der die heutige Insel ausmacht. Vielleicht rührt die Dunkelheit aber auch aus dem Heuschreckensturm oder es war schlichtweg eine Sonnen- oder Mondfinsternis.

Das ist alles gut und schön, beweist aber letztlich nicht, dass sich diese Ereignisse wie an einer Perlenschnur eines nach dem anderen ereignet haben und etwas mit dem Exodus zu tun haben. Vielmehr wird hier zum Ausdruck gebracht, dass die Macht Gottes Wege findet, um seinen Willen, die Befreiung Israels, durchzusetzen. Verdeutlicht wird dies auch durch die Steigerung der Plagen und der zunehmenden Unfähigkeit der Magier des Pharao, die Plagen zu wiederholen. Dieser Punkt ist ohnedies sonderbar: Den Zauberern des Pharao gelingt es zwar mehrfach, die Plagen des Mose zu imitieren, aber auf den Gedanken, mit ihrer Kraft die Plagen außer Kraft zu setzen, kommen sie offensichtlich nicht. Somit tragen sie zu einer Verschärfung der Zustände bei, obwohl das vereinzelt gar nicht möglich scheint.

Bei genauerem Hinsehen fällt zudem auf, dass es sich um elf Plagen handelt, wobei der Tod der Erstgeburt freilich aus der Reihe fällt.

Schriftstelle	Plage/mittels	Reaktion des Pharao	Sonstiges
1. Ex 7,14–25	Nilwasser zu Blut/ Stab des Mose	Herz des P. bleibt hart	Wahrsager tun das Gleiche (wie denn, wenn ***alles*** Wasser zu Blut geworden ist?)
2.	Tod der Fische	P. nimmt die Sache nicht ernst	Wasser ungenießbar wg. des Blutes Wasser ungenießbar wegen der Fische
3. 7,26–8,121	Frösche/Hand	**Konzession:** Auszug zum Opfer möglich, P. verschließt sein Herz	Wahrsager tun das Gleiche
4. 8,12–15	Mücken/Hand und Stab	Herz des P. bleibt hart	Wahrsager können es nicht
5. 8,16–28	Ungeziefer/ – Nicht im Lande Goschen!	**Konzession:** dreitägiger Auszug zum Opfer, aber nicht zu weit. P. verschließt sein Herz	
6. 9,1–7	Tierpest	P. verschließt sein Herz	
7. 9,8–12	Beulen/Ruß	Der Herr verhärtet das Herz des P.	Wahrsager können wg. Beulen nicht auftreten
8. 9,13–35	Hagel und Gewitter/ Hand, Stab Nicht in Goschen	**Konzession**: Ich will euch ziehen lassen Herz des P. bleibt hart	
9. 10,1–11	Heuschrecken/Hand	**Konzession:** die Männer dürfen ziehen Der Herr verhärtet das Herz des P.	Meuterei: die Diener des Pharao richten sich gegen diesen
10. 10,21–29	Finsternis/Hand	**Konzession:** alle Menschen dürfen ziehen, aber nicht das Vieh Der Herr verhärtet das Herz des P. Audienzverbot für Mose	
11,1–10	Ankündigung des Todes der Erstgeburt		
12,1–25. 43–49	Pessach und Fest der ungesäuerten Brote		
Ex 13	Landverheißung		
11. 12,28–29	Tod der Erstgeburt	Audienz des Mose Erlaubnis zum kompletten Auszug P. ändert seine Meinung Der Herr verhärtet das Herz des P.	
Ex 14		Verfolgung Israels	

Im Rahmen der Plagen findet sich auch die ätiologische Ansetzung des Pessach, d.h. dieses Fest wird im Kontext der Plagen angesiedelt und sogar durch die Plagen, genauer den Tod der Erstgeburt, begründet.

5.4.2 Die Historie

Auch hier darf an der Historizität dieser Verknüpfung gezweifelt werden, denn es heißt, dass das Pessachlamm 14 Tage separiert werden muss, ehe es geschlachtet wird. Andererseits haben die Israeliten aber wegen der Eile des Auszugs keine Zeit, Sauerteig für die Brote herzustellen. Somit wird deutlich, dass spätere Vorschriften um Pessach und um Mazzot (das Fest der ungesäuerten Brote) in den Kontext des Exodus eingefügt wurden.

Was „wirklich" passiert ist, lässt sich einerseits aus der atl. Darstellung nicht einwandfrei erheben. Andererseits werden der Ägyptenaufenthalt und v.a. der Exodus derart deutlich in der Überlieferung hervorgehoben, dass an einem historischen Kern nicht zu zweifeln ist.

Was aber ist der historische Kern? Ist er noch zu rekonstruieren?

1. Über weite Strecken ist dies nicht möglich. Wie schon gesagt, sind die Plagen als eine bewusste literarische Komposition zu verstehen, die vermutlich nicht einmal aus einem Guss ist. Es ist gar nicht auszuschließen, ja vielmehr wahrscheinlich, dass der oder die Verfasser Kenntnisse über die Situation und Ereignisse in Ägypten hatten. Besonders gilt dies für die relativ spät entstandene Josephsgeschichte. Auch die Plagen selbst fußen jeweils auf historischen Ereignissen. Sie in der heute vorliegenden Form in eine Reihenfolge zu bringen, ist jedoch das Werk der Redaktion.
2. Es gibt Notizen aus ägyptischen Quellen, dass sich Menschen der Arbeitspflicht in Ägypten durch Flucht zu entziehen versuchten. Es ist ebenfalls zu belegen, dass Grenzwachen den Flüchtigen nachstellten. Diese Kenntnisse auf das fliehende „Israel" engzuführen, ist jedoch abwegig. Gerade was die Belege für eine Flucht betrifft, handelt es sich um wenige Individuen. Eine groß angelegte Truppenbewegung um ein ganzes Volk einzufangen, ist nicht Gegenstand ägyptischer Quellen.

   Ein bisschen Rechenarbeit: Geht man der Einfachheit halber „nur" von 500.000 männlichen Israeliten aus und schreibt jedem eine Ehefrau und zwei Kinder zu, so ergibt dies 2 Mio. Auswanderer, die Ägypten in einer Nacht verlassen haben. In Reihen zu je vier Personen mit einer Schrittlänge von einem Meter zieht sich die Menschenschlange auf 500 km, d.h. vom Suezkanal bis an die Jordanquellen, bzw. in einem Kreis durch den Sinai. Und dies in einer einzigen Nacht! Wie viele Personen da wirklich unterwegs waren, ist folglich nicht zu ermitteln. Zur Zeit des Josef betrug die Sippe laut Apg 7,14 insgesamt 75 Personen. Gen 46, 27 zufolge sind es 70 Personen. Je nach Dauer des Ägyptenaufenthalts und der Fortpflanzungsrate könnte man zwar schon in einen sechsstelligen Bereich kommen, aber über 600.000 Männer bzw. 2 Millionen Menschen (mit einer niedrig angesetzten Zahl von Angehörigen) sind völlig ausgeschlossen. Die in der Schrift genannte Anzahl entspricht hier, wie auch an vielen anderen Stellen, mit Sicherheit nicht der Realität.

3. In irgendeiner Weise scheint beim Exodus ein „Meerwunder" stattgefunden zu haben. Was da genau geschehen ist, lässt sich gleichfalls nicht mehr rekonstruieren, da verschiedene Erzählungen vorzuliegen scheinen, die ineinandergearbeitet worden sind. Die Spaltung des Wassers erinnert an die erste Schöpfungserzählung, wo die Wasser über und unter die Erde verteilt werden und J" allgemein als Herr über das Wasser ausgewiesen wird (vgl. auch Noach- und Jonageschichte). Die Wasser durch einen nächtlichen Wind zu vertreiben, ist zwar wesentlich unspektakulärer, dient aber dem gleichen Zweck: der erfolgreichen Flucht des „Volkes". Nach dem „Meerwunder" geben die ägyptischen Verfolger jedenfalls auf und die Flucht wird als gelungen gefeiert. Für Israel ist das Thema Exodus damit abgeschlossen, was nicht heißt, dass nicht immer wieder daran erinnert und das Ereignis vergegenwärtigt wird, nicht zuletzt und ganz zentral im Kontext des Pessachabends. Umso auffälliger ist es, wenn es in 2Kön 23,21 heißt, man habe jahrhundertelang kein Pessach mehr gefeiert – seit den Tagen der Richter nicht mehr.

Zusammenfassung

Trotz der enormen Bedeutung des Exodus für die Konstitution Israels können unter historischem Gesichtspunkt nur wenige Fakten vermutet werden:

„Israel" zieht aus Ägypten aus – wahrscheinlich eher im Sinne einer Flucht als einer Vertreibung (Ex 14,5). Dass das „Volk" dort zu Zwangsarbeiten herangezogen wurde, ist denkbar. Versteht man die Josefsgeschichte als eigenständige Erzählung, die nicht ursprünglich mit dem Ägyptenaufenthalt und dem Exodus zusammenhängt, so könnte die Gruppe zahlenmäßig im dreistelligen Bereich liegen. Die Fliehenden werden von einer Grenzwache verfolgt, können aber an einer Wasserstelle, die sie erfolgreich überwinden, den Verfolgern entgehen. Der Protagonist der ganzen Erzählung ist ein Mann namens Mose, dem Beziehungen zu der Volksgruppe der Midianiter nachgesagt werden. Ob es sich bei diesem Mose um einen Ägypter handelt – dafür spricht sein Name –, um einen „Israeliten" oder gar um einen Midianiter mit ägyptischem Namen, ist nicht zu klären. Wie zu sehen sein wird, ist auch seine genaue Funktion nicht genau zu bestimmen.

6. Routen des Exodus

Streng genommen gehört neben dem direkten Verlassen Ägyptens auch die daran anschließende Flucht in die Wüste, der Schutz Gottes durch Feuer und Wolkensäule, das Meerwunder und die anschließende Wüstenwanderung mit den verschiedenen Stationen zum Exodus. Das soll hier nicht alles nacherzählt werden, aber interessant dürfte es sein, die Auszugsroute zu rekonstruieren.

Einmal mehr finden sich in der Schrift freilich wieder heterogene Angaben, die sich nicht harmonisieren lassen, sodass man zwei bis vier verschiedene Auszugsrouten „rekonstruieren“ kann. Dies liegt zum einen daran, dass die genannten Orte zu großen Teilen nicht mehr zu verifizieren sind, zum anderen aber an den verschiedenen Überlieferungen, die zusammengearbeitet wurden und je ihre eigene Tradition – und Theologie! – vortragen.

Ort	Biblische Referenz	Beschreibung	Moderner Standort
Ramses	Ex 12,37; Num 33,3–5	Der Bezirk „Ramses“ war das Land von höchster Qualität in Ägypten (Gen 47,11)	unsicher, vermutlich Pi-Ramesses, das im östlichen Nildelta liegt und von Ramses II gebaut wurde
Sukkot	Ex 12,37, 13,20; Num 33,5–6	Eine ägyptische Stadt nahe der Grenze	Tjeku (Zuko), Tell el-Maskhuta (Pithom?)
Etham	Ex 13,20; Num 33,6–8	„Am Rande der Wildnis“	Ismailia?
Pi-Hahiroth	Ex 14,2–3; Num 33,7–8	*Mündung der Schluchten,* „zwischen Migdol und dem Meer, gegenüber Ba'al-Zephon“ (möglicherweise „die Bucht von Hiroth“) Baal Zephon oder Zaphon liegt allerdings am Mittelmeer	Vielleicht ein Kanal, der in einen der Bitterseen oder in das Mittelmeer mündete – Pi-Hahiroth befand sich in der Nähe des Roten Meeres
Marah	Ex 15,23; Num 33,8–9	„Bitterkeit“	30 Kilometer nördlich von As Suways (der Hafen von Suez)?
Elim	Ex 15,27, 16,1; Num 33,9–10	hatte 12 Brunnen und 70 Palmen	?
Am Roten Meer	Num 33,10–11	- -	In der Nähe des Golfs von Suez
„Zwischen Elim und Sinai“	Ex 16,1, 17,1; Num 33,11–12	Gott liefert Wachteln und Manna	
Dophkah	Num 33,12–13	- -	- -
Alusch	Num 33,13–14	- -	- -

Ort	**Biblische Referenz**	**Beschreibung**	**Moderner Standort**
Rephidim	Ex 17,1, 19,2; Num 33,14–15	Gott befiehlt Moses, an den „Felsen des Horeb“ zu schlagen, um Wasser zu gewinnen	?
Sinai-Wildnis	Ex 19,1–2; Num 10,12, 33,15–16	In der Nähe des Berges Sinai	?
Kibroth-Hattaa-vah	Num 11,35, 33,16–17	Gräber der Sehnsucht oder Gräber der Lust	
Hazeroth	Num 11,35, 12,16, 33,17–18	- -	
Rithma	Num 33,18–19	- -	- -
Rimmon-Perez	Num 33,19–20	- -	- -
Libna	Num 33,20–21	- -	- -
Rissa	Num 33,21–22	- -	- -
Kehelathah	Num 33,22–23	- -	- -
Mount Shapeher	Num 33,23–24	- -	- -
Haradah	Num 33,24–25	- -	- -
Makheloth	Num 33,25–26	- -	- -
Tahath	Num 33,26–27	- -	- -
Tara	Num 33,27–28	- -	- -
Mithcah	Num 33,28–29	- -	- -
Haschmona	Num 33,29–30	- -	- -
Moseroth	Num 33,30–31	- -	- -
Bene-Jaakan	Num 33,31–32	- -	- -
Hor Haggidgad	Num 33,32–33	- -	- -
Jotbatha	Num 33,33–34	- -	- -
Abronah	Num 33,34–35	- -	- -
Ezion-Geber	Num 33,35–36	- -	Nahe der Nordspitze des Golfs von Aqaba
Kadesch	Num 20,1,22, 33,36–37	In der Wildnis von Zin gelegen; Miriams Grabstätte	Wahrscheinlich Ain el Qadeis
Berg Hor	Num 20,22, 21,4, 33,37–41	An der Grenze zu den Edomitern; Aarons Grabstätte	- -
Zalmona	Num 33,41–42	- -	- -
Punon	Num 33,42–43	- -	- -
Oboth	Num 21,10–11, 33,43–44	- -	- -

Ort	Biblische Referenz	Beschreibung	Moderner Standort
Abarim	Num 21,11, 33,44–45	- -	- -
Dibon Gad	Num 33,45–46	- -	Dhiban Jordanien
Dibla/Diblat	Num 33,46–47	- -	- -
Abarim-Gebirge	Num 33,47–48	Die Israeliten lagerten unter dem Berg Nebo, so wird der „Gottesberg Sinai“ in einer anderen Tradition genannt	- -
Moab-Ebene	Num 22,1, 33,48–50	Die Israeliten lagerten am Jordan von Beth HaYeshimoth bis Avel HaShittim	Sie besetzen den größten Teil der Region Transjordanien/Moab

Die Tabelle stellt eine überarbeitete Fassung aus „Stationen des Exodus“ – gaz.wiki dar. (13.09.2023 – nicht mehr verfügbar)

Die verschiedenen Routen, die daraus rekonstruiert werden, finden sich zumeist auch als Karten in den verschiedenen Bibelausgaben. Hier irgendeine „historische“ Route wiederherstellen oder behaupten zu wollen, ist nicht möglich.

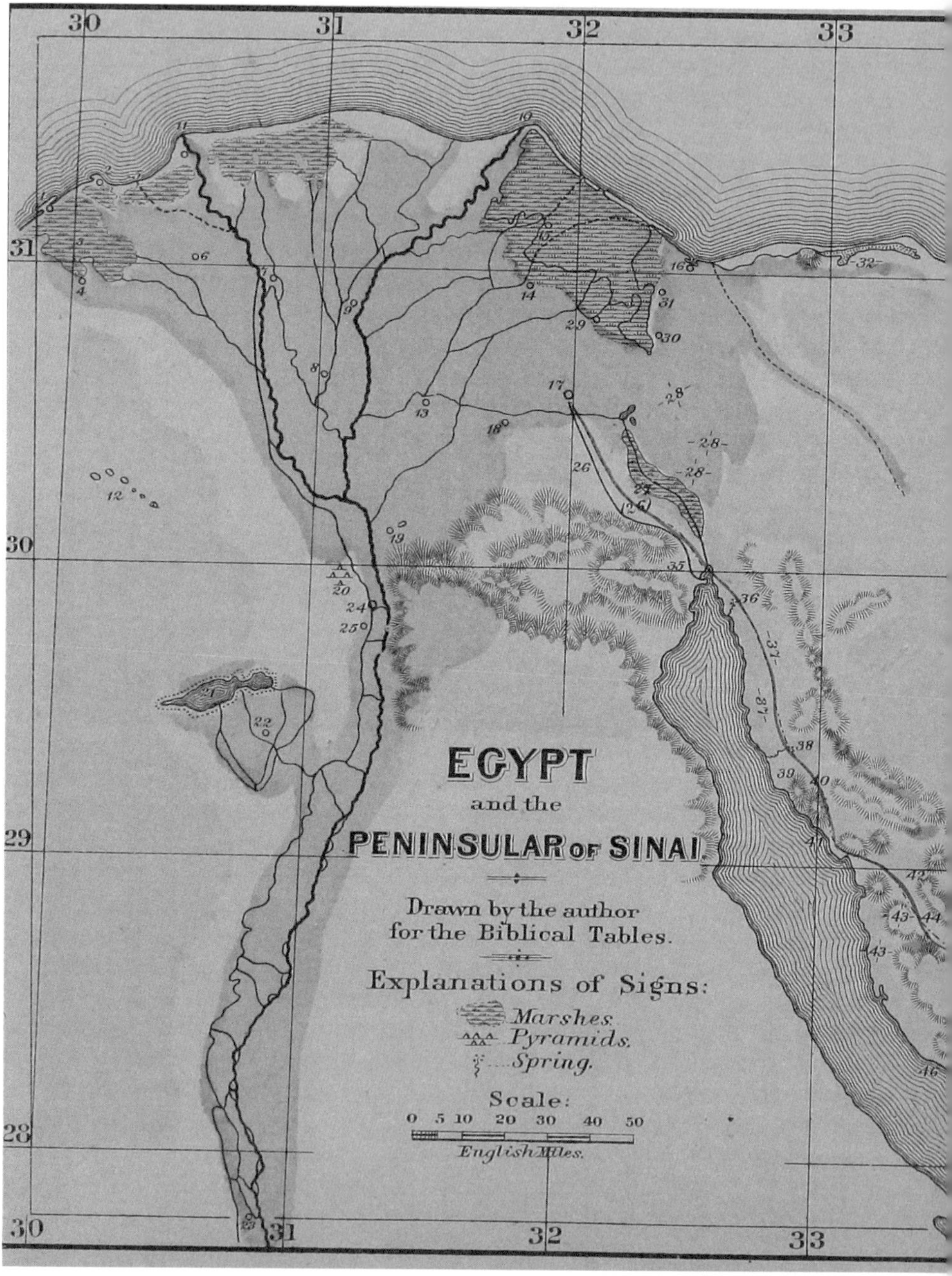

Abb. 9: Einer von mehreren möglichen Exoduswegen

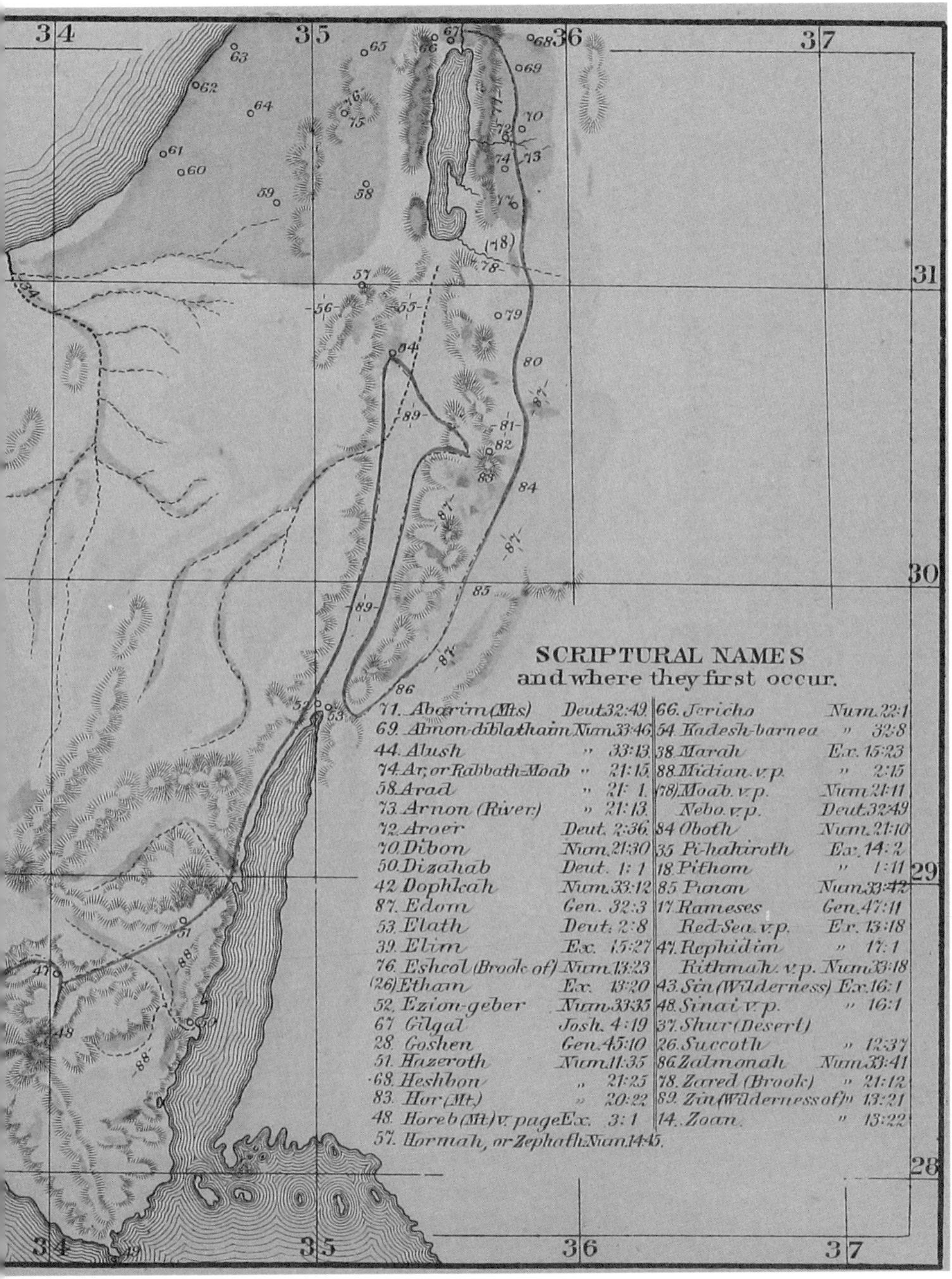
SCRIPTURAL NAMES
and where they first occur.
71. Abarim (Mts) Deut. 32:49.
69. Almon-diblathaim Num. 33:46.
44. Alush " 33:13.
74. Ar, or Rabbath-Moab " 21:15.
58. Arad " 21: 1.
73. Arnon (River) " 21:13.
72. Aroer Deut. 2:36.
70. Dibon Num. 21:30
50. Dizahab Deut. 1: 1
42. Dophkah Num. 33:12
87. Edom Gen. 32:3
53. Elath Deut. 2:8
39. Elim Ex. 15:27
76. Eshcol (Brook of) Num. 13:23
(26) Etham Ex. 13:20
52. Ezion-geber Num. 33:35
67. Gilgal Josh. 4:19
28. Goshen Gen. 45:10
51. Hazeroth Num. 11:35
68. Heshbon " 21:25
83. Hor (Mt) " 20:22
48. Horeb (Mt) v. page Ex. 3:1
57. Hormah, or Zephath Num. 14:45.
66. Jericho Num. 22:1
54. Kadesh-barnea " 32:8
38. Marah Ex. 15:23
88. Midian. v. p. " 2:15
(78) Moab. v. p. Num. 21:11
Nebo. v. p. Deut. 32:49
84. Oboth Num. 21:10
35. Pi-hahiroth Ex. 14:2
18. Pithom " 1:11
85. Punon Num. 33:42
17. Rameses Gen. 47:11
Red-Sea. v. p. Ex. 13:18
47. Rephidim " 17:1
Rithmah. v. p. Num. 33:18
43. Sin (Wilderness) Ex. 16:1
48. Sinai v. p. " 16:1
37. Shur (Desert)
26. Succoth " 12:37
86. Zalmonah Num. 33:41
78. Zared (Brook) " 21:12
89. Zin (Wilderness of) " 13:21
14. Zoan " 13:22

Zusammenfassung

Die Wüstenwanderung nennt eine Fülle von Ortsnamen, die sich aber heute zum größten Teil nicht mehr verifizieren lassen. Zudem kommen im Pentateuch verschiedene Überlieferungen zu Wort, die erst sekundär zusammengearbeitet worden sind. Wie bei der Geschichte des Mose am Sinai, wo Mose immer wieder den Berg hinauf- und herabsteigen muss und eine Gesetzessammlung nach der anderen dem Volk überliefert, scheint es auch unterschiedliche Versionen des Auszugs und der Wüstenwanderung gegeben zu haben. *Die* eine ursprüngliche, die der Historie am nächsten kommt, rekonstruieren zu wollen, ist ein hoffnungsloses Unterfangen.

7. Gott und Götter: Die Frage nach dem Beginn des Monotheismus

Der Pentateuch, die fünf Bücher Mose, überliefern zur Frage des Monotheismus folgendes Bild:

Die Väter Abraham, Isaak und Jakob verehren einen gemeinsamen Gott. Dieser Gott ruft Abraham und veranlasst ihn, seine Sippe zu verlassen und mit seiner Familie nach Palästina zu ziehen. Dieser Gott verheißt ihm nicht nur den ersehnten Sohn, sondern auch, dass er Vater eines unzählbaren Volkes werden wird: so zahlreich wie die Sterne im Himmel und der Sand am Ufer des Meeres. Dazu erhält er die Verheißung, dass er und seine Nachkommen in ein wunderbares Land geführt werden, ein Land von Milch und Honig und er erhält dieses Land zu eigen!

Dieser Gott leitet und beschützt auch Isaak und Jakob auf ihren Wegen und in ihrer Zeit. Und wie verheißen, wächst das Volk, sodass es für das mächtige Volk der Ägypter und ihren König zu einer Bedrohung wird. Erst jetzt, in der Bedrohung durch die Ägypter, nennt dieser Gott in der Berufung des Mose seinen Namen. Es ist JHWH und er gibt sich namentlich als Gott der Väter zu erkennen. Damit werden alle Erzählungen von göttlichem Eingreifen und göttlicher Hilfe, von göttlicher Offenbarung wie auch von der Gottesverehrung zu Erzählungen über diesen Gott J", den die Väter noch nicht namentlich kannten. Es war J", der Noach in der Arche rettete, der bei Abraham zu Gast war, der den Abraham auf die Probe stellte. Er erschien dem Jakob in Bet El, einem alten El-Heiligtum und Jakob baut ihm dort einen neuen Altar und bringt ihm ein Opfer dar.

Oder hat Jakob, der J" ja noch gar nicht kennt, dem kanaanäischen Hochgott El geopfert? Wird hier nicht einfach durch die Moseerzählung der alte Vätergott und oberste Gott des kanaanäischen Götterpantheons El zu J" umgedeutet? Warum heißt Isra-El so und nicht etwa J"-Volk? Warum stiehlt Rahel ihrem Vater Laban die Hausgötter und nimmt sie mit in ihre neue Heimat? Welche Götter sind das wohl? Und Jakob? Ist ihm denn völlig gleichgültig, dass seine geliebte Ehefrau irgendwelche fremden Götter anbetet? Und an wen hat Jakob selbst geglaubt, als er 14 Jahre für seine beiden Frauen bei Laban, einem Götzendiener, Dienst leisten muss? Und von wem lässt die Mutter Michas ein Gottesbild aus Silber machen, das im Haus Michas aufgestellt wird (Ri 17,4–13), dem die Söhne Michas als Priester dienen, ehe Micha dann auch noch einen Leviten anstellt? Beides wird später (Ri 18) von Leuten aus dem Stamme Dan geraubt, nach Lajisch alias Dan gebracht und dort verehrt. Dazu kommt die Frage wen oder was „der Starke Jakobs" oder (El) Schaddaj (Allmächtiger? vgl. Gen 17,1; Gen 28,3; Gen 35,11; Gen 43,14 Gen 48,3; Ex 6,3; Ez 10,5) oder der „Schrecken Jakobs" bezeichnet. Es ist zudem die Frage, ob es sich dabei um *denselben* Gott, um *einen eigenen Gott* oder um *Attribute eines Gottes* handelt. Der Begriff „El", der Name des kanaanäischen Hochgottes, wird jedenfalls zunehmend als Abstraktum für „Gott“ schlechthin gebraucht.

Wie auch immer: Stabil ist der Glaube an diesen einen Gott jedenfalls nicht, denn sonst müsste nicht immer und immer wieder vor dem Abfall zu anderen Göttern gewarnt werden. Salomo selbst, der doch scheinbar so mustergültige und tief glaubende König, wird angeblich von seinen vielen Frauen zum Abfall verführt und opfert fremden Göttern. Er übernimmt den Jerusalemer Stadtpriester Zadok und seine Familie in seinen Dienst und macht ihn zum obersten Priester seiner Herrschaft. Wem und welchem Gott Zadok wohl gedient hat, ehe die Stadt von den Truppen Davids erobert wird? War er vielleicht an einem Stadttempel angestellt – und wo befand der sich?

Und in der Höhe der Königszeit kommt ein Prophet daher, dessen Name Programm ist: Elija oder auch Elijahu: Mein El/mein Gott ist J“. Er setzt sich radikal mit Feuer und Schwert für diesen J“ ein, legt sich mit Königen an, wird deswegen verfolgt und gerät in Lebensgefahr. Sein besonderer Gegner ist der jugendliche und kriegerische Gott Baal aus dem kanaanäischen Götterpantheon, der in Konkurrenz zu J“ steht. Dieser Baal, der als Krieger ebenfalls Blitze (vgl. Moses am und auf dem Gottesberg) schleudert, wird damit natürlich auch zum Wettergott und darüber hinaus zum Gott der Fruchtbarkeit. Damit aber werden ihm Funktionen zugeschrieben, die auch mit J“ verknüpft werden. J“ oder Baal – das ist für Elija die Frage. Ein Sowohl-als-auch kann es nicht geben. Im Kampf um den wahren Gott geht J“ nicht zuletzt durch das Opfer auf dem Karmel als klarer Sieger hervor. Folgerichtig beginnt nach J“s Sieg der lang ersehnte Regen nach Jahren der Trockenheit (1Kön 18).

Aber vielleicht sollte erst einmal geklärt werden, was unter Monotheismus überhaupt zu verstehen ist. Die Frage scheint einfach: Monotheismus ist die alleinige Verehrung *eines* einzigen Gottes, so wie dies vermutlich von Pharao Echnaton ca. 1351–1334 v. Chr. praktiziert wurde. Er baute als neue Hauptstadt Amarna/Achet-Aton mit einem gigantischen Tempel, an dem ausschließlich der Gott Aton, der Sonnengott, verehrt wurde.

Durchsetzen konnte er sich damit nicht: Nach ihm kehrten die alten Götter zurück. Deshalb wird Echnaton bisweilen auch als Ketzerkönig bezeichnet. Sein Sohn Tutanchaton verändert sogar seinen Namen zu Tutanchamun und kehrt damit zum ehemaligen Hochgott Amun zurück. Offensichtlich hat das Volk und vor allem der starke Clan der Priesterschaft diese Rückkehr erzwungen. Was im Volk während der Reform des Echnaton geglaubt wurde und welche der vielen Götter verehrt wurden, konnte der Pharao ohnedies nicht kontrollieren. Mochte der Pharao auch einen Monotheismus vertreten, im Volk kam dies möglicherweise „nur“ als Monolatrie, als bevorzugte Verehrung eines Gottes (unter Beibehaltung anderer Götter), an. Es ist zudem auch noch einmal ein Unterschied, ob andere Götter als weniger mächtig oder gar ohnmächtig verkündet werden oder ob man deren Existenz in Gänze leugnet. Die beiden letztgenannten Positionen finden sich jedenfalls im Alten Testament. Da gibt es Aussagen, dass man J“ als den Mächtigeren gegenüber den Göttern der anderen Völker ausweist, aber an anderer Stelle auch die Vorstellung, die anderen Götter insgesamt seien Elilim, Götterchen, Nichtse. Einher geht das besonders beim Propheten Jesaja mit der Kritik an den Götzenbildern (Jes 44,9–20), die er als Artefakte, als von Händen gemachte Figuren bezeichnet, die niemandem etwas nützen.

Jes 44,9 Nichtig sind alle, die ein Götterbild formen; ihre geliebten Götzen nützen nichts. Und ihre Zeugen, sie sehen nichts und verstehen nichts; darum werden sie beschämt. 10 Wer sich einen Gott macht und sich ein Götterbild gießt, hat keinen Nutzen davon. 11 Siehe, all seine Anhänger, die sich ihm anschließen, werden beschämt, die Schmiede sind nichts als Menschen. Sie sollen sich alle versammeln und vortreten; dann werden sie alle von Schrecken gepackt und beschämt. 12 Der Schmied macht ein Beil und arbeitet in der Glut, formt es mit Hämmern und bearbeitet es mit kräftigem Arm. Dabei wird er hungrig und hat keine Kraft mehr. Trinkt er kein Wasser, so ermattet er. 13 Der Schnitzer spannt die Messschnur, er entwirft das Bild mit dem Stift und schnitzt es mit den Messern; er umreißt es mit dem Zirkel und macht die Gestalt eines Mannes, das prächtige Bild eines Menschen; in einem Haus soll es wohnen. 14 Man fällt eine Zeder, wählt eine Terebinthe oder sonst einen mächtigen Baum, den man stärker werden ließ als die übrigen Bäume im Wald. Oder man pflanzt einen Lorbeerbaum, den der Regen groß werden lässt. 15 Und es dient dem Menschen zum Heizen; er nimmt davon und wärmt sich. Auch schürt man das Feuer und bäckt damit Brot. Oder man schnitzt daraus einen Gott und wirft sich nieder vor ihm; man macht ein Götterbild und fällt vor ihm auf die Knie. 16 Einen Teil des Holzes verbrennt man im Feuer, darüber isst man das Fleisch; man brät einen Braten und sättigt sich. Auch wärmt man sich am Feuer und sagt: Oh, wie ist mir warm! Ich sehe das Feuer. 17 Aus dem Rest des Holzes aber macht man sich einen Gott, sein Götterbild, vor das man sich beugt und niederwirft, zu dem man betet und sagt: Rette mich, du bist doch mein Gott! 18 Unwissend sind sie und ohne Verstand; denn ihre Augen sind verklebt, sie sehen nichts und ihr Herz hat keine Einsicht. 19 Sie überlegen nichts, sie haben keine Erkenntnis und Einsicht, sodass sie sich sagen würden: Den einen Teil habe ich ins Feuer geworfen, habe Brot in der Glut gebacken und Fleisch gebraten und es gegessen. Aus dem Rest des Holzes aber habe ich mir einen abscheulichen Götzen gemacht und nun beuge ich mich nieder vor einem Holzklotz. 20 Wer Asche hütet, den hat sein getäuschtes Herz verführt. Er wird sein Leben nicht retten und wird nicht sagen: Ich halte ja nur ein Trugbild in meiner rechten Hand.

In diesem Kontext muss auch die Frage der Zuständigkeit Gottes angesprochen werden: Auch hier gibt es offensichtlich eine ziemliche Spannbreite. Es ist keineswegs unüblich, dass Gottheiten und ihre Macht auf bestimmte Räume beschränkt werden. In 1Kön 20 wird erzählt, dass der König von Aram eine Schlacht gegen Israel verlor. Das kann der Aramäer natürlich nicht auf sich sitzen lassen:

Der Grund für die Niederlage ist angeblich folgender:

> *1Kön 20, 23 Zum König von Aram hatten nämlich seine Ratgeber gesagt: Ihr Gott ist ein Gott der Berge; darum waren sie uns überlegen. Wenn wir aber in der Ebene mit ihnen kämpfen, dann werden wir sie bestimmt besiegen. 24 Tu also Folgendes: Entferne die Könige aus ihrer Stellung und ersetze sie durch Statthalter! 25 Dann sammle ein ebenso großes Heer, wie du es verloren hast, und ebenso viele Pferde und Kriegswagen, wie du zuvor hattest! Wir werden in der Ebene mit ihnen kämpfen und sie gewiss besiegen.*

Hier muss wohl nicht gesagt werden, wie das zweite Treffen ausging. Selbstverständlich hilft Gott seinem Volk ebenso in der Ebene, auch wenn er sich mehrfach auf den Bergen offenbart, häufig mit Elementen von Vulkanismus. Trotzdem ist es von hier und der Vorstellung vom Gott Israels noch ein längerer Weg, bis man die erste Schöpfungserzählung schreiben konnte, mit einem Gott, der weder auf das Land noch auf das Volk Israel begrenzt, sondern Schöpfer von Himmel und Erde ist. Eine wichtige Rolle spielt dabei das Exil, in dem Israel erfahren durfte, dass dieser Gott auch fern der Heimat zu seinem Volk steht und dass er der Gott des Himmels, der Erde und des Meeres ist – wie etwa Jona erkennen muss, der vergeblich vor Gott zu fliehen versucht.

Neben der Beschränkung auf bestimmte Räume finden sich häufig auch Beschränkungen auf bestimmte Aufgaben, wie sie aus dem griechischen und römischen Götterpantheon bekannt sind. So ähnlich ist dies auch in Ägypten, und wie aus der Elijageschichte deutlich wird, geht es auch bei J" um seine Kompetenz. Mit der Durchsetzung des Monotheismus in Israel kommen zunehmend Engel ins Spiel, die Teilaufgaben übernehmen, wie etwa Raphael (Gott ist Arzt), der für die Gesundheit zuständig ist. Im Christentum, zumindest bei den Katholiken und in der Orthodoxie, werden die verschiedenen Aufgaben Gottes in gewisser Weise auf Heilige ausgelagert, wie etwa die diversen Schutzheiligen deutlich machen. Wendelinus kümmert sich um Haus und Haustiere, Antonius um verlorene Gegenstände, Christopherus um Reisende u.a. Und so mancher Lokalheilige wird für besondere Aufgaben herangezogen. Und über allem steht natürlich noch die Gottesmutter Maria, die angeblich für alles ein offenes Ohr hat.

Die ganze Geschichte Israels ist bei näherem Hinsehen eine ständige Auseinandersetzung um den rechten Glauben an diesen einen J" und den Monotheismus. Der Abfall von diesem Gott führt wieder und wieder zu bedrohlichen Situationen für „sein" Volk bis hin zum völligen und endgültigen Untergang des Nordreiches im Jahre 722 und zur Exilierung des Südreiches Juda in 596/86 nach Babylon. Alttestamentliche Aussagen, die noch einen ursprünglichen Polytheismus erkennen lassen, sind etwa die Verse Gen 1,26 oder auch Gen 6,2 (vgl. auch Ps 29,1; Ps 89,7; Dtn 32,8 sowie der Prolog des Hiobbuches, den J.W. von Goethe in seinen „Faust" eingebaut hat

Archäologische Funde zeigen auf, dass J" zeitweise(?) zusammen mit einer Göttin verehrt wird:

Textfunde aus Makkeda (Chirbetel-Qōm, ca.10 km ostsüdöstlich von Lachisch (Tell ed-Duwēr) und ca. 13 km westlich der heutigen Stadt Hebron gelegen) sowie aus Kuntillet ʻAğrūd oder Adschrud auf dem Sinai erwähnen J“ in Beziehung zu (seiner) Göttin Aschera. Genau genommen ist hier von einem J“ von Samaria und einem J“ von Teman die Rede. Die Göttin Aschera war im Vorderen Orient und in Ägypten weit verbreitet. Im AT wird sie ca. 40 Mal genannt, häufig im Kontext eines Kultpfahles, der von Israel und von einigen Königen verehrt wurde. Von König Joschija, dem königlichen Musterknaben im AT schlechthin (s.u.), wird erzählt, er habe Gegenstände, „die für den Baal, Aschera und das ganze Heer des Himmels angefertigt worden waren“ aus dem Jerusalemer Tempel (!) entfernt (2Kön 23,4), und das etwa in der Zeit um 620 v. Chr.

Auf der Nilinsel Elephantine, wo ein militärischer Stützpunkt die Südgrenze Ägyptens sicherte, leisteten Juden in persischer Zeit Kriegsdienst. Ihre Gesamtzahl, incl. Familienangehörige, wird in der persischen Zeit auf 3000 Personen geschätzt. Wie und wann diese „Judäer“ oder „Israeliten“ dorthin gekommen sind, ist unbekannt. Dort lassen sich zumindest zwei Tempel um 400 v. Chr. nachweisen (der erste wurde zerstört aber bald danach wieder aufgebaut), die dem „Jahu“ geweiht waren. Es kann kaum Zweifel daran bestehen, dass Jahu mit J“ identisch ist, auch wenn das in Juda übliche Tetragram (vier Buchstaben) JHWH für Jahwe dort nicht gefunden wurde. Auf Elephantine wird Jahu freilich nicht mit Aschera, sondern mit der Kriegsgöttin Anat in Verbindung gebracht. Dies dürfte der militärischen Ausrichtung dieses Grenzpostens geschuldet sein. In Israel selbst erscheint diese Göttin nur in einigen Ortsnamen wie z.B. Anatot.

Interessant sind die Schriften, die dort gefunden wurden: Es handelt sich u.a. um Briefe/Korrespondenzen sowohl mit dem Hohepriester in Jerusalem wie auch mit dem Statthalter von Samarien namens Sanballat (und seiner Söhne). Die Tempel in Elephantine, wie auch später in Leontopolis, machen deutlich, dass der Alleinvertretungsanspruch des Jerusalemer Tempels nicht so eng gesehen wurde und ein Götterpaar auch kein oder zumindest nur ein geringes Problem darstellte.

In der Tat sagen auch Namen von Ortschaften und Personen viel darüber aus, welche Gottheiten verehrt wurden bzw. wessen Schutz man die Person anvertraute.

Besonders auffällig sind hier Personennamen aus Familien, die einerseits die Verehrung J“s erkennen lassen und andererseits Namen, die auf die Verehrung anderer Götter hindeuten, wie z.B. die Familie Sauls: Der offensichtlich herausragende Sohn, zu dem David ein besonderes Verhältnis hatte, trägt den Namen Jonatan (J“ hat gegeben), ein anderer Sohn Sauls heißt dagegen Ischbaal (Mann des Baal). Dazu kommen Namen wie z.B. Atalja, Assarja, Elijahu, Jehu, oder der moderne Name Netanjahu. Der Ort Bet El (Haus/Tempel des El) wurde schon genannt, der Ort J“ Jire (J“ sieht oder lässt sich sehen) aus der Abrahamüberlieferung (Gen 22,14) bezeichnet offensichtlich einen Ort der Offenbarung, der mit J“ in Verbindung gebracht wird.

Wer ist dieser J“?

In Ex 3,14 offenbart sich dieser Gott mit der Wendung: אֶהְיֶה אֲשֶׁר אֶהְיֶה (’æhjæ ʾ^ašær’æhjæ). Damit ist aber niemandem so richtig geholfen, denn die Übersetzungs- und damit auch Interpretationsmöglichkeiten sind vielfältig: Ich bin der ich bin (Einheitsübersetzung/Elberfelder Übersetzung u.a.). Ich werde sein, der ich sein werde (Luther 2017/Zürcher u.a.), Ἐγώ εἰμι ὁ ὤν schreibt die Septuaginta und Ego sum qui sum die Vulgata. Die Aussage kann statisch (wie du warst vor aller Zeit) oder dynamisch verstanden werden (Ich bin der immer wieder sich Erweisende), sie kann das Wesen dieses Gottes umschreiben, wie auch seine Wirksamkeit. Und schließlich kann die Aussage bedeuten, dass er, J", keine Auskunft über sich gibt: Ich bin eben, der ich bin.

Im AT, wie auch in der Umwelt Israels (Ugarit, Ägypten, Moab, Assur und Babylon), kommt der Name gelegentlich in Inschriften vor, mal in der Kurzform Jw oder Jh. oder auch als Jahu – falls es sich dabei tatsächlich um den gleichen Gott handelt.

Für viele Gottheiten gibt es auch Entstehungsätiologien, d.h. Geschichten aus ferner Vorzeit, in denen erzählt wird, wie dieser jetzt existierende Gott geworden ist, z.B. als Sohn oder Tochter, gezeugt mit einer Göttin oder einer menschlichen Frau, aus einem Gott ohne Zeugung hervorgegangen u.v.m. Bei J" fehlt dergleichen. Er ist einfach da und offenbart sich.

Dennoch lässt sich über ihn noch ein bisschen mehr sagen, und zwar auf Grund seiner Begleiterscheinungen, und deren gibt es bei J" relativ viele: Zum einen erscheint er bevorzugt auf einem Berg (Sinai, auch Horeb genannt; der Berg ist nicht mit dem heutigen Sinai identisch, denn dieser ist ein Pilgerort aus frühchristlicher Zeit) und geht bevorzugt mit theophanen Elementen (göttlichen Begleiterscheinungen) einher als da sind Feuer, Wolken, Rauch, Erdbeben, Gewitter. Es wird sogar gesagt, dass die Berge unter seinem Fuß schmelzen Ps 97,5; Mich 1,4) und er auf den Wolken daherfährt (Ps 104,3). Das alles hört sich nicht sehr friedlich an, auch wenn er ganz anders kann:

> *1Kön 19,11: Da zog der HERR vorüber: Ein starker, heftiger Sturm, der die Berge zerriss und die Felsen zerbrach, ging dem HERRN voraus. Doch der HERR war nicht im Sturm. Nach dem Sturm kam ein Erdbeben. Doch der HERR war nicht im Erdbeben. 12 Nach dem Beben kam ein Feuer. Doch der war nicht im Feuer. Nach dem Feuer kam ein sanftes, leises Säuseln.*

Natürlich muss man fragen, wie seine Verehrer auf die Idee kommen, ihren Gott mit solchen Attributen zu versehen.

Zum einen gab es selbstverständlich auch in anderen Götterhimmeln Gewittergottheiten und in der Auseinandersetzung des J"-Glaubens mit dem kanaanitischen Gott Baal (oder einem anderen Wettergott aus der Umwelt), können J" auch dessen Begleiterscheinungen zugeschrieben worden sein.

Eine andere Spur führt in den Süden des Sinai bis an den Rand des nördlichen Saudiarabiens.

So heißt es ins in Dtn 33,2:

Der HERR kam hervor aus dem Sinai, er leuchtete vor ihnen auf aus Seïr, erstrahlte aus dem Gebirge Paran, er trat heraus aus Tausenden von Heiligen.

vgl. Ez35,15 Weil du dich darüber freust, dass der Erbbesitz des Hauses Israel verödet daliegt, darum will ich auch dich (zur Wüste) machen; das Bergland von Seïr und ganz Edom sollen veröden.

Auch mit „Teman" wird sein Auftreten verbunden (Jer 49,20, zusammen mit Edom). Es handelt sich in all diesen Bezeichnungen um geographische Angaben, die auf dem Sinai und/oder südöstlich davon verortet werden, wie auch der Berg selbst in vorchristlicher Zeit (vgl. auch 1Kön 11,18

vgl. https://222.bibelwissenschaft.de/ressourcen/wibilex/altes-testament/midian-midianiter; Zugriff 14.03.2024).

Ende des 19. Jh. entwickelte sich die so genannte Midianiterhypothese, die bis heute überzeugt: Dass Mose in Kontakt zu den Midianitern, einem nomadisierenden Stämmevolk, ähnlich der biblischen Vorstellung von Israel, trat, wurde schon mehrfach angesprochen. Genauer gesagt heiratet er die Tochter des „Priesters von Midian" namens Jethro/Jitro alias Reguël und hat mit ihr mindestens zwei Kinder. Die Midianiter streifen in dem oben angegebenen Gebiet umher (vgl. Ex 3,1). Mose weidete die Schafe und Ziegen seines Schwiegervaters Jitro, des Priesters von Midian. Eines Tages trieb er das Vieh über die Steppe hinaus und kam zum Gottesberg Horeb.

Nachdem Mose das Volk aus Ägypten herausgeführt hat, bekommt er Besuch von seinem Schwiegervater, der ihm seine Frau und seine zwei Kinder zurückbringt. Jitro ist es, der bei dieser Begegnung mit Mose vom Heilshandeln J" erfährt, sich zu J" bekennt und dabei ein Opfer darbringt:

Ex 18,9 Jitro freute sich über alles, was der HERR an Israel Gutes getan hatte, als er es aus der Hand der Ägypter rettete. 10 Jitro sagte: Gepriesen sei der HERR, der euch aus der Hand der Ägypter und der Hand des Pharao gerettet hat; der das Volk unter der Hand der Ägypter weg errettet hat. 11 Jetzt weiß ich: Der HERR ist größer als alle Götter. Denn worin sie vermessen waren, das ist auf sie zurückgefallen. 12 Dann holte Jitro, der Schwiegervater des Mose, Brandopfer und Schlachtopfer für Gott. Aaron und alle Ältesten Israels kamen, um mit dem Schwiegervater des Mose vor dem Angesicht Gottes ein Mahl zu halten.

Angesichts der Feindschaft zwischen Israel und Midian in späterer Zeit (in Num 25,10; Num 31,17–18 und 31,11 sowie Ri 6,12 erscheinen die Midianiter als Erzfeinde Israels, deren vollständige Ausrottung JHWH gebietet) ist es unwahrscheinlich, dass die positiven Beziehungen Mose/Israels in der Wüstenzeit ohne jeglichen historischen Anhaltspunkt sind. Wenn nun J" mit dem Sinai, mit Paran und Seir, dem Siedlungsgebiet Midians, in Verbindung gebracht wird, besteht eine hohe Wahrscheinlichkeit, dass die Midianiter selbst ebenfalls J"-Verehrer waren und Mose durch den J"-Priester Jitro mit diesem Gott Bekanntschaft machte. Die Herkunft J"s aus dem nördlichen Saudiarabien wird durch die Begleiterscheinungen seines Auftretens untermauert, denn dort findet sich Vulkanismus, der bis in die historische Zeit aktiv war. Diese Erscheinungen sind mit Gott verbunden, sind also eine Art Markenzeichen. Warum sind es aber gerade diese Zeichen? Natürlich kommt dabei die Macht Gottes besonders deutlich zum Ausdruck. Man hätte aber eben auch andere Ereignisse wählen können, wie z.B. eine Wasserflut oder sintflutartigen Regen – in einer Landschaft, die permanent mit Trockenheit zu kämpfen hat, wäre dies sogar naheliegend. Man hätte eine wilde Jagd am Himmel als Zeichen des erscheinenden Gottes nennen können. Warum also dann gerade Vulkanismus? Am ehesten darf man annehmen, dass der Gott dort, im Vulkanismus, seinen Ursprung hat, sodass er in Zukunft auch dort, wo gar kein Vulkanismus existiert, nach wie vor mit den entsprechenden Attributen verbunden wird. J" ist somit wahrscheinlich von Anfang an eine Naturgottheit, die auf oder in einem Vulkan verehrt wird.

Das südlich von Aqaba gelegene Feld Harrat ar Raha soll im Jahre 1256 zum letzten Mal aktiv gewesen sein. Zwar wird man Israel nicht so weit im Süden verorten, wohl aber die Midianiter, die bis in diese Region vorgestoßen sein können.

8. Ein Mann namens Mose

8.1 Was sagt die Schrift?

„Ein Mann aus dem Stamme Levi nahm eine Frau aus Levi"... – so beginnt die Geschichte des Mose. Weil der Pharao aus Angst vor Übervölkerung durch die zugezogenen Nomaden befiehlt, alle männlichen Nachkommen töten zu lassen, ist Mose im höchsten Maße gefährdet. Seine Mutter versteckt ihn zunächst, doch schließlich geht das nicht mehr. Sie fertigt ein schwimmfähiges Körbchen an, legt das Kind hinein und lässt es den Nil hinuntertreiben. Die Tochter des Pharao bemerkt das Körbchen im Schilf beim Baden und lässt es – vielleicht aus Angst vor den Krokodilen – durch ihre Mägde herausholen. Das Kind wächst am Hofe auf, ist sich seiner Herkunft aber offensichtlich bewusst. Als ein Ägypter mit einem Hebräer streitet, ergreift Mose für den Hebräer Partei und tötet den Ägypter. Angesichts einer bevorstehenden Bestrafung flieht Mose aus Ägypten und kommt zum Nomadenvolk der Midianiter. Er lebt eine Weile dort als Hirte und heiratet Zippora, die Tochter des Priesters (Singular!) von Midian namens Jitro (Ex 18,1), mit dem er ein Opfermahl für J" hält (Ex 18,8–12). Beim Schafehüten erfährt er eine Berufung durch „den Gott der Väter", die im Stile einer Prophetenberufung erzählt wird. Mose soll „sein" Volk retten, das Volk dieses Gottes wie auch das Volk, aus dem er selbst hervorgeht.

Nach zähen Verhandlungen mit dem Pharao, teilweise unter Beteiligung seines Bruders Aaron, und den zehn bzw. elf Plagen führt er das Volk im Exodus aus Ägypten heraus. Mose wird zunächst von seinem Schwager Hobab begleitet (Num 10,29–32), der sich offensichtlich auskennt, wird dann aber selbst zum Scout, weil Hobab die Gruppe wieder verlässt. Hier heißt der Schwiegervater des Mose allerdings nicht mehr Jitro, sondern Reguël. Zu dieser Zeit steht das Volk irgendwo im Sinai und bereitet sich auf den Einzug ins „gelobte Land" vor.

Zwischen Auszug und Einzug passiert allerdings noch eine Menge und Mose ist *der Mann*, der alles organisiert, den Kontakt zu Gott hält, durch die Wüste führt, feste Regeln aufstellt oder diese vermittelt und als Richter fungiert. Er kämpft gegen mannigfache Kritik und Anfeindung, sowohl gegen Gott als auch gegen seine Person, wirkt Wunder und tut alles, um das Volk heil über die Runden zu bringen.

Im Einzelnen: Schon kurz nach der Rettung am Schilfmeer fehlt es an Trinkwasser (Ex 15). Das Wasser von Mara (bitter) kann man nicht trinken und so hadert das Volk mit Gott und mit Mose. Auf Gottes Geheiß wirft Mose ein Stück Holz ins Wasser, wodurch es genießbar wird. Nach dem Wasser fehlt es an Essen. Der Herr lässt Mana/Brot vom Himmel regnen, kurz danach fallen Wachteln ins Lager ein, sodass auch Fleisch in guten Mengen vorhanden ist (Ex 16). Nachdem das Volk weitergezogen ist, herrscht wieder Wasserknappheit. Das Volk rebelliert gegen Mose, dieser beschwert sich bei Gott. Mittels des schon hinlänglich bekannten Wunderstabes schlägt Mose auf einen Felsen, aus dem Wasser hervorkommt. Neben diesen Schwierigkeiten muss sich „Israel" auch noch gegen das Volk der Amalekiter zur Wehr setzen. Mose betet, während ein Mann namens Josua die Feinde militärisch besiegt. Aus dieser Begegnung erwächst eine Urfehde zwischen Amalek und Israel (Ex 17). Mose ist auch als Richter tätig. Dieser (zusätzlichen) Belastung ist er auf Dauer nicht gewachsen, sodass ihm sein Schwiegervater Jitro, der sich offensichtlich noch immer in der Gefolgschaft des Mose befindet, zur Einsetzung von Richtern rät (18).

Schließlich gelangt das Volk zum Sinai, dem Gottesberg. Mose ist trotz vorgerückten Alters unzählige Male zwischen Berg (und Gott) und dem Volk unterwegs, um einerseits Gesetze zu erhalten, andererseits diese dem Volk vorzulegen und dessen Zustimmung einzufordern. Bei etlichen Aussagen weiß der Leser nicht, wo sich Mose gerade befindet: auf dem Weg hinauf, auf dem Berg, abwärts, beim Volk. In Ex 20 erhält Mose die zehn Gebote, verkündet daraufhin aber nicht etwa diese, sondern eine ganze Reihe von Weisungen des Herrn, unter anderem das so genannte Bundesbuch (Ex 21,1–23,33), eine Rechtssammlung unterschiedlichen Inhalts. Es folgen in Unterbrechung des Erzählfortgangs Anweisungen für den Bau eines transportablen Heiligtums, das mit viel Aufwand und aus kostbaren Materialien hergestellt wird, dazu die ganzen Utensilien, die für einen „Tempeldienst" auf dem Marsch erforderlich sind (z.B. Urim und Tummim – was immer das auch sein mag – sowie das rätselhafte Efod Ex 28). Angesichts der Mengen an Gold, die verarbeitet werden, erklärt sich jetzt auch, weshalb die Israeliten bei ihrem Auszug so viel Gold von den Ägyptern geschenkt erhalten haben mussten (Ex 25–31).

Weil Mose wieder einmal so lange bei Gott auf dem Berg bleibt und nicht zurückzukommen scheint, fordert das Volk den Bau eines „sichtbaren" Gottes, worauf ausgerechnet der Bruder des Mose und spätere Priester, Aaron, ein goldenes „Kalb", ein Stierbild herstellt, wie es dann später angeblich am Tempel im Nordreich in Bet El verehrt wurde – ein Seitenhieb auf den Nordreichtempel. Auf Befehl des Mose massakrieren die Leviten alle Anhänger dieses Kultbildes bei seiner Rückkehr.

Nachdem Mose in seinem Zorn die beiden Steintafeln mit den zehn Geboten (32,19) wie auch das Stierbild (32,20) zerschmettert hat, muss er erneut auf den Berg steigen. Mose fertigt zwei neue Steintafeln, die vom Herrn beschriftet werden, angeblich genauso wie die ersten (Ex 34): De facto stehen aber auf diesen zweiten Tafeln andere Gebote als auf dem ersten Paar, denn der Leser erfährt auch den Inhalt der ersten Tafeln, das Volk hingegen nicht.

In einem zweiten offensichtlichen Einschub folgt nach den ausführlichen Anweisungen für den Bau des Wüstenheiligtums nunmehr der Bau desselben. Dazu werden die gesamten Anweisungen noch einmal aufgezählt um von deren Ausführung zu berichten (Ex 35,4–39,43). Offensichtlich ist da jemandem daran gelegen, dass alles minutiös befolgt wird und es kann schon jetzt vermutet werden, dass die betreffenden Anweisungen aus Priesterkreisen kommen, die am späteren Tempel von Jerusalem Maß genommen haben.

Nach der Fertigstellung des so genannten „Zeltes der Offenbarung", das die Israeliten bis auf Weiteres begleitet, gibt es für Mose keine Kletterei auf den Berg mehr – in seinem Alter sicher eine Erleichterung. Es ist dies gleichzeitig eine göttliche Legitimierung des Zeltes, denn jetzt erteilt Gott seine Anweisungen vom Offenbarungszelt her, zumeist mit den Worten: *Und Gott sprach zu Mose* (und Aaron).

Die Weisungen Gottes füllen das ganze folgende Buch Levitikus und auch noch Teile des Buches Numeri (bis Num 10,11). Es geht um Gebote, Anweisungen, Vorschriften zum Thema Opfer, zum Thema „Taugliches" (Koscherness/Kaschrutgebote), Priester, Sozialgesetze u.v.m.

Die auch für Christen so wichtigen zehn Gebote auf den beiden Steintafeln wurden den Israeliten bislang aber nicht verkündet.

Man kann sagen: Mose hat ein volles Programm zu absolvieren und wenn man seine Tätigkeiten zusammenfasst, ergibt sich daraus eine stattliche Liste:

- Gesetzgeber – oder vielmehr: Gesetzvermittler, in vielfacher Hinsicht, auch für die Zukunft
- Führer durch die Wüste
- Er beschafft Nahrungsmittel: Wasser, Brot vom Himmel (Mana) und Fleisch (Wachteln).
- Er dient als Prellbock zwischen Gott und dem Volk.
- In dieser Eigenschaft sorgt er beständig für Versöhnung (z.B. durch Opfer).
- Er ordnet Opfer an und ist diesbezüglich weisungsberechtigt gegenüber dem Priester Aaron „und seinen Söhnen".
- Er ist Fürsprecher und Bundesvermittler.
- Er sorgt für den „rechten Glauben".
- Er spricht Recht.

Was er dagegen nicht ist: Er ist kein Religionsstifter, denn der Gott, der sich vorstellt, ist bereits der Gott der Väter. Und dennoch ist er einzigartig, denn so, wie Gott mit Mose gesprochen hat, spricht er zu niemandem sonst im AT (Dtn 34,10; Ex 33,11). Und so hat der Spruch im Judentum durchaus seine Berechtigung, wenn es heißt: Von Mose bis Mose gibt es keinen größeren als Mose. Das bedeutet: Vom historischen Mose bis zu einem kommenden, endzeitlichen Mose, gibt es keinen größeren als Mose Maimonides, den bedeutendsten Gelehrten des Judentums, der Philosoph, Rechtsgelehrter und Arzt war (1135–1204).

Sein Ziel erreicht er indes nicht. Er darf nicht mit in das verheißene Land reisen. Er gehört zu der Wüstengeneration, die sich ständig gegen Gott aufgelehnt hat und deshalb 40 Jahre in der Wüste leben muss, nicht aber in das Land „überfließend von Milch und Honig" ziehen darf. Vielmehr wird am Ende des Pentateuch, in Dtn 34 von Tod und Begräbnis berichtet. Jüdische Auslegungen betrachten das „man“ in Dtn 34,6 als eine Umschreibung Gottes, sodass der Satz lautet:

„(Man) Gott begrub ihn im Tal, in Moab, gegenüber Bet-Pegor. Bis heute kennt niemand sein Grab“ (EÜ).

Schon auf der Ebene der Schrift könnte man die Frage stellen, ob ein Mann dies alles für ein Volk von angeblich 2 Mio. über mehr als 40 Jahre bewältigen kann. Umso mehr ist zu überlegen, wie und ob dies historisch möglich ist.

8.2 Historische Aspekte: Name und Kindheitsgeschichte

Wie schon erwähnt, ist „Mose“ ein ägyptischer Name, der sich in etlichen Namen von Pharaonen ebenfalls findet: Ra-Mose, Ach-Mose, Thut-Mose. Dabei leitet sich „Mose“ einfach nur aus dem Ägyptischen Wort „gebären“ ab und damit bedeutet der Name „geboren“ oder auch „Kind“. Die Herleitung der Bibel aus dem hebräischen Wort mašah = „(heraus-)ziehen“ (Ex 2,10) dürfte nicht zutreffen. In Form einer Namensätiologie erklärt der atl. Text:

Sie (die Tochter des Pharao) nannte ihn Mose und sagte: Ich habe ihn aus dem Wasser gezogen.

Diese Herleitung ist deshalb unwahrscheinlich, weil der Name eben als solcher in Ägypten verbreitet ist und die Ägypterin kaum hebräisch gesprochen haben wird.

Der Name sagt indes auch nichts über die Historizität des Mose aus. Er kann ein Ägypter gewesen sein, aber ebenso gut kann ihm seine hebräische Mutter auch einen ägyptischen Namen gegeben haben.

Seine Kindheitsgeschichte folgt der Form der „Gefährdung des Retterkindes“. Die Form lässt sich folgendermaßen umschreiben: Jemandem (Volk, Gruppe, Staat...) geht es schlecht, häufig deshalb, weil fremde Mächte/Tyrannen/Fremdherrscher die Vorherrschaft übernommen haben. Irgendwo wird im Volk / der Gruppe der Unterdrückten ein Kind geboren, manchmal von einem himmlischen Wesen angekündigt mit der Botschaft, dass dieses Kind Rettung bringen wird. Die Großmacht / der Tyrann erhält davon in irgendeiner Weise Kenntnis und setzt alles daran, das ausgewählte Kind zu töten. Daraufhin wird das Kind von seinen Eltern oder von Parteigängern einer Widerstandsbewegung versteckt oder aus dem Blickfeld der Großmacht genommen. Es lebt verborgen, bis es erwachsen ist. Dann erfüllt sich die Vorhersage bzw. der Retter erfährt selbst seine Bestimmung und seine Aufgabe gelingt: Er rettet sein Volk vor dem Tyrannen. Gott bzw. die himmlischen Mächte beeinflussen den Prozess teils durch offenes Eingreifen oder durch Gesandte (Engel), teils auch im Verborgenen durch den (gesteuerten) Ablauf der Ereignisse.

In Kürze:

- Unterdrückung (einer Menschengruppe) durch fremde Herrscher/Völker
- Gott wird zur Hilfe gerufen oder sieht von sich aus das Leid
- (angekündigte) Geburt eines Retters
- Gefährdung des Retters von Geburt an
- Rettung des Kindes durch Flucht oder in einem Versteck
- Kind wächst heran und erfährt von seiner Aufgabe
- mit Gottes Hilfe wird die Aufgabe gelöst

Diese literarische Form ist nicht auf die Bibel beschränkt. Hier findet sie sich einerseits bei der Geburt des Mose und andererseits bei der Geburt Jesu in der Fassung des Mt. Auch in anderen Religionen kommt dieses gängige Schema vor (Ödipuserzählung; Judaserzählungen).

Da es sich um eine literarische Form handelt und nicht etwa um eine Erzählung von Ereignissen, muss man davon ausgehen, dass das Ereignis so nicht stattgefunden hat, denn die Form öffnet sich nicht für individuelle Züge eines Ereignisses, d.h. Besonderheiten, die über das Übliche hinausgehen, werden beschnitten oder gänzlich ausgelassen. Des Weiteren muss klar sein, dass diese Form primär dazu verwendet wird, um die Bedeutsamkeit des Retterkindes hervorzuheben, also z.B. den Schutz, den die Gottheit dem Auserwählten zukommen lässt. Damit verbunden kann festgehalten werden, dass eine derartige Erzählung nur retrospektiv entstehen kann, denn häufig genug weiß niemand bei Geburt des Kindes, welche Aufgaben es erfüllen muss, um welche herausragende Persönlichkeit es sich dabei handelt. Das gilt selbst für den Fall, dass das Kind schon vor der Geburt in all seiner Bedeutung angekündigt wird. Erst im Nachhinein wird die besondere Leistung des Retters für sein Volk tatsächlich erkennbar. Diese Erzählung vom Ende her, aus der Retrospektive, ist allerdings dann ein weiteres wichtiges Argument gegen die Historie. Man kennt diese Erzählweise bis in unsere Gegenwart hinein: „Wunderkinder“ oder solche, die von ihren Eltern dafür gehalten werden, zeigen rückblickend schon von frühester Kindheit an ihre besonderen Talente und Fähigkeiten. Erweisen sich diese Fähigkeiten bis ins Erwachsenenalter als außergewöhnlich, werden sich die Erzählungen aus der Kindheit noch verdichten. Im anderen Falle werden sie ganz schnell vergessen.

Geologie und Chronologie indes sprechen nicht gegen die Geburtsgeschichte des Mose. Im AT wird mehrfach davon berichtet, dass „Israel“ im Lande Goschen wohnte. Dieses Goschen vermutet man im östlichen Nildelta. Im Nildelta liegen aber auch die beiden Hauptstädte Memphis und vor allem Pi- Ramesse, das von Ramses II erbaut wurde und bei dessen Bau die Israeliten angeblich zu Arbeiten herangezogen wurden (Ex 1,11b). Das freilich setzt voraus, dass Ramses II. (1279–1213 v. Chr.) oder sein Nachfolger Merenptha (1213–1204) der Pharao des Auszugs war. In früherer Zeit war Theben am mittleren Nil die Hauptstadt, von Goschen hunderte Kilometer entfernt.

8.3 Sein Wirken

Vieles, was die Schrift erzählt, ist historisch nicht möglich oder zumindest unwahrscheinlich:

- Wie kann ein einfacher hebräischer Mann zum Pharao vordringen, ihm Bedingungen stellen, ihm sogar drohen? Nach dem, was man heute über die Pharaonen weiß, waren diese – zumindest zeitweise – gottgleiche Gestalten!
- Ein Volk von mehreren hunderttausend Mann plus Angehörigen kann nicht 40 Jahre im Sinai herumziehen. Das gibt das Land nicht her, weder an Wasser noch an Nahrung. Selbst wenn man davon ausgehen würde, der Sinai sei damals ein Garten Eden gewesen, was er in biblischer Zeit jedoch nicht war, kann das nicht funktionieren. Eine solche Bevölkerung hätte unweigerlich auch Spuren hinterlassen. Natürlich könnte man jetzt anfangen zu rechnen, wie viele Wachteln vom Himmel gefallen sein mussten, um wenigstens die Verpflegung von einem Tag zu sichern. Man wird schnell feststellen, dass dies nicht weiterführend ist, schon gar nicht für 40 Jahre.
- Der Bau des Wüstenheiligtums hätte gigantische Mengen an Gold und anderen wertvollen Materialien wie Stoffen und Holz verschlungen, von den Möglichkeiten, dies alles zu beschaffen und dann auch zu transportieren, einmal abgesehen. Es wurde schon angesprochen, dass es sich bei dem Wüstenheiligtum um eine verkleinerte Kopie des Jerusalemer Tempels handelt, incl. Tempelhof. Das einzige Utensil, das im Wüstenheiligtum fehlt, ist das so genannte eherne Meer, eine gigantische Schüssel, die kaum zu transportieren gewesen wäre (zu den Maßen etc. s.u.).
- Die Gebote, die Mose verkündet, sind sehr heterogen. Es handelt sich ja nicht einfach um die beiden Gebotstafeln mit den Zehn Geboten, sondern um ganz verschiedene Reihen von Geboten und Vorschriften, die zum Teil nur nach der Sesshaftwerdung Sinn machen: „Du sollst nicht begehren deines Nächsten Haus“ ist eben in der Wüste und der angeblichen Zeltbehausung nicht sehr sinnvoll.

Zusammenfassung

Die Wüstenzeit kann sich historisch so nicht abgespielt haben. Die in der Schrift getroffenen Angaben lassen sich in dieser Zeit nicht verifizieren, und das aus unterschiedlichen Gründen. Trotzdem spielt sie im Bewusstsein Israels eine wichtige Rolle, freilich mit zumindest zwei unterschiedlichen Deutungen. Da gibt es zum einen die Bewertung dieser Zeit als „Probe- und Läuterungszeit“: Israel muss so lange durch die Wüste ziehen, weil es versagt hat und immer wieder versagt. Es vertraut nicht in seinen Gott, erhebt Klagen wegen Hunger, Durst, Schlangen und bedauert, dass es aus Ägypten gezogen ist, weg von dessen „Fleischtöpfen“. Mose hat alle Hände voll zu tun, um das Volk bei Laune zu halten und die Beziehung zu Gott einigermaßen ohne Verärgerung von der einen oder anderen Seite zu gewährleisten.

Das ist aber nur die eine Seite der Medaille: Bei dem anscheinend zeitlich späteren Propheten Hosea wird die Wüstenzeit fast schon als Idealzeit dargestellt. Es ist die Zeit, in der Israel seinem Gott treu war, denn es wurde in dieser Zeit nicht von irgendwelchen Ereignissen und Einflüssen anderer Völker tangiert. „Aus Ägypten habe ich meinen Sohn gerufen" lautet eine Aussage des Propheten (Hos 11,1), die uns aus der Kindheitsgeschichte des Mt geläufig ist. Und bei Hosea wird eigens betont, welch gutes Verhältnis zwischen dem „Sohn", d.h. Israel, und seinem Gott bestand. Das ist eine völlig andere Theologie, die hier vertreten wird.

9. Exkurs: Israel und Ägypten – eine komplizierte Geschichte zweier Nachbarn.[1]

Die Zeitspanne der Ausführungen ist notwendigerweise auf die Zeit des ägyptischen Neuen Reiches und auf die Spätzeit beschränkt. Vorher gab es kein „Israel". Es wird deutlich, dass das Verhältnis Ägypten-Israel beiderseits als „ambivalent" beschrieben werden kann, wenngleich, bedingt durch den so genannten Exodus, der Negativeindruck Ägyptens im AT überwiegt. Aber dies ist eben nur eine Seite der Medaille und auch nur eine bestimmte Richtung des Judentums, die hier zu Wort kommt. Es geht auch anders:

Der Aufstieg vom Tellerwäscher zum Millionär war schon in Ägypten möglich, selbst für einen Ausländer – sagt das AT in der Josefsgeschichte!

9.1 Vorbemerkungen

Die Inschriften von Ramses II zu seinem „Sieg" über die Hethiter bei Kadesch, heute im Norden des Libanon an der Grenze zu Syrien gelegen, lassen kaum erahnen, dass es sich bei diesem angeblichen Sieg bestenfalls um ein Patt gehandelt hat. Hier liegt schlichtweg eine Propagandainschrift vor, die den Ruhm des Herrschers mehren und für die Nachwelt erhalten soll.

Ramses II., auch Ramses der Große genannt (* um 1303 v. Chr.; † 27. Juni 1213 v. Chr.), war der dritte Pharao der 19. Dynastie des Neuen Reichs. Er regierte nach antiken Quellen rund 66 Jahre von 1279 bis 1213 v. Chr. und gilt als einer der bedeutendsten Herrscher des Alten Ägypten, vor allem was seine Bautätigkeit betrifft.

Selbstverständlich bietet auch das AT derartige Propagandaschriften, die Historie vor allem „theologisch interpretierend" wiedergeben; dies dürfte sogar die Regel sein, etwa wenn bei einem Sieg über die Feinde deren militärische Stärke ins Unvorstellbare gesteigert und gleichzeitig die eigene Unterlegenheit hervorgehoben wird. Der Sieg geht damit auf das Konto der helfenden Gottheit – Propaganda für Gott also! Leider finden sich kaum andere Quellen aus der Umwelt, sodass man entsprechende Aussagen kaum verifizieren oder falsifizieren kann.

1 (Verkürzte und überarbeitete Fassung meines Referats auf dem 1. Tag der Ägyptologie im Koptisch-Orthodoxen Kloster Brenkhausen – Epochen der altägyptischen Kultur (13.–14.10.2007)

9.2 Datierungen

Bei biblischen Erzählungen muss, wie eingangs angemerkt, unterschieden werden zwischen Erzählzeit (also dem historischen Standort des Erzählers bzw. Verfassers) und erzählter Zeit (der Zeit, in der sich die vorgetragene Geschichte angeblich abspielt). Zwischen beiden können Jahrhunderte liegen!

9.3 Theologische oder auch gesellschaftliche Richtungen

Das AT ist nicht aus einem Guss: es meldet sich häufig nicht nur *eine* theologische Richtung zu Wort. Es gibt vielmehr durchaus einander widersprechende Positionen, die sich in unterschiedlicher Weise und alternierend durchsetzen – häufig ist es eine Richtung, die man heute vielleicht mit dem Etikett „fundamentalistisch" versehen würde. Dazu gibt es innerhalb der gleichen Richtung durchaus graduelle Unterschiede (aus unterschiedlichen Zeiten!), die hier aber nicht im Einzelnen besprochen werden können.

Dass es z.B. Bemühungen aus späterer Zeit gab, die Anstößigkeit der Ehe des Josef mit einer Ägypterin akzeptabel zu machen, zeigt der Roman Joseph und Asenath, vermutlich aus der Zeit zwischen dem 1. Jh. v. und dem 1. Jh. n. Chr., in dem Asenath zum jüdischen Glauben konvertiert und damit als Ehefrau des Joseph anerkannt werden kann.

Bedenkenswert ist aber auch, dass die Texte im Verlauf ihrer Überlieferung gewachsen sind, nicht nur im Umfang! Es kommt zu Neuinterpretationen, zur Relecture der Texte: Ägypten ist nicht nur „Ägypten", sondern kann Chiffre sein für Assur, Babylon, die Diadochenherrschaft (die Herrschaft unter den Nachkommen Alexanders des Großen), gegebenenfalls sogar für ein eigenes (despotisches) Königshaus.

> *vgl. Jes 51,9 Wach auf, wach auf! Kleide dich in Kraft, du Arm des HERRN! Wach auf wie in den Tagen der Vorzeit, <wie bei> den <längst> vergangenen Generationen! Bist du es nicht, der Rahab (=Ägypten?) zerhauen, das Seeungeheuer durchbohrt hat? 10 Bist {du} es nicht, der das Meer ausgetrocknet hat, die Wasser der großen Flut, der die Tiefen des Meeres zu einem Weg gemacht hat, damit die Erlösten hindurchzogen?*

> *Vgl. Jes 30,7: Nichtig und nutzlos ist die Hilfe Ägyptens; darum nenne ich es: die untätige Rahab.*

Wenn Ägypten „Rahab" genannt wird, so liegt hier vermutlich eine Ableitung aus der Bedeutung des Wortes vor, das mit „bestürmen, zusetzen, bedrängen" wiedergegeben werden kann. Auch in Ps 87,4; 89,11 und Ijob 26,12 findet sich „Rahab" ähnlich wie bei Jes. Ansonsten kommt der Name fast ausschließlich im Buch

Josua für die Hure aus Jericho vor, die Josuas Kundschafter versteckt und ihnen damit das Leben gerettet hat.

Ein anderes Beispiel:

Ägypten *ist Zufluchtsstätte* – immerhin gibt es dort jüdische Kolonien (schon in vorpersischer Zeit?) und spätestens ab der Zeit der Diadochen, der Nachfolger Alexander des Großen, auch eine zahlenmäßig beträchtliche Diaspora – wie auch *Fluchtstätte* – ein Ort, den es zu meiden gilt! In Jer 42,19 heißt es:

> *Der HERR hat zu euch geredet, ihr Überrest von Juda: Zieht nicht nach Ägypten! Ihr sollt genau wissen, dass ich euch heute gewarnt habe.*

Beide Positionen wurden mitunter möglicherweise zeitgleich geäußert, wie die ägyptenfreundlichen wie auch ägyptenfeindlichen Parteien zur Zeit des Propheten Jeremia zeigen.

9.4 Autoren

Aus den eben geäußerten Bemerkungen ergibt sich zwangsläufig:

Die Literatur des AT hat selbst eine Geschichte durchlaufen. Sie ist selbst bereits Tradition. Die Geschichte dieser Tradition ist freilich kaum zweifelsfrei zu erhellen. Die Frage nach Ort, Zeit, vorliterarischen Vorlagen und schließlich auch nach *Autor(en)* oder *Redaktor(en)* wird seit der Aufklärung zwar erforscht, doch ist die alttestamentliche Forschung im Bereich der Geschichtswerke von einem Forschungskonsens weit entfernt, heute mehr als noch vor 40 Jahren.

Übereinstimmung herrscht darüber, dass mit einem komplizierten Wachstumsprozess zu rechnen ist und dass die (literarischen) Texte wesentlich jünger sind, als noch vor 30 bis 40 Jahren vermutet. Eine Entstehung der frühesten verschriftlichten Texte des Pentateuch in der Zeit von etwa 1000 bis 900 v. Chr., der Zeit der ehedem so genannten „Salomonischen Aufklärung" ist nicht anzunehmen, gerade auch angesichts der Kritik am Davidisch-Salomonischen Großreich.

9.5 Das Vorkommen Ägyptens im AT

Mit ca. 785 Belegen kommt der Stamm des Wortes „Ägypten" so häufig vor wie kein anderes Land bzw. Volk – von Israel natürlich abgesehen. Betrachtet man die Verteilung der Belege auf die einzelnen Bücher des AT ergibt sich folgendes Bild:

Das Buch Exodus bietet mit 176 Nennungen die größte Zahl von Belegen, gefolgt von Genesis (99x) und Dtn (52x). Erstaunlich ist jedoch auch die hohe Zahl der Nennungen in den alttestamentlichen Propheten: Jer bietet 62 Belege, Ez 59 und Jes 56. Hosea kann immerhin noch mit 13 Nennungen aufwarten.

Aufgrund der Erfahrungen Israels im Kontext des Exodus und geprägt von der Sicht des Nachbarn durch die Autoren deuteronomisch-deuteronomistischer Prägung überwiegt erwartungsgemäß die negative Sicht Ägyptens, vor allem eben im Buch Exodus, aber auch in der prophetischen Literatur. Warum Ägypten auch bei den Propheten vorwiegend negativ gesehen wird, ist noch zu zeigen.

Eine positive Darstellung findet sich dagegen besonders in Gen, wo das Land als Zufluchtsstätte bei Hungersnot eine Rolle spielt.

In der Regel aber ist Ägypten das Land der Sklaverei, es ist das Land des Auszugs, aus dem Gott sein Volk mit massiver Machtdemonstration herausgeführt hat.

9.6 Der Name

Die alttestamentliche Bezeichnung für Ägypten ist Misrajim. Die etymologische Herleitung dieses Wortes ist allerdings nicht ganz eindeutig: Möglich ist sowohl die Wurzel musur, musri oder misru = Grenze, Gebiet aus dem Akkadischen (arabisch misru = Grenze, Land, Hauptstadt, phönizisch. misrjm), wie auch die Herleitung von srr = Festung. In den Amarna-Texten lautet der Name für Ägypten Misri, Missari u.ä. Da es sich bei Misr*ajim* um eine Dualendung handelt, hat das Wort möglicherweise die Bedeutung „die beiden Länder“. Damit würde es sich um eine „Übersetzung“ der ägyptischen Selbstbezeichnung handeln. Ägypten besteht aus Ober- und Unterägypten, der Pharao ist Herr der beiden Länder und trägt daher die Doppelkrone.

9.7 Der alttestamentliche „Stammbaum“ Ägyptens

Im AT stellt man sich die Völker der ganzen Welt als eine große Sippe vor. Alle sind irgendwie miteinander verwandt und ein großer Stammbaum in Gen 10 macht deutlich, wie man sich diese Beziehungen vorstellt. Das Bewusstsein für diese angebliche Verwandtschaft mit den Nachbarn resultiert daher, dass zumindest die Völker, mit denen man eine Grenze teilt, in Sprache, Sitten und Gebräuchen (z.B. Beschneidung) deutliche Gemeinsamkeiten aufweisen. Diese Gemeinsamkeiten bringt man eben durch Genealogien zum Ausdruck. Wie es bei „gutnachbarlichen Beziehungen“ üblich ist, spart man freilich auch nicht mit Spott und Häme:

> *Gen 19,36 Und die beiden Töchter Lots wurden von ihrem Vater schwanger. 37 Und die Erstgeborene gebar einen Sohn, und sie gab ihm den Namen Moab [= Me/Min Ab = vom Vater?]; der ist der Vater der Moabiter bis auf diesen Tag. 38 Und die Jüngere, auch sie gebar einen Sohn, und sie gab ihm den Namen Ben-Ammi [Sohn meines Volkes]. Der ist der Vater der Söhne Ammon bis auf diesen Tag.*

Natürlich gehen alle Menschen auf Adam und Eva zurück. Aber nach der Flut präsentieren sich mit den drei Noach-Söhnen die drei neuen Urväter der Menschheit:

Sem, Ham und Jaffet.

Während nun Abraham als Nachkomme Sems gilt und mithin schließlich auch Israels, findet sich Ägypten als unmittelbarer Nachkomme des zweiten Noachsohnes Ham, zusammen mit Kusch, Put und Kanaan.

Merkwürdig im weiteren Verlauf dieser Genealogie ist allerdings, dass neben den Kaftoritern (aus Kaftor/Kreta) auch die Philister als Nachfahren der Ägypter gelten. Nur nebenbei sei erwähnt, dass an anderer Stelle des AT offensichtlich zwischen Kaftoritern und Philistern nicht mehr differenziert wird:

Am 9,7 Seid ihr mir nicht wie die Söhne der Kuschiten, ihr Söhne Israel? spricht der HERR. Habe ich nicht Israel aus dem Land Ägypten heraufgeführt und die Philister aus Kaftor und Aram aus Kir?

Die angebliche Verwandtschaft der Philister zu den semitischen – genauer gesagt: hamitischen – Ägyptern ist insofern bemerkenswert, als Israel seinerseits bewusst war, dass man nicht nur sprachlich mit Ägypten verwandt war, sondern auch ein anderes, wesentliches kulturelles Merkmal mit den Ägyptern gemeinsam hatte: Auch die Ägypter praktizierten die Beschneidung, die Philister hingegen definitiv nicht. Sie gelten als die „unbeschnittenen Philister" (z.B. Ri 14,3; 1 Sam 17,36 u.a.), sodass der junge David 200 Vorhäute erschlagener Gegner seinem zukünftigen Schwiegervater Saul als Brautpreis für dessen Tochter Michal, gewissermaßen als „Skalpe", auf den Tisch des Hauses zählt (1 Sam 18,27).

Ein möglicher Grund für diese ungewöhnliche Beziehung zwischen Ägyptern und Philistern könnte darin bestehen, dass die Genealogie aus Gen 10 punktuell nicht nur ein Ausdruck der ethnisch-sprachlichen Verhältnisse ist, sondern (auch) der politischen Abhängigkeiten zum Zeitpunkt der Entstehung der Genealogie (oder aus einer mehr oder weniger legendären Vorzeit) geschuldet ist. Obwohl nicht nachweisbar, könnte sich hier das geschichtliche Wissen widerspiegeln, dass Ramses III die Philister in einer Seeschlacht besiegte, vom Delta Ägyptens verdrängte und an der Küste Palästinas angesiedelt hatte. Die Darstellungen am Totentempel Ramses III in Karnak sind im Übrigen die einzigen Abbildungen philistäischer Krieger und zeigen diese mit deutlichen Erkennungsmerkmalen wie Lendenschurz, Feder(?)-Krone und nicht vorhandener Vertiefung der Nasenwurzel (fehlendes Nasion).

Im Gegensatz zu Gen 10 stellen sich die Genealogien *nach* Abraham anders dar. Dort werden Beziehungen zwischen Israel und den Protoarabern (Gen 25,1–4) wie auch zu Edom (Gen 36), ja überhaupt zu „den" Aramäern festgestellt. Die Unterschiede zu Israel werden mittels ätiologischer Erzählungen begründet.

Abb. 10: Nahaufnahme gefangener Philister auf dem Totentempel Ramses III. in Medinet Habu

9.8 Ägypten, das Land der Zuflucht

Beim Stichwort Ägypten denkt man – mit der Brille eines Bibellesers – als erstes an Unterdrückung und Flucht. Immerhin widmet der Pentateuch diesem Thema – zumindest nominell – ein ganzes Buch: Exodus.

Genährt wird diese Vorstellung bei älteren Lesern zusätzlich durch Hollywoodschinken wie etwa „Die Zehn Gebote" aus den 50er Jahren (1956) mit Charlton Heston in der Starrolle des Mose und seinem Gegenpart Yul Brunner als grausamen und völlig uneinsichtigen Pharao. In diesem Film wird zwar auch die Übergabe der Gebote an Mose thematisiert, aber in einem Großteil der Darstellung geht es um den Exodus selbst, unter Zeichen und Wundern, so wie es die Schrift zu beschreiben scheint.

Dabei wird völlig übersehen, dass in der erzählten Frühzeit Israels Ägypten in erster Linie und zunächst ein Land der Zuflucht ist, ohne das Israel oder dessen Vor- und Stammväter gar nicht überlebt hätten.

Die Väter, ursprünglich angeblich mit Abraham aus Ur in Chaldäa kommend, (Gen 11,31; Chaldäer betreten die Bühne der Geschichte erst ab dem 9. Jh.!) mit den Söhnen Isaak und Ismael, dann Jakob und Esau und schließlich den zwölf Söhnen des Jakob, lassen sich in Palästina nieder. Es ist zu beachten, dass sich die Väter in unterschiedlichen Regionen Palästinas aufhalten und niederlassen: Jakob in Beth-El und im Ostjordanland, Abraham dagegen in der Gegend von Hebron.

Und nicht zuletzt aufgrund der letztlich sehr vagen und knappen Darstellungen dieser Gestalten stellt sich die Frage, ob es sich bei den Vätern tatsächlich um historische Personen im Sinne von Individuen handelt oder eher um Idealtypen: „Zeitlose“ Ereignisse und Verhaltensweisen werden einem „Urvater“, einem „Scheich“ aus undefinierbarer Vergangenheit, zugeschrieben und im Laufe der Tradierung dieser Erzählungen ergänzt oder fortgeschrieben. Die Vätergeschichten liefern ein Bild, wie sich das spätere Israel seine Vorzeit *vorstellt*, nicht wie sie war!

Die unterschiedlichen Regionen, in denen sich die Väter aufhalten, lassen auch die Vermutung zu, dass die geschilderten Verwandtschaftsverhältnisse sekundär sind. Wenn schon ganze Völker als verwandt dargestellt werden, um wie viel mehr ist dies möglich bezüglich sagenumwobener Vorfahren und deren Sippen?

Die Zeit der Väter ist jedenfalls aufgrund der vorliegenden Texte nicht konkret zu ermitteln. Die Völker, denen sich Israel verwandt fühlt, existieren frühestens um 1200 v. Chr., die früher übliche Datierung der Väter in das 15./14. Jh besitzt in den Texten keinen Anhalt.

Das wenige, das man von diesen Vätern sagen kann, ist, dass sie als (halb-) sesshafte (Grundbesitz: Gen 23,17) (Klein-)Viehzüchter leben. Angeblich heiraten sie endogam und holen sich ihre Frauen aus der Heimat des Abraham. Sie gelten als besonders clever, bauernschlau, und übertölpeln die „dummen“ Städter – oder auch schon einmal die eigene Verwandtschaft, wie etwa Jakob seinen Schwiegervater Laban, aber ebenso auch Laban den Jakob, der eine beim Vieh, der andere mit seinen Töchtern, deren eine, die ungeliebte Lea, Jakob regelrecht als Ehefrau untergeschoben wird.

Für diese Väter wird Ägypten jedenfalls wiederholt zum Land der Zuflucht in Zeiten der Hungersnot (Gen 12,10; 41,57). Ägypten ist das fruchtbare Land; das stets Getreide liefert, vergleichbar dem Garten des Herrn!

> Gen 13,10: *Da erhob Lot seine Augen und sah die ganze Ebene des Jordan, dass sie ganz bewässert war – bevor der HERR Sodom und Gomorra zerstört hatte – wie der Garten des HERRN, wie das Land Ägypten, bis nach Zoar hin.*

Einzelne Aussagen leiten aus dieser Zeit des Aufenthaltes, in denen mit keiner Silbe von einer Bedrückung oder gar der Notwendigkeit des Exodus die Rede ist, sogar eine privilegierte Position für Ägypter ab: Finden sich alttestamentliche Aussagen, die ein Verdikt über bestimmte Nachbarvölker verhängen und deren Eintritt in das Gottesvolk für immer ausgeschlossen erscheinen lassen, ist dies für Ägypter nach einigen Generationen durchaus möglich:

> *Dtn 23,4 Ein Ammoniter oder Moabiter darf nicht in die Versammlung des HERRN kommen; auch die zehnte Generation von ihnen darf nicht in die Versammlung des HERRN kommen, für ewig; ....*

23,8 Den Edomiter sollst du nicht verabscheuen, denn er ist dein Bruder. Den Ägypter sollst du nicht verabscheuen, denn du bist ein Fremder in seinem Land gewesen. 23,9 Kinder, die ihnen geboren werden, dürfen von ihnen in der dritten Generation in die Versammlung des HERRN kommen.

Ägypten wird hier ausgesprochen positiv gesehen, als Land, das Nahrung gibt, in dem Ordnung herrscht, das eine angenehme Zufluchtsstätte bietet (die Söhne Jakobs bleiben ja angeblich mehrere Generationen dort) und schließlich als Land, in dem man es zu etwas bringen kann, wie die Josefsgeschichte zeigt.

Wann und wieso eine derartig positive Sicht Ägyptens möglich war, ist kaum überzeugend festzulegen. Vielleicht meldet sich hier ja auch einfach nur eine oppositionelle Gruppe zu Wort, die die Meinung vom Lande Ägypten, „dem Sklavenhaus“ (vgl. Ex 13,3. 14; 20,2; Dtn 5,6; 6,12; 7,8; 8,14; 13,6.11; Jos 24,17; Ri 6,8; Jer 34,13) nicht teilt. Doch dazu noch einmal ausführlicher später.

Die Tatsache an sich, dass sich nomadisierende Gruppen in Notzeiten nach Ägypten retten, ist indes kaum zu bestreiten und durch ägyptische Inschriften zu belegen:

Eine Inschrift aus der Zeit um 1350 v. Chr. berichtet, dass eine Gruppe von Halbnomaden,*„... die nicht wusste, wo sie leben sollte, kam, um ein Heim in dem Gebiet des Pharao zu erbitten.“*

Um 1290 v. Chr. meldet ein ägyptischer Grenzbeamter seinen Vorgesetzten, dass er Beduinenstämme aus der Steppe die Grenzfestungen habe passieren lassen, *„... um sie und ihr Vieh auf der großen Besitzung des Pharao, der guten Sonne eines jeden Landes, am Leben zu erhalten.“* (Galling: Textbuch, S. 40–41)

Diese Aufenthalte in Ägypten sind allerdings stets nur temporär. Ägypten ist nicht das Land, wo man sich dauerhaft niederlässt, es ist nicht das von Gott verheißene Land. In das verheißene Land gilt es zu ziehen, dort muss Israel sesshaft werden. Der Stammvater Jakob will in Ägypten noch nicht einmal begraben sein:

Gen 47,30 Wenn ich mich zu meinen Vätern gelegt habe, dann führe mich aus Ägypten, und begrabe mich in ihrem Grab!

Auch der Leichnam des Josef, eines Mannes, der fast sein ganzes Leben in Ägypten verbracht hat, wird beim Exodus mitgenommen (Vgl. Kunz, Josefsgeschichte 206ff).

In der Folgezeit ist Ägypten aber nicht nur Zufluchtsort in Zeiten des Hungers, sondern es ist auch Rückzugsgebiet für Aufständische. So begibt sich der Edomiterprinz Hadad auf der Flucht vor David dorthin (1Kön 11,17).

Auch der gegen Salomo putschende Jerobeam, später als Jerobeam I. König des Nordreiches, muss vor Salomo fliehen und bringt sich in Ägypten in Sicherheit. Obwohl Salomo eine Tochter des Pharao geehelicht hat, nimmt der Pharao den Gegner des Salomo bei sich auf und gewährt politisches Asyl (1Kön 11,40). Auch diese Aussage ist, wie die Notizen um das Thema „Harem des Salomo“, kaum historisch zutreffend. Der Pharao wird eine seiner Töchter wohl kaum mit dem Bürgermeister des Bergdorfes Jerusalem verehelicht haben.

Und schließlich flieht eine angeblich größere Gruppe Judäer aus der Zeit nach dem Untergang des Reiches Juda um 586 nach Ägypten ins Exil (2Kön 25,26 vgl. Jer 42ff). Dabei wird Jeremia mitgenommen und seine Spur verliert sich.

An etlichen Stellen wird aber ausdrücklich davor gewarnt, nach Ägypten auszuweichen: Selbst in Zeiten, in denen es um das Überleben geht, soll Isaak nicht nach Ägypten hinabziehen, sondern im Lande der Verheißung bleiben (vgl. Gen 26,1). Vorstellbar ist die Entstehung einer solchen Aussage zu einer Zeit, in der eine „Flucht nach Ägypten" zwar der einzige Ausweg zu sein schien, gleichzeitig aber auch zu einer weiteren Verminderung der Bevölkerung des ohnedies entvölkerten Landes führen musste. In Frage käme hierbei die eben genannte Zeit um 586, die Zeit des Propheten Jeremia, der in 42,19 sagt:

> *Der Herr hat zu euch gesprochen, Rest Judas: Zieht nicht nach Ägypten! Ihr sollt genau wissen: Ich warne euch heute.*

Und weiter:

> *Jer 42,13 Wenn ihr aber sagt: Wir bleiben nicht in diesem Land!, und auf die Stimme des Herrn, eures Gottes, nicht hört, 14 sondern sagt: Nein, nach Ägypten wollen wir ziehen, wo wir weder Krieg sehen noch Trompetenschall hören, noch nach Brot hungern werden, und dort wollen wir bleiben!, 15 nun, dann hört das Wort des Herrn, ihr, der Rest Judas: So spricht der Herr der Heere, der Gott Israels: Wenn ihr darauf besteht, nach Ägypten zu ziehen, und auswandert, um euch dort niederzulassen, 16 dann wird euch das Schwert, das ihr fürchtet, dort in Ägypten erreichen, und der Hunger, vor dem euch bangt, wird euch dort in Ägypten verfolgen, und ihr werdet dort umkommen.*

Vgl. auch Jer 44,1

> *Das Wort, das zu Jeremia geschah an alle Judäer, die im Land Ägypten wohnten, die in Migdol und in Tachpanhes und in Nof und im Land Patros wohnten:*

Die Worte des Jeremia sind nicht auf fruchtbaren Boden gefallen, und das keineswegs nur zu seiner Zeit: Wie auch in den anderen Gebieten rings um das Mittelmeer, kommt es im Laufe der Geschichte zu teils beträchtlichen jüdischen Ansiedlungen in Ägypten.

2Makk 1,1 (erzählte Zeit: 124 v. Chr) berichtet:

> *Wir, eure Brüder, die Juden aus Jerusalem und aus dem Land Judäa, grüßen euch, unsere Brüder, die Juden, die in Ägypten wohnen, und wünschen euch Frieden.*

Der Text geht offensichtlich von einer namhaften Diasporagemeinde in Ägypten aus. Für die Zeit davor berichtet Josephus Flavius (Bell I, 33; VII, 420–432) davon, dass der zadokidische und damit dynastisch-legitime Hohe Priester Onias III. (oder IV.) im Kontext der Hellenisierungsbestrebungen in Judäa nach Ägypten flieht und dort einen eigenen Tempel (ca. 160 v.–70 n. Chr.) in Leontopolis im Nildelta begründet und betreibt.

Die Bedeutung der ägyptischen Diaspora wird daran deutlich, dass ungeachtet der tendenziellen und z. T. legendarischen Aussagen des Aristeasbriefes die griechische Übersetzung des Pentateuch wie auch weiterer Bücher des AT in Ägypten angefertigt wurden. Der Aristeasbrief ist eine Schrift in griechischer Sprache aus dem 2. Jh. v. Chr., in der die Erstellung der Septuaginta geschildert und gerechtfertigt wird. Um die Zeitenwende existierte in Alexandria eine große jüdische Diasporagemeinde, die mehrere Stadtviertel einnahm.

Auf der Nilinsel Elephantine ist angeblich bereits ab Psametich I. (26. Dynastie, 664 bis 610 v. Chr.) eine jüdische Garnison stationiert. Dieser jüdische Vorposten besitzt einen eigenen J“-Tempel, der 525 v. Chr. bestätigt, 410 v. aber zerstört wird. (Vgl. Williams, Ägypten 495; Weiß, Ägypten, 506; Herrmann, Geschichte, 726).

9.9 Ägypten als Bündnispartner

Aus der Sicht der Prophetie wird Ägypten als unsicherer, wenig verlässlicher und ohnmächtiger Partner dargestellt. Ägypten kann die Gefahr der Großmächte aus dem Osten nicht bannen, es wird wiederholt davor gewarnt, sich auf Ägypten zu verlassen:

> *2Kön 17,4 Aber der König von Assur entdeckte eine Verschwörung bei Hoschea; denn der hatte Boten an So (Sais, dann Tefnacht 725–718? oder Abk. für Osorkon IV.: 730–715)), den König von Ägypten, gesandt und hatte dem König von Assur keinen Tribut <mehr> hinaufgebracht wie <bisher> Jahr für Jahr. Da verhaftete ihn der König von Assur und warf ihn gefesselt ins Gefängnis.*

Dies geschieht im Jahre 722 und bedeutet das Ende des Nordreiches Israel: Es erfolgt die Deportation der autochthonen und die Neuansiedelung fremder Bevölkerungsgruppen und somit auch das Ende der „zwölf Stämme“.

Im sog. Kalah-Prisma Sargons II. heißt es dazu:

> *Samaria belagerte und eroberte ich. 27.280 seiner Einwohner schleppte ich fort. 50 Streitwagen hob ich unter ihnen aus, und die Übriggebliebenen ließ ich ihrer Berufsarbeit nachgehen. Einen General stellte ich als Statthalter über sie und ich legte ihnen den von einem früheren König auferlegten Tribut auf.*

Ferner wird berichtet, dass die Hauptstadt größer angelegt wurde, als zuvor.

> *Leute aus Ländern, die ich mit meiner Hand erobert hatte, ließ ich darin einziehen und zählte sie zu den Einwohnern Assyriens. (Kaiser, Texte 382)*

Im Südreich baut zunächst König Hiskija (728–699) auf ägyptischen Beistand:

> *2Kön 18,1 Im dritten Jahr Hoscheas, des Sohnes Elas, des Königs von Israel, wurde Hiskija, der Sohn des Ahas, König von Juda. 2 Er war fünfundzwanzig Jahre alt, als er König wurde, und regierte neunundzwanzig Jahre in Jerusalem... 7 Daher war der Herr mit ihm; in allem, was er unternahm, hatte er Erfolg. So fiel er vom König von Assur ab und war ihm nicht länger untertan... 13 Im vierzehnten Jahr des Königs Hiskija zog Sanherib, der König von Assur, gegen alle befestigten Städte Judas und nahm sie ein. 14 Hiskija aber, der König von Juda, schickte Boten an den König von Assur nach Lachisch und ließ ihm sagen: Ich habe gefehlt. Laß ab von mir! Alles, was du mir auferlegst, will ich tragen. Der König von Assur verlangte von Hiskija, dem König von Juda, dreihundert Talente Silber und dreißig Talente Gold. 15 Hiskija mußte alles Geld abliefern, das sich im Haus des Herrn und in den Schatzkammern des königlichen Palastes befand. 16 Damals ließ Hiskija, der König von Juda, die Türen am Tempel des Herrn und die Pfosten, die er mit Gold und Silber überzogen hatte, zerschlagen und lieferte das Metall an den König von Assur. 17 Doch der König von Assur sandte den Tartan, den Rabsaris und den Rabschake mit einer großen Streitmacht von Lachisch aus gegen König Hiskija. Sie zogen nach Jerusalem hinauf, stellten sich an der Wasserleitung des oberen Teiches auf, der an der Walkerfeldstraße liegt, 18 und ließen den König rufen. Der Palastvorsteher Eljakim, der Sohn Hilkijas, der Staatsschreiber Schebna und Joach, der Sohn Asafs, der Sprecher des Königs, gingen zu ihnen hinaus. 19 Der Rabschake sagte zu ihnen: Sagt zu Hiskija: So spricht der Großkönig, der König von Assur: Worauf vertraust du denn, dass du dich so sicher fühlst? 20 Du glaubst wohl, bloßes Gerede sei im Krieg schon Rat und Stärke? Auf wen vertraust du also, dass du von mir abgefallen bist? 21 Du vertraust gewiß auf Ägypten, dieses geknickte Schilfrohr, das jeden, der sich darauf stützt, in die Hand sticht und sie durchbohrt. ...*

> *Vgl. Jes 36,6 Du vertraust gewiss auf Ägypten, dieses geknickte Schilfrohr, das jeden, der sich darauf stützt, in die Hand sticht und sie durchbohrt. Denn so macht es der Pharao, der König von Ägypten, mit allen, die ihm vertrauen.*

Vielleicht bezieht sich Jesaja dabei auf die antiassyrische Aufstandsbewegung um 711: Aschdod führte mit ägyptischer Unterstützung eine antiassyrische Koalition an. Sargon II ersetzt den König von Aschdod durch dessen loyalen Bruder. Die Bevölkerung Aschdods ist damit jedoch überhaupt nicht einverstanden und ersetzt diesen wiederum durch einen gewissen Jamani und provoziert infolge dessen ein militärisches Eingreifen Assurs. Jamani flieht zum Bündnispartner (Schabaka) nach Ägypten, wird aber von diesem an die Assyrer ausgeliefert.

Es ist besonders der Prophet Ezechiel, der über Ägypten das Unheil verkündet – freilich nicht über Ägypten allein! Ausgangsbasis der Kritik (soweit sie vom Propheten selbst stammt?) ist das politische Taktieren mit Ägypten, das zu den Aufständen des Südreiches Juda 597 und 586 und schließlich zum Ende des Staates führt. Ezechiel erlebt die erste Deportation der obersten Zehntausend im

Jahre 597, das Ende des Staates zehn Jahre später und das daran anschließende Exil.

In erster Linie ist eine Bündnispolitik per se abzulehnen, weil sie die Geschichtsmächtigkeit Gottes tangiert. Ein Bündnis mit Ägypten wird zu einem Bündnis gegen den Gott Israels. Das ist zumindest die Vorstellung, die der Prophet Jesaja im Kontext des so genannten „syrisch-ephraimitischen Kriegs" gegen seinen König Ahas vorträgt (Jes 7,1 ff). Ansonsten ist aber auch einfach davon auszugehen, dass die Propheten genug politischen Weitblick besaßen, um zu erkennen, dass die Kleinstaaten Palästinas und das zu dieser Zeit schwache Ägypten gegen die östlichen Großmächte absolut chancenlos waren.

Grundsätzlich aber geht es nicht darum, Bündnisse zu schließen, sondern zu seinem Gott umzukehren und gegebenenfalls die Unterdrückung durch die Großmächte als Gottes Urteil anzunehmen. Ziel ist es aber auch, darauf hinzuwirken, die politische Bodenhaftung nicht zu verlieren und sich in haltlose politische Aktivitäten zu stürzen.

Die kritische Haltung gegen Bündnisse richtet sich im Übrigen auch gegen solche mit Assur, nicht nur gegen ein Bündnis mit Ägypten!

Hosea sagt zu Zeiten, als das Nordreich Israel noch existiert:

> *7,11 Und Ephraim ist wie eine Taube geworden, die sich betören läßt, ohne Verstand. Ägypten rufen sie an, nach Assur laufen sie.*

Gelernt hat man in Juda offensichtlich nichts daraus oder ist zumindest gegen prophetische Vorbehalte beratungsresistent und hat diese – so sie denn tatsächlich geäußert wurden – einfach in den Wind geschlagen: König Zedekia/Zidkija (597–586) setzt hundert Jahre nach Hiskija ebenfalls auf Ägypten, nun gegen die Neubabylonier – und erhält zeitweise sogar Hilfe in der Schlacht. Gerettet wird aber auch er nicht: Pharao Apries der 26. Dyn (hebräisch: Hophra) kann keine entscheidende Unterstützung bringen. Jerusalem wird nach längerer Belagerung erobert, es beginnt 587 das babylonische Exil.

> *Jer 37,5 Aus Ägypten war damals das Heer des Pharao aufgebrochen, und als die Chaldäer, die Jerusalem belagerten, davon Nachricht erhielten, rückten sie von Jerusalem ab. 6 Nun erging das Wort des Herrn an den Propheten Jeremia: 7 So spricht der Herr, der Gott Israels: Antwortet dem König von Juda, der euch zu mir gesandt hat, um mich zu befragen: Fürwahr, das Heer des Pharao, das aufgebrochen ist, um euch Hilfe zu bringen, wird in sein Land Ägypten zurückkehren. 8 Dann werden die Chaldäer wieder umkehren, gegen diese Stadt kämpfen, sie erobern und in Brand stecken.*

> *Jer 46,25 Es spricht der HERR der Heerscharen, der Gott Israels: Siehe, ich suche heim den Amon von No, den Pharao und Ägypten, seine Götter und seine Könige, ja, den Pharao und die auf ihn vertrauen.*

Nicht nur bei der Auslieferung von Jamani wird deutlich, dass Ägypten Realpolitik zu seinen Gunsten betreibt. Wenn keine Aussicht auf Erfolg besteht, zieht sich auch ein zu Hilfe geschicktes ägyptisches Heer ganz schnell wieder zurück. Seine eigene Existenz setzt Ägypten für seine Bündnistreue nicht aufs Spiel. Zudem gibt es ja auch Zeiten, in denen Ägypten selbst Großmacht ist und sein Interessensgebiet in seinen „Vorgarten“, den Palästinisch-Syrischen Raum hinein ausdehnt:

9.10 Ägypten als Großmacht und Bedrohung

Das „politische“ Ägypten

Die nachhaltigste existenzielle Bedrohung Israels geschieht durch dessen angebliche Versklavung und dem daraus resultierenden äußerst gefährlichen Exodus, den Israel nur mit Gottes machtvollem Eingreifen überlebt.

Mit der Expansionspolitik Ägyptens, die unter Tutmosis III. (ca. 1486–1425 v. Chr.) beginnt – also lange bevor Israel in irgendeiner Weise „aktenkundig“ wird – gerät die palästinische Landbrücke in den Einflussbereich Ägyptens, das diesen Einfluss durch die Jahrhunderte mehr oder weniger intensiv auszuüben versucht.

Oben wurde bereits notiert, dass die Ansiedelung der Philister zur Zeit des vorstaatlichen Israels auf ägyptische Initiative zurückgeht. Für Israel in der staatlichen Zeit wird Ägypten zum ersten Mal für die nach Salomo angeblich getrennten Reiche zur politischen und militärischen Bedrohung:

> *1Kön 14,25 Und es geschah im fünften Jahr des Königs Rehabeam, da zog Schischak/Scheschonq, der König von Ägypten, gegen Jerusalem herauf. (Scheschonq I, 945- 925? Der Kriegszug wird auf 926 oder 924 v. Chr. datiert)*

Der gleichzeitig im Nordreich Israel regierende Jerobeam wechselt möglicherweise angesichts dieser Bedrohung zu dieser Zeit seine Residenzstadt:

> *1Kön 12,25 Jerobeam baute Sichem im Gebirge Efraim aus und ließ sich dort nieder. Von Sichem zog er nach Penuël [im Ostjordanland!] und baute auch diese Stadt aus.*

Auch Tirza wird als Residenzstadt genannt.

Schoschenq, der den Erfolg seines Kriegs- oder besser Raubzuges auf einer Tempelwand in Karnak dokumentiert, überliefert eine Liste der eroberten oder geplünderten Städte, auf der merkwürdigerweise Städte des Südreiches generell und Jerusalem im Besonderen fehlen, ganz im Gegensatz zu 1Kön 14,25.

Abb. 11: Zwei Felsinschriften aus Karnak mit einer Reihe von besiegten Völkern und Städten incl. ihrer Namen jeweils als ägyptische Kartusche

Auf seiner Liste in Karnak finden sich hingegen die Nordreich-Städte Megiddo, Taanach, Rehob, Bet-Schean und Schunem, weitere aus dem Negeb, dem Ostjordanland und aus der Küstenebene. Vielleicht hat sich Juda freigekauft, wahrscheinlicher aber ist der Pharao gar nicht erst gegen Jerusalem gezogen, weil es dort nichts zu holen gab (Vgl. Finkelstein /Silbermann, David 74).

Ein weiteres Mal greift ein Pharao um 609 in die Politik Palästinas ein, als er anlässlich eines Kriegszuges den angeblich äußerst fähigen und beliebten König Joschija von Juda zu Tode bringt:

> *2Kön 23,29 In seinen Tagen zog der Pharao Necho, der König von Ägypten, zum König von Assur hinauf an den Strom Euphrat. Und der König Joschija zog ihm entgegen; aber Necho tötete ihn bei Megiddo, als er ihn sah. (609 v. Chr.)*

Anstelle des Joschija setzt man in Jerusalem dessen Sohn Joahas ein. Auf dem Rückweg des Necho von seiner vergeblichen Intervention zugunsten von Assur setzt dieser den Joahas jedoch ab und demonstriert seine Souveränität über Juda:

> *2Kön 23,34 Und der Pharao Necho machte Eljakim, den Sohn Joschijas, zum König anstelle seines Vaters Joschija und änderte seinen Namen in Jojakim. Joahas aber nahm er <mit sich>, und er kam nach Ägypten und starb dort.*

Was war passiert?
Joschija gilt als Reformer, freilich in erster Linie als Reformer von Religion und Kult. Inwieweit er auch politischen Ambitionen nachhing, ist kaum zu erhellen. Immerhin ist es auffällig, dass sich Joschija dem Pharao Necho in einer Stadt entgegenstellt, die zentral im ehemaligen Nordreich Israel liegt, mit hoher Wahrscheinlichkeit außerhalb seines eigenen Herrschaftsbereichs, der mit der traditionellen Grenze des Südreiches Juda wenige Kilometer nördlich Jerusalems geendet haben dürfte. Während man früher der Ansicht war, Joschija sei es gelungen, das Reich seines Vorfahren David wieder zu etablieren, wird dies in der neueren For-

schung kaum mehr so vertreten. Vermutlich stellt sich Joschija dem Necho am Pass bei Megiddo entgegen, weil dies der einzige Ort ist, an dem er mit seinen schwachen Kräften den Hauch einer militärischen Chance hat, Necho aufzuhalten. Warum er Necho überhaupt herausfordert – und ob das überhaupt seine Absicht ist – ist eine andere Frage. Vorstellbar wäre immerhin auch, dass Necho als Oberherr Joschijas diesen nach Megiddo zitiert, ihn zur Heerfolge oder zur logistischen Unterstützung auffordert und Joschija sich erdreistet, dies abzulehnen.

Vielleicht findet sich bei Jer ein Reflex auf diesen Kriegszug des Necho:

> *Jer 46,8 Ägypten steigt herauf wie der Nil, und wie Ströme wogen seine Wasser, und es spricht: Ich will hinaufsteigen, will die Erde bedecken, die Städte zugrunde richten und ihre Bewohner.*

Am Ende steht Ägypten allerdings als Verlierer da. Der Versuch, das sterbende assyrische Reich als schwachen Pufferstaat gegen die sich mächtig erhebende Großmacht der Neubabylonier zu etablieren, scheitert. In der Schlacht von Karkemisch (605) werden die Truppen Nechos besiegt und bei Hama fast völlig aufgerieben (Galling, Textbuch 74), nicht zuletzt durch das kriegerische Eingreifen J"s.

> *Vgl. Jer 46,9 Bäumt euch, ihr Rosse, stürmt los, ihr Wagen! Rückt aus, ihr Helden: Kusch und Put, ihr Schildbewehrten, ihr von Lud, ihr Bogenschützen! 10 Doch jener Tag ist ein Tag der Rache für den Herrn, den Gott der Heere; er rächt sich an seinen Gegnern. Da frißt das Schwert, wird satt und trunken von ihrem Blut. Denn ein Schlachtfest hält der Herr, der Gott der Heere, im Land des Nordens am Eufratstrom. 11 Zieh hinauf nach Gilead, und hole Balsam, Jungfrau, Tochter Ägypten! Umsonst verbrauchst du viele Arzneien, du findest keine Genesung. 12 Von deiner Schande hören die Völker, dein Wehgeschrei erfüllt die Erde. Denn Held an Held ist gestürzt, miteinander sind beide gefallen.*

Necho muss sich auf den Heimweg machen. Sein Einflussgebiet endet fürs Erste am „Grenzbach Ägyptens" wie das AT gewöhnlich sagt, dem Wadi el Arisch.

Es ist bezeichnend, dass die Gefährdung Judas durch Ägypten und die letzte Unterstützung nur wenige Jahrzehnte auseinander liegen. Man geht Koalitionen ein oder geht gegebenenfalls auch gegen seine früheren Partner vor, ganz nach politischer Tagesordnung.

Eine nahezu traumatische Erfahrung mit Ägypten scheint allerdings hinter der Exodustradition deutlich zu werden. Sie ist das große Thema der alttestamentlichen Überlieferung. Mit dem Exodus ist nach dem Verständnis Israels seine Volkwerdung verbunden, denn es sind die zwölf Stämme, die aus Ägypten ausgezogen sind. Damit angeblich verbunden ist die Begründung des Monotheismus, denn mit hoch erhobenem Arm und starker Hand hat dieser eine Gott sein Volk Israel aus Ägypten, dem Sklavenhaus, herausgeführt, unter Zeichen und Wundern, wie eine spezielle theologische Sichtweise nicht müde wird zu formulieren.

Es ist die Bekanntschaft mit einem neuen Gott, der sich als der schon längst bekannte Gott der Väter outet, nun mit seinem Namen.

Damit verbunden ist die Gesetzgebung, denn erst im Anschluss an den Exodus ist Israel bereit und einsichtig, diesen Gott als seinen Gott zu akzeptieren und seine Gebote zu befolgen. Ganz nebenbei werden viele Gebote, aber auch Feste mit dem Ägyptenaufenthalt oder dem Exodus verbunden.

Der Umgang mit dem Fremdling in den Wohngebieten Israels, die Auslösung der Erstgeburt, die Begründung und alljährliche Feier von Pessach und Mazzot sind hier zu nennen. Mit dem Wüstenzug des Exodus verbunden wird das Laubhüttenfest und im heutigen Judentum auch noch das frühere Erntefest Shavuoth, das heute mit der Übergabe der Gebote an Mose verknüpft ist. Auch das spätere Heiligtum, der Tempel, mit seinen Altären, der Lade und seinen Vorhöfen, wird als Zeltheiligtum in die Wüstenzeit zurückprojiziert. Und schließlich wird sogar die „Sünde des Jerobeam", die Aufstellung eines Stierbildes im Tempel zu Bet El nach der Reichstrennung, in die Wüste zurückverlagert, besser bekannt als die Geschichte vom „Goldenen Kalb".

9.11 Der Exodus – „Israels" Urdatum

Israel erfährt die Befreiung aus der Unterdrückung in Ägypten durch diesen seinen von Mose namentlich vorgestellten Gott in einer Situation absoluter Unterlegenheit: Gott zwingt „Ägypten" zur Freilassung Israels aus der „Knechtschaft Ägyptens", aus dem „Sklavenhaus": Die Folgezeit ist eine Zeit der Erwählung, Führung und Bewahrung durch diesen Gott:

> *Ex 13,3 Mose sagte zum Volk: Denkt an diesen Tag, an dem ihr aus Ägypten, dem Sklavenhaus, fortgezogen seid; denn mit starker Hand hat euch der Herr von dort herausgeführt.*

Die Macht dieses Gottes ist auch für Außenstehende erkennbar:

> *Ex 18,11 Jetzt weiß ich: Jahwe ist größer als alle Götter. Denn die Ägypter haben Israel hochmütig behandelt, doch der Herr hat das Volk aus ihrer Hand gerettet,*

sagt Jitro, der Priester von Midian und Schwiegervater des Mose.

Es erfolgt der Bundesschluss mit diesem Gott und die Übergabe seiner Gebote. Damit beginnt die Geschichte „Israels" als Volks- und Glaubensgemeinschaft. Die Rolle Ägyptens in diesem Kontext wird absolut negativ gesehen:

> *Ex 1,13 Daher gingen sie [die Ägypter] hart gegen die Israeliten vor und machten sie zu Sklaven. 14 Sie machten ihnen das Leben schwer durch harte Arbeit mit Lehm und Ziegeln und durch alle möglichen Arbeiten auf den Feldern. So wurden die Is-*

raeliten zu harter Sklavenarbeit gezwungen. 15 Zu den hebräischen Hebammen – die eine hieß Schifra, die andere Pua – sagte der König von Ägypten: 16 Wenn ihr den Hebräerinnen Geburtshilfe leistet, dann achtet auf das Geschlecht! Ist es ein Knabe, so laßt ihn sterben! Ist es ein Mädchen, dann kann es am Leben bleiben.

Die Ressentiments vor allem des Propheten Jeremia gegen Ägypten beruhen nicht zuletzt auf dieser Tradition: Der Gott Israels ist der Gott, der Israel aus Ägypten herausgeführt hat.

Es ist unschwer erkennbar, dass das bisher Gesagte theologisch gedeutete Geschichte ist: Gott ist der, der sein Volk aus der Konfrontation mit Ägypten befreit. Dies gibt Israel Hoffnung in den Zeiten, zu denen es von Großmächten oder auch den eigenen Königen unterdrückt wird. Die Befreiung kann sich wieder neu ereignen. Aus der Geschichte ergibt sich ein Vertrauen in diesen Gott auch für Gegenwart und Zukunft.

Wie oben dargestellt, hat es den Exodus in der vom AT erzählten Weise nie gegeben. Das aus Ägypten „ausziehende“ „Israel“ dürfte sich bei jenen Gruppen einreihen, von denen ägyptische Texte erzählen und die oben schon genannt wurden: Ägypten gestattete temporär den Zuzug von „Ausländern“, Nomaden, vermutlich in Zeiten von Dürre und Hungersnot. Wie lange Aufenthaltsrecht gewährt wurde, lässt sich ebenso wenig bestimmen wie Gegenleistungen, welche die Zuzügler dem Ägyptischen Staat zu erbringen hatten. Dabei handelt es sich nicht um ein Volk mit 500.000 Männern plus Anhang, sondern um Gruppen von vielleicht 100 Personen, wie sie das AT auch nennt (die in Gen 46,26 genannten 66 Personen sind nicht unrealistisch). Ihr Anführer ist angeblich ein gewisser Mose, evtl. ein flüchtiger Ägypter, der die Gruppe mithilfe von Ortskenntnissen(?) über eine gefährliche Wasserstelle führt. Ob diese Flucht durch irgendwelche politischen Instabilitäten infolge von Naturkatastrophen begünstigt wurde, sei dahingestellt. Mehr ist historisch nicht zu rekonstruieren.

Es ist höchst erstaunlich, dass es diese Gruppe später geschafft hat, ihre Erfahrung vom „Exodus“ und die damit verbundene Überlieferung von „ihrem“ Gott in Israel durchzusetzen. Das Exodusereignis, die Befreiung, ist in der Folgezeit derart prägend, dass es als Urdatum in die Geschichte des sich im Lande selbst konstituierenden Stämmeverbandes namens „Israel“ eingeht und bestimmend wird. Unklar ist freilich, wie und unter welchen soziologischen Bedingungen die einwandernden Exodusleute in die ansässige Bevölkerung integriert werden (vgl. „Landnahme“). Wie und warum dies gelingt, kann nur vermutet werden: Vielleicht sehen sich andere Gruppen, Sippen, Stämme „Israels“ bzw. Palästinas vergleichbaren Unterdrückungsmechanismen ausgesetzt und erfahren, getragen von der Dynamik oder auch Militanz der Exodusleute, eine vergleichbare Befreiung. Historisch in Erwägung gezogen wird in der Diskussion die These einer mehr oder weniger friedlich verlaufenden Migration der Landbevölkerung aus dem Umfeld der Stadtstaaten ins – archäologisch nachweisbar – unbesiedelte Bergland (Fritz vgl. Entstehung 75–79.118–121) bei gleichzeitiger Retribalisierung

(Rückkehr zum Stammessystem) und Vermischung mit nomadischen Bevölkerungsteilen. Anlass dazu könnten nach heutigem Kenntnisstand sowohl soziologische als auch klimatische Veränderungen sein.

Ägyptenaufenthalt und Exodus haben demnach grundlegende Funktionen in der heilsgeschichtlichen Erzählung: Die Herausführung ist Erweis der Macht Gottes und seiner (bleibenden) Fürsorge.

Insbesondere die sogenannten Deuteronomistische Sichtweise, so benannt nach Theologie und Sprachgebrauch des Buches Deuteronomium, wird nicht müde zu erzählen, dass es J", der Gott Israels war, der sein Volk mit starker Hand und hoch erhobenem Arm aus Ägypten, dem Sklavenhaus herausgeführt hat, unter Zeichen und Wundern. Diese Aussagen sind freilich nicht auf das Buch Deuteronomium (Dtn) begrenzt, sondern finden sich ebenso in vielen anderen Büchern des AT, wie die folgenden Textauszüge zeigen:

> *Ex 6,6 und deshalb sag zu den Israeliten: Ich bin Jahwe. Ich führe euch aus dem Frondienst für die Ägypter heraus und rette euch aus der Sklaverei. Ich erlöse euch mit hoch erhobenem Arm und durch ein gewaltiges Strafgericht über sie.*

> *Dtn 4,34 Oder hat je ein Gott es ebenso versucht, zu einer Nation zu kommen und sie mitten aus einer anderen herauszuholen unter Prüfungen, unter Zeichen, Wundern und Krieg, mit starker Hand und hoch erhobenem Arm und unter großen Schrecken, wie es der Herr, euer Gott, in Ägypten mit euch getan hat, vor deinen Augen?*

> *Dtn 7,19 an die schweren Prüfungen, die du mit eigenen Augen gesehen hast, an die Zeichen und Wunder, an die starke Hand und den hoch erhobenen Arm, mit denen der Herr, dein Gott, dich herausgeführt hat. So wird es der Herr, dein Gott, mit allen Völkern machen, vor denen du Furcht hast.*

> *Dtn 11,2 Heute sollt ihr erkennen, dass der Herr euch erzogen hat. Denn nicht eure Kinder, die die Erziehung durch den Herrn, euren Gott, nicht kennengelernt und nicht miterlebt haben, sondern ihr selbst habt alle großen Taten, die der Herr getan hat, mit eigenen Augen gesehen, seine Macht, seine starke Hand und seinen hoch erhobenen Arm,*

> *Exodus 4:21 Der Herr sprach zu Mose: Wenn du gehst und nach Ägyptenzurückkehrst, halte dir alle Wunder vor Augen, die ich in deine Hand gelegt habe, und vollbring sie vor dem Pharao! Ich will sein Herz verhärten, sodass er das Volk nicht ziehen läßt.*

Zwei andere Stellen betonen, dass J" der Gott Israels ist:

> *1Kön 17,36 Den Herrn allein, der euch mit großer Kraft und hoch erhobenem Arm aus Ägypten heraufgeführt hat, sollt ihr fürchten und anbeten und ihm eure Opfer darbringen.*

Ex 20,2 Ich bin Jahwe, dein Gott, der dich aus Ägypten geführt hat, aus dem Sklavenhaus.

9.12 Ägypten und Exodus als Begründung von Festen und Geboten

Neben der theologischen Komponente findet sich als weiterer „Zweck" des Exodus die (ätiologische) Herleitung und Begründung von Geboten und Festen.

Ungesäuerte Brote (und Pessach):

Ex 13,3 Mose sagte zum Volk: Denkt an diesen Tag, an dem ihr aus Ägypten, dem Sklavenhaus, fortgezogen seid; denn mit starker Hand hat euch der Herr von dort herausgeführt. Nichts Gesäuertes soll man essen.

Laubhütten:

Lev 23,43 damit eure kommenden Generationen wissen, dass ich die Israeliten in Hütten wohnen ließ, als ich sie aus Ägypten herausführte. Ich bin der Herr, euer Gott.

Auslösung der Erstgeburt:

Num 3,13 denn alle Erstgeborenen gehören mir. Als ich in Ägypten alle Erstgeborenen erschlug, habe ich alle Erstgeborenen in Israel mir geheiligt, bei den Menschen und beim Vieh. Mir gehören sie; ich bin der Herr.

Sabbatgebot:

Dtn 5,15 Denk daran: Als du in Ägypten Sklave warst, hat dich der Herr, dein Gott, mit starker Hand und hoch erhobenem Arm dort herausgeführt. Darum hat es dir der Herr, dein Gott, zur Pflicht gemacht, den Sabbat zu halten.

Erstlingsfrüchte:

Dtn 26,8 Der Herr führte uns mit starker Hand und hoch erhobenem Arm, unter großem Schrecken, unter Zeichen und Wundern aus Ägypten 9 er brachte uns an diese Stätte und gab uns dieses Land, ein Land, in dem Milch und Honig fließen. 10 Und siehe, nun bringe ich hier die ersten Erträge von den Früchten des Landes, das du mir gegeben hast, Herr. Wenn du den Korb vor den Herrn, deinen Gott, gestellt hast, sollst du dich vor dem Herrn, deinem Gott, niederwerfen.

Umgang mit Fremden:

> *Lev 19,34 Der Fremde, der sich bei euch aufhält, soll euch wie ein Einheimischer gelten, und du sollst ihn lieben wie dich selbst; denn ihr seid selbst Fremde in Ägypten gewesen. Ich bin der Herr, euer Gott.*

> *Dtn 10:19 auch ihr sollt die Fremden lieben, denn ihr seid Fremde in Ägypten gewesen.*

Gerechter Umgang mit dem Nächsten:

> *Lev 19,36 Ihr sollt richtige Waagen, richtige Gewichtsteine, richtiges Efa und richtiges Hin haben. Ich bin der Herr, euer Gott, der euch aus Ägypten geführt hat.*

Heiligkeit Israels:

> *Lev 11,45 Denn ich bin der Herr, der euch aus Ägypten heraufgeführt hat, um euer Gott zu sein. Ihr sollt daher heilig sein, weil ich heilig bin.*

Der Anspruch Gottes auf Israel:

> *Ex 6,7 Ich nehme euch als mein Volk an und werde euer Gott sein. Und ihr sollt wissen, dass ich Jahwe bin, euer Gott, der euch aus dem Frondienst in Ägypten herausführt.*

> *Dtn 15:15 Denk daran: Als du in Ägypten Sklave warst, hat der Herr, dein Gott, dich freigekauft. Darum verpflichte ich dich heute auf dieses Gebot.*

Dazu kommen Motive wie:

- Die Auseinandersetzung zwischen Gott und dem Pharao als Kontrahenten und die Überlegenheit Gottes
- Die Überlegenheit über die Götter Ägyptens
- Der Machterweis gegenüber dem eigenen Volk

Die Frage lautet also nicht:
Was ist beim Exodus passiert, sondern:
Warum wird die Geschichte vom Exodus (so) erzählt?

Die Frage, wer dieses Israel ist und seit wann es überhaupt Israel gibt, wurde oben schon behandelt. Inschriftlich nachweisbar ist der Name immerhin erstmals eben zu der Zeit, in der der Exodus vermutet wird, in der Regierungszeit des Merenptah (19. Dynastie, ca. 1213–1204). Zur Zeit des Merenptah scheint dieses Israel eine Personengruppe noch ohne Landbesitz, mithin eine Art nomadische

Sippe oder ein Stamm gewesen zu sein. Es ist jedenfalls nicht möglich, diese Gruppe, über die sonst nichts bekannt ist, mit dem Israel des Exodus gleichzusetzen. Mit der Exodusüberlieferung wird über weite Strecken der alttestamentlichen Überlieferung auch das Negativimage Ägyptens mittradiert.

In einer Beziehung freilich steht Ägypten wider Erwarten kaum in den alttestamentlichen Schlagzeilen: Es stellt merkwürdigerweise keine *religiöse* Bedrohung dar.

9.13 Ägypten (k)ein Ort des religiösen Abfalls?

Die Bedrohung durch Ägypten ist vorwiegend politisch und v.a. sozial, nicht religiös. Wie gesehen, wird noch nicht einmal die Ehe des Josef mit einer ägyptischen Priestertochter als problematisch betrachtet, obwohl doch häufig davon die Rede ist, dass gerade eheliche Verbindungen mit Fremdvölkern zum Glaubensabfall führen.

> *Ri 3,5 Und die Söhne Israel wohnten mitten unter den Kanaanitern, den Hetitern und den Amoritern und den Perisitern und den Hewitern und den Jebusitern. 6 Und sie nahmen sich deren Töchter als Frauen und gaben ihre Töchter deren Söhnen und dienten ihren Göttern.*

Erst in der Zeit des Frühjudentums fühlt sich irgendjemand bemüßigt, die Ehe zwischen dem biblischen Josef und seiner ägyptischen Frau Asenath durch den gleichnamigen Roman verteidigen oder salonfähig machen zu müssen.

Zwar heißt es ist in 1Kön, dass (der alternde) Salomon durch seine vielen ausländischen Frauen zum Götzendienst verführt wird, aber seine ägyptische Frau, eine Tochter des Pharao, wird in diesem Kontext nicht eigens hervorgehoben. Im Gegenteil, in 1Kön 11,5 heißt es:

> *Er verehrte Astarte, die Göttin der Sidonier, und Milkom, den Götzen der Ammoniter.*

Und 1Kön 11,7 fährt fort:

> *Damals baute Salomo auf dem Berg östlich von Jerusalem eine Kulthöhe für Kemosch, den Götzen der Moabiter, und für Milkom, den Götzen der Ammoniter.*

Von einer Kulthöhe für die Pharaonentochter oder der Verehrung eines ihrer Götter ist nicht die Rede. Ressentiments gegen die ägyptische Frau Salomos finden sich erst in den jüngeren Chronikbüchern (2Chr 8,11) und merkwürdigerweise auch nur gegen sie: Sie wird aus dem Königspalast ausquartiert, weil in den königlichen Räumlichkeiten auch die heilige Lade steht. Gegen die anderen fremden

Frauen wird nicht opponiert, obgleich es doch angeblich jene sind, denen Salomo Kultstätten bauen lässt.

Häufiger spricht das AT davon, dass J" die Götter Ägyptens vernichtet, dies aber nicht etwa deshalb, weil Israel diese verehrt habe, sondern weil der Gott Israels damit seine Überlegenheit auch über Ägypten zum Ausdruck bringt. Nur vereinzelt wird Israel vorgeworfen, auch ägyptischen Göttern gedient zu haben oder in Ägypten von J" abgefallen zu sein:

> *Jos 24,14 Fürchtet also jetzt den Herrn, und dient ihm in vollkommener Treue. Schafft die Götter fort, denen eure Väter jenseits des Stroms und in Ägypten gedient haben, und dient dem Herrn!*

> *Ez 20,7 Und ich sprach zu ihnen: Werft die Scheusale weg, an denen eure Augen hängen, und macht euch nicht mit den Götzen Ägyptens unrein! Ich bin der HERR, euer Gott. 8 Aber sie waren widerspenstig gegen mich und wollten nicht auf mich hören; keiner warf die Scheusale weg, an denen seine Augen hingen, und die Götzen Ägyptens verließen sie nicht. Da gedachte ich, meinen Grimm über sie auszugießen, meinen Zorn an ihnen zu vollenden mitten im Land Ägypten. (Vgl. auch Ez 23)*

Dass es sich bei diesem Wort des Propheten um einen absoluten Anachronismus handelt, sei angemerkt. Zur Zeit des Ezechiel befindet sich das Volk in Babylon, und auch die in Jos 24,14 genannten Götter von Jenseits des Stromes lassen auf Babylon und nicht auf Ägypten schließen. Merkwürdigerweise finden sich an diesen beiden Stellen die Götter Ägyptens als Prototyp der Fremdgottverehrung aus der Frühzeit Israels. Offensichtlich datiert man den Beginn der für Israel nachteiligen Fremdgötterverehrung in die unheilvolle Vorgeschichte Israels in Ägypten zurück (vgl. Kessler, Ägyptenbilder 121). Denkbar ist immerhin, dass die eherne Schlange, die laut Num 21,8f angeblich von Mose in der Wüste angefertigt worden sei und die der Kultreform des Hiskija zum Opfer fällt, als Darstellung einer Uräusschlange ägyptischen Ursprungs ist (vgl. Keel, Götter 312–14; Görg, Nehuschtan 918f).

> *2Kön 18,4 Er schaffte die Kulthöhen ab, zerbrach die Steinmale, zerstörte den Kultpfahl und zerschlug die Kupferschlange, die Mose angefertigt hatte und der die Israeliten bis zu jener Zeit Rauchopfer darbrachten – man nannte sie Nehuschtan [Bronzeding].*

Doch selbst wenn dies der Fall gewesen sein sollte, bleibt dieses Bild nicht deshalb unbeanstandet, weil man ihm ägyptische Herkunft unterstellt, sondern weil es den Blick auf die Alleinverehrung J"s verstellt. Daraus folgt, dass Ägypten eher in geringerem Umfang als die unmittelbaren Nachbarvölker für den eventuellen Abfall vom Gott Israels mit negativen Vorzeichen versehen wird.

Selbst bei der Herstellung und Verehrung des sog. Goldenen Kalbes verweisen die Autoren nicht darauf, dass Aaron und das Volk hier ein Bildnis erstellt haben, wie man es in Ägypten verehrt. Und dies, obwohl das transportable Stierbild jenen Bildern entsprochen haben dürfte, die im ägyptischen Kult Bestandteile der Götterprozessionen waren.

Der Spruch *„Das sind deine Götter, die dich aus Ägypten herausgeführt haben"* (Ex 32,4.7) kennzeichnet das Stierbild weder als ägyptischen Gott noch wird auf die Idolatrie (Bilderverehrung) in Ägypten abgehoben. Vielmehr steht das Bild in Konkurrenz zu J", von dem es in V.11 heißt: *„Du hast es doch mit großer Macht und starker Hand aus Ägypten herausgeführt."*

Der fehlende Verweis auf Ägypten mag daher rühren, dass es sich bei der Geschichte um das Stierbild um eine Rückprojektion jenes Stierbildes in die Wüstenzeit handelt, das König Jerobeam I. angeblich in seinen Reichsheiligtümern in Beth-El und Dan hat aufstellen lassen und das angeblich für J" (oder für El?) steht. Es handelt sich demnach nicht um eine Polemik gegen ägyptische Idolatrie, sondern gegen den angeblich illegitimen Kult des Nordreiches. In diesem Kontext spielt es keine Rolle, dass man die Herstellung eines goldenen portablen Gottesbildes in Ägypten gelernt haben könnte.

Im Zuge endzeitlicher Vorstellungen und der Erwartung einer alle Völker umfassenden heilvollen Zukunft durch den Gott Israels eröffnet sich auch für Ägypten eine Heilsperspektive.

9.14 Heilvolle Ausblicke

Neben den vielfach angekündigten Unheilsaussagen alttestamentlicher Propheten über Ägypten (Jes 19 und 20; Jer 43; 44,30; 46; Ez 29–32; Joel 4,19; Sach 14 u.a.), die bis zur völligen Vernichtung zu reichen scheinen, findet sich auch zumindest ein heilvoller Ausblick:

> *Jes 19,21 Der Herr wird sich den Ägyptern offenbaren, und die Ägypter werden an jenem Tag den Herrn erkennen; sie werden ihm Schlachtopfer und Speiseopfer darbringen, sie werden dem Herrn Gelübde ablegen und sie auch erfüllen. 22 Der Herr wird die Ägypter zwar schlagen, er wird sie aber auch heilen: Wenn sie zum Herrn umkehren, läßt er sich durch ihre Bitte erweichen und heilt sie. 23 An jenem Tag wird eine Straße von Ägypten nach Assur führen, sodass die Assyrer nach Ägypten und die Ägypter nach Assur ziehen können. Und Ägypten wird zusammen mit Assur (dem Herrn) dienen. 24 An jenem Tag wird Israel als drittes dem Bund von Ägypten und Assur beitreten, zum Segen für die ganze Erde. 25 Denn der Herr der Heere wird sie segnen und sagen: Gesegnet ist Ägypten, mein Volk, und Assur, das Werk meiner Hände, und Israel, mein Erbbesitz.*

Eine der sicherlich interessantesten Geschichten des Pentateuch, ist die Josefsgeschichte, die vermutlich in verschiedenen Redaktionsschritten gewachsen ist und großteils in Ägypten spielt. Sie zeichnet ein überwiegend positives Ägyptenbild.

Sie enthält Hinweise darauf, dass der Autor bzw. gegebenenfalls auch die Redaktoren recht gut mit ägyptischen Gepflogenheiten und der Kultur vertraut sind: Ägyptische Personennamen, Kenntnisse über die Wirtschaftsstruktur und die Vorratshaltung, Fachbegriffe aus der ägyptischen Politik (Gen 42,6: ha šalit ʻal ha ʼaretz: der Machthaber/Wesir über das Land) wie auch zum Umgang mit den Toten (Einbalsamierung Jakobs und Josefs) machen dies deutlich. Der Tod Josefs im Alter von 110 Jahren entspricht einem ägyptischen Ideal (vgl. Kunz, Ägypten 216) – nach alttestamentlichen Aussagen beträgt die maximale Lebensdauer hingegen 120 Jahre. Gelegentlich könnte sogar der Eindruck entstehen, die Geschichte sei aus ägyptischer Sicht geschrieben, etwa wenn davon die Rede ist, dass der Ägypter Josef nicht mit seinen hebräischen Brüdern zusammen isst (43,32) oder wenn distanziert bemerkt wird, dass die hebräischen Viehhirten den Ägyptern ein Gräuel sind (Gen 46,34). Die Erzählung enthält zudem eine ganze Reihe von weisheitlichen Elementen mit Beziehungen zu ägyptischer Literatur: Der Versuch der Verführung des Josef durch die Frau des Potiphar besitzt eine Analogie in dem ägyptischen Märchen von den zwei Brüdern, möglicherweise aus der 19. Dynastie (ANET 23–25; Heller, Lesestücke 1–20)

Im jetzigen Kontext liefert die Josefserzählung den Grund für den Ägyptenaufenthalt der zwölf Stammväter Israels in Ägypten und die Volkwerdung dort. Die Datierung dieser Erzählung ist freilich strittig,

- weil in der späten Königszeit ägyptenfreundliche („Realpolitiker“) und antiägyptische (z.B. Propheten) Tendenzen nebeneinander in Jerusalem existieren. Ähnliches gilt auch für die Ptolomäerzeit!
- weil der Verkauf des Getreides an Notleidende im Zuge der Enteignung von Ackerland (Gen 47,20) bei alttestamentlichen Propheten als gottlose Ausbeutung vehement beklagt wird, bei Josef aber als Klugheit und Geschäftstüchtigkeit bewertet wird.
- weil, wie schon bemerkt, die Eheschließung mit einer Ägypterin wie überhaupt das Leben im – nicht koscheren – Ägypten in der Geschichte selbst offensichtlich kein Problem darstellt. Dies wird aber v.a. in der früh-nachexilischen Zeit zum Teil ganz anders gesehen, wie die Bücher Esra/Nehemia deutlich machen. Diesen rigoristischen Tendenzen steht freilich gleichzeitig das Buch Rut gegenüber.

Gelegentlich wird die Josefsgeschichte in die Zeit der Ptolemäer (3. Jh v. Chr.) datiert, unter anderem wegen inhaltlicher Parallelen aus dieser Zeit: Solche zeigt sie sowohl im Vergleich zu dem Kanoposdekret (238 v. Chr.: Einfuhr ausländischen Getreides zur Linderung einer Hungersnot) wie auch zum Rosetta-Stein und zur Hungersnotstele (217 oder 187 v. Chr.) sowie wegen der literarischen Nähe zu den Büchern Daniel und Esther. Erzählabsicht sei, eine „Anti-Exoduserzählung“ vorzulegen und damit eine Annäherung an Ägypten zu rechtfertigen: Ägypten ist durchaus ein Land, in dem es sich leben lässt.

Die Ptolomäerzeit bringt in der Tat zumindest für einen Teil der Oberschicht Judas eine ausgesprochen positive Beziehung zu Ägypten mit sich. Die Zeit nach dem Herrschaftswechsel, als Juda im Zuge des fünften *Syrischen Krieges* (202–198 v. Chr.) von Antiochos III. erobert wird, der damit die Herrschaft der Ptolemäer im syro-palästinischen Raum beendet (vgl. Ant XII, 129–153), ist weitaus weniger friedlich. Auch hier gibt es selbstverständlich Parteigänger der neuen Großmacht, die von ihren Beziehungen zu dieser profitieren, aber eben auch im weiteren Geschichtsverlauf eine ganze Reihe von bürger- und bruderkriegsähnlichen Auseinandersetzungen. Es ist dabei allerdings zu berücksichtigen, dass aus dieser Zeit mit den so genannten Makkabäerbüchern eine Literatur vorliegt, die gegenüber den Seleukiden ausgesprochen kritisch, ja feindlich eingestellt ist, denn mit dieser Feindschaft wird die eigene Position, Aufstand und Machtaneignung, gerechtfertigt und ins scheinbar rechte Licht gerückt.

Es ist aber auch nicht von der Hand zu weisen, dass das Schicksal des Josef (Hass der Brüder und Lebensbedrohung; Rettung in und durch Ägypten und Aufstieg dort zum „König" über seine Brüder; die besondere Beziehung zu Benjamin) in wichtigen Punkten das Schicksal des ersten Nordreich-Königs Jerobeam widerspiegelt, eines Mannes aus dem Stamme Josef (Ephraimit) (vgl. Dietrich, Josefserzählung). Er muss als ehemaliger Fronvogt Salomos vor Salomon fliehen und wendet sich nach Ägypten. Laut 1Kön 11,29–39 wird Jerobeam vom Propheten Ahija von Schilo zum kommenden König designiert – wegen des Götzendienstes, den Salomo betrieben habe (V. 33). Unter dem Salomon-Sohn Rehabeam und dem von den Nordreich-Stämmen betriebenen Abfall vom „Haus David" wird er zum König der zehn Nordreich-Stämme gekrönt. Wer er ist und woher er kommt, ist ungewiss.

Weitere Parallelen werden zwischen dem Kampf von David und Goliat und jenem zwischen Sinuhe und dem Starken von Retenu (dem Mann aus Syrien) behauptet.

Die Frage nach der korrekten Datierung hängt nicht zuletzt von einer ganzen Reihe von Vorentscheidungen ab:

- Stellt der alttestamentliche Josef eine historische Persönlichkeit dar, die einer bestimmten Epoche zugewiesen werden kann – und finden sich vielleicht sogar Spuren dieses Josef in der ägyptischen Geschichte?
- Spiegelt die Geschichte Josefs das Judentum Ägyptens wider, das das Verbleiben der Juden dort unter persischer Herrschaft zu legitimieren versucht?
- Verkörpert die Geschichte Josefs ein liberales Judentum, das die Auffassung vertritt, auch in der Diaspora seinen Glauben an J" leben zu können?

Zusätzlich wird man je nach Interpretation und Bewertung angeblich verwandter oder inhaltlich vergleichbarer ägyptischer Texte zu unterschiedlichen Datierungen kommen. Doch ungeachtet der Problematik einer Datierung der Josefsgeschichte wird deutlich, dass die Frage des Verhältnisses zwischen Israel und Ägypten insgesamt in erster Linie von theologischen Implikationen beeinflusst wird.

Das eigentlich Bemerkenswerte dabei ist, dass das AT absolut heterogene Positionen nebeneinander (be-)stehen lässt.

9.15 Sprachliche und inhaltlich verwandte Aussagen und Texte (vgl. Williams, Ägypten II 496–500)

Ein Blick auf die Titulaturen und Namen der Pharaonen macht deutlich, dass man mit derartigen Bezeichnungen nicht gegeizt hat: Seit dem Alten Reich erhält der König eine fünfgliedrige Titulatur, in der seine Funktionen als Herrscher und Regent zum Ausdruck gebracht werden. Diese fünf (Basis-)Titel sind: der Horusname, die beiden Herrinnen/Nebti-Name, Gold- oder Goldhorusname, König und Sohn des Re.

Eine vergleichbare Anhäufung von Titulaturen für den König findet sich auch im AT, in der Verheißung des messianischen Königs in Jes 9,5f, wo es heißt:

> *Denn uns ist ein Kind geboren, ein Sohn ist uns geschenkt. Die Herrschaft liegt auf seiner Schulter; man nennt ihn: Wunderbarer Ratgeber, Starker Gott, Vater in Ewigkeit, Fürst des Friedens.*

Unübersehbare inhaltliche Parallelen zwischen ägyptischen Texten und alttestamentlicher Literatur finden sich zwischen Ps 104 und dem Aton-Hymnus aus dem Grab des Eja, zwischen Ägyptischen Liebesliedern und dem Hohelied, zwischen Proverbien 22,17–23,14 und der so genannten Lehre des Amenemope, einem ägyptischen Weisheitstext. Die Annäherungen finden sich demnach insbesondere in der Weisheitsliteratur. Leider wird es wohl kaum gelingen, die Wege nachzuzeichnen, die diese Traditionen genommen haben. Gerade im Bereich des Ps 104 ist aber dessen Abhängigkeit vom Aton-Hymnus, und zwar genau in dieser Richtung, überhaupt nicht zu bestreiten.

9.16 Israel in ägyptischer Sicht

Was schert es den Mond, wenn ihn ein Hund anbellt? könnte man zu dieser Fragestellung einwenden. Und in der Tat findet Israel in den ägyptischen Texten kaum Beachtung. Palästina war eben nur das Vorzimmer, der nördliche Puffer zwischen Ägypten und den Großmächten von Euphrat und Tigris. Natürlich finden sich in der Amarnakorrespondenz auch Schreiben diverser Stadtstaaten Palästinas, die sich von allen möglichen umherstreifenden Elementen beeinträchtigt sahen und den Pharao daher bitten, seiner Schutzfunktion nachzukommen. Aber diese Literatur wurde zu einer Zeit abgefasst, als „Israel" noch nicht auf der Bildfläche der Geschichte erschienen war – oder besser gesagt: nicht historisch oder inschriftlich nachgewiesen werden kann.

Dennoch gibt die Josefsgeschichte einen Fingerzeig auf das Verhältnis von „Ägypten“ zu „Israel“ bzw. zu Menschen, die eine Lebensweise führen, wie sie das frühe Israel über weite Strecken für sich reklamiert: Es finden sich nämlich Aussagen, die Vorurteile und Abgrenzungen der Ägypter gegen die „Hirten“ und „Ausländer“ signalisieren:

Die Ägypter essen nicht mit ihnen und Hirten sind grundsätzlich für Ägypten ein Gräuel, sagt die Josefsgeschichte. Auch die Gottesverehrung durch Opfer ist nach Auffassung des Mose ein Gräuel für Ägypten.

Bei diesen Aussagen handelt es sich jedoch insgesamt um Kommentare oder Behauptungen des Erzählers oder sie werden, wie in Ex 8,22, Mose in den Mund gelegt. Angeblich sind diese Dinge für Ägypten oder die Ägypter ein Gräuel. Freilich sagt dies im Text nie ein Ägypter selbst, noch nicht einmal Josef.

Gleichwohl dürfte diese Einschätzung historisch dem Fremd- wie auch dem Selbstverständnis Ägyptens entsprechen. Die Bewohner des Ostens, die Asiaten, sind nun einmal erbärmliche Gestalten – dürr, unterernährt, bemitleidenswert – ganz im Gegensatz zu den Bewohnern Ägyptens, des geordneten, blühenden Landes, über dem der Pharao als Garant für Fruchtbarkeit und Ordnung steht.

Abb. 12: Darstellung von „Asiaten“/Fremdvölkern aus dem Museum von Sakkara

Der Bau der so genannten Herrschermauer im Nildelta, die zur Kontrolle nomadischer Elemente aus dem Osten und Norden errichtet wurde, sowie die späteren Forts an der Ostgrenze und auf dem Weg nach Palästina verdeutlichen die Furcht Ägyptens vor dem „Chaos“, das nach ägyptischem Selbstverständnis von außen in das Land einzubrechen und die Ordnung zu gefährden drohte. Auch wenn hier zunächst noch nicht ausdrücklich von Israel die Rede ist, so ist ein polemischer Einschlag aus späterer Zeit gegen dieses Volk und seinen Exodus nicht zu übersehen. Neben anderen Schriftstellern (vgl. Tacitus, Historiae, 5,3) überliefert Josephus in seiner Schrift gegen Apion entsprechende Äußerungen. Apion habe die häufiger geäußerte Ansicht vertreten, die Vorfahren Israels seien Ägypter gewesen, die von dort wegen körperlicher Gebrechen oder „sonst welchen Unglücks vertrieben“ (Jos Ap. 2,8) worden seien (Siegert, Ursprünglichkeit 161).

Die letzte Konfrontation des Judentums mit der nun römischen Provinz „Ägypten“ findet im so genannten Diasporaaufstand statt, der v.a. Alexandrien, die Cyrenaika, Zypern und auch Babylon betraf, wo es seit dem Exil nennenswerte jüdische Gemeinschaften gab. Die Benennung der Aufstandsführung als „Könige“ deuten auf messianische Hintergründe hin, wobei die eigentlichen Ursachen für die Aufstände nicht bekannt sind. Eventuell ging es um Privilegien der Juden gegenüber ihren nichtjüdischen Mitbürgern. Das Judentum in Alexandrien wurde jedenfalls völlig ausgelöscht.

Zusammenfassung

„Es gibt nicht das Ägyptenbild der Hebräischen Bibel. Vielmehr kristallisieren sich aus den unterschiedlichen Schriften und zu verschiedenen Zeiten verschiedene Stimmen mit Bildern zu Ägypten heraus, die sich einmal mehr, einmal weniger durchgesetzt haben.“ (Kessler, Ägyptenbilder 154)

Ägypten ist aus der Sicht vor allem der Propheten bis Jeremia der unzuverlässige Bündnispartner im Kriegsfall und in Auseinandersetzungen mit den östlichen Großmächten.

Ägypten ist die hybride Großmacht, die sich den Weltplänen J“s entgegenstellt.

Ägypten ist das Sklavenhaus, aus dem Israel ursprungsgeschichtlich durch Gottes Eingreifen zu seinen Gunsten ausgezogen ist.

Ägypten ist ein Land, das Israel meiden soll. Es soll dort auch keine Zuflucht vor anderen Völkern suchen, sagt vor allem Jeremia zur Zeit des Untergangs des Südreiches.

Aber schließlich ist Ägypten eben auch ein Land mit einer weisen und lebenserhaltenden Regierung und damit auch ein Land der Zuflucht.

10. Josua, die Richter und die so genannte Landnahme

Der inhaltliche Fortgang der Geschichte Israels orientiert sich nur bedingt an den Buchgrenzen. Die so genannte Landnahme in der vorstaatlichen Zeit umfasst zwar primär das Buch Josua, geht aber darüber hinaus im Richterbuch weiter. Zudem enthält auch Richter jede Menge an kriegerischen Auseinandersetzungen, nunmehr zwar nicht unbedingt um das von Israel besiedelte Land, dafür aber umso mehr mit seinen Nachbarn, die Israel zu unterwerfen suchen. Angesichts der Tatsache, dass es in den Gebieten rings um Israel zeitnah oder sogar gleichzeitig ebenfalls zur Ansiedelung fremder, allochtoner Gruppierungen kommt mit anschließender Staatenbildung, sind die Vorgänge des Richterbuchs grundsätzlich historisch vorstellbar. Die Clans und Stämme versuchen, ihr Wohngebiet festzulegen oder abzurunden. Über die Historizität der Einzelgeschichten sagt dies freilich nichts aus.

Selbstverständlich sind auch diese Kriege von zwei Faktoren gekennzeichnet: Zum ersten kann Israel nur mit Hilfe seines Gottes überleben und die Gegner schlagen. Mehr noch: Der Gott greift in einer Weise ein, dass sein Wirken keiner weiteren Diskussion bedarf. Ein zumeist zahlenmäßig kleines Kontingent Israels (oder gar ein Einzelner) steht einem großen Heer aus seiner Nachbarschaft gegenüber.

Zum zweiten werden diese Auseinandersetzungen zwar zumeist von einem einzelnen Stamm geführt, enden aber derart, dass sich schließlich *ganz* Israel zusammenschließt und dem Gegner eine vernichtende Niederlage bereitet. Der gesamtisraelische Aspekt spielt eine außerordentliche Rolle. Dabei erwecken jedoch die stereotypen Formulierungen am Schluss der einzelnen Expeditionen den Eindruck, in erster Linie als Klammer zwischen den an sich isolierten einzelnen Geschichten zu dienen, die eigentlich Stammes- bzw. Heldenerzählungen eines Stammes sind.

10.1. Was sagt die Schrift?

Mose steht auf einem Berg im Ostjordanland und darf hinüber ins gelobte Land blicken. Dort einziehen darf er nicht, wie auch die gesamte Wüstengeneration der Israeliten nicht. Die Wüstenwanderer, die eine Generation umherziehen musste, ist gestorben. Eine neue Generation ist aufgewachsen und steht in Transjordanien, um den Jordan zu überschreiten. Der geeignete Mann dafür ist schon längst gefunden. Mose hat ihn ausgewählt und er tritt zum ersten Mal als Kriegsführer im Kampf gegen die verhassten Amalekiter auf (Ex 17,9). Er ist ein Ephraimiter, ein Abkömmling jenes Stammes, der auf einen der beiden Josephsöhne zurückgeführt wird.

Sein Vater ist ein gewisser Nun, über den wir sonst nichts weiter erfahren (außer in 1 Chr 7,27). Fortan ist Josua der Diener und Begleiter Mose, auch bei dessen Begegnungen mit Gott auf dem Sinai. Er gehört damit nicht zu jenen, die während der Abwesenheit des Mose abgefallen sind und das Kalb geschmiedet haben. Seinen Namen Josua (vorher Hoschea) bekommt dieser aber erst von Mose verliehen (Num 13,16). Eine besondere Aufgabe, die ihm Mose zuweist, ist es, als Kundschafter über den Jordan zu ziehen. Sein Begleiter ist ein gewisser Kaleb aus dem Stamm Juda. Die beiden Kundschafter finden eine Riesentraube, die sie auf einem Tragstock ins Lager der Israeliten bringen: Das Land ist also so fruchtbar, wie von Gott verheißen.

Abb. 13: Josua und Kaleb mit einer riesigen Traube (nach Num 13 und14), Detail aus der Fassade des Mailänder Domes, 19. Jahrhundert

Ferner bringen Sie Feigen und Granatäpfel als Beweis für die Fruchtbarkeit mit (Num 13,23). Was läge also näher, als so schnell wie möglich in dieses von Gott verheißene Land einzuziehen?

Josua und Kaleb müssen aber zugeben, dass das Land keineswegs unbesiedelt ist und dass es befestigte Städte gibt, die man aber bezwingen könne.

Die übrigen Kundschafter vermelden dagegen in Num 13,32:

Das Land, das wir durchwandert und erkundet haben, ist ein Land, das seine Bewohner auffrisst; das ganze Volk, das wir in seiner Mitte gesehen haben, ist von riesigem Wuchs. 33 Sogar die Riesen haben wir dort gesehen – die Anakiter gehö-

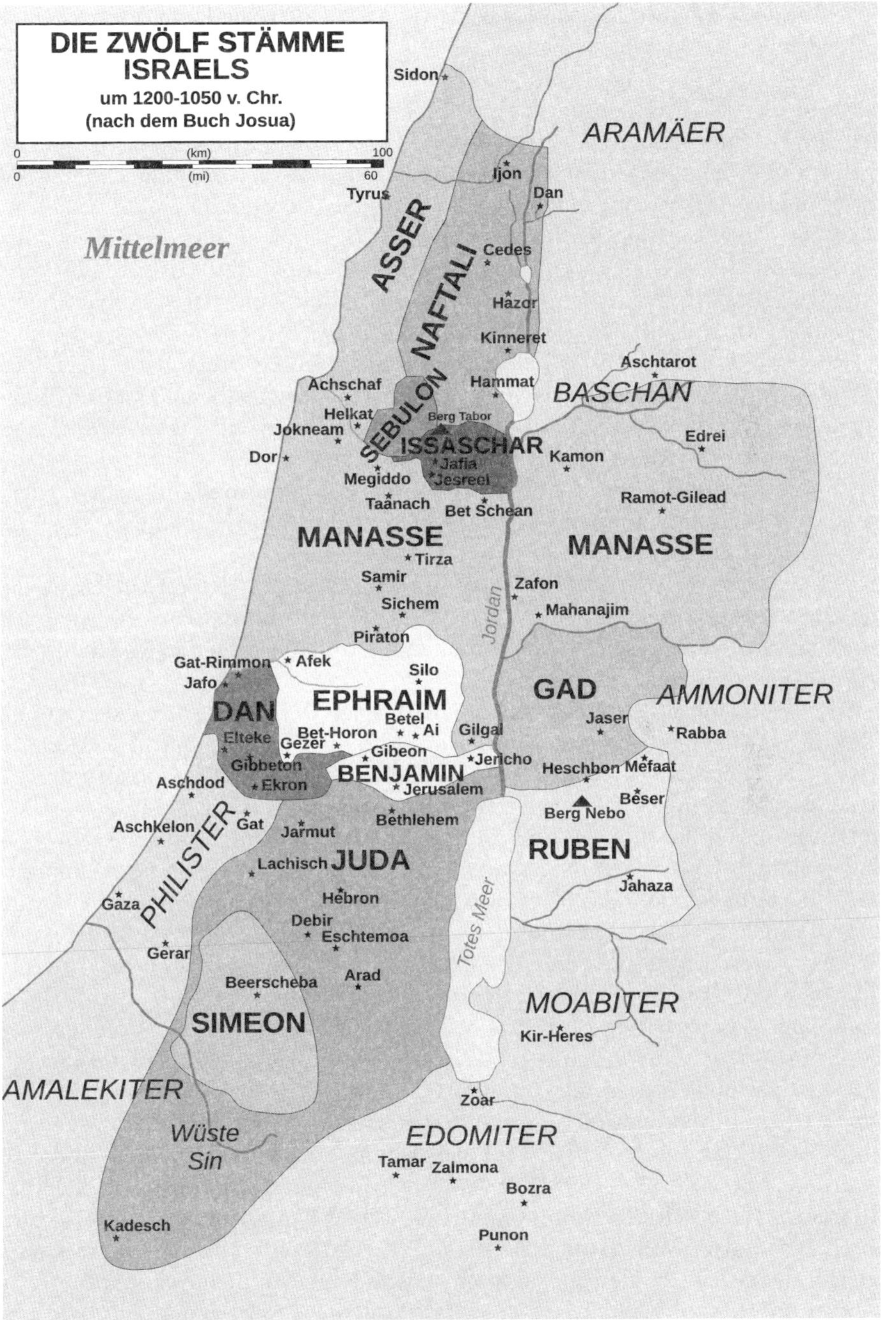

Abb. 14: Karte von Israel/Jordanien mit Darstellung der Siedlungsgebiete der zwölf Stämme

ren nämlich zu den Riesen. Wir kamen uns selbst klein wie Heuschrecken vor und auch ihnen erschienen wir so.

Mose, Josua und Kaleb können das Volk nicht überzeugen. Die Menschen drohen, sich einen neuen Führer zu wählen, der sie zurück nach Ägypten bringt. Nur aufgrund der Fürbitte des Mose bleibt das Volk von dem Zorn Gottes verschont, der es zu vernichten droht. Man zieht wieder ab und schlägt erneut die Route zum Roten Meer ein. Gott bestätigt, dass niemand über 20 Jahren in das verheißene Land kommen wird und man (noch einmal?) 40 Jahre durch die Wüste ziehen muss (Num 14). Die diversen Stellen, die von der 40-jährigen Wüstenzeit erzählen, gehen allerdings nur von *einer* Wüstenzeit aus (Dtn 2,7; Dtn 8,2.4; Dtn 29,4; Jos 5,6 u.a.).

Die folgende „Landnahme", die Einwanderung in das verheißene Land, wird nahezu ausschließlich kriegerisch dargestellt, teilweise auch mit List und Tücke. Zunächst geht es um die Eroberung des Ostjordanlandes und dessen Besiedelung durch die Stämme Ruben, Gad und Teile von Manasse.
Nach deren Ansiedelung müssen sie den anderen Stämmen, die sich auf dem Westjordanland niederlassen wollen, Heeresfolge leisten, weil jene auch bei der Eroberung des Ostjordanlandes geholfen haben.

Zunächst aber wird der feierliche Zug der Stämme durch den Jordan dargestellt. Im Zug wird die (Bundes-)Lade mitgeführt, die dafür sorgt, dass das Wasser in Analogie zum Exodus stehen bleibt und eine Durchquerung des Jordans trockenen Fußes ermöglicht.

Im Folgenden fällt eine bedeutende Stadt nach der anderen in die Hand der Stämme, größtenteils aufgrund massiver Hilfe durch J". Bei der Eroberung der stark befestigten Stadt Jericho ist zunächst keine kriegerische Aktion erforderlich: Das Heer der Stämme zieht mit der Lade siebenmal um die Stadt, die Priester stoßen in die Widderhörner, und die Stadtmauer fällt unter Kriegsgeschrei des Volkes in sich zusammen. Nachdem die Eroberung ohne einen Schwertstreich zustande kam, vollzieht das Heer nun auf Anweisung Josuas den „Bann". Damit ist gemeint, dass, Männer, Frauen, Kinder, Alte, Rinder, Schafe und Esel mit dem Schwert abgeschlachtet werden. Die Beute wird dadurch menschlicher Nutzung entzogen und der siegreichen Gottheit geweiht, welche die Beute auch für sich einfordert. Das ist bei den folgenden Eroberungen das übliche Vorgehen, und diese Praxis beschränkte sich laut Meschastele (s. S. 43f) auch nicht auf Israel.

Etwas komplizierter gestaltet sich die die Einnahme der Stadt Ai, östlich von Bet El, also in Mittelpalästina gelegen. Ein erstes Kommandounternehmen mit „nur" 3.000 Mann geht schief, weil sich irgendjemand in Jericho doch an der Beute bedient hatte. Der Übeltäter wird ausfindig gemacht und in einer Aktion des ganzen Volkes durch Steinigung im Achortal (=Unglückstal) getötet. Warum durch Steinigung? Weil damit den Einzelnen keine Blutschuld trifft, denn wessen Stein nun der entscheidende und tödliche war, lässt sich nicht rekonstruieren.

In einem zweiten Versuch legt Josua nach Gottes Auftrag einen Hinterhalt, lockt die Krieger von Ai von der Stadt weg und die Hauptmacht des israelitischen Heeres, das im Hinterhalt lag, besetzt die nunmehr schutzlose Stadt. Alle Bewohner werden getötet, doch dieses Mal erlaubt Gott ausdrücklich, Vieh und Besitz als Kriegsbeute zu nehmen. Der König von Ai wird vor der Stadt aufgehängt, später abgenommen und die Leiche wird vor der Stadt mit einem Steinhaufen bedeckt, der bis zum heutigen Tag zu sehen ist. Die siegreiche Einnahme von Ai wird mit einem Opfer auf einem neu erbauten (jungfräulichen) Altar aus unbehauenen Steinen begangen und Josua liest dem Volk das ganze Gesetz im vollen Wortlaut vor, welches Mose kurz vor der Landnahme im Lande östlich des Jordan in Gestalt des Buches Deuteronomium, des fünften Buches Mose, schon einmal verlesen hatte.

Im Folgenden besiegt Israel fünf Stadtstaaten mit ihren Königen, und zwar Jerusalem, Hebron, Jarmut, Lachisch und Eglon, die gegen die Gibeoniter, die mit Israel verbündet waren, in den Krieg ziehen. Mit Hilfe des Herrn schlägt Josua die Könige am Pass, der „Steige von BetHoron" (Jos 10,10) und zusätzlich lässt der Herr auch noch Steine vom Himmel fallen. Aus dem bekannten Vers 10,12b.13 (die Sonne blieb stehen und der Mond stand still) leitete die Kirche ehemals unter anderem ab, dass sich die Sonne und die Planeten um die Erde drehen. Die fünf geflohenen Könige werden in einem Versteck aufgespürt und von Josua erschlagen. Ihre Leichen werden aufgehängt und später in die Höhle geschafft, in der sie sich versteckt hatten. Einmal mehr wird die Höhle durch einen Steinhaufen verschlossen, den man bis heute sehen kann. Weitere Städte werden erobert und alles Leben darin ausgelöscht: Makkeda, Libna, Lachisch, Eglon, Hebron, Debir. Darauf wendet sich Josua dem Norden zu. Dort hatte der König von Hazor ein beträchtliches Truppenkontingent aufgeboten durch die Heeresfolge der Könige von Madon, Achschaf und einem beträchtlichen Gebiet westlich von Kinneret und im Norden bis zum Hermon. Angeblich zogen sie sogar mit Kampfwagen heran. Der Sieg Josuas ist wieder einmal grenzenlos. Die gefangenen Pferde lähmt man und die Kampfwagen setzte man in Brand (vgl. auch 2Sam 8,4) Das mag unvernünftig klingen, aber offensichtlich konnte Josua, wie auch später David, mit dieser exklusiven und im Unterhalt teuren Waffengattung nichts anfangen. Auch die Stadt Hazor selbst, die angeblich die Oberherrschaft über die Gebiete des Nordens innehatte, wird erobert und der Bann an der Stadt vollzogen, während von den umliegenden Städten Vieh und „Besitz" als Beute genommen werden durften. In einem Summarium (11,15–12,24) wird zusammenfassend berichtet, Josua habe das ganze Land und alle seine Städte erobert, insgesamt 31 Könige.

Im folgenden Kapitel 13 wird dann freilich berichtet, dass große Teile des Landes eben *nicht* erobert werden konnten, wie z.B. und vor allem die Siedlungsgebiete der Philister, die an der Küste lagen, insbesondere die Philisterstädte Gaza, Aschdod, Aschkelon, Gat und Ekron. Auch Rafaiter blieben übrig, dazu Geschuriter und Maachatiter, wer immer diese auch waren. Ansonsten wird das Land nunmehr per Los an die Stämme verteilt, mit Ausnahme des Stammes Levi, der kein Stammesgebiet erhält (13,14.33). Die Leviten erhalten nur Städte als Wohnsitz – was durchaus verständlich ist, da sie als Priester über dem ganzen Land verstreut waren und an den lokalen Heiligtümern ihren Dienst taten, ehe der Kult in Jerusalem zentralisiert wurde (vgl. Kap 21). Besonders ausführlich werden die Grenzen des Stammes Juda abgesteckt und die darin liegenden Städte benannt. Nur von den Jebusitern, die in Jerusalem wohnten, heißt es, dass sie diese nicht vertreiben konnten.

Innerhalb der Stammesgebiete werden sog. Asylstädte festgelegt, in denen ein Mann, der einen Israeliten *ohne Vorsatz* erschlagen hatte, fliehen konnte. Diese Regelung galt nicht bei Mord! Mit dem Tod des Hohepriesters war offensichtlich eine Amnestie verbunden (20,6). Mit 21,43–22,9 wird notiert, dass jener Zustand eingetroffen ist, nach dem sich Israel im Laufe seiner Geschichte immer wieder sehnt: Es ist Ruhe im Land. Interessant sind die beiden Kapitel am Schluss des Buches. Es handelt sich jeweils um eine Abschiedsrede des Josua, in der er die Israeliten auf die Treue zu ihrem Gott einschwört. In einem nicht unwichtigen Detail stimmen die Reden freilich nicht überein: Laut Kapitel 23,12 sind noch Völker im Lande übriggeblieben, die eine Gefährdung bedeuten und zum Abfall vom Herrn führen können. In Kapitel 24 hingegen behauptet Josua, der Herr habe *alle* Völker vor Israel vertrieben (24,18) und das Volk versichert seine Treue zum Herrn. Mit der Errichtung eines Monolithen unter einer Eiche in Sichem inmitten des heutigen Nablus (Neapolis/Neustadt) gelegen, wird die Vereinbarung im doppelten Sinne festgesetzt.

Mit dem Tod des Josua endet zwar dieses Buch, nicht aber die Landnahme. Zudem gibt es offensichtlich Unklarheiten zum Stammesgebiet von Dan. Der Stamm wohnt scheinbar zunächst in dem Gebiet nördlich der Philistersiedlungen, wie wir aus der ständigen Begegnung von Simson und den Philister erfahren (Ri 13–17), andererseits heißt es in Ri 18, die Daniten hätten noch kein Siedlungsgebiet erhalten, weshalb sie sich erst einen (neuen) Platz im Norden an den Jordanquellen suchen mussten. Und auch die Kriege gehen weiter, nunmehr von den so genannten Richtern geführt.

Die literarische Zäsur, die Aufteilung der Geschichte in die Bücher Jos und Ri, ist also sachlich nicht nachvollziehbar: In Ri 1 wird die Landnahme der Stämme Juda und der beiden Josef-Stämme Manasse und Efraim (noch einmal) erzählt, obgleich Jos 16 und 17 bereits davon berichten. Auch der Tod des Josua findet sich sowohl in Jos 24,29 als auch in Ri 2,8. Immerhin berichten beide Bücher jeweils vom selben Grab. Dass die Kapitel hier dennoch ebenfalls getrennt werden, geschieht aus redaktionellen Gründen.

10.2 Die zugrunde liegende Historie

Die Texte enthalten eine ganze Reihe von Unstimmigkeiten, wie zuletzt in der Frage des Siedlungsgebietes von Dan. Dazu kommt natürlich das schon oben angesprochene Problem, dass nicht Gesamtisrael mit zwölf Stämmen und ca. 500.000 Mann (plus Anhang) aus Ägypten aus- und in Israel eingezogen sind.

Wie schon erwähnt gibt es „alte“ und „junge“ Stämme, solche, die bei der so genannten Landnahme tatsächlich einwanderten und solche, die schon länger im Siedlungsgebiet Palästina ansässig waren. Nachdem das Gebiet bei der Landnahme keineswegs leer war, stellt sich auch die Frage, was mit der ansässigen Bevölkerung geschieht. Bei den Eroberungserzählungen heißt es immer wieder, dass die gesamte Bevölkerung der Stadt x oder y ermordet wurde. Die Kriegsbeute darf teilweise behalten werden, teilweise wird aber an ihr, wie auch an der Bevölkerung, der „Bann“ vollzogen, d.h. die Beute wird ebenfalls vernichtet und damit der siegreichen und beschützenden Gottheit übereignet, welche die Israeliten als Sieger aus den Kämpfen hervorgehen ließ. Die Praxis des Banns ist, wie gesehen, jedoch keineswegs auf Israel begrenzt, aber sowohl in den Erzählungen der Mescha-Stele wie auch Israels scheint diese Praxis vor allem theologische Kriegspropaganda zu sein. Jedenfalls wurde der Bann keineswegs in allen Kriegen angewandt. Bei Mescha heißt es, dass er die israelitischen Kriegsgefangenen(!) Fronarbeiten verrichten ließ. Und auch in der Davidsgeschichte ist davon die Rede, dass David die Gefangenen an die Steinsägen stellte und an den Ziegelöfen arbeiten ließ (2 Sam 12,31). Ein weiterer Beleg gegen den Bann findet sich in Dtn 21:

> *Dtn 21,10 Wenn du zum Kampf gegen deine Feinde ausziehst und der HERR, dein Gott, sie alle in deine Hand gibt, wenn du dabei Gefangene machst 11 und unter den Gefangenen eine Frau von schöner Gestalt erblickst, wenn du sie ins Herz geschlossen hast und du sie heiraten möchtest, 12 dann sollst du sie in dein Haus bringen und sie soll sich den Kopf scheren, ihre Nägel kürzen 13 und die Gefangenenkleidung ablegen. Sie soll in deinem Haus wohnen und einen Monat lang ihren Vater und ihre Mutter beweinen. Danach darfst du mit ihr Verkehr haben, du darfst ihr Mann werden und sie deine Frau. 14 Wenn sie dir aber nicht mehr gefällt, darfst du sie entlassen und sie darf tun, was sie will. Auf keinen Fall darfst du sie für Silber verkaufen. Auch darfst du sie nicht als Sklavin kennzeichnen. Denn du hast sie dir gefügig gemacht.*

Nun könnte man sagen, dass der Bann nur im Kontext der Landnahme vollzogen wurde, bei späteren Kriegen hingegen nicht mehr, aber V 10 lässt kaum Zweifel daran, dass auch andere Kriege nur deshalb siegreich geführt werden, weil *der Herr* die Feinde in die Hände Israels überliefert, er mithin auch weiterhin als der eigentliche Sieger eines Krieges zu gelten hat. Ob der Bann daher jemals in der Radikalität durchgeführt wurde, wie er gefordert/beschrieben wird, muss als unwahrscheinlich gelten.

Und noch etwas spricht gegen seine Durchführung: Immer wieder warnt das AT davor, besonders in der Sprache, die man bevorzugt im Buch Deuteronomium findet, sich mit anderen „Völkern“ im Land einzulassen, da sie für Israel zum „Fallstrick“ werden könnten und es beim Besuch von deren religiösen Festen oder auch bei Vermischung durch gegenseitige Eheschließungen zum Abfall von J“ kommen könnte. Diese Fremden, die der Herr „übriggelassen“ hat und die nicht vertrieben wurden/vertrieben werden konnten, dienen sogar dazu, Israel auf seine Gottestreue zu prüfen. In Exodus 23 wird zwar versprochen:

> *23 Denn mein Engel wird vor dir hergehen und dich zu den Amoritern, Hetitern, Perisitern, Kanaanitern, Hiwitern und Jebusitern führen und ich werde sie vernichten (vgl. Ex 33,2),*

aber erst in 1Kön wird festgestellt, dass Salomo, die noch immer übriggebliebenen Völker zu Fronarbeiten heranzieht:

> *1Kön 9,20 Alles Volk, das noch übrig war von den Amoritern, Hetitern, Perisitern, Hiwitern und Jebusitern, die nicht zu den Israeliten gehörten, 21 deren Nachkommen, die übrig geblieben waren im Lande, an denen Israel den Bann nicht hatte vollstrecken können, die machte Salomo zu Fronleuten bis auf diesen Tag.*

Vernichtet werden sie also offensichtlich nicht.

Gegen Ende des Buches Josua kommt es immer wieder zu neuen Kriegen mit der vorisraelitischen Bevölkerung, auch mit verschiedenen Städten. Jener König von Kanaan namens Jabin oder auch von Hazor wird laut Jos 11,1–13 getötet, Hazor wird niedergebrannt. Und trotzdem ist Jabin von Hazor zusammen mit seinem General Sisera in Ri 4 wieder der gefährliche Gegner, der durch eine Allianz verschiedener – keineswegs aller! – Stämme vernichtet wird, als habe sich Hazor innerhalb kürzester Zeit wie der Phönix aus der Asche neu erhoben.

Die archäologischen Befunde leisten ein Übriges, um die so genannte Landnahme zu beleuchten:

Zumindest von Jericho kann gesagt werden, dass diese Stadt zum Zeitpunkt der Einwanderung weniger staunenswert und mächtig war. Genauer: Im fraglichen Zeitfenster war Jericho relativ ungeschützt, weil die Befestigung der Stadt darniederlag. Möglicherweise war die Stadt im 13.–12. Jh. sogar völlig unbesiedelt, ein Trümmerhaufen. Wie schön macht sich da in der Überlieferung die Vorstellung, dass dieses mächtige Jericho dereinst von den Vorfahren erobert und mit Gottes Hilfe zerstört worden sei. Ähnliches gilt für Ai oder auch Hazor – Letzteres wurde im 13. Jh. zerstört, könnte aber zu seiner Blütezeit 20.000 Einwohner gehabt haben und damit in der Tat die größte Stadt in Palästina gewesen sein. Es ist naheliegend, die Zerstörung der Stadt mit der Einwanderung „Israels" in Verbindung zu bringen. Ebenso naheliegend ist es jedoch, dass man sich bei der Verschriftlichung der „Landnahme" an die Zerstörung Hazors, die augenscheinlich war, erinnerte. In Unkenntnis der näheren geschichtlichen Umstände seiner Zerstörung bot es sich an, Josua und die Stämme für diese wie auch die Zerstörung anderer Städte verantwortlich zu machen.

Ein Zweites: Wenn die Israeliten doch das ganze Land besiegt, die Städte niedergerungen und z. T. zerstört hatten: Warum siedeln sie dann nicht in diesem nunmehr herrenlosen Land? Die Städte wieder aufzubauen, wie dies ja auch immer wieder geschah, wäre doch ideal gewesen. Städte entstehen ja nicht per Zufall an bestimmten Stellen im Land, sondern wegen der besonders günstigen Lage, wegen einer Quelle an dieser Stelle, wegen guter Befestigungsmöglichkeiten und auch deshalb, weil trotz Zerstörung Fundamente oder Baumaterial vorhanden sind. Stattdessen ist zu lesen, dass sich die Neuankömmlinge im Gebirge niederließen:

Jos 17,17 Josua erwiderte dem Haus Josef, Efraim und Manasse: Ihr seid ein zahlreiches Volk und habt große Kraft. Ihr erhaltet nicht nur einen einzigen Anteil; 18 denn auch das Bergland soll euch gehören. Es ist bewaldet; ihr könnt es roden. Das so gewonnene Land soll euch gehören, wenn ihr auch die Kanaaniter nicht vertreiben könnt, weil sie eiserne Kampfwagen haben und weil sie stark sind.

Vgl. Ri 1,18 Doch Gaza und sein Gebiet, Aschkelon und sein Gebiet, Ekron und sein Gebiet konnte ***Juda*** *nicht erobern.*
19 Der Herr war mit Juda, sodass es das Bergland in Besitz nehmen konnte. Aber die Bewohner der Ebene konnten sie nicht vertreiben, weil sie eiserne Kampfwagen hatten. 20 Dem Kaleb gab man Hebron, wie Mose es angeordnet hatte; er vertrieb von dort die drei Söhne Anaks. 21 ***Die Benjaminiter*** *konnten die* ***Jebusiter****, die in Jerusalem wohnten, nicht vertreiben, und so blieben die Jebusiter bei den Benjaminitern in Jerusalem wohnen bis auf den heutigen Tag.*

Ri 1,27 **Manasse** *konnte (die Einwohner von) Bet-Schean und seinen Tochterstädten sowie von Taanach und seinen Tochterstädten, die Einwohner von Dor und seinen Tochterstädten, die Einwohner von Jibleam und seinen Tochterstädten und die Einwohner von Megiddo und seinen Tochterstädten nicht vertreiben. So gelang es den Kanaanitern, in dieser Gegend zu verbleiben. (Vgl. Ri 3,1–6)*

Es ist archäologisch nachweisbar, dass es in der fraglichen Zeit der Landnahme zu vielfältigen Neugründungen von kleinen Ortschaften besonders im mittelpalästinischen Gebirge kam, welche ihre Wasserversorgung durch Zisternen sicherten. Die Neugründungen werden nachweisbar, weil es keine tiefer liegenden Siedlungsschichten unter den ergrabenen Siedlungen gibt und die Häuser einer neuen Bauart zuzuweisen sind. Parallel dazu findet sich ein Einbruch im Kulturniveau in jener Region: Die Artefakte, besonders die Keramik jener Zeit, ist zwar im gleichen Stil wie vor dieser Zeit, aber weitaus weniger kunstvoll gefertigt. (vgl. Fritz, Volkmar, Entstehung Israels 75–92 vgl. auch: Die Anfänge Israels: Welt und Umwelt der Bibel)

Dies sind ausreichende Gründe, um die Darstellung der Landnahme, so wie sie beschrieben wird, grundsätzlich in Zweifel zu ziehen.

Im Laufe der historischen Forschung wurden daher verschiedene Modelle entwickelt, wie die Besiedelung des Landes durch die Israeliten abgelaufen sein könnte. Dabei besteht freilich kein grundsätzlicher Dissens darüber, dass zumindest Teile der „Israeliten" in einem geschichtlich relativ sicher bestimmbaren Zeitfenster eingewandert sind.

- Die Invasionshypothese orientiert sich an der biblischen Darstellung: Es habe einen mehr oder weniger kriegerischen Zuzug von neuen Bevölkerungselementen in die traditionellen Siedlungsgebiete gegeben. Diese Position ist bis zur Stunde die gängige Ausgangsposition für die Landnahme in konservativen bis orthodoxen Kreisen des Judentums. Vor etlichen Jahren wurde dazu aufgerufen, das Buch Josua intensiver zu lesen und im Geschichtsunterricht stärker zu berücksichtigen. Inwiefern dies auch dazu dienen sollte, gewaltsamer gegen die Palästinenser vorzugehen, sei dahingestellt.
- Eine zweite Hypothese, die so genannte Sezessionstheorie, geht davon aus, dass es eine Abwanderung von Bevölkerungsgruppen aus dem Einflussgebiet der Stadtstaaten gegeben habe. Dies würde den Aussagen des Jakobssegens gerecht, der von einigen Stämmen behauptet, sie hätten (freiwillig) unter der Vorherrschaft der Stadtstaaten gelebt, weil dies einfach bequemer gewesen sei. Ermöglicht wurde die Abwanderung zu einer Zeit der Schwäche der Stadtstaaten, die mit einem kulturellen Rückschritt und einer gewissen Dominanz der Landbevölkerung verbunden war. Als Grund für diesen Einbruch vermutet man neuerdings eine länger anhaltende Trockenzeit, wie es sie immer wieder einmal gegeben hat und die für das 12. Jh. auch archäologisch nachweisbar ist. Von einer Zeit eines über Jahre fehlenden Regens wird auch im Kontext des Propheten Elija berichtet, der erzählerisch in der Königszeit verortet ist. Freilich kommt es in der Folgezeit auch wieder zu einem Erstarken der Stadtstaaten bis hin zu deren erneutem (Über?)-Gewicht in der späten Königszeit, besonders nachweisbar im so genannten Nordreich (NR) Israel.
- Verbunden mit dieser Absetzbewegung aus dem Machtbereich der Stadtstaaten kommt es zum Dritten zeitgleich zum Zuzug neuer Bevölkerungselemente aus dem Osten, welche die Stadtstaaten nicht verhindern konnten. Die Einwanderung aus dem Osten, vielleicht mit Ausnahme des Stammes Juda, der von Süden dazustieß, scheint durch die Texte gesichert zu sein. Dabei geht die
- Retribalisierungstheorie davon aus, dass sich die Neuankömmlinge mit den aus den Städten abgewanderten Elementen vermischten – davor wird ja ständig gewarnt! – und eine Gesellschaftsordnung entstand, die beeinflusst von den Neuankömmlingen, wieder traditionelle Stammesstrukturen lebendig werden ließ. Im Zuge dieser Vermischung wäre dann auch mit der Zuwanderung der Moseleute, vor allem in Mittelpalästina durch die Stämme Ephraim, Manasse und Benjamin, und der Verbreitung des J"-Glaubens über die Mose-Gruppe hinaus zu rechnen. Die Durchsetzung des J" Glaubens kann umso mehr gelingen, als hier ein Gott vorgestellt wird, der aus Abhängigkeit befreit und damit die sich absetzende Bevölkerung genau in jener Situation trifft, die auch die Mosegruppe erfahren hat. Der Vollständigkeit halber muss hier angemerkt werden, dass nicht einfach davon ausgegangen werden kann, dass alle Stämme

jener Zeit schon an J" als einzigen Gott glaubten – warum sollten sie auch? Sie leben im Einzugsgebiet der Stadtstaaten, mitunter von diesen abhängig und verehren damit auch die Gottheiten, die in der Stadt verehrt wurden. Die Durchsetzung des Monotheismus erfolgte nicht so einfach und geradlinig, wie die Schrift dies darstellt.
- Die doppelte Erzählung von der Landnahme der Josefstämme, zuletzt in Ri 1, ist ein Indiz für die besondere Bedeutung dieser Gruppe/dieses Stammes, ebenso wie die besonderen Erzählungen von und über Joseph sowie die ausdrückliche Erwähnung seiner Söhne Ephraim und Manasse. Dies spricht dafür, dass bedeutsame Erzählungen und für „Gesamtisrael" wichtige Ereignisse aus dem Ägyptenaufenthalt und aus dem Exodus insbesondere im Stamme Josef und vielleicht auch Benjamin, also in den Rahelstämmen, transportiert werden. Vielleicht ist Josef die Gruppe, welche als letzte Fuß fasste, und die Mosegruppe mitsamt ihrer Überlieferung vor allem hier zu finden sein dürfte.
- Die Hypothese, dass sich die Israeliten im Zuge des Weidewechsels im Sommer von den Wüstenrandgebieten in das Randgebiet der etablierten Siedlungen begaben, um nach der winterlichen Regenzeit wieder in die Steppe aufzubrechen, ist damit nicht unbedingt zu verwerfen. Die Nomaden am Rande des Kulturlandes hätten sich mit der Zeit immer weniger diesem Weidewechsel unterworfen und seien nach und nach sesshaft geworden, so die Theorie.

Alles in allem ist jedoch die Lebensform der sogenannten Stämme der vorstaatlichen Zeit nur bedingt zu rekonstruieren:
Sie war

- patriarchalisch
- vermutlich mit einer Ältestenstruktur innerhalb der Sippen
- endogam (d.h. man heiratete innerhalb des Stammes oder gar der Sippe)
- kaum stadtorientiert (bei Abraham heißt es, die Städter gefährdeten das Leben der Nomaden)
- an einem eigenen ethischen Kodex orientiert.

Möglicherweise sind diese Ältesten mit den sog. kleinen Richtern identisch, die nicht nur Recht sprachen, sondern die „Scheichs" des jeweiligen Stammes oder Sippenverbandes waren.

> *Ri 10,1 Nach Abimelech trat Tola auf, der Sohn Puwas, des Sohnes Dodos, um Israel zu retten, ein Mann aus Issachar. Er wohnte in Schamir auf dem Gebirge Efraim. 2 Er war dreiundzwanzig Jahre lang Richter über Israel. Dann starb er und wurde in Schamir begraben.*
>
> *3 Nach ihm trat Jaïr aus Gilead auf; er war zweiundzwanzig Jahre lang Richter über Israel. 4 Er hatte dreißig Söhne, die auf dreißig Eseln ritten und dreißig*

Städte besaßen. Man nennt sie bis auf den heutigen Tag „die Zeltdörfer Jaïrs"; sie liegen im Land Gilead. 5 Als Jaïr starb, wurde er in Kamon begraben.

Ri 12,7 Jiftach war sechs Jahre lang Richter in Israel. Dann starb Jiftach, der Gileaditer, und wurde in seiner Stadt in Gilead begraben.

8 Nach ihm war Ibzan aus Betlehem Richter in Israel. 9 Er hatte dreißig Söhne; dreißig Töchter gab er nach auswärts [in die Ehe], und dreißig Töchter führte er seinen Söhnen von auswärts zu. Ibzan war sieben Jahre lang Richter in Israel. 10 Dann starb er und wurde in Betlehem begraben.

11 Nach ihm war Elon, der Sebuloniter, Richter in Israel; er war zehn Jahre lang Richter in Israel. 12 Dann starb der Sebuloniter Elon und wurde in Ajalon im Land Sebulon begraben.

13 Nach ihm war Abdon, der Sohn Hillels aus Piraton, Richter in Israel. 14 Er hatte vierzig Söhne und dreißig Enkel, die auf siebzig Eseln ritten. Er war acht Jahre lang Richter in Israel. 15 Dann starb Abdon, der Sohn Hillels aus Piraton, und wurde in Piraton, im Land Efraim, auf dem Amalekiterberg begraben.

Zusammenfassung

Während das Buch Josua die Landnahme als kriegerischen und zumeist erfolgreichen Prozess zeichnet, der allein mit Hilfe der Gottheit gelingen konnte, dürfte diese weitaus weniger brutal verlaufen sein. Dabei verwickelt sich der Text in Widersprüche was die militärischen Erfolge betrifft, sodass immer wieder darauf hingewiesen wird, dass die autochthone, ansässige Bevölkerung keineswegs immer und überall vertrieben, geschweige denn dezimiert werden konnte. Mehrfach hält der biblische Text fest, dass Amoriter, Hetiter, Perisiter, Hiwiter und Jebusiter noch im Lande wohnen und „übriggeblieben" sind. Während etliche Stämme bereits im Land ansässig sind, eine Landnahme des Zwölfstämmevolkes somit kaum der Historie entspricht, stoßen andere Gruppierungen durchaus, vermutlich von Osten kommend, in das Land westlich des Jordans vor. Dort ist die Sozialstruktur infolge einer länger andauernden Trockenheit in Auflösung begriffen. „Stämme", die bisher in Abhängigkeit größerer Stadtstaaten lebten, kündigen ihre Verbindung zu den Stadtstaaten auf und dehnen dabei vielleicht auch ihr Siedlungsgebiet ins flache Land aus. Die Neuankömmlinge lassen sich bevorzugt im Gebirge nieder, roden die Wälder und gründen neue Dörfer. Im Laufe der Zeit kommt es zu einem Austausch zwischen den Altstämmen und den Zuwanderern, wobei die sesshaften Gruppen mit den geschichtlichen Traditionen der Neuankömmlinge in Berührung kommen und damit auch mit der Religion der „Neuen". Dabei übernehmen die Alteingesessenen zumindest teilweise auch die Sozialformen der Zuwanderer, sodass es zu einer Annäherung beider Gruppen kommt, die allerdings auch in Zukunft keineswegs völlig konfliktfrei ist. Insbesondere der Stamm Juda scheint ein gewisses Eigenleben zu führen und nur sehr bedingt etwas mit den mittelpalästinischen Stämmen zu tun zu haben. Die Eroberung seines Stammesgebietes erfolgt auch erst zu Beginn des Buches der Richter.

11. Die Sesshaftwerdung in vorstaatlicher Zeit

Von der „vorstaatlichen Zeit“ spricht man für die Zeit vor Saul und David, d.h. die Zeit vor ca. 1020. Sie reicht zurück bis zur Zeit des Josua, umfasst also insbesondere die Zeit der sog. Richter, ab ca. 1250, wie auch die Zeit des Samuel. Da es sich bei den Richtern um einzelne „Heldenerzählungen“ oder „Rettergeschichten“ handelt, ist eine (zeitliche) Abfolge nicht zu rekonstruieren.

11.1 Was sagt die Schrift im Richterbuch?

Die Fiktion ist, dass alle Stämme in ihren eigenen Siedlungsgebieten leben. Von der in Jos 21,43–45 versprochenen Ruhe kann jedoch in der Folgezeit überhaupt keine Rede sein.

> *Jos 21,43 So gab der HERR Israel das ganze Land, das er ihren Vätern mit einem Eid zugesichert hatte. Sie nahmen es in Besitz und wohnten darin. 44 Und der HERR verschaffte ihnen Ruhe ringsum, genauso, wie er es ihren Vätern mit einem Eid zugesichert hatte. Keiner von all ihren Feinden konnte ihnen Widerstand leisten; alle ihre Feinde gab der HERR in ihre Hand. 45 Keine von all den Zusagen, die der HERR dem Haus Israel gegeben hatte, war ausgeblieben; jede war in Erfüllung gegangen.*

Dem ist nicht so, aber natürlich liefert der Folgetext auch Gründe dafür, warum die Verheißung Gottes doch nicht eingetreten ist. Diese werden im Fortgang der Geschichte gebetsmühlenartig wiederholt.

Die Israeliten taten, was dem Herrn missfiel. Sie vergaßen den Herrn, ihren Gott, und dienten den Baalen und den Kultpfählen [Kultpfähle werden öfter im Kontext der Aschera genannt]. Da entbrannte der Zorn des Herrn gegen die Israeliten, und er lieferte sie der Gewalt des XY aus. So mussten die Israeliten 7, 8, 18 oder x Jahre lang dem XY dienen. Als die Israeliten zum Herrn schrien, ließ der Herr den Israeliten einen Retter aus einem der Stämme erstehen, der sie befreite: den N.N. Der Geist des Herrn kam über ihn und er wurde Richter in Israel. Er zog in den Kampf, und der Herr gab XY in seine Gewalt, und NN unterwarf XY. Darauf hatte das Land 20/40 Jahre lang Ruhe; dann starb NN.

Und wiederum taten die Israeliten, was dem Herrn missfiel... und das „Spiel“ beginnt von vorne:

- Abfall
- Zorn des Herrn über Israel: Unterdrückung Israels durch ein Nachbarvolk oder einen Tyrannen aus der Nachbarschaft

- Dauer der Unterdrückung
- Israel schreit zum Herrn.
- Der Herr erbarmt sich und erweckt einen Retter.
- Dank der Hilfe des Herrn befreit der Retter Israel aus der Hand des XY
- und das Land erhält über 20 oder 40 Jahre die ersehnte Ruhe.
- Der Retter, der auch Richter ist in Israel, stirbt.
- Die Generation, die dies alles erlebt hat und gerettet wurde, stirbt.
- die nachfolgende Generation gerät von Neuem in den Strudel aus Abfall und Bedrückung – erneuter Abfall...

Die einzelnen Rettergeschichten mit Helden (und einer Heldin!) aus verschiedenen Stämmen werden einerseits unterbrochen durch kurze Listen von weiteren Richtern, über die man nicht viel erfährt, außer ihrem Namen, der Herkunft und der Zeit, in der sie Richter waren. Ggf. wird noch die Anzahl ihrer Söhne genannt und stolz vermeldet, dass jeder von ihnen einen eigenen Esel besaß oder sogar eine eigene Stadt (10,1–5; 12,8–15).

Die einzelnen Retter sind:

- Otniel aus Juda
- Ehud aus Benjamin, (Schamgar aus Anat)
- Debora aus Benjamin oder Ephraim zusammen mit Barak aus Naftali
- Gideon aus Ofra (Benjamin oder Ephraim: Jos 18,23; 1 Sam 13,17; 2 Sam 13,23; 2 Chr 13,19)
- [König Abimelech von Sichem (heute Nablus im Zentrum Samariens in der Westbank)]
- Jiftach aus Gilead (Jordanien, an der Grenze zu Syrien)
- Simson aus Dan

Die Lokalisierung der Helden verweist damit nicht nur in erster Linie auf Mittelpalästina. Die Gestalt des Otniel aus Juda erweckt darüber hinaus den Eindruck einer künstlichen Schöpfung, um auch einen Judäer in die Reihe der Retter aufnehmen zu können. Seine Geschichte ist auffallend kurz und inhaltlich blass: Während bei den anderen Geschichten Spezifika besonders hervorgehoben werden (einer ist ein Linkshänder, ein anderer der Sohn einer Hure, das Eingreifen des Herrn wird besonders herausgestellt etc.) findet sich in der Otnielerzählung nur das absolut Notwendige, um überhaupt eine Geschichte zustande zu bringen. Offensichtlich empfand man das Fehlen eines Judäers angesichts der geballten mittelpalästinischen Tradition als einen Mangel, den man ausgleichen wollte.

Einige Geschichten über einen Retter-Helden sind sehr umfangreich, wie etwa die Geschichte Simsons (ab Ri 13), der – wie bei Rettern nicht unüblich – auf wundersame Weise seiner bis dato unfruchtbaren Mutter durch einen Engel angekündigt wird. Von ihm wird erzählt, dass er die Philister mehrfach dezimiert habe. Er wird von Gott mit übermenschlichen Kräften ausgestattet und trägt Züge eines Nasiräers, wie dies in Num 6,1–21 beschrieben wird. Wesensmerkmale sind, dass er keinen Alkohol zu sich nimmt und sich die Haare nicht schneiden lässt (vgl. auch Ri 13). Im Neuen Testament lesen wir davon, dass es offensichtlich ein Nasiräat auf Zeit gibt: Paulus gibt sich als Sponsor von vier Nasiräern aus, deren Gelübde zu Ende ist und die sich wieder die Haare schneiden lassen. Er tut dies auf Anraten der Jerusalemer Gemeinde, um der Öffentlichkeit und seinen Gegnern deutlich zu machen, dass er nach wie vor fest im Judentum beheimatet ist (Apg 21,23–26). Zum Verhängnis wird Simson seine (nichtjüdische) philistäische Frau, die ihm das Geheimnis seiner Kraft entlockt. Simson ist ein Mitglied des Stammes Dan, der zu einer gewissen Zeit im Küstengebiet in der Nähe der Philisterstädte wohnte. Später ist der Stamm im Norden bei den Jordanquellen anzutreffen, wohin er vermutlich angesichts des Expansionsdruckes der Philister ausgewichen ist (vgl. Ri 18). Dabei wird die „Landnahme" des Stammes Dan nicht sehr schmeichelhaft erzählt: Das dort friedlich lebende Volk der „Sidonier" wird überfallen, erschlagen und die ehemalige Stadt Laijisch, die man niederbrennt, neu als „Dan" gegründet. Überhaupt sind die letzten Kapitel des Richterbuches 19–21 Texte voller Gewalt, Raub und Vernichtung, nunmehr auch zwischen den Stämmen: Der Stamm Benjamin wird stark dezimiert.

Eine eigene Notiz verdient die einzige Frau in der Liste der Retter: Debora. Schon die Tatsache an sich ist auffällig, denn sie ist nicht nur eine Rettergestalt, sondern wird darüber hinaus – wie die anderen Retter – auch als Richterin aufgezählt. Dies ist einmalig im ganzen AT. Nirgends sonst wird eine Frau so exponiert dargestellt, wenn man einmal von Königin Attalja und der legendären Heldin Judith absieht. Wird diese Frau genannt, weil sie derart im historischen Bewusstsein verankert ist, dass man sie in der Aufzählung nicht übergehen konnte oder kommt ihr im gesamtisraelitischen Konzept des Richterbuches die Rolle einer „Alibifrau" zu, etwa im Sinne von: Der Herr beruft nicht nur Helden aus „ganz" Israel, sondern greift dabei auch auf (eine) geeignete Frau(en) zurück?

Das Buch endet mit dem Satz: In Jenen Tagen gab es noch keinen König in Israel; jeder tat, was ihm gefiel/was er für richtig hielt (21,25 vgl. aber auch schon 17,6 und 18,1).

Diesen Spruch kann man dahingehend deuten, dass Anarchie herrschte, weil die ordnende Hand einer Staatsmacht fehlt. Angesichts der z. T. äußerst königskritischen Aussagen in Ri 8 und 9, dem schändlichen Tod des „Königs" Abimelch durch die Hand einer Frau (Ri 9,53) wie auch später in 1 Sam könnte der Satz aber auch positiv gemeint sein. Jeder tat, was er für richtig hielt. Daher brauchte man keinen König.

11.2 Die Historie

Historisch Verwertbares erfährt man nicht allzu viel. Wie oben schon angedeutet, handelt es sich bei den „Rettern" um mehr oder weniger charismatische Individuen, die mit Einzelaktionen gegen benachbarte Feinde Israels vorgehen. Richtig daran ist, dass im fraglichen historischen Zeitfenster von ca. 1200–1000 nicht nur Israel als „Volk“ entsteht, sondern zeitgleich auch in seiner Umgebung „Volks-“ Bildungen vonstattengehen. Von Staatenbildung kann man freilich noch nicht sprechen. Es sind bestenfalls Ansätze: Gruppierungen/Clans, die sich aufgrund ähnlicher soziologischer Gegebenheiten zusammenfinden, vereinigen sich zu Einheiten, die man später als Edomiter, Aramäer, Moabiter etc. im Umfeld Israels findet. In der Regel handelt es sich dabei um Semiten. Die Lebensweise entspricht der Israels. Es ist mehr als naheliegend, dass es zwischen den ähnlichen Gruppen mit vergleichbarer Lebensweise zu Reibereien und (Grenz-)Streitigkeiten kam. Womit sich die Gruppen voneinander abgrenzten, ist nicht genau zu sagen. Vielleicht gab es leichte, dialektgeprägte Unterschiede in der Sprache, wie Ri 12,5–6 andeutet:

> *Ri 12,5 Gilead [der „Retter“] schnitt [dem Stamm] Efraim die Jordanfurten ab. Und wenn die Flüchtlinge aus Efraim sagten: Ich will hinüber! fragten ihn die Männer aus Gilead: Bist du ein Efraimiter? Wenn er Nein sagte, 6 forderten sie ihn auf: Sag doch einmal Schibbolet! Sagte er dann Sibbolet, weil er es nicht richtig aussprechen konnte, ergriffen sie ihn und machten ihn dort an den Furten des Jordan nieder. So fielen damals zweiundvierzigtausend Mann aus Efraim.*

Darüber hinaus dürfte die Stammes- oder Clanzugehörigkeit eine wichtige Rolle gespielt haben.

Eine historische Abfolge von Ereignissen lässt sich aufgrund der einzelnen, in sich geschlossenen Geschichten um eine „Rettergestalt“ nicht erstellen. Zudem kann es nicht gelingen, eine stammesübergreifende Funktion des jeweiligen Helden nachzuweisen. Der finale Verweis auf einen gesamtisraelitischen Einsatz, nachdem der Held erst einmal eine Auseinandersetzung begonnen hat, erweist sich als redaktioneller Nachtrag und ist erforderlich, um „ganz Israel“ Ruhe zu verschaffen, weil ja auch „ganz Israel“ vom Herrn abgefallen war. Bei den Erzählungen handelt es sich demnach um legendarische Geschichten aus den einzelnen Stämmen, die durch die redaktionelle Zusammenbindung einen gesamtisraeltischen Aspekt eintragen und ein gemeinsames Vorgehen des Zwölfstämmevolkes suggerieren.

Es wird erwogen, dass die Aufzählung der Helden und ihre Zuordnung zu je einem Stamm in einer Art Süd-Nord-Bewegung erfolgt, aber um dies zu erzielen, wäre keine Frau erforderlich. Aber weder diese Anordnung noch die Einbeziehung einer Frau geben Hinweise auf die Historizität, denn die Tatsache, dass in der Reihe der männlichen Retter eine Frau auftaucht, ist zwar außergewöhnlich, aber wie oben schon angedeutet spielt sie vermutlich „nur“ eine „theologische“ Rolle.

Debora wird in Ri 4,4f durch verschiedene Identitätsmarker vorgestellt: Sie ist Prophetin, Ehefrau eines sonst unbekannten Lappidot – und natürlich Richterin. Und noch etwas: Sie sitzt unter einer nach ihr genannten Palme im Gebiet Ephraim, also Mittelpalästina, um dort Recht zu sprechen. Wie sie in diese Funktion gekommen ist, welche Qualitäten sie vorweisen kann, um Recht zu sprechen, erfährt der Leser nicht.

Umstritten ist in der Forschung auch die Frage, in welcher Zeit die Geschichte um Debora und ihren Krieg verfasst und wann dieser Abschnitt in das Buch eingeordnet wurde. Schrieb man das so genannten Debora-Lied Ri 5 in den 1980er Jahren noch alter Überlieferung zu, so ist man inzwischen der Auffassung, dass es aus nachexilischer Zeit stammt (Levin, Studien 124–141).

Damit ist jedoch nicht ausgeschlossen, dass hier Elemente enthalten sein können, die nahe an die Historie heranreichen. Insbesondere dürfte dies für jene Aussagen sprechen, die der gesamtisraelitischen Tendenz des Richterbuches widersprechen und eine Situation bezeichnen, die letztlich nur für einige mittelpalästinische Stämme von Bedeutung gewesen sein dürften. Anlass für den Aufstand ist eine Oppression der Stämme durch einen gewissen Jabin, König von Kanaan. Aus Jos 11,1, wo Jabin bereits einmal genannt wird, geht hervor, dass er König von Hazor war. Als solcher kann er durchaus als „König von Kanaan"(vgl. Jos 11,10b) bezeichnet werden, denn Hazor und Megiddo waren die mächtigsten Stadtstaaten der Region. Nicht so recht dazu passen will es, dass Josua den König von Hazor laut Jos 11,10 bereits erschlug – und nun ist derselbe Jabin wieder da! Vielleicht wird deshalb in Ri 4f auch der Schwerpunkt auf den Feldherrn Jabins, einen gewissen Sisera gelegt.

Das Debora-Lied führt nun aus (Ri 5,6), dass zur Zeit des weithin unbekannten Schamgar (Ri 3,31), der 600 Philister erschlagen haben soll, und von Jael, einer heldenhaften kenitischen Frau, die Straßen nicht gangbar waren:

> *Ri 5,6 In den Tagen Schamgars, des Sohnes Anats, in den Tagen Jaëls ruhten die Wege; und die auf Pfaden zogen, mussten gewundene Wege gehen. 7 Es ruhten die Landbewohner; sie ruhten in Israel (Elberfelder Übersetzung)*

Den eigentlichen Grund für diese Situation erfährt man zwar nicht, er ist aber augenscheinlich die Ursache für den bewaffneten Konflikt. Dem Lied zufolge ist es eine Auseinandersetzung, die für „Israel", besser wohl für die betroffenen Stämme, überlebenswichtig ist. Es gehört zum „guten Ton" der militärischen Auseinandersetzung jener Zeit im Allgemeinen und in der J"-Kriegstheologie im Besonderen, die eigene Situation als nahezu aussichtslos darzustellen. Dieser Vorgabe folgt auch der vorliegende Text: Die eigene Truppenstärke „ganz Israels" beträgt 40.000 Mann (Ri 5,8 – anders Ri 4,14: nur 10.000 Mann!), die aber offenbar mit den sprichwörtlichen Mistgabeln und Dreschflegeln kämpfen müssen – denn Schild und Speer waren nicht vorhanden (Ri 5,8). Den Truppen Israels steht ein professionelles Heer von 900 (!) eisernen Streitwagen plus Fußvolk gegenüber. Streitwagen sind zu diesem Zeitpunkt der Schrecken aller Truppen. Zum einen war es eine Fernwaffe, denn die Wagen waren mit bis zu drei Personen besetzt, zumindest einem Lenker und einem Bogenschützen, der im Vorbeifahren an den Fußtruppen ständig Pfeile abschoss, zum anderen war diese Waffe so komplex und aufwändig, dass sie nicht von

Wehrpflichtigen und Gelegenheitssoldaten bedient werden konnte. Wer Streitwagen besaß, verfügte auch über ein stehendes Heer – ein unglaublicher Luxus, denn sowohl die Soldaten wie auch die ansonsten „unnützen" Pferde mussten unterhalten und ernährt werden. Die besondere Bedeutung der Streitwagen wird vor allem im ägyptischen Bereich ersichtlich, wo im neuen Reich der Pharao vermehrt in kriegerischer Pose auf dem Streitwagen abgebildet wird. Der Pharao bedarf natürlich keines Lenkers. Er beherrscht dieses Kriegsgerät alleine!

Abb. 15: Darstellung Ramses II. auf einem Streitwagen, Relief im großen Tempel von Abu Simbel, ca. 1265 v. Chr.

Den wenigen Anhaltspunkten zufolge – die Schlacht am Kischon, die leeren Straßen und die Umwege, die man machen musste, das Fehlen der Menschen in der Ebene, der Tabor als Ausgangspunkt der israelischen Streitkraft – haben Sisera bzw. König Jabin die Jesreelebene gesperrt oder okkupiert. Damit hätte der Stadtstaat Hazor, der nördlich des Sees Genezareth liegt, seine Herrschaft sehr weit nach Süden ausgedehnt. Die wichtigste Straße, welche die Jesreelebene tangiert und hier gemeint sein könnte, ist die alte Via Maris, die von Ägypten über Gaza im Süden kommend entlang der Küste nach Norden verläuft.

Die Umwege in Nord-Südrichtung, die man bei der Schließung dieser Straße hätte nehmen müssen, führen unweigerlich ins östlich gelegene Gebirge Ephraim. Die Stämme, die von solchen Maßnahmen betroffen sein konnten, sind,

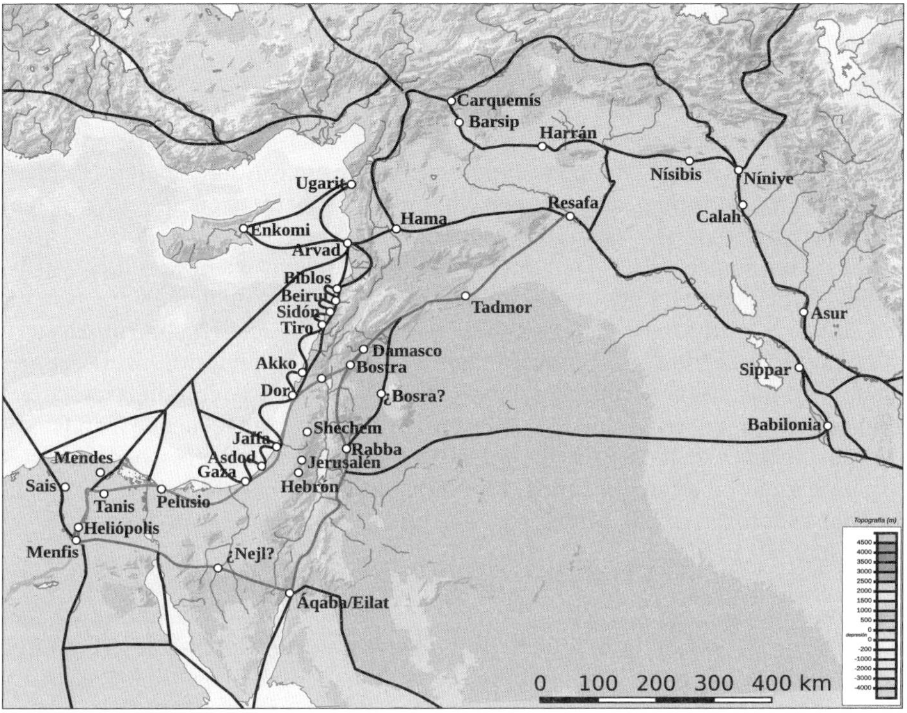

Abb. 16: Levante-Routen

wie in Ri 4,6; 5,18 genannt, in der Tat vor allem Naftali und Sebulon, darüber hinaus der im Deboralied genannte Stamm Issachar. Ob auch Benjamin, der Stamm Machir oder gar der normalerweise im Süden verortete Stamm Ruben eine Rolle spielten, oder auch der Stadtstaat Megiddo im Südwesten beteiligt war (5,19), sei dahingestellt. Ausdrücklich getadelt wegen verweigerter Heerfolge werden Dan, Ascher und Meros, ein ansonsten völlig unbekannter Ort. Der später so wichtige Stamm Juda wird ebenso wenig erwähnt wie der ebenfalls im Süden gelegene Stamm Simeon.

Wie es sich für einen J“-Krieg gehört, greift der Herr natürlich selbst mit ein. Geschildert wird dies fast schon im Sinne einer kosmischen Katastrophe: Die Sterne kämpften vom Himmel herab (Ri 5,20). Es geht aber auch ein bisschen kleiner: Wie beim Exodus bringt der Herr Wagen und Streitmacht Siseras in Verwirrung, sodass dessen Heer und er selbst die Flucht ergreifen. Auf der Flucht wird Sisera dann von Jael, einer kenitischen Frau, bei der er auf der Flucht rasten möchte, auf unrühmliche Weise und unter Missachtung des Gastrechtes ermordet, indem sie ihm einen Zeltpflock in die Schläfe schlägt.

Offensichtlich wird die Auseinandersetzung entschieden durch sintflutartige Wassermassen in Folge von heftigen Regengüssen (Ri 5,4), die zur Überschwemmung des Kischon (5,21) führten und den Vorteil der Streitwagen zunichtemachten oder sie sogar zur Flucht zwangen. Der Erzählung nach kam es noch nicht einmal zu einer Schlacht.

Bei aller Überzeichnung der Prosaerzählung wie auch des Deboraliedes muss festgehalten werden, dass sich zumindest zwei Stämme in einer bedrohlichen Lage zusammenschließen, um ihre Interessen militärisch zu verfolgen. Es ist vorstellbar, dass einige wenige weitere Stämme aus der unmittelbaren Nachbarschaft zu Hilfe kommen, aber sicher ist dies nicht. Von einem gemeinschaftlichen Vorgehen „ganz Israels“ kann jedoch überhaupt keine Rede sein, wie dies ja auch schon in den einzelnen Helden/Rettererzählungen immer wieder deutlich wurde. Offensichtlich gibt es noch nicht einmal in gefährlichen Situationen ein gesamtisraeltisches Bewusstsein, das gegenseitige Heeresfolge hervorgebracht hätte.

Damit stellt sich unweigerlich die Frage, was „Israel“ in der Zeit der Landnahme ausmacht. Josua und Richter zufolge wird zwar immer wieder auf Gesamtisrael hingewiesen, aber bei näherer Betrachtung bleibt von dem angeblichen Zwölfstämmevolk nicht sehr viel übrig als die gelegentliche Hilfe einander eng benachbarter Stämme im Konfliktfall, evtl. noch eine gemeinsame oder zeitlich nahe „Landnahme“ jener Stämme, die in Mittelpalästina, und hier wiederum vor allem im Bergland, sesshaft werden.

Die Frage nach „Israel“ wird für die Zeit der Staatenbildung wie auch für die Königszeit noch einmal neu gestellt werden müssen. Nimmt man dabei die Zeit der getrennten Reiche in den Blick und die zweifelhafte Geschichte der Könige David und Salomon als Könige eines gesamtisraelitischen Großreiches (s.u.), könnte sich am Ende das Zwölfstämmevolk als ein nie real existierendes, aber ersehntes Phantasiegebilde herausstellen.

Ein Wort sei noch zu Abimelech („Vater des Königs“ oder „mein Vater ist König“) gesagt (Ri 8,22–9,57):

Abimelech ist angeblich der Sohn des Retters Gideon alias Jerubbaal, der die Midianiter schlägt und dezimiert, die Israel regelmäßig nach der Ernte überfallen und die Ernte wegnehmen. Nach dem Sieg Gideons wollen ihn „die Israeliten“ zum König machen (Ri 8,23), doch Gideon lehnt die Königswürde mit den Worten ab:

> *Ri 8,23: Ich will nicht über euch herrschen und mein Sohn soll nicht über euch herrschen. Der Herr (J“) soll über euch herrschen (vgl. 1Sam 12,12)*

Ähnlich erzählt es die Fabel vom König der Bäume (9,7–15): Die Bäume wollen ein Gewächs zum König über sich erheben, doch alle Fruchtbäume lehnen ab, weil sie dann darauf verzichten müssten, gemäß ihrer Bestimmung gute Früchte hervorzubringen. Schließlich gehen sie zum Dornstrauch, der nichts zu bieten hat als seine Stacheln. Er ist bereit, König zu werden und Schutz zu bieten, droht aber gleichzeitig, dass er auch vernichten kann.

Allerdings wird die fromme Aussage des Gideon konterkariert durch den Fortgang der Erzählung in 8, 24–27. Dort lässt er sich, wie Aaron zur Zeit des Exodus, Goldschmuck bringen und stellt daraus ein „Efod“ her. Das Wort „Efod“ hat nun eine ganze Reihe von Bedeutungen. Es dürfte sich i.d.R. um einen Teil der Priesterkleidung handeln (vgl. Ex 28,6–14), oder die Befestigung der Lostasche (Ex 28,25–30), hier aber geht es sicherlich um einen Kultgegenstand, evtl. um eine Götterstatue, zumal sich im weiteren Fortgang „Israel" den „Baal des Bundes" zu seinem Gott erwählt (Ri 8,33; 9,4; 9,46).

Abimelech nun, einer der 70 Söhne Gideons/Jerubbaals beredet die Leute von Sichem und lässt sich zum König wählen. Mit einem Darlehen aus dem Baalstempel wirbt er – wie später auch David – Söldner und Strauchdiebe an (Männer, die nichts zu verlieren hatten und zu allem fähig waren, vgl. 1Sam 22,2) und bringt seine Brüder nach üblicher Art eines Despoten um, bis auf einen, der sich versteckt hatte und einen Fluch über Sichem ausspricht. Schon bald kommt es zu Konflikten zwischen Abimelech und den Sichemiten, die gewaltsam ausgetragen werden. Abimelech siegt zunächst über die Leute von Sichem, findet aber bei der Belagerung einer weiteren Stadt namens Tebez (noch 2 Sam 11,25) einen schändlichen Tod:

> *Ri 9,56: So ließ Gott das Verbrechen, das Abimelech an seinem Vater begangen hatte, als er seine 70 Brüder umbrachte, auf ihn selbst zurückfallen. 57 Auch auf die Einwohner von Sichem ließ Gott alles Böse, das sie getan hatten, zurückfallen. So kam über sie der Fluch Jotams, des Sohnes Jerubbals [der die Ermordung seiner 69 Brüder überlebt hatte].*

Natürlich kann hier am Ende nicht der häufige Spruch stehen: „Sie hatten keinen König und jeder tat, was er wollte", denn die Taten des Abimelech hängen mit seinem absolutistischen Königtum zusammen, das ihn selbst und die Sichemiten ins Verderben stürzte. Die Erzählung ist wiederum eine Geschichte, die in Mittelpalästina spielt, lokal sehr begrenzt, und mit „Israel" nichts zu tun hat, wie auch die anschließende Erzählung von Jiftach, einem weiteren – unehelichen –Sohn von Gilead. Gleichzeitig setzt Abimelech ein deutliches Ausrufezeichen gegen das Königtum.

Den Spruch *Ri 8,23* „Ich will nicht über euch herrschen und mein Sohn soll nicht über euch herrschen. Der Herr (J") soll über euch herrschen" werden wir gleich noch einmal lesen, als Ausspruch des ersten Königs Israels, des Benjaminiters Saul.

Wenn es trotz der Ablehnung des Königtums zu einer „Zentralregierung" kommt – das Herrschaftsgebiet umfasste vermutlich nicht mehr als das Gebiet seines Stammes – dann deshalb, weil als eine neue feindliche Macht die nichtsemitischen, „unbeschnittenen" Philister auftreten, die zwar keine Großmacht darstellen, aber über einen Rüstungsvorteil verfügen: Ihre Waffen sind aus Eisen (vgl. 1Sam 19–22), über das Israel nicht zu verfügen scheint. Reines Eisen als solches ist nach der Mohs-Skala mit Härte 4 zwar weicher als Bronze (Härte 4,5), im verarbeiteten, geschmiedeten Zustand jedoch deutlich härter. Entgegen früherer Ansichten wird inzwischen angenommen, dass auch Ägypten Eisen schürfte und verarbeitete, obwohl auch weiterhin Bronzegeräte in Gebrauch waren (Wikipedia Metallverarbeitung 10.08.2024). Tutanchamun (1332–1323 v. Chr.) wird jedenfalls ein Dolch aus Meteoriteisen als Grabbeigabe mitgegeben. Zu dieser Zeit scheint Eisen noch relativ wertvoll gewesen zu sein. Angeblich war es zehnmal so wertvoll wie Gold, weil Ägypten zu jener Zeit noch nicht in der Lage war, Eisen zu bearbeiten.

Zusammenfassung

Josua und Richter berichten von der kriegerischen Landnahme Israels und seiner Etablierung im Land, beides unter dem Aspekt des J"-Krieges. Die Kriege, die Israel führen muss, um sich das verheißene Land anzueignen, verlaufen fast sämtlich nach dem Muster, dass Israel zwar mit mehr oder weniger großem Kontingent in den Krieg gegen die Bewohner des Landes zieht, letzten Endes aber nur siegen kann, wenn ihr Gott J" einschreitet und die Schlacht für Israel entscheidet. Ohne seinen Beistand kommt es unweigerlich zur Niederlage. Entsprechend kommt ihm die Kriegsbeute zu, die ihm immer wieder in Form des Bannes, d.h. der Vernichtung der Beute, übereignet wird. Es handelt sich um eine Form des Opfers, die keineswegs auf Israel begrenzt ist, sondern z.B. auf der Meschastele vergleichbar beschrieben wird.

Bei näherem Hinsehen ist die gesamtisraelitische Komponente, die Aussage also, dass *ganz* Israel in den Kampf zieht und in der Folgezeit *Ruhe* vor seinen vielfältigen Feinden hat, ein theologisches Konstrukt. Die Texte lassen immer wieder erkennen, dass es um kleine, punktuelle Auseinandersetzungen geht. Dabei wurde keineswegs der Bann an der gesamten Beute vollzogen und „Israel" gelingt es auch nicht, die anderen Völker zu vertreiben. Vielmehr lässt es sich, soweit es sich überhaupt um zugewanderte Einheiten handelt, in den Zwischenräumen der Stadtstaaten bzw. im mittelpalästinischen Gebirge nieder. Dabei wird sowohl aus der Schlacht von Debora wie auch aus dem Jakobssegen aus Gen deutlich, dass es Stämme oder Clans gab, die schon vor der „Landnahme" ansässig sind, z.B. in Abhängigkeit von einem größeren Stadtstaat, wie auch die Tatsache, dass es keineswegs ein gesamtisraeltisches Bewusstsein oder wenigstens eine gegenseitige Hilfe in Notsituationen gibt, mit wenigen kleinen Ausnahmen.

Auffällig ist, dass mit Ausnahme von Othniel im Richterbuch der doch angeblich so bedeutende Stamm Juda überhaupt keine Rolle spielt. Er wird erst in der Davidszeit wichtig, wo David als „König" und „Retterfigur" auf der Bildfläche erscheint.

12. Geschichten um Samuel, Saul und David: Der Kampf zweier Clans um die Macht. Der Beginn der Alleinherrschaft anstelle der Clanchefs

12.1 Was sagt die Schrift?

Die beiden Samuelbücher sind wie Josua und Richter ebenfalls fortlaufend geschrieben. Einen sachlichen oder historischen Grund für eine Trennung in zwei Bücher gibt es nicht.

1Sam setzt mit der Geburt des späteren Priester-Propheten Samuel ein. Die Vorgeschichte erinnert etwas an Jakob und seine beiden Frauen Lea und Rahel. Die Lieblingsfrau des Elkana, dem Vater von Samuel, namens Hanna ist lange Zeit unfruchtbar und empfängt auf Grund ihrer Frömmigkeit und ihres Gebets im Tempel von Schilo schließlich auch einen Sohn. Am Tempel zu Schilo, südwestlich von Sichem und damit einmal mehr im mittelpalästinischen Bergland gelegen, dient ein Mann namens Eli, von dem wir zuvor nichts hören. Natürlich handelt es sich bei diesem Tempel um einen J"-Tempel, in dem auch die Lade steht, jener Kasten, der auf Gottes Anweisung in der Wüstenzeit gefertigt worden war mit der Bezeichnung „Aaron ha berit", Schrank des Bundes. Die tragbare Kiste repräsentiert die Gegenwart J"s und enthält angeblich die Gebotstafeln und etwas Mana, jenes Nahrungsmittel, das in der Wüstenzeit das Überleben des Volkes sicherte. Das Aussehen der Lade und ihre Konstruktion wird in Ex 25,10–22; 37,1–9 detailliert beschrieben. Mit einer Größe von130 × 80 × 80 cm entspricht sie ziemlich genau einer Umzugskiste für Kleidungsstücke, aber ebenso einem Tragepodest, auf dem man in Ägypten Göttergestalten in Prozessionen mitgeführt hat. Wurde das darauf befestigte Götterbild im Rahmen des sich durchsetzenden Monotheismus buchstäblich abmontiert? Welcher Gott wurde mit der Lade verehrt? Dass es von Anfang an J" war, ist keineswegs selbstverständlich! Die Deckplatte von 130 x 80 cm besteht aus Gold, zwei Cheruben-Engel wurden daraus als Treibarbeit herausgearbeitet. Es mag erstaunen, dass das Kultgerät hier in einem Tempel untergebracht ist, denn laut 2Sam 7 stand die Lade stets nur in einem Zelt:

> *2Sam 7,5 Geh zu meinem Knecht David und sag zu ihm: So spricht der HERR: Du willst mir ein Haus bauen, damit ich darin wohne? 6 Seit dem Tag, als ich die Israeliten aus Ägypten heraufgeführt habe, habe ich bis heute nie in einem Haus gewohnt, sondern bin in einer Zeltwohnung umhergezogen. 7 Habe ich in der Zeit, als ich bei den Israeliten von Ort zu Ort zog, jemals zu einem der Stämme Israels,*

die ich als Hirten über mein Volk Israel eingesetzt hatte, ein Wort gesagt und sie gefragt: Warum habt ihr mir kein Haus aus Zedernholz gebaut? (vgl. 1Sam 2,22b)

Der Knabe Samuel wird noch in frühester Kindheit von seiner Mutter dem Herrn geweiht. Sie bringt ihn zu Eli, wo er in dessen Dienst als Tempel-/Priesterschüler tritt. Eli ist zwar auch Vater von zwei Söhnen, Hofni und Pinhas, die als Priester tätig sind, aber die beiden lassen in ihrem Verhalten doch sehr zu wünschen übrig.

Aus ihrem Verhalten erfährt man etwas über die Opferpraktiken der Erzählzeit:

1Sam 2,12 Die Söhne Elis waren nichtsnutzige Menschen. Sie kannten weder den HERRN 13 noch das Recht der Priester gegenüber dem Volk: Sooft jemand ein Schlachtopfer darbrachte und das Fleisch kochte, kam ein Diener des Priesters mit einer dreizinkigen Gabel in der Hand. 14 Er stach in den Kessel oder den Topf, in das Becken oder die Schüssel und alles, was die Gabel heraufholte, nahm der Priester für sich. So machten sie es bei allen Israeliten, die dorthin, nach Schilo, kamen. 15 Noch bevor man das Fett in Rauch aufgehen ließ, kam der Diener des Priesters und sagte zu dem Mann, der opferte: Gib mir Fleisch zum Braten für den Priester; er nimmt von dir aber kein gekochtes Fleisch an, sondern nur rohes. 16 Wenn ihm der Mann erwiderte: Zuerst muss man doch das Fett in Rauch aufgehen lassen, dann nimm dir, was dein Herz begehrt! sagte ihm der Diener: Nein, gib es sofort her, sonst nehme ich es mit Gewalt. 17 Die Sünde der jungen Männer war sehr schwer in den Augen des HERRN; denn sie behandelten das Opfer des HERRN mit Verachtung.

Darüber hinaus wird berichtet, dass sie mit den Frauen schliefen, die sich vor dem Offenbarungszelt aufhielten oder dienten (1Sam 2, 22); שְׁכְּבוּן אֶת־הַנָּשִׁים הַצֹּבְאוֹת פֶּתַח אֹהֶל מוֹעֵד. Über die Funktion dieser Frauen und die Art ihres Dienstes erfährt man leider nichts, auch nicht über die so genannten Qedeschen, die „heiligen“ [Frauen], die im AT mehrfach genannt werden (vgl. Dtn 23,18; 1Kön 22,47; 1Kön 14,24, dreimal Maskulinum Plural 1Kön 14,24; 2Kön 23,7; Hi 36,14, viermal als Femininum Singular Gen 38,21 2x; Gen 38,22; Dtn 23,18, einmal als Fem. Pl. Hos 4,14 Hure / Hurerei (AT) – Bibelwissenschaft; 16.3.2024).

Aufgrund von Dtn 23,19 wird zwar vermutet, dass es Geldspenden aus männlicher oder weiblicher Prostitution an den Tempel gab oder man sprach gar von Tempelprostitution, aber diese Auslegung ist sehr umstritten:

Du sollst weder Dirnenlohn noch Hundegeld in den Tempel des HERRN, deines Gottes, bringen. Kein Gelübde kann dazu verpflichten; denn auch diese beiden Dinge sind dem HERRN, deinem Gott, ein Gräuel.

Dagegen die Übersetzung der „Guten Nachricht“:

Ihr dürft den Gewinn aus anrüchigen Geschäften und aus dem Verkauf unreiner Tiere nicht in das Heiligtum des HERRN, eures Gottes, bringen, um damit ein Gelübde zu erfüllen. Der HERR verabscheut solches Geld.

Aufgrund dieser Untaten der Eli-Söhne prophezeit ein „Gottesmann" dem Eli und seiner Familie den Untergang, womit der Platz für Samuel frei wird (anders dagegen 1Sam 14,3!), der zwar an mehreren Altären opfert, aber nicht am Tempel von Schilo und dort auch keinen Priesterdienst leistet. Der junge Samuel erfährt nachts im Tempel, wo er auch schläft, seine Berufung durch Gott.

In dieser Zeit treten die Philister als Gegner Israels auf den Plan und es kommt zu einer Schlacht zwischen den Philistern und Israel, die zu Ungunsten Israels endet. Die Israeliten holen daraufhin die Lade aus Schilo um sich der Gegenwart Gottes in ihrem Heerlager zu vergewissern. Aber auch diese Maßnahme bringt keinen Erfolg. Die Lade gerät in die Hände der Philister, Hofni und Pinhas sterben und ihren alten Vater trifft der Schlag, als er vom Schicksal seiner Söhne erfährt. Die Philister bringen die Lade in eine ihrer Städte, in diesem Fall nach Aschdod, und stellen sie im Tempel ihres Gottes Dagon auf. Am nächsten Tag ist das Dagon-Standbild natürlich umgefallen und in Stücke. Weiteres Unglück geht von der Lade aus: Die Bewohner von Aschdod erkranken an der Beulenpest, woraufhin die Lade nach Gat gebracht wird. Aber auch die Bewohner von Gat erkranken und ebenso die Bewohner von Ekron, wohin man die Lade weiter transportiert. Nach weiteren Beratungen unter den Philistern beschließt man, die Lade nebst goldenen Weihegeschenken auf einen Wagen zu laden, der von zwei Kühen gezogen wird. Die Kühe ziehen den Wagen nach Bet-Schemesch, doch auch die Bewohner von Bet-Schemesch werden vom Unglück geschlagen, angeblich, weil sie die Lade angeschaut hatten. So wird sie weiter nach Kirjat-Jearim, in die Waldstadt, gebracht (nordwestlich von Jerusalem gelegen) in das Haus eines gewissen Abinadab und dessen Sohn Eleasar (1Sam 7,1). Dort bleibt sie erst einmal für eine Weile. Die Geschichte der Lade geht dann erst in 2Sam 6 weiter.

In der Folgezeit tritt Samuel als Richter und Retter auf. Eine erste Konfrontation mit den Philistern in Mizpa wird durch einen Gottesschrecken für Israel entschieden (1Sam 7). Interessant ist eine kurze Notiz am Ende des Kapitels: Samuel sei lebenslang als Richter umhergezogen, um Recht zu sprechen, dies allerdings nur in einem beschränkten Umkreis. Sein Haus befindet sich in Rama, wohin er immer wieder zurückkehrt und merkwürdigerweise nicht in Schilo am Tempel. „Als Samuel alt geworden war – auch seine Söhne sind missraten – fordern die Ältesten Israels die Einsetzung eines Königs, die Samuel ablehnt. In einem Zwiegespräch mit J" erhält er den Auftrag, dem Volk einen König einzusetzen, obwohl dies angeblich der Ablehnung der Königsherrschaft J"s gleichkommt. Samuel soll freilich auf all die Privilegien hinweisen, derer sich ein König zu Lasten des Volkes bedient. Das Volk lässt sich jedoch nicht umstimmen, und so salbt Samuel einen Mann aus dem Stamme Benjamin, der auf vielfältige Weise aus der Allgemeinheit herausragt, zum König: Saul ist Sohn von Kisch, eines reichen Mannes. Er ist *jung, schön* und *überragt alle um Haupteslänge*. Dazu wird er *von Gott eigens ausgewählt* und dem Samuel, der auch als „Gottesmann" bezeichnet wird, *als der künftige König avisiert*. Ihn salbt Samuel zum König und verheißt ihm – als Erweis seiner Erwählung – eine ganze Reihe von weniger spektakulären *Ereignissen*. Gleichzeitig wird damit natürlich auch Samuel als wahrer Gottesmann ausgewiesen. Schließlich und endlich wird Saul auch noch auf einer Volksversammlung, die Samuel in Mizpa zusammenruft, durch ein *Losverfahren* gewählt und durch die *Akklamation* des Volkes bestätigt (Kap 10). Schon hier wird freilich am Rande vermerkt, dass es eine Opposition in Israel gibt, die hier als „niederträchtige Menschen" bezeichnet werden. Aber bei so vielen positiven Zeichen, welche die Königswürde des Saul bestätigen, kommt man nicht an seiner legitimen Herrschaft vorbei.

Saul bewährt sich sofort als Heerführer in einer Auseinandersetzung mit den Ammonitern, welche die Stadt Jabesch angreifen. Ganz Israel, angeblich 300.000 aus Israel plus 30.000 aus Juda, das eigens erwähnt wird, leisten Saul Heerfolge „wie ein Mann". Sollte bis jetzt noch jemand an der Erwählung Sauls gezweifelt haben, so besteht dafür nach dessen grandiosem Sieg keinerlei Grund mehr. Im Rahmen einer Volksversammlung in Gilgal nimmt der greise Samuel im Kontext einer ausgedehnten Geschichtsreflexion Abschied, nicht ohne Israel noch einmal auf seinen Gott einzuschwören und vor den Folgen des Abfalls zu warnen. Die Skepsis des Samuel gegen das Königtum Sauls ist aber weiterhin spürbar, da er damit das Königtum J"s usurpiert oder beeinträchtigt.

Trotz allem erringt Saul zusammen mit seinem fähigen Sohn Jonatan Siege über die Philister und den verhassten Erbfeind, über die Amalekiter, dann über Moabiter und Ammoniter über Edom und Zoba. Aufgrund mehrerer Vergehen – Jonatan bricht in Unkenntnis das Fastengelübde, das sein Vater angeordnet hat, das Volk isst blutiges Fleisch und am Vieh und an Agag, dem König der Amalekiter, wird der Bann nicht vollzogen – fällt Saul vor Gott in Ungnade, erstmals, weil er laut 1Sam 13 ein Opfer vollzogen hat, das eigentlich Samuel zustand. Samuel selbst haut Agag mit dem Schwert in Stücke und vernichtet damit den Erbfeind Israels. Samuel verkündet Saul, dass ihn Gott verworfen habe. So wie der Stern Sauls niedersinkt, erhebt sich in gleicher Weise das strahlende Licht Davids.

In Kap 16 salbt Samuel noch während der Herrschaftszeit des Saul, den jugendlichen David, den Sohn des Bethlehemiters Isai aufgrund göttlicher Wahl zum neuen König, natürlich fernab von Saul, der davon nichts erfahren darf. Insgesamt ist Samuel eine sehr schillernde Figur. Seine Bedeutung und seine Funktion sind unklar, da, wie etwa auch bei Mose, eine Vielzahl von Funktionen in seiner Person zusammenfließen: Er ist Priester, Politiker, Prophet, Wahrsager, Königsmacher und Traditionswächter. Dass er bei der Einführung des Königtums eine Rolle gespielt hat, ist denkbar, da auch in der Folgezeit immer wieder Propheten politischen Einfluss nehmen, auch – angeblich – auf die Thronfolge.

Zunächst tritt David in den Dienst des Saul und versucht ihn mit Gesang aus seiner Depression zu befreien:

1Sam 16,14 Der Geist des HERRN war von Saul gewichen und ein böser Geist vom HERRN verstörte ihn. 15 Da sagten die Diener Sauls zu ihm: Du siehst, ein böser Geist Gottes verstört dich. 16 Darum möge unser Herr seinen Knechten, die vor ihm stehen, befehlen, einen Mann zu suchen, der die Leier zu spielen versteht. Sobald dich der böse Geist Gottes überfällt, soll er spielen; dann wird es dir wieder gut gehen. 17 Saul sagte zu seinen Dienern: Seht euch für mich nach einem Mann um, der gut spielen kann, und bringt ihn her zu mir! 18 Einer der jungen Männer antwortete: Ich kenne einen Sohn des Bethlehemiters Isai, der zu spielen versteht. Und er ist tapfer und ein guter Krieger, wortgewandt, von schöner Gestalt und der HERR ist mit ihm.

Mit den Attributen des David, die hier in V 18 genannt werden, erfüllt David offenkundig die Anforderungen eines Königs. Vor allem das „und der Herr ist mit ihm“ wird man noch einige Male lesen können. Es ist ein Freibrief für Davids Aktivitäten.

Der junge David gelangt sodann als Bote an seine Brüder, die im Heer Sauls dienen, ins Feldlager des Saul. Er hat eine Unterredung mit Saul und bezwingt mit Gottes Hilfe und seiner Hirtenschleuder, wie Saul prophezeit worden war, den Vorkämpfer der Philister, den „Riesen“ Goliat aus Gat. Nach dem darauffolgenden Sieg Israels über die Philister, das sie vor sich her bis in die Philisterstadt Ekron treibt, bringt David den Kopf des Philisters nach Jerusalem(?), dessen Waffen legt er in sein Zelt im Feldlager des Saul. Er wird Saul erneut vorgestellt, der ihn aber offensichtlich weder als Goliatkämpfer noch als seinen Hofsänger erkennt. Hier werden weitere Persönlichkeitsmerkmale Davids präsentiert: David ist gläubig, fromm, voller Gottvertrauen, demütig, aber auch selbstbewusst.

In der Folgezeit kommt es zu einer engen Verbindung zwischen Sauls Sohn Jonatan und David, über die bisweilen wegen 2Sam 26 gerätselt wird und die hinter dem Rücken Sauls konspirieren. Dabei ist David offensichtlich erfolgreicher im Kampf als Saul und wird vom Volk bejubelt. Dennoch gibt Saul dem David seine Tochter Michal (oder seine Tochter Merab? 1Sam 18,17) zur Frau. Saul fordert als Brautpreis 100 Vorhäute von Philistern. Hier kann David nicht mogeln, denn nur die Philister sind unbeschnitten. Die Forderung des Saul ist möglicherweise mit dem Gedanken verbunden, dass David bei der Tötung der 100 Philister selbst zu Tode kommt. David zieht „mit seinen Leuten“ aus und besorgt statt 100 sogar 200 Vorhäute, die er Saul auf den Tisch des Hauses zählen kann. Er wird somit zum Schwiegersohn des Saul und gehört damit zur Königsfamilie. Es ist wie im Märchen: Der Jüngste erhält das Königreich und die Prinzessin dazu.

David bleibt weiterhin erfolgreicher als Saul, weshalb ihm Saul nach dem Leben trachtet. Mit Hilfe seiner Frau Michal und Jonatan gelingt ihm die Flucht vor seinem Schwiegervater. Jonatan hält David auch weiterhin auf dem Laufenden betreffs der Pläne seines Vaters.

David flieht zunächst zum Landpriester Abimelech nach Nob, wenig östlich von Jerusalem gelegen, erhält von ihm Schaubrote, die eigentlich für die Gottheit

Abb. 17: Statue des David von Michelangelo; Florenz
Foto: Klaus Dorn;

bestimmt sind, und auch das Schwert des Goliat, das sich merkwürdigerweise nun nicht mehr bei David, aber auch nicht in Jerusalem, sondern bei Abimelech befindet. Auf diese Schaubrote kommt Jesus im Kontext eines Streitgespräches zu sprechen, als seine Jünger auf der Wanderschaft mit ihm am Schabbat auf dem Feld Ähren abreißen, um sie zu essen (Mk 2,23–28). David flieht weiter zu den Philistern nach Gat, von dort aus in die Höhle Adulam, wo sich seine Familie ihm anschließt. Zum Schutz vor Saul schickt er sie nach Moab, eventuell zu Verwandten, denn Rut, seine Vorfahrin, kommt ja angeblich von dort (Buch Rut). In Adulam rekrutiert David eine Truppe von 400 Mann, Outlaws, die selbst in irgendeiner Weise in der Klemme stecken. Sie werden in der Folge zu Davids Privatarmee, die von Joab, dem Sohn der Zeruja, seiner Tante, befehligt werden.

Saul kommt zu Ohren, dass David von den Priestern von Nob unterstützt wurde und so gibt er den Befehl, die Priesterschaft auszulöschen. Von den Gefolgsmännern Sauls traut sich niemand, einen Priester zu ermorden, weshalb dies von einem Ausländer, dem Edomiter Doëg, erledigt wird. Es ist schon merkwürdig, dass ein Edomiter, und damit ein Mann aus einem Stamm, den Saul gerade eben erst bekriegt hat, im Heer des Saul dient. Möglicherweise ist dies ein Hinweis auf ein recht umfangreiches Söldnerwesen in dieser Zeit. Nur der Sohn des Priesters Abimelech, Abjatar mit Namen, kann entkommen und flieht zu David.

Im Folgenden (24,1–23) verschont David Sauls Leben (Dublette zu26,1–25). Er beweist beide Male nicht nur seinen Großmut, sondern auch seinen Respekt gegenüber dem von Gott gewählten König. Beide Male könnte David Saul umbringen, tut es aber nicht.

Eine interessante Episode wird über David und einem Großgrundbesitzer berichtet (1Sam 25,1–44): Zur Zeit der Schafschur – für einen Viehzüchter gewissermaßen Erntezeit – schickt David einige seiner Leute zu dem Mann und fordert eine Abgabe, weil er den Mann, sein Vieh und seine Hirten das ganze Jahr über nicht belästigt habe. Im Strafgesetzbuch findet man diese Forderung unter der Rubrik Schutzgelderpressung. Der Mann mit dem bezeichnenden Namen Nabal (Dummkopf, Tor) jagt die Boten davon. David zieht daher mit 400 seiner Männer zu Nabal, um sich zu holen, was ihm „zusteht“. Ehe es zur Konfrontation kommt, schaltet sich Nabals Frau, Abigajil (mein Vater jubelt, vermutlich über die Geburt des Kindes) ein, die von einem Jungknecht über die Ablehnung der Forderungen Davids unterrichtet wurde. Sie sucht eine beträchtliche Menge Proviant zusammen, packt ihn auf Esel und zieht mit ihren Knechten und den „Geschenken“ David entgegen. Auf diese Weise vermeidet sie eine blutige Auseinandersetzung zwischen David und Nabal. Ihr Mann, der auch von seiner Frau als “übler Mensch“ bezeichnet wird, ahnt nichts von den Aktivitäten Abigajils. Nach einer durchzechten Nacht erzählt ihm Abigajil allerdings von ihrer Aktion, „als der Wein aus Nabal wieder herausgegangen war“. Nabal bekommt einen Herzinfarkt oder Schlaganfall und stirbt nach zehn Tagen. David bedankt sich brav bei Gott, dass er alles so geregelt hat und es nicht zum Blutvergießen kam – und heiratet Abigajil, die mehr oder eher weniger trauernde Witwe.

David entscheidet sich, nicht weiter vor Saul zu fliehen und dient sich und seine „Streifschar“ mit 600 Männern dem Philisterkönig Achisch von Gat an. Er unternimmt diverse Raubzüge in den Süden Palästinas. Lästige Zeugen beseitigt er: Er tötet alle und bringt nur die Beute mit zu seinem Kriegsherrn, behauptet aber, er sei gegen israelitische Stämme gezogen. Auf diese Weise erreicht er zweierlei: Er entlastet die Südflanke Israels, macht sich also bei den Südstämmen beliebt aber ebenso bei seinem Lehensherrn, weil er vorgibt, gegen Israel vorgegangen zu sein. Die Geschichte neigt sich allmählich einem Höhepunkt zu: Die Philister machen erneut mobil gegen Saul. Auf dem Kriegszug darf David seinen Herrn aber nicht begleiten, weil die übrigen Philisterfürsten an der Loyalität Davids zweifeln. Während die Philister gegen Saul ziehen, unternimmt David einen Feldzug gegen die Amalekiter, welche die Stadt Ziklag überfallen und geplündert hatten. Die Bevölkerung nahmen sie als Beute mit sich, auch die Frauen Davids. Nach einem Losentscheid durch den Priester Abjatar, der dazu das Efod benutzt, zieht David den Amalekitern nach und schlägt sie vernichtend. Ein Teil der Beute geht als „Geschenk“ an die Ältesten Judas und verschiedene andere Clans und Städte.

Inzwischen kommen Saul, Jonatan und zwei weitere Söhne in der Schlacht gegen die Philister ums Leben, „Israel“ wird geschlagen. David stimmt eine große Trauerklage an. Den Boten aus der Schlacht, einen Amalekiter, der nach eigenen Aussagen den im Kampf erschöpften Saul auf dessen eigene Bitte hin tötete, lässt er umbringen, weil er „die Hand gegen den Gesalbten des Herrn“ erhoben hatte (2Sam 1,15). Kurz zuvor (1Sam 31) wird freilich berichtet, dass der schwer verletzte Saul sich selbst ins Schwert gestürzt hatte, um nicht lebend in die Hand der Philister zu fallen.

David nutzt die Gelegenheit nach Sauls Tod, zieht nach Orakelbescheid nach Hebron und lässt sich dort zum König krönen. Allerdings hat er einen Konkurrenten in den mittel- und nordpalästinischen Stämmen, denn Abner, der Heerführer und nahe Verwandte Sauls, lässt seinerseits den Saul-Sohn Ischbaal zum König krönen.

> *2Sam 2,8 Doch Abner, der Sohn Ners, der Heerführer Sauls, hatte Ischbaal, den Sohn Sauls, mit sich nach Mahanajim genommen] 9 und ihn zum König über Gilead, Ascher, Jesreel, Efraim und Benjamin und über ganz Israel gemacht. 10 Sauls Sohn Ischbaal war vierzig Jahre alt, als er König von Israel wurde, und er war zwei Jahre König; nur das Haus Juda stand hinter David.*

Nach etlichen kriegerischen Auseinandersetzungen zwischen „Davids Leuten“ und den Männer Abners kommt es zu einem Zerwürfnis zwischen Abner und Ischbaal, König von Abners Gnaden, weil sich Abner eine Frau aus dem Harem Sauls nimmt. Dazu ist auch im Hinblick auf die weitere Geschichte zu sagen, dass ein Mann, der eine Frau aus dem Harem des Königs nimmt, selbst Thronansprüche stellt (vgl. 2Sam 16,20–22). Das wird noch so manchem zum Verhängnis. Abner wechselt die Fronten und geht zu David über. Als „Verhandlungsmasse“ und „Vertragsgegenstand“ muss Abner David seine Frau Michal wieder beschaffen, die inzwischen mit einem Mann namens Paltiël verheiratet wurde. Abner überlebt den Frontenwechsel nicht sehr lange, denn Joab, der Cousin Davids und dessen Generalissimus, bringt Abner um, mit dem er noch eine Blutschuld zu begleichen hat. Mit vielen Worten wird im Folgenden deutlich gemacht, dass David am Tod Abners völlig schuldlos ist. Ahnden kann David die Tat seines Cousins nicht, da er dazu zu schwach ist. Diese Aufgabe vererbt er an seinen Sohn Salomo.

> *2Sam 3,26 Als Joab David verlassen hatte, schickte er Boten hinter Abner her, die ihn von Bor-Sira zurückholten. David aber wusste nichts davon. 27 Als Abner nach Hebron zurückkehrte, führte ihn Joab beiseite in das Innere des Tores, als wolle er ungestört mit ihm reden. Dort stach er ihn, um Blutrache für seinen Bruder Asaël zu nehmen, in den Bauch, sodass er starb. 28 Als David später davon hörte, sagte er: Ich und mein Königtum sind vor dem HERRN für alle Zeit ohne Schuld am Blut Abners, des Sohnes Ners. 29 Sie falle auf Joab und seine ganze Familie zurück. Immer soll es in Joabs Familie Menschen geben, die an Blutungen und Aussatz leiden, die an Krücken gehen, durch das Schwert umkommen und denen es an Brot mangelt.*
>
> *30 Joab und sein Bruder Abischai brachten Abner um, weil er ihren Bruder Asaël bei Gibeon im Kampf getötet hatte. 31 David aber sagte zu Joab und allen Leuten, die bei ihm waren: Zerreißt eure Kleider, legt Trauergewänder an und geht klagend vor Abner her! König David selbst aber ging hinter der Bahre her. 32 Man begrub Abner in Hebron. Und der König begann am Grab Abners laut zu weinen und auch das ganze Volk weinte. 33 Der König stimmte die Totenklage für Abner an und sang: Musste Abner sterben, / wie ein schlechter Mensch stirbt? 34 Deine Hände waren nicht gefesselt / und deine Füße lagen nicht in Ketten. / Du bist gefallen, / wie man unter der Hand von Verbrechern fällt. Da weinten alle noch mehr um ihn. 35 Als nun die Leute kamen, um David zum Essen zu bewegen, während es noch Tag war, schwor David: Gott soll mir dies und das antun, wenn ich Brot oder sonst etwas zu mir nehme, bevor die Sonne untergeht. 36 Als das Volk das erfuhr, gefiel es ihm sehr, wie überhaupt alles, was der König tat, dem ganzen Volk gefiel. 37 Alle Leute, auch ganz Israel, erkannten an jenem Tag, dass die Ermordung Abners, des Sohnes Ners, nicht vom König ausgegangen war. 38 Und der König sagte zu seinen Dienern: Wisst ihr nicht, dass heute ein Fürst gefallen ist und ein großer Mann in Israel? 39 Obwohl ich zum König gesalbt worden bin, bin ich heute noch zu schwach und diese Männer, die Söhne der Zeruja, sind stärker als ich. Dem, der das Verbrechen begangen hat, vergelte der HERR so, wie es seiner bösen Tat entspricht.*

König Ischbaal, nun ohne Heerführer und offensichtlich auch ohne Rückhalt, wird von zwei Benjaminitern umgebracht, seinen Kopf bringen sie zu David und erwarten offensichtlich eine Belohnung. Doch David lässt die beiden hinrichten. Den letzten überlebenden Sauliden, Jonatans Sohn Merib-Baal, der gelähmt ist, holt David später zu sich an den Hof nach Jerusalem in Staatspension (und unter Beobachtung).

Dann lässt sich David zum König über ganz Israel krönen. Dies geschieht aber mit einem wichtigen Unterschied im Vergleich zur Königsherrschaft über Juda: Die Ältesten der Nordstämme kommen zwar nach Hebron, der vorübergehenden Hauptstadt Davids, aber sie schließen mit ihm dort *einen Vertrag.*

Joab erobert für David Jerusalem (mit Davids „Privatarmee“) im Handstreich und David wird Stadtkönig von Jerusalem. Er macht diese „exterritoriale“ Stadt zur Hauptstadt die vermutlich in den folgenden Texten gemeint ist, wenn von der Davidsstadt die Rede ist. Die Größe Jerusalems zu dieser Zeit ist nur bedingt zu schätzen. Die Stadt lag südlich des heutigen Plateaus, auf dem einst der Tempel stand und auf dem sich jetzt Omar- und El Aksa-Moschee befinden. Die Nord-Süd- Erstreckung ist jedoch ungewiss und auch die Frage, welcher Teil der Stadt als „Ophel“ bezeichnet wird. 2024 wurde jedenfalls ein großer Graben von 9 m Tiefe und 30 m Breite zwischen dem nördlichen, höher gelegenen Teil und dem südlichen Teil der ehemaligen Stadt entdeckt.

Möglicherweise handelt es sich um Teil einer Befestigungsanlage, die Tempel und Königspalast von der südlich gelegenen eigentlichen Stadt trennte. Seine Entstehungszeit ist freilich ungewiss.

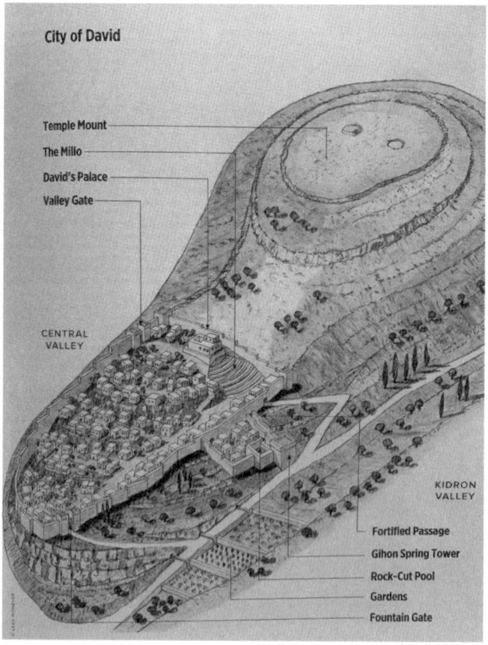

Abb. 18: Zeichnung des „Ophel“, der Davidsstadt. Der Hügel rechts oben ist der noch unbebaute Tempelberg.

Jerusalem war scheinbar nur schwer zu erobern:

2Sam 5,8 Und [zwar] sagte David an jenem Tag: Wer die Jebusiter schlägt und in den Wasserschacht gelangt und die Lahmen und Blinden [erschlägt], die der Seele Davids verhaßt sind...! Daher sagt man: Ein Blinder und ein Lahmer dürfen nicht ins Haus kommen.

vgl. 1Chr 11,5 Und die Bewohner von Jebus sagten zu David: Du wirst nicht hier hereinkommen! Aber David nahm die Bergfeste Zion ein, das ist die Stadt Davids. 6 Und David sagte: Wer die Jebusiter zuerst schlägt, soll Oberhaupt und Oberster werden. Da stieg Joab, der Sohn der Zeruja, zuerst hinauf, und er wurde Oberhaupt.

Die Wasserversorgung war stets die Achillesverse einer Stadt. In Megiddo wie in Hazor grub man tiefe Schächte innerhalb der Stadt, durch die man zu einer Quelle am Fuße des Hügels hinuntersteigen konnte, ohne die befestigte Stadt zu verlassen. In der Davidsstadt in Jerusalem scheint ein ähnlicher Schacht existiert zu haben, der mit der so genannten Gihonquelle, die am östlichen Fuße der Davidsstadt entspringt, in Verbindung steht.

Von einem Massaker an der jebusitischen Bevölkerung der Stadt lesen wir nichts. Im Gegenteil: Unter Salomo treten ein Prophet namens Natan sowie ein Priester namens Zadok auf, die aus der Jerusalemer Oberschicht stammen dürften.

Wer ist nun dieser Zadok? Laut 2Sam 8,16

waren Joab, der Sohn der Zeruja [und Cousin Davids] Heerführer, Joschafat, der Sohn Ahiluds, war Sprecher des Königs. 17 [der Jerusalemer] Zadok, der Sohn Ahitubs, und [der judäische Landpriester] Abjatar, der Sohn Ahimelechs, waren Priester, Seraja war Staatsschreiber. 18 Benaja, der Sohn Jojadas, war der Befehlshaber der Kereter und Peleter [der Leibwache Davids und Salomons]. Auch die Söhne Davids waren Priester.

In den Folgetexten liest man weiterhin von Zadok und seinen Nachkommen, der Landpriester Abjatar hingegen wird von Salomon abgesetzt. So folgt auf Zadok sein Sohn Asarja (1Kön 4,2 vgl. 2Chr 21,10), sein Enkel Jozadak wird mit ins Exil geführt, auf ihn folgt sein Sohn Jeschua (Hag 11.12.14; 2,2.4; Sach 3,1 u.a.). Nach Neh 12,10 lässt sich die Reihe weiter fortsetzen: Auf Jeschua folgen Jojakim, Eljaschib (Hohepriester gemäß Neh 3,20), Jojada, Jonatan und Jaddua.

Damit sind wir zeitlich schon sehr nahe an den Hohepriestern der ptolemäischen und seleukidischen Zeit. Es ist nicht anzunehmen, dass die priesterliche Genealogie unterbrochen wurde und so dürften auch die Priesterfamilie der Oniaden zur makkabäischen Zeit Nachkommen jenes Zadok sein.

Mit der Inbesitznahme der Stadt überführt David auch die Lade, ursprünglich ein Kultgegenstand mittelpalästinischer Stämme, nach Jerusalem. Die Absicht, einen Tempel zu bauen, kann David nicht verwirklichen, da Gott seinem Hofpropheten Natan eine eindeutige Botschaft zukommen lässt, dass dies nicht opportun sei. Stattdessen bekommt David von Gott (ebenfalls über Natan) eine ewige Dynastiezusage. Nach der innerisraelitischen Konstituierung der Königsherrschaft über ganz Israel unterwirft David die Völker ringsum, raubt sie aus und dezimiert ggf. die männliche Bevölkerung. Auf diese Weise entsteht das legendäre Großreich Davids, das zwar nicht hinsichtlich der Größe, aber in Bezug auf Reichtum und Pracht nur noch von Salomos Reich übertroffen wird.

„Zu Hause", innerfamiliär, erweist sich David dagegen als weniger durchsetzungsfähig. Er ist zu gutherzig gegenüber seinen Söhnen einerseits, andererseits aber hat er seine Hormone nicht unter Kontrolle und schwängert die Ehefrau eines seiner Offiziere namens Urija, der für ihn im Krieg kämpft. Damit der Ehebruch nicht auffliegt, sorgt er über Joab dafür, dass Urija im Krieg fällt. Batseba (Tochter des Glücks), so der Name der Frau, ist die Mutter Salomos. Auf Vorhaltungen des Hofpropheten Natan bereut David seine Untat natürlich zutiefst und findet Strafe, aber auch Vergebung.

Die Söhne Davids rebellieren gegeneinander:

Einer vergewaltigt seine Halbschwester, sie bringen einander um und es kommt durch Abschalom, eigentlich Lieblingssohn Davids (vgl. 2Sam 19,1–9), zu einem Putschversuch gegen David. Dieser wird durch Joab militärisch niedergeschlagen und Abschalom fällt. Ein zweiter Aufstand durch den Benjaminiter Scheba wird ebenfalls von Joab und seinem Bruder Abischai beendet. Dabei ermordet Joab auch den Amasa, vermutlich Cousin von Abschalom, den er als Konkurrent seiner Position als Heerführer Davids betrachtet.

Im Alter zieht sich David dann doch noch einmal den Zorn J"s zu, da er eine Volkszählung veranstaltet. Worin nun dabei das Vergehen Davids liegt, kann nur gemutmaßt werden. Wahrscheinlich ist die Zählung als Misstrauensvotum gegen die Zusage Gottes an Abraham zu sehen: Er werde Israel so zahlreich machen wie die Sterne am Himmel und der Sand am Ufer des Meeres.

Kurz vor seinem Tod „wird es David nicht mehr warm" (1Kön 1,1) trotz vieler Decken. Man sucht daher ein junges Mädchen in Israel, das die Lebensgeister Davids wecken soll und wird mit Abischag von Schunem (am Rande der Jesreelebene gelegen) fündig. Sie ist aber nicht erfolgreich mit ihren Bemühungen und David verkehrte nicht mit ihr. Das wird ausdrücklich betont.

Und schon beginnt, noch vor Davids Tod, die Auseinandersetzung um die Nachfolge. Zwei Kandidaten ringen um den Thron: Zum einen Prinz Adonija, der sich auf Davids alte Garde aus seinem Stamm Juda stützt: auf Joab und den Priester Abjatar. Auf der anderen Seite stehen Batseba, ihr Sohn Salomo, Natan, der Prophet, und Zadok, der Priester – die Jerusalempartei. Dem Text zufolge hatte David Batseba angeblich versprochen, dass Salomo König werden solle und so setzt sich die Jerusalempartei durch, die sich auch noch auf die persönliche Leibgarde Davids, die Kereter und Peleter stützen kann (nichtsemitische Söldner; möglicherweise handelt es sich bei den Peletern um Philister/Peleset [Kreti und

Pleti]). Nach anderer Ansicht haben die Peleter aber nichts mit den Philistern zu tun und die Bezeichnung ist von Pelte, leichter Schild, abgeleitet (Finkelstein 254). Adonija dagegen, der offensichtlich augenblicklich keine Truppe bei sich hat, hat das Nachsehen. Er und seine Gefolgsleute werden in kürzester Zeit aus diesem oder jenem Grund von Salomo beseitigt, angeblich auch noch auf Anweisung Davids (1Kön 2).

Dieser Geschichtsaufriss orientiert sich eng an den beiden Samuelbüchern. Das bedarf freilich einer Rechtfertigung, denn auch die beiden Chronikbücher überliefern die Geschichte Davids und weiterhin (ausschließlich) die Geschichte der Davidsdynastie. Die Könige des Nordreiches bleiben außen vor. Man müsste also theoretisch wenigstens für das Südreich auch 1+2Chronik heranziehen. Dies wird aber nur an einer Stelle, dem Tod des Joschija, exemplarisch getan, denn die Chronikbücher gelten bis zur Stunde als literarisch abhängig von 1+2Samuel und 1+2Könige, von wenigen Zusätzen abgesehen. Sie bieten also keinen historischen, wohl aber einen theologischen „Mehrwert“, indem die Davidsdynastie über alle Maßen verherrlicht wird, Fehler und Verbrechen werden gestrichen, gemindert oder als legitim verkauft.

Hier, zu Beginn der Thronbesteigung Salomos eine Zäsur zu machen, ist nur aus redaktionellen Gründen sinnvoll, und nicht dem Fortgang der Erzählung geschuldet.

Zusammenfassung

Die atl. Überlieferung beschreibt den Übergang von den so genannten „Rettern“, einzelnen Helden, die zunächst einmal für Ihren Stamm tätig werden, hin zu einer etablierten, dauerhaften Staatsmacht in Gestalt des „Königs“ Saul. Seine hervorragende Aufgabe ist es, immer wieder von neuem Kriege gegen Nachbarvölker zu führen, wozu auch die Philister gehören. Er wird mehrfach legitimiert und von Samuel, dem Propheten, Priester und Anführer gesalbt und gekrönt. Zunächst ist er sehr erfolgreich und steht auch unter Gottes Schutz. Aufgrund einer Reihe von Vergehen verliert er diesen jedoch und Samuel salbt noch zu dessen Lebzeiten den jungen David zum König.

David tritt vielfältig auf: Als Sänger am Hofe des Saul, als junger Mann auf dem Schlachtfeld und Goliattöter, als überaus erfolgreicher Krieger im Heere Sauls, in einer konspirativen Verbindung mit Jonatan, dem Sohne Sauls, als Schwiegersohn des Sauls und letzten Endes als dessen Kontrahent. David flieht vor Saul und legt sich eine kleine Armee von 400 bis 600 Mann zu. Damit verdingt er sich bei einem Philisterkönig, während der Krieg zwischen den Philistern und Saul weitergeht. Schließlich kommen Saul und sein Sohn Jonatan im Kampf gegen die Philister zu Tode. David nutzt die Stunde und lässt sich zum König von Juda krönen, nach etlichen Jahren auch zum König des Nordreiches Israel.

Nach vielen militärischen Erfolgen und der Unterwerfung von Nachbarvölkern stirbt David in Jerusalem, ohne die Streitigkeiten unter seinen Kindern bereinigen zu können. Sein Sohn Salomo und die „Jerusalempartei" setzten sich gegen seinen Halbbruder Adonija, den man als Kandidat der „Juda-Landpartei" bezeichnen kann, durch. Zum Herrschaftsantritt beseitigt Salomo jeden, der ihm gefährlich werden kann. Dazu gehören in erster Linie die alten Kampfgefährten des Vaters sowie Adonija.

12.2 Die Historie

Oben wurden schon eine ganze Reihe von Unstimmigkeiten oder offenen Fragen angedeutet: In welchem Tempel arbeiten Eli und seine Söhne? Dort steht die Lade, aber ist dies tatsächlich auch ein J"-Tempel? Nirgends ist zu lesen, dass im Lande verstreut J"-Tempel existiert hätten. Es ist auffällig, dass Samuel ebenfalls dort dient, aber offensichtlich gar nicht weiß, welchem Gott. Das erfährt er erst in einer nächtlichen Vision.

Wie groß ist das Herrschaftsgebiet des Benjaminiters Saul, welche Stämme unterstützen ihn? Die Erzählungen lassen darauf schließen, dass Söldner aus verschiedenen Völkern oder Stämmen in seiner Armee dienen. Wie groß diese Truppe ist, erfahren wir nicht. Kann er auf seiner Verfolgung von David unbehelligt im Stammesgebiet Judas umherziehen? Wie lange hat er regiert, wie erfolgreich war er? Konnte David sich angeblich so schnell gegen die Philister durchsetzen, weil Saul schon erheblich erfolgreicher war, als ihm die Schrift dies zuschreibt?

Warum erkennt Saul seinen jungen Hofsänger David eigentlich wiederholt nicht, als er ihm verschiedentlich begegnet und warum hat David im Kriegslager des Saul ein eigenes Zelt? Zunächst ist auch nicht klar, mit welchem Schwert David den Goliat erschlägt: *„Er nahm sein Schwert und hieb ihm den Kopf ab"*. Von welchem Schwert ist hier eigentlich die Rede? Von seinem (Davids) Schwert oder von dessen (Goliats) Schwert? In 1 Sam 17,51 heißt es: Dann lief David hin und trat neben den Philister, der durch den Schleuderstein schon tot ist. Er ergriff sein Schwert, zog es aus der Scheide, tötete ihn und schlug ihm den Kopf ab. Im hebräischen Text ist hier das Reflexivpronomen der dritten Person an das Nomen „Schwert" angehängt, sodass es sich theoretisch um das Schwert Davids handeln kann, auch wenn dies natürlich nicht zum Hirtenjungen passt. Zum Hirtenjungen passt aber auch nicht das Zelt Davids im Feldlager des Saul. Wahrscheinlich ist es aber aus grammatikalischen Gründen das Schwert Goliats. In der Folgezeit findet es angeblich seinen Weg aus dem Zelt Davids zu dem Priester von Nob, der es David überlässt, als David von Saul verfolgt wird.

Merkwürdig ist auch, dass David den Kopf des Philisters nach Jerusalem bringt. Was hat David in Jerusalem zu schaffen, das doch angeblich erst viel später erobert wird – und was soll der Kopf des Philisters dort?

> *1Sam 17,54 David nahm den Kopf des Philisters und brachte ihn nach Jerusalem. Goliats Waffen aber legte er in sein Zelt.*

Auch die Bewaffnung des Philisters gibt Rätsel auf:

> *1Sam 17,4 Da trat aus dem Lager der Philister ein Vorkämpfer namens Goliat aus Gat hervor. Er war sechs Ellen und eine Spanne groß. 5 Auf seinem Kopf hatte er einen Helm aus Bronze und er trug einen Schuppenpanzer aus Bronze, der fünftausend Schekel wog. 6 Er hatte bronzene Schienen an den Beinen und zwischen seinen Schultern hing ein Sichelschwert aus Bronze. 7 Der Schaft seines Speeres war wie ein Weberbaum und die eiserne Speerspitze wog sechshundert Schekel.*

Vergleicht man diese Waffen mit den Darstellungen aus Medinet Habu in Ägypten, wo Ramses III. seine erfolgreiche Schlacht gegen die Seevölker in Stein meißeln ließ, treten diese dort ganz anders auf: Helme mit Hörnern, Federkronen, Mützen, von Beinschienen kann gar keine Rede sein und als Waffen sind sie in erster Linie mit Rundschild und (Sichel-)Schwert ausgerüstet, allerdings auch mit Speer. Ob sie einen Brustpanzer tragen, lässt sich aufgrund der bildlichen Darstellung nicht eindeutig beantworten. Wenn man die Abbildung jedoch mit anderen vergleicht, in denen Fremdvölker dargestellt werden, so kämpfen die Philister mit nacktem Oberkörper.

Abb. 19: Zeichnung des „Seevölkerkrieges" nach einem Relief an der Nordostwand des Totentempels Ramses' III. in Medinet Habu, Ägypten

Zu Recht weisen Finkelstein und Silbermann (174f.) darauf hin, dass die Umschreibung des Philisters eher dem eines griechischen Kämpfers der schweren Infanterie, eines Hopliten entspricht (ebenso Kunz, Frauen 124f.). Dies besagt freilich nicht, dass es im Heer der Philister keine Vorkämpfer gab.

Aber wie dem auch sei: David mag ein guter Kämpfer im Umgang mit der Schleuder gewesen sein – derer gab es eine ganze „Kompanie" im israelischen

Abb. 20: Griechischer Infanteriesoldat, ein sog. Hoplit

Heer – den Goliat hat er nicht besiegt. Dessen Tod geht auf das Konto von Elhanan ben Jair oder ben Jaare-Oregim (vgl. 1Sam 21,19) aus Betlehem, denn es ist kaum wahrscheinlich, dass der Sieg Davids einem Nobody in seiner Truppe zugeschrieben wird. Der umgekehrte Weg dagegen ist an der Tagesordnung: Es ist immer der Feldherr, der eine Schlacht gewinnt oder verliert. Geht der Sieg Davids über Goliat aber nicht auf Davids Konto, entfällt auch die fast schon zu fromme und schöne Geschichte von dem kleinen und gottesfürchtigen Hirtenjungen. Diese gehört mit Sicherheit nicht zu den Erzählungen mit historischem Anspruch.

Diese und andere Unstimmigkeiten deuten freilich nicht nur auf eine komplizierte Geschichte des Textes und auf seine Uneinheitlichkeit hin, sondern das Wachstum des Textes geht auch mit neuer inhaltlicher Schwerpunktsetzung, mit Uminterpretation, ggf. auch mit Legitimation aktueller Personen und Umständen einher. Können diese redaktionellen Maßnahmen jedoch so weit gehen, dass von einem davidisch-salomonischen Großreich berichtet wird, das es historisch niemals gegeben hat, so Finkelstein und Silbermann (vgl. auch: Als Jerusalem ein Kuhdorf war)?

Was ist unter den Verhältnissen um die Spätbronzezeit / frühe Eisenzeit, also um 1000 v. Chr. in der Region historisch möglich?

Das Auftreten der Philister, ihre Besiedelung der Städte entlang der Küstenlinie, ist nicht zu leugnen. Ramses III. (1221–1156) hat die einfallenden Seevölker aus der Ägäis und dem Gebiet des Schwarzen Meeres abgewehrt und sie im südlichen Palästina angesiedelt. Als „Philisterstädte" sind die Städte Aschdod, Aschkelon, Ekron, Gat und Gaza bekannt. Selbstverständlich sind diese Städte an sich schon älter und keine Neugründungen der Philister, denn sie werden teilweise bereits in der so genannten Amarnakorrespondenz, die in der Hauptstadt Echnatons gefunden wurde (um 1350), erwähnt. Zu dieser Zeit stehen sie unter ägyptischer Oberherrschaft, wobei Echnaton sich jedoch mehr um seine Religion als um die Politik zu kümmern scheint. In der Korrespondenz finden sich Hilferufe der palästinischen Städte, die sich bedrängt fühlen. Somit haben die Seevölker diese Städte okkupiert und in der Folgezeit die Oberschicht gebildet. Bei den Seevölkern handelt es sich in jedem Fall um Nichtsemiten, weshalb in den Samuelbüchern stets von den „unbeschnittenen" Philistern die Rede ist, wobei die Bibel offensichtlich mit wenigen Ausnahmen nicht weiter differenziert: Die Seevölker heißen schlicht Philister, auch wenn in ägyptischen Schriften eine ganze Reihe verschiedener Namen überliefert werden wie etwa Lykier, Philister/Peleset(?), Kreter [Keftiu], Danuna/Danaer, Weshwesh, Tjekker u.a. Der Aufbruch dieser Völker aus ihrer ehemaligen Heimat wird u.a. mit einer Kälte- und/oder Dürreperiode in Verbindung gebracht. Bei einer derartig umfangreichen Namensnennung kann es nicht sein, dass alle diese Gruppen sich nur in diesen fünf Städten in Palästina niedergelassen hätten. Vielmehr finden sich auch Spuren im Libanon und im Reich der Hethiter.

Wahrscheinlich versuchen die „Philister" ins Bergland, in dem sich „Israel" niedergelassen hat, vorzudringen und bedrohen vermutlich in erster Linie das Siedlungsgebiet Benjamins, sodass sich die Benjaminiten mit ihrem Heerführer Saul dagegen wehren. Vielleicht hat aber auch der Benjaminiter Saul Expansionsgelüste. Wie schon angedeutet, scheint Saul Söldner (auch David und seine Brüder?) angeworben zu haben.

Während einige „Siege", vor allem von Jonatan, eher den Eindruck von Geplänkel mit Grenzposten „der Philister" machen, könnte es sich in der Schlacht, in der Saul und Jonatan fallen, um eine größere kriegerische Auseinandersetzung handeln. In der Erzählung, in welcher beschrieben wird, dass David nicht mit seinem philistäischen Lehensherrn in den Krieg ziehen darf (1Sam 29), wird eine größere Allianz von philistäischen „Königen" genannt, die gegen Saul und seine Truppen ziehen. Die weiteren Texte lassen erkennen, dass Saul und sein Heer eine schwere Niederlage erleiden. Umso auffälliger ist es, dass nach der Schlacht nichts über Konsequenzen für den Stamm Benjamin verlautet. Bei einem eindrucksvollen Sieg der Philister wäre zu erwarten, dass sie Truppen im Stamm Benjamin aufmarschieren lassen und Benjamin sowie eventuell Nachbarstämme unter ihre Kontrolle bringen. Entweder wird nichts darüber berichtet oder die Philister hatten kein Interesse daran, die Stämme in den Bergen zu unterwerfen, weil es dort nichts zu holen gab. Als dritte Möglichkeit sei genannt, dass auch die Philister aus dieser Schlacht nicht unbeschadet hervorgingen. Wie auch immer: Mit dem Tod Sauls und Jonatans hat sich die Auseinandersetzung zwischen Philistern und dem Stamm Benjamin erledigt.

Umso einfacher ist es nun, David auf der Bühne der Geschichte auftreten zu lassen. Seine Salbung durch Samuel in 1Sam 16 wurde schon erwähnt. Sie stellt eine in sich abgeschlossene Erzählung dar und könnte letztlich an vielen Stellen in den Kontext eingebaut werden. Historisch wahrscheinlich ist sie aber nicht: Samuel befürchtet, dass Saul von der Salbung erfährt und behauptet daher, dass er zu einem Opfer nach Bethlehem gekommen sei. Stellt man sich nun vor, dass Samuel in die kleine Ortschaft Bethlehem gekommen ist und dort den jungen David zum König gesalbt hat, so ist doch davon auszugehen, dass zunächst die Familie und später die ganze Ortschaft in Jubelrufe ausgebrochen wäre. Saul, der im weiteren Fortgang scheinbar in ganz Judäa herumzieht, um David zu ergreifen, sollte davon nichts mitbekommen haben? Das ist ebenso unwahrscheinlich wie die Möglichkeit, dass David und seine Brüder nichts davon im Heer des Saul verlauten ließen und selbst Jonatan, der angeblich engste Freund Davids, nichts davon weiß. Immerhin schließen Jonatan und David einen Freundschafts-Vertrag für die Zeit nach Sauls Tod. In dieser Abmachung erklärt Jonatan, dass er David in der Herrschaftsfrage angesichts dessen offensichtlicher Erwählung den Vortritt lässt und nach ihm nur der Zweite im Staat sein möchte. Berücksichtigt man die Reaktion Sauls, der Jonatan und seiner Tochter Hochverrat vorwirft, könnte es in der Tat irgendwelche Abmachungen gegeben haben. Es wird daher immer wahrscheinlicher, dass David für eine gewisse Zeit im Heer des Saul diente und mit ihm vielleicht auch der eine oder andere seiner Räubertruppe, die sich alsbald um David schart.

Wie schon erwähnt kommt er für den Tod des Goliat freilich nicht in Frage. Der Sieg über diesen philistäischen Vorkämpfer gebührt vielmehr Elhanan ben Jair (2Sam 1,19). Selbstverständlich hat man das Problem auch in der atl. Überlieferung gesehen und deshalb im Buch der Chronik einen zweiten Philister eingeführt, der seinem Bruder in nichts nachsteht. Eine einfache Lösung: Goliat wird von David besiegt, dessen Bruder von dem eigentlichen Sieger über Goliat, dem Elhanan, der ebenfalls aus Bethlehem stammt (1Chr 11,26).

Nach dem Tod des Saul entsteht zweifelsfrei ein Machtvakuum in Palästina. Die Philister ziehen sich vermutlich zurück. Im Stamme Benjamin, der unmittelbar nördlich an Juda anschließt, gibt es zwar einen neuen König aus der Saul-Familie, doch ist dieser angeblich völlig machtlos, nachdem sein Feldherr Abner die Seiten wechselt und zu David überläuft, zumal David anscheinend die einzige nennenswert bewaffnete Truppe in der Region anführt. Vielleicht trifft es sogar zu, dass David durch Geschenke an die judäischen Ältesten, welche er aus seinen Überfällen bestreitet, gute Stimmung für sich verbreitet hat. Und schließlich lassen die Samuelbücher erkennen, dass „die Familie“ oder der eigene Clan eine Gruppierung darstellt, auf die Verlass ist. Das gilt für die Familie Sauls, das gilt aber bis in die jüngste Vergangenheit auch für Saddam Husein, der sich zu seiner

Familie in das heimatlich Tigrit flüchtete oder für Muammar al Gaddafi, dessen Familie und Stammesangehörige Schlüsselpositionen innehatten (vgl. Der Gaddafi Clan).

Für David sind „Brüder" genannt, die mit ihm im Heer des Saul kämpfen, ferner die „Söhne der Zeruja", der Schwester seines Vaters und mithin Cousins von David. Insbesondere Letztere und hier vor allem Joab erweisen sich als treue Soldaten an der Seite Davids, wenngleich angemerkt wird, dass Joab auch eigenmächtig handelt und jeden beseitigt, der seine Stellung als Davids erster Heerführer gefährden könnte. Angeblich habe Davids von nichts gewusst. Die Dementis lassen erkennen, dass das schon damals kaum jemand glaubte.

Die spannendste und heftig umstrittene Frage ist die nach der Größe des Davidischen Reiches. Hier stehen sich zwei extreme Positionen gegenüber: Zum einen die Forschungen von Finkelstein und Silbermann, die David als Bürgermeister bzw. „König" von Jerusalem ausweisen und andererseits jene Positionen, die David gemäß 2Sam als König über ganz Israel plus der von ihm eroberten Nachbarkönigreiche sehen. Eine gewisse Mittelstellung geht davon aus, dass David als Schwiegersohn Sauls dessen Herrschaftsgebiet, den Stamm Benjamin, „geerbt" habe.

Als Beispiel sei hier die Position von Yosef Garfinkel genannt:

Als einen wichtigen Beleg *für* ein davidisches Reich führt Yosef Garfinkel nach archäologischen Untersuchungen einen Ort namens Khirbet Qeiyafa an, der etwa 30 km südwestlich von Jerusalem und damit im mutmaßlichen Grenzgebiet zwischen Juda und philistäischem Territorium liegt.

Er untersuchte von 2008 bis 2013 in einem archäologischen Forschungsprojekt der Hebräischen Universität Jerusalem die antike Festungsanlage. Entdeckt wurde eine mit Kasemattenmauern [Doppelmauer mit begehbaren Räumen zwischen den beiden Mauern] stark befestigte Stadt der Eisenzeit. Garfinkel datiert sie in das 10. Jahrhundert vor Christus – entsprechend der biblischen Zeit Davids. Sowohl im Süden wie auch im Westen wurde die Stadtmauer jeweils durch ein Vier-Kammer-Tor unterbrochen. Das Südtor war in der Antike zugemauert worden, konnte aber an der veränderten Mauerstruktur erkannt werden. Garfinkel leitete aus dem Vorhandensein von zwei Toren, was für Städte dieser Zeit unüblich war, ab, dass es sich um die in der Bibel erwähnte Stadt Schaʿarajim (hebräisch שַׁעֲרַיִם ‚zwei/beide Tore') handeln müsse (Jos 15,36; 1Sam 17,52; 1Chr 4,31).

Bei den Ausgrabungen in der Nähe wurde unter anderem ein Ostrakon, eine beschriftete Tonscherbe, freigelegt, welches eine schwer lesbare Inschrift in einer nordwestsemitischen Sprache, möglicherweise Hebräisch, trägt. Mit Hilfe der Radiokohlenstoffdatierung wurde das Alter der Tonscherbe auf die Zeit um 1000 v. Chr. ermittelt. Es zeigt fünf Schriftzeilen, die mit schwarzen Linien voneinander getrennt sind. Konsonanten der Wörter „Richter", „Sklave" und „König" wurden bisher entziffert. Viele der mit Tinte geschriebenen Buchstaben sind allerdings sehr verblasst oder nur fragmentarisch erhalten. Zu den weiteren Unsicherheiten gehört, dass selbst die Schreibrichtung unklar ist, da die meisten

Abb. 21: Kammern- oder Zangentor aus der Stadtmauer von Megiddo. In der linken Bildhälfte ist eine Kassemattenmauer zu erkennen

Buchstaben keine stabile Ausrichtung aufweisen. Gershon Galil vom „Department of Bible Studies" der Universität Haifa schlug 2010 folgende Lesung vor:

Abb. 22: Ein Ostrakon, eine beschriftete Scherbe, aus dem Ort Khirbet Qeiyafa

1 ... du sollst [...] nicht tun, sondern diene dem [JHWH].
2 Trachte nach Recht für den Skla[ven] und die Wit[we] / helfe zum Recht der Wais[e]

3 [und] dem Fremdling. [Tr]itt ein für das Kind / tritt ein für den Arm[en und]
4 die Witwe. Verteidige [den Armen] in den Händen des Königs.
5 Schütze den Ar[men und] den Sklaven / [unter]stütze den Fremdling.

Nicht nur die Lesung der entzifferbaren Buchstaben ist unsicher, sondern auch einige Ergänzungen müssen als hochgradig spekulativ angesehen werden, wie etwa das Wort JHWH (Jahwe) in der ersten Zeile. Für Gershon Galil belegt das Ostrakon von Khirbet Qeiyafa freilich nicht nur, dass in diesem Ort, etwa 30 km westlich von Jerusalem um 1000 v. Chr., ein Schreiber wirkte, sondern auch, dass dieser vertraut war mit dem Konzept der Fürsorge für die sozial Schwachen. Dies aber sei ein Alleinstellungsmerkmal der hebräischen Gesellschaft (was nicht belegt wird). Das deute darauf hin, dass Teile der Hebräischen Bibel bereits unter König David schriftlich verfasst worden seien.

Das Ostrakon ist aber eben nur ein Ostrakon. Bis zur Abfassung der hebräischen Bibel können Jahrhunderte vergangen sein, gerade wenn das hier Geschriebene ein Merkmal der hebräischen Kultur ist und dann mit jedem König als Maßstab seiner Frömmigkeit und Gottesfurcht weitertradiert wurde.

Wenn diese stark befestigte Anlage tatsächlich aus der Zeit Davids stammt, wäre vorstellbar, dass ein „Königreich Davids" mit zumindest *einer* bekannten Festungsstadt existierte, auch wenn damit noch nichts über die Ausmaße seines Territoriums zu sagen ist. David kann trotz allem nur der „Bürgermeister" in einer kleinen Ortsfestung namens Jerusalem gewesen sein, die ansonsten kaum eine Rolle spielte – unter anderem, weil sie nicht an einer bedeutenden Straße lag und das Königreich Juda zudem aus einer Halbwüste/Steppe bestand, die von mehr oder weniger großen Nomadentruppen durchzogen wurde. Von diesen konnten wohl kaum die Mittel aufgebracht werden, um ein Großreich zu erobern – zumal dies auch gar nicht in ihrem Interesse lag.

Auch sonst befanden sich im Gebiet von Juda nur wenige größere Ortschaften/Städte wie etwa Hebron oder die zeitweise stark befestigte Stadt Lachisch. Sie wird schon in der Amarnakorrespondenz erwähnt, scheint aber im 10. und 9. Jh., also gerade in der Zeit Davids, nach einem Brand im 12. Jh. weniger bedeutend gewesen zu sein. Nach der Eroberung der Stadt durch Pharao Scheschonq I. um 926 wurde sie zu einer mächtigen Festung ausgebaut und mit einem ungewöhnlichen Sechs-Kammern Tor versehen. Dazu kommen evtl. Bet Schemesch im Norden und Beer Schevah im Süden. Summa sumarum ergeben die Untersuchungen von Finkelstein und Silbermann auch keine definitive Antwort über das Ausmaß des davidisch salomonischen Herrschaftsgebietes.

13. Die Könige von Israel und Juda

13.1 Die Thronfolge Davids

13.1.1 Was sagt die Schrift?

Auch der Übergang von den Samuel- zu den Königsbüchern ist fließend, denn schon Saul und David zählen eigentlich zu den Königen.

Das erste Königsbuch beginnt mit dem Ende Davids und der Inthronisation Salomos. Der Übergang verläuft indes nicht reibungslos: Nachdem Abschalom seinen Halbbruder ermordet hat aber auf der Flucht von Joab getötet wird, existiert mit Adonija, Sohn der Haggit und Bruder Abschaloms, ein Erbprinz, der älter ist als Salomo und demnach in der Reihe der Thronfolger vor Salomo steht. Er begibt sich auch sogleich in die Startlöcher, verschafft sich mit Joab dem Cousin Davids und Führer des Heeres und dem Priester Abjatar zwei wichtige Parteigänger und lässt sich zum König ausrufen. Dazu lädt er die alten Weggefährten Daivds, die Königssöhne und dazu die Honorablen Judas zu einem Opfermahl an der Rogel-Quelle ein und beschafft sich 50 Streitwagen mit Besatzung. Nicht eingeladen sind Salomo und dessen Sympathisanten, nämlich Zadok und Nathan. Auch Benaja ben Jojada, der Chef der Leibwache Davids und ebenfalls Kampfgefährte des greisen Königs, steht auf Salomos Seite und ist im Falle der Königserhebung Adonijas im höchsten Maße gefährdet. Üblicherweise werden Prinzen, die sich nicht durchsetzen können, aus dem Verkehr gezogen, nicht selten durch Exil oder Tod. Dieses Schicksal droht auch Natan und Zadok.

Natan berichtet der Mutter Salomos, Batseba, von den Vorgängen um Adonija. Deren Verhältnis zu David dürfte ein außergewöhnliches sein, nachdem er mit ihr im Ehebruch den Salomo gezeugt hatte und ihren Mann Urija an der Front ans Messer geliefert hatte. Die Aussage, Salomo sei das zweite Kind der Verbindung zwischen David und Batseba, nachdem er die mehr oder weniger trauernde Witwe geehelicht hatte, steht im Verdacht, eine sekundäre Korrektur zu sein, um den Ruf des Salomo aufzubessern. Batseba begibt sich mit der Nachricht von Adonijas Königsproklamation zum König und behauptet trickreich mit Natans Hilfe, David habe ihr in einer stillen Stunde versprochen, Salomo werde sein Nachfolger. Damit wird Salomo zum Gegenkönig. David befiehlt, Salomo solle auf dem Reittier des Königs, einem Maultier, zur Gihonquelle gebracht und dort von Natan und Zadok gesalbt werden. Offensichtlich spielen die Quellen bei der Königserhebung eine wichtige Rolle. Die Gegenpartei präsentiert nun Salomo als König und lässt seine Thronbesteigung ausrufen. Nun hatte Adonija allen Grund, um sein Leben zu fürchten und umfasst die „Hörner des Altares“.

Abb. 23: Hörneraltar

Die Hörner des Altars zu umfassen bedeutet so viel wie Asyl im Heiligtum zu suchen. Die Zusage Salomos, ihm werde bei Wohlverhalten nichts geschehen, veranlasst ihn, das Heiligtum zu verlassen.

Soviel sei schon hier gesagt: Der Rückzug Adonijas geschieht aus zwei Gründen: Zum einen steht König David hinter Salomo – auch wenn dies Adonija nicht überprüfen kann; zum anderen aber, und dies dürfte weitaus wichtiger sein, kann sich Salomo auf die Kereter und Peleter, die Söldner aus der Leibwache Davids, stützen, während Adonija zwar Joab und vermutlich auch den Clan Davids auf seiner Seite hat, aber im Moment keine Truppen. Dies war ein entscheidender Fehler. Ein weiterer Fehler war es, sich auf die Worte Salomos zu verlassen, denn Salomo konnte jederzeit behaupten oder einen Vorwand liefern, dass sich Adonija nicht an die Absprachen gehalten habe, ein „rechtschaffener Mann" (1Kön 1,52) zu sein.

Mit Adonija sind natürlich nicht nur dieser in Person, sondern auch seine Parteigänger gefährdet. Dies betrifft Joab sowie Abjatar. Über Joab wird gesagt, David habe kurz vor seinem Ende dem Salomo den Auftrag gegeben, Joab über die Klinge springen zu lassen, weil er so viel Blut an den Händen habe und David nichts gegen ihn habe ausrichten können. Zu den Leuten, die Salomo angeblich im Auftrag Davids beseitigen sollte, gehört auch ein gewisser Schimi, der im Kontext des Abschalomaufstandes David verflucht hatte. Ihm erteilt Salomo Hausarrest und nachdem er diesen nicht einhält, weil er zwei seiner entlaufenen Sklaven zurückholen will, tritt der schreckliche Benaja, der Mann fürs Grobe, wieder in Aktion. Abjatar wird „lediglich" abgesetzt (natürlich zu Gunsten des Zadok) und auf sein Landgut verbannt. Joab, der von der Säuberungsaktion Salomos erfährt, flüchtet zum Altar und umfasst dessen Hörner. Benaja ben Jojada macht auf Befehl Salomos kurzen Prozess und tötet ihn direkt am Altar. Mögliche Konkurrenten nach einer Machtergreifung zu beseitigen, ist indes nichts Außergewöhnliches und wurde auch in unseren Breiten oft genug praktiziert.

Adonija, der über Batseba um die Hand der „Pflegerin" des David, um die schöne Abischag von Schunem, bittet, kostet diese Bitte das Leben. Er wird ebenfalls von Benaja ermordet. Eigentlich ist es nicht zwangsläufig, dass Adonija wegen dieser Bitte sterben muss, denn Abischag ist nicht Davids „Witwe", gehörte aber wohl zum Harem Davids, und wer sich Frauen aus dem Harem nimmt, erhebt damit Thronansprüche. Dies zeigt sich an Abschalom wie auch an Abner.

Auf Grund dieser (vermutlich bekannten) Vorgaben hätte man Adonija für klüger halten sollen.

Mit weiteren Aktivitäten festigt Salomo seine Herrschaft und sein Reich. Er heiratet eine Tochter des Pharao (neben einer Unzahl von weiteren Frauen), setzt Verwalter über die Stammesgebiete ein, vorzugsweise Söhne seiner Parteigänger sowie Schwiegersöhne. Die Schlüsselpositionen nehmen Natan, Zadok und Benaja ein. Mit den weniger bekannten Männern Elihoref und Ahija stellt er auch zwei Staatsschreiber ein und schafft damit die Grundlage für die Überlegung, die Überlieferungen zu David und ihm selbst seien zeitnah und unmittelbar nach seiner Regierung niedergeschrieben worden, amüsant und gut erzählt von Stefan Heym in seinem König David Bericht. Bisweilen ging man sogar so weit, die gesamten atl. Aussagen vor Salomo seien in dieser Epoche entstanden. In der Vergangenheit wurde von der davidisch-salomonischen Aufklärung gesprochen.

Der Umfang des Salomonische Reiches umfasst angeblich ein riesiges Gebiet:

> *1Kön 5,1 Salomo war Herrscher über alle Reiche vom Eufrat bis zum Land der Philister und bis an die Grenze Ägyptens...*
>
> *4 Denn er herrschte über das ganze Gebiet diesseits des Stromes, von Tifsach bis Gaza, über alle Könige diesseits des Stromes [Jordan, oder wahrscheinlicher in diesem Kontext: Eufrat]. Er hatte Frieden ringsum nach allen Seiten. 5 Juda und Israel lebten in Sicherheit von Dan bis Beerscheba; ein jeder saß unter seinem Weinstock und seinem Feigenbaum, solange Salomo lebte.*

Und um dies noch zu bestätigen, berichtet der folgende Text, welche gigantischen Mengen an Fleisch und Korn an seinem Hof an einem Tag verzehrt wurde.

Und Salomo gilt als der weiseste aller Könige: Gott stellt Salomo einen Wunsch frei und der fromme Salomo entscheidet sich dafür, um Weisheit zu bitten, um sein unglaublich zahlreiches Volk gut zu regieren.

Auf die Verse 1Kön 5,12–14 gehen die Aussagen zurück, Salomo habe mehr oder weniger die komplette Weisheitsliteratur des AT verfasst. Er hat sogar seine Spuren in den arabischen Märchen von Tausend und einer Nacht hinterlassen: Die Lampe des Aladin, in welcher der Geist gefangen ist, wurde mit dem Siegel des Salomo verschlossen, welches selbst ein mächtiger Geist nicht brechen kann.

Eine Großtat des Salomo ist der Bau eines Tempels, den sein Vater auf Gottes Befehl hin nicht bauen durfte. Dazu schließt er einen Vertrag mit König Hiram von Tyrus, der Baumaterialien und Spezialhandwerker stellt. Hiram von Tyrus heißt merkwürdigerweise auch der Bronzeschmied, der die bronzenen Eingangssäulen vor dem Tempel herstellt sowie das so genannte „eherne Meer", ein Becken mit fünf Metern Durchmesser, das auf fahrbaren Gestellen ruht, sowie weiteres Zubehör. Das Becken fasste 20.000 l Wasser. Die Innenausstattung des Tempels ist vom Feinsten. Die Entlohnung an König Hiram erfolgt in Naturalien, die Salomo offensichtlich ohne Weiteres erübrigen kann, sowie der Abtretung von 20 Städten (1Kön 9,11–13), über die Hiram aber scheinbar überhaupt nicht begeistert ist:

> *9,13 Er meinte: Was sind das für Städte, die du mir gegeben hast, mein Bruder? – Man nennt sie Land Kabul bis zum heutigen Tag.*

Die Bedeutung von „Kabul" ist nicht klar bzw. umstritten. Offensichtlich entsprachen sie aber nicht dem Gegenwert dessen, was Hiram an Salomo geliefert hatte. Salomo scheint ihn über den Tisch gezogen zu haben.

Mit einer großen Feier weiht Salomo den Tempel ein, in den er auch die Lade hat schaffen lassen (1Kön 8,1–9,9). In den Gebeten und Reden sind freilich sowohl das Exil (8,44–51) wie auch die Zerstörung des Tempels (9,8f) bereits ins Auge gefasst, sodass die Entstehung dieser Texte auf die Exils- oder Nachexilszeit datiert werden muss. Doch schon vor dem Tempel baute er sich einen Palast, der auf eine deutlich längere Bauzeit verweisen kann. Der Palast wird in 13 Jahren gebaut, der Tempel in nur sieben Jahren.

Es folgt der Besuch der Königin von Saba, zu der die Nachricht von Salomos Weisheit gedrungen war. Bei ihrem Besuch bringt sie reichlich Geschenke mit,

Abb. 24: Das Gebiet Koe, das an Salomo Pferde exportiert, liegt im Osten der Türkei in der Landschaft Kilikien

welche den ungeheuren Reichtum Salomos mehren (1Kön 10,14–29). Neben einem unglaublichen Harem (s.u.) schafft sich Salomo auch 1.400 Streitwagen mit 12.000 Mann Besatzung an. Für diese besaß er 4.000 Stellplätze (1Kön 5,6). Die Pferde kaufte er in Ägypten und Koë ein. Streitwagen und Pferde waren daher allesamt Importware und folglich teuer.

Saba wird vielfach im Jemen lokalisiert, die äthiopische Tradition berichtet freilich davon, die Königin sei von dort gekommen und Salomo habe mit ihr einen Sohn gezeugt, der später bei einem Besuch seines Vaters die Lade in einer Nacht- und Nebelaktion mitgenommen habe. Sie stehe bis zum heutigen Tag in einer Felsenkirche in Äthiopien.

Nach all den positiven Aspekten Salomos werden in Kap 11 einige negative Informationen geliefert. Seine 700 Frauen und 300 Nebenfrauen (1Kön 11,3) verführen Salomo zum Abfall von Gott. Er verehrt fremde Götter und lässt für die Götter seiner Frauen Kultplätze errichten (11,5–8). Im Zorn über Salomos Vergehen kündigt Gott die Reichsteilung nach Salomos Tod an und lässt Gegner aufkommen, insbesondere einen Beamten Salomos namens Jerobeam, der die Reichsteilung vollzieht und – vermittelt durch den Propheten Ahija von Schilo – erster König des Nordreiches mit zehn Stämmen wird.

Nach 40 Regierungsjahren stirbt Salomo und sein Sohn Rehabeam folgt ihm auf den Thron.

Zusammenfassung

Kurz vor dem Tod Davids kommt es zwischen Adonija und seiner Partei, bestehend aus den alten judäischen Weggefährten und Salomo, Sohn der Batseba, und ihrem Jerusalemer Anhang zu Auseinandersetzung um die Thronfolge. Durch ein Wort des alten Königs und nicht zuletzt durch die Unterstützung der Söldner aus Davids Leibwache wird die Angelegenheit zu Salomos Gunsten entschieden. Nach der Thronbesteigung lässt Salomo seine Gegner aus der Adonija Partei zum größten Teil umbringen. Er stellt Beamte ein und ordnet das Reich durch die Unterteilung in Provinzen. Nachdem er von Gott mit außerordentlicher Weisheit versehen wird, baut er einen Palast und schließlich den Tempel auf dem Platz, den sein Vater David schon dafür gekauft hat. Die Bundeslade, bisher in einem Zelt in Jerusalem, lässt er in den Tempel schaffen, sodass sie nunmehr im Zentralheiligtum Israels untergebracht ist. Salomo erwirbt sich durch Tribute und Zölle einen ungeheuren Reichtum und wird zum Global Player seiner Zeit mit internationalem Handel. Mit der Königin von Saba erhält er „internationalen" Besuch und auch seine 1000 Frauen spiegeln seine Vernetztheit in der antiken Welt wider.

Zu seinem Reichtum zählt auch eine große Streitwagentruppe incl. Besatzung und damit ein stehendes Heer.

Im Alter wird er von seinen Frauen zur Verehrung von fremden Göttern verführt. Darauf kündigt ihm Gott die Reichstrennung unter seinem Sohn und

Thronfolger Rehabeam an. Dennoch wird die Geschichte Davids und Salomos als das auch in anderen Kulturen immer wieder erzählte „Goldene Zeitalter“ dargestellt. Die Folgezeit ist gekennzeichnet von einem zunehmenden Verfall (mit Ausnahmen) oder doch wenigstens als eine Geschichte, welche die Glanzzeit am Anfang weit hinter sich lässt.

13.1.2 Die Historie

Schon im Kontext von Davids „Reich“ wurde festgestellt, dass es mit der Größe seines Herrschaftsgebietes nicht weit her und David wohl eher Stadtkönig von Jerusalem plus Umland war. Die Untertanen Davids bestanden aus seinem Clan und vielleicht hatte er damit auch einen gewissen Einfluss auf die Kleinviehnomaden in seinem Stammland Juda.

Dass von dem Reichtum Salomos nichts erhalten geblieben ist, versteht sich von selbst. Im Zuge der kriegerischen Auseinandersetzungen mit den verschiedenen Nachbarn, auch mit dem Brudervolk der zehn Stämme im Norden in der Folgezeit, kann von diesem Reichtum nichts übriggeblieben sein. Mit Sicherheit wurde alles geplündert oder spätestens unter Hiskija den Assyrern als Tribut ausgehändigt.

Trotzdem sollte man erwarten, dass doch wenigstens von den Städten und Festungen des Salomo, oder von seinen Kasernen für die Streitwagentruppe irgendetwas zu finden sei. Und in der Tat fand man bei Ausgrabungen Pferdeställe mit Futterkrippen in Megiddo und Geser. Dazu wurden auch noch Lokalitäten auf dem Tempelberg als Ställe aus der Zeit Salomos ausgewiesen. Diese Ergebnisse besitzen allerdings den Schönheitsfehler, dass sie nach neueren Forschungen nicht korrekt datiert wurden. Die Gebäude und Anlagen verweisen vielmehr in die Zeit der Omriden, einer bedeutenden Dynastie des Nordreiches, das „Haus Omri“ (Bet Omri). Es besteht der Verdacht, dass die Zuweisung an Salomo als Zirkelschluss erfolgte: Man fand bei Ausgrabungen Pferdeställe und datierte sie Aufgrund der Angaben bei Salomo in dessen Zeit. Und schon hatte man eine Bestätigung der alttestamentlichen Aussagen. Gerade in Auseinandersetzung mit dem Nordreich war es für den Süden essentiell, immer wieder auf die davidische Dynastie und ihre beiden Gründerväter, David und Salomo, zu verweisen und gegebenenfalls die Gründerzeit als Ideal darzustellen, notfalls unter Rückgriff auf die Blütezeit des Nordreiches und dessen Könige.

Neben den eben erwähnten Einschränkungen sind eine Reihe von Aussagen des Textes zu Salomo dazu angetan, von dessen Großreich und dem Glauben an sein ungeheures Vermögen Abstand zu nehmen.

Ein paar Überprüfungen der biblischen Angaben machen nämlich deutlich, dass diese weit von jeglicher Realität entfernt sind. Es genügt nicht, die Ergebnisse als kleine biblisch-übliche Übertreibungen abzutun. Sie sind schlichtweg völlig unmöglich.

Laut 1Kön 5,2 betrug der *tägliche* Bedarf an Nahrung für Salomos Hof 30 Kor Weizengrieß und 60 Kor Mehl, zehn fette Rinder und 20 Weide-Rinder, hundert Schafe und dazu noch Hirsche und Gazellen und Damhirsche und gemästete Vögel.

Der Maßeinheit Kor, einem Hohlmaß, entsprechen 400 l. 30 Kor sind demnach 12 000 l, sodass 4.000 kg Weizengries und 60 Kor Mehl = 8.000 kg Mehl, zusammen also *12.000 kg Mehl pro Tag* verbraucht werden.

Auch der Fleischverbrauch ist immens:

Zehn fette Rinder, 20 Weide-Rinder mit ca. 3.000 kg Fleisch sowie hundert Schafe mit ca. 4.500 kg Fleisch ergeben in Summe ca. *7.500–8.000 kg Fleisch täglich.* Wenn nun jeder am Hofe Salomos so viel Fleisch aß wie ein Mensch in Deutschland heutzutage (165 g täglich), dann hat Salomo täglich 62.500 Personen verköstigt, das dürften 10 – 20% der gesamten Landesbevölkerung gewesen sein und vermutlich die 60-fache Bevölkerung von Jerusalem bei angenommenen (so Finkelstein/Silbermann,118) 1.000 Einwohnern Jerusalems – allerdings erst im 8. Jh!

Zum Fleisch bekam jeder ein Brot von ca. 200g.

Ebenso fördert die Überprüfung der Angaben zum Harem Unglaubliches zutage: 1Kön 11,3 heißt es:

Er hatte siebenhundert fürstliche Frauen und dreihundert Nebenfrauen. Sie machten sein Herz abtrünnig. Sicherlich hatte nicht jede Frau ein eigenes Zimmer, aber um Käfighaltung zu vermeiden, billigen wir jeder Frau 4 m² zu. Zu den 4.000 m² für die Frauen ist mit weiteren Räumen wie Aufenthaltsräumen, Küche, Personal, Bädern, Zimmer für die bewachenden Eunuchen etc. zu rechnen, sodass sich die Gesamtfläche des Harems auf wenigstens 12.000 m² belaufen dürfte. Nicht einbezogen sind dabei die Gemächer des Königs selbst, Thronsaal, Kaserne für die Leibgarde, Häuser für Beamte, Stallungen für die Pferde, Vorratsräume, Tempelareal etc. Es ist wohl nicht übertrieben zu behaupten, dass der Palast des Salomo weit mehr als die gesamte Fläche des davidischen Jerusalem eingenommen hätte.

Schließlich sind die Angaben zu der Zahl der Pferde völlig unrealistisch. Mit der Anbaufläche alleine des Hafers für die Pferde hätte Salomo ca. 18. Mio Menschen ernähren können.

Der 13-jährige Palastbau bei nur sieben Jahren Bauzeit für den Tempel wirft ebenfalls Fragen auf und führte in der Diskussion bereits zu der Überlegung, ob Salomo tatsächlich einen neuen Tempel gebaut und nicht etwa nur einen bereits bestehenden jebusitischen umgebaut hat. Dies kann von Seiten der Archäologie leider nicht geklärt werden, da auf dem heutigen Tempelberg, auf dem mutmaßlich auch der Tempel Salomos stand, keine Nachforschungen möglich sind.

Schließlich ist ein letzter Punkt ins Auge zu fassen: Unabhängig davon, wie viele Frauen Salomo nun wirklich hatte und welche Götter sie verehrten, fällt auf, dass Salomo Götzenkult vorgeworfen wird. Ist es nun denkbar, dass diesem König, der laut 2Sam 12,25 als „Jedidja, Liebling J“s“ bezeichnet wurde und Regent der ultimativen Glanzzeit Israels war, nachträglich Götzenanbetung vorgeworfen wird? Die entsprechenden Aussagen ergeben mit der Beurteilung von Salomos

Nachfolger eher ein anderes Bild: Salomo und seine Dynastie waren bis etwa in die Spätzeit Judas mit den Königen Hiskija und Joschija noch meilenweit vom Monotheismus entfernt. Und das dürfte trotz aller Beteuerungen auch für David gelten. Der Polytheismus betraf nicht nur das Nordreich, sondern in ganz ähnlicher Weise auch das Südreich Juda. Vorkämpfer des Jahwismus und des Monotheismus sind die Propheten, v.a. der legendäre Prophet Elijah, d.h. mein Gott ist Jahwe. Zuvor dürfte die J" Verehrung bestenfalls im Sinne einer Monolatrie praktiziert worden sein, d.h. die Bevorzugung eines Gottes, ohne andere Götter zu unterdrücken. Zum Welten- und Schöpfergott wird J" jedenfalls erst im Kontext des Exils, wo man erfuhr, dass er nicht auf das kleine Israel beschränkt war, sondern auch „im Ausland" angerufen werden konnte und seinem Volke beistand.

Wenn man den weiteren Aufzeichnungen glauben darf, folgte Salomo mit Rehabeam ein Sohn auf den Thron. Unter ihm kommt es zur Reichstrennung, so wie es der Prophet Ahija von Schilo vorhergesagt hatte. Angeblich kommen Gesandte der Nordstämme zu ihm mit der Bitte, die Abgaben an den Königshof zu reduzieren. Rehabeam antwortet in maßloser Überschätzung seiner Möglichkeiten, er werde im Gegenteil noch höhere Abgaben fordern. Daraufhin „kündigen" die Vertreter der Nordstämme den Königs-Vertrag mit Rehabeam. Sein Fronvogt, den Rehabeam zu den Israeliten schickt, wird von den Israeliten gesteinigt. Rehabeam kann sich mittels seines Streitwagens der Situation entziehen und flieht nach Jerusalem. *„So ist Israel abtrünnig bis zum heutigen Tag"* (1Kön 12,19). Rehabeam hat in keiner Weise die Mittel, diesen Putsch einzuschränken oder gar die Herrschaft über den Norden wiederzuerlangen. Er soll dies mit der Aushebung eines Heeres geplant haben, wird aber durch die Botschaft Gottes an einen „Gottesmann" namens Schemaja an der Ausführung gehindert. Wenn Rehabeam klug war, bedurfte es nicht der Botschaft eines Propheten. Er wird selbst gemerkt haben, dass er nichts würde ausrichten können. Dennoch kommt es in der Folgezeit immer wieder zu Grenzstreitigkeiten, welche aber nicht in einen richtigen Krieg münden. Dies war für das kleine Südreich wohl auch besser so.

Spätestens jetzt – selbst wenn man die vorausgehenden Überlegungen zu David und Salomo in Abrede stellen will – hat das Königtum Juda lediglich jene Ausmaße, die oben für David vermutet werden. Und so bleibt es auch weitgehend durch die ganze Königszeit bis zum Untergang des Nordreiches Israel. Das aber heißt, dass der Reichtum und die Prachtentfaltung Judas spätestens mit Rehabeam zu Ende sind.

13.2 Die Reichstrennung

Das Nordreich setzt angeblich mit dem ehemaligen Fronvogt Salomos und Dissidenten Jerobeam einen eigenen König ein, der nicht nur politisch eine Grenze zum Süden zieht, sondern darüber hinaus auch religiös, indem er weit im Norden in Dan sowie im Süden in Bet-El zwei Tempel in Betrieb nimmt. Der Tempel von

Bet- El kann laut der Jakobsgeschichte mit der Himmelsleiter auf eine lange Tradition zurückblicken und dürfte ursprünglich ein El-Heiligtum gewesen sein. Auch hier ist unklar, welcher Gott / welche Götter verehrt wurden. Die Herstellung zweier Stierbilder, die in den Tempeln Platz finden, können ebenso gut den Gott El verkörpern wie auch J". Vor etlichen Jahrzehnten ging die atl. Forschung noch davon aus, die Stierbilder seien als Fußschemel des unsichtbar darüber thronenden J" gedacht, doch mittlerweile wird (s.o.) der Beginn des Monotheismus deutlich später angesetzt. Die Verfasser der Königsbücher, welche ihre Darstellung völlig aus judäischer Sicht schreiben, bezeichnen fortan alle Könige des Nordreiches als Schismatiker und Götzendiener. Es braucht vorausblickend ja einen Grund, warum das Nordreich um 722 durch die Assyrer aufgelöst wurde.

Im Folgenden wird nunmehr sowohl für das Nordreich wie für das Südreich eine stereotype Brücke zum Nachfolger des jeweils verstorbenen Königs geschlagen. Und wie in der folgenden Tabelle ersichtlich, werden die Nordreichkönige in die Lebenszeit des Davididen des Südens und umgekehrt eingeflochten.

Für das Nordreich lautet die Formel:

> *1Kön 14,19 Die übrige Geschichte Jerobeams, welche Kriege er führte und wie er regierte, ist aufgezeichnet in der Chronik der Könige von Israel. 20 Die Regierungszeit Jerobeams betrug zweiundzwanzig Jahre. Er entschlief zu seinen Vätern und sein Sohn Nadab wurde König an seiner Stelle.*

Im Süden wird bei der Krönung zusätzlich die Mutter des neuen Königs genannt, bei seinem Tod wird seine Herrschaft in der Regel am Vorbild Davids gemessen.

> *1Kön 15,1 Im achtzehnten Jahr des Königs Jerobeam, des Sohnes Nebats, wurde Abija König von Juda. 2 Er regierte drei Jahre in Jerusalem. Seine Mutter hieß Maacha und war eine Tochter Abschaloms... 6 Es war aber Krieg zwischen Rehabeam und Jerobeam, solange er lebte. 7 Die übrige Geschichte Abijas und alle seine Taten sind aufgezeichnet in der Chronik der Könige von Juda. Zwischen Abija und Jerobeam herrschte Krieg. 8 Abija entschlief zu seinen Vätern; man begrub ihn in der Davidstadt. Sein Sohn Asa wurde König an seiner Stelle.*

13.3 Israel und Juda bis zum Untergang Israels 722

13.3.1 Was sagt die Schrift?

Das Gerüst der Darstellung ergibt eine sehr systematische Auflistung, die Aufzählung selbst reicht der Schrift zufolge bis zu den beiden „Statthaltern" Esra und Nehemia, welche in den gleichnamigen Werken vorgestellt werden. Die Königsbücher erzählen die Geschichte nur bis zur Begnadigung bzw. Haftentlassung des

Jojachins im Exil. Diese wird in das Jahr 561 datiert. Ob es sich bei der Nachricht, dass Jojachin am Tisch des babylonischen Großkönigs essen darf, um eine positive oder negative Aussage handelt, ist sehr umstritten. Unklar ist auch, warum Jojachin überhaupt – und nicht von Anfang an! – in Haft kam. Seine Haftentlassung könnte einerseits Hoffnungszeichen sein, dass die Davididen überleben, andererseits kann es als Erniedrigung empfunden werden: Jojachin kann zwar dort (unter Beobachtung) essen, sonst aber kommt ihm keinerlei Relevanz mehr zu.

Immer wieder wird berichtet, dass Krieg zwischen Israel und Juda geherrscht habe. Dieser scheint aber nicht sehr ausgedehnt gewesen sein, denn man liest kaum etwas über Gebietsveränderungen.

(Angebrochene Jahre zählen als ganze Jahre)

Bascha von Israel
23 Jahre
909–886
Usurpator

Asa von Juda
40 Jahre
911–871

Einen Versuch unternimmt Bascha von Israel, ein Usurpator aus dem Stamm Issachar, der seinen Vorgänger Nadab ermordet, zur Zeit des Asa, König von Juda. Nach der Thronbesteigung rottet er die ganze Sippe Jerobeams aus – wie von einem Propheten verkündet. Als Grund wird sehr pauschal und undifferenziert die Sünde Jerobeams genannt und dass er Gott Ärger bereitet hat. Bascha baut, wie es heißt, die Grenzstadt Rama aus. Asa rafft alles vorhandene Gold und Silber zusammen und lässt es zu Ben Hadad, König des nördlich von Israel gelegenen Reichs Aram schaffen mit der Bitte, den Vertrag mit Bascha zu brechen und stattdessen mit ihm einen Vertrag zu schließen. Ben Hadad stimmt zu, zieht gegen Bascha in den Krieg und zerstört die Städte an der nördlichen Grenze zu Israel sowie das Land Naftali (1Kön 15,20). Bascha beendet den Ausbau von Rama und zieht sich lieber in seine Hauptstadt Tirza zurück. Asa nutzt die Stunde, schafft das Baumaterial von Rama nach Geba und Mizpa und befestigt diese beiden (judäischen) Städte. Somit verschiebt sich die Grenze kaum.

Ela, Sohn Baschas
2 Jahre
885

Wie bei Jerobeam kündigt auch bei Bascha ein Prophet namens Jehu ben Hananis den Untergang seines „Hauses“ an. Bascha stirbt noch eines normalen Todes, sein Sohn Ela jedoch wird von einem General namens Simri beseitigt, und mit ihm seine ganze Familie. „Er tötete alles, was männlich war“ (1Kön 16,11). Wenn in der Schrift von allem Männlichen die Rede ist, heißt es im Originaltext häufig: Alles, was an die Wand pisst. Das AT bedient sich einer sehr klaren und kräftigen Sprache!

Grund für den Niedergang des Hauses Ela: die Sünde Jerobeams, die Verführung Israels und Götzenverehrung durch das Volk. Gerade die zuletzt genannte Äußerung wäre eigentlich nicht angebracht, wenn Israel den Gott J“ in den beiden von Jerobeam errichteten Tempeln in Bet-El und Dan verehrt hätte.

Simri
7 Tage
885
Usurpator

Simri ist ein Sieben-Tage-König. Angeblich erhebt „das Volk“ einen anderen Offizier namens Omri zum König, der gerade eine Philisterstadt namens Gibbeton belagert. Omri bricht die Belagerung ab, zieht in die Residenzstadt Tirza und nimmt die Stadt ein. Simri geht in den Palast und zündet diesen über sich an.

1Kön 16,19 Dies traf ihn zur Strafe für die Sünden, die er begangen hatte; denn er hatte getan, was böse war in den Augen des HERRN. Er war den Wegen Jerobeams gefolgt und hatte an der Sünde festgehalten, die dieser begangen und zu der er Israel verführt hatte. 20 Die übrige Geschichte Simris und die Verschwörung, die er angezettelt hat, sind aufgezeichnet in der Chronik der Könige von Israel.

Hier wird deutlich, dass die Begründung für seinen Untergang einfach ein stereotyper Topos ist. In den sieben Tagen seiner Regierung kann er kaum großartig etwas Böses getan haben. Der Verfasser braucht einen Grund für den Tod des Simri, wie auch für alle weiteren Könige zuvor und danach, und findet diesen in der einheitlichen Wendung, dass der Betreffende an den Sünden Jerobeams festgehalten habe.

Mit der Chronik der Könige von Israel können nicht die beiden Bücher Chronik 1 und 2 gemeint sein, denn in diesen findet sich nichts über die Könige von Israel. Die hier gemeinten Aufzeichnungen sind offensichtlich verloren gegangen.

Tibni
885–881?
Omri
12 Jahre
885–874
Usurpator

Mit der Königserhebung Omris kommt es zu einem Schisma: Ein sonst nicht weiter bekannter Mann namens Tibni macht Omri den Thron streitig. Omri hat allerdings offensichtlich einen größeren Teil des Volkes hinter sich und als Tibni stirbt, regiert Omri alleine. Wie Tibni stirbt, wird nicht weiter erörtert.

Omri begründet die über mehrere Generationen herrschende Dynastie der *Omriden*, die Israel in eine glanzvolle Epoche führt.

Er verlegt zunächst seine Residenz von Tirza (vermutlich Tell el-Far'a) in das wenig südlich davon gelegene Samaria.

Ahab von Israel
20 Jahre
873–853

854: Schlacht bei Qarqar

Sein Sohn Ahab heiratet eine Königstocher von Sidon namens Isebel. Nomen est omen: Sie verehrt den Bel/Baal und mit ihr auch Ahab, der diesen Kult angeblich fördert und die J" Anhänger verfolgt. Sein Widersacher ist der Prophet Elija aus Tischbe, der den König anklagt und die Baalspriester verfolgt und tötet, unter anderem im Kontext des Regenwunders auf dem Berg Karmel, auf dem sich heute nicht nur das Stamm-Kloster des ursprünglichen als Eremiten lebenden Männerordens Karmeliter befindet, sondern auch ein Elija-Denkmal. Der Orden wurde um 1150 gegründet, im 15. Jh. auch ein Orden für Frauen. Ihre bekanntesten Vertreter sind wohl die hl. Teresa von Ávila und der hl. Johannes vom Kreuz.

Von *Elija* sind eine ganze Reihe von Wundern überliefert u.a. die Auferweckung des Sohnes einer Witwe, die im NT mit der Auferweckung des Jünglings von Nain eine überbietende Dublette findet. Auch Speisewunder und eine Gottesbegegnung finden sich im Kontext der Elijaerzählungen. Am spektakulärsten ist wohl die Auseinandersetzung auf dem Berg Karmel: Elija tritt alleine gegen Baalspriester an und erbringt den Nachweis, welcher Gott der Mächtigere ist. Opferaltäre werden aufgeschichtet, von Elija aus zwölf Steinen, Feuerholz und ein Opfertier auf dem Altar platziert und die Gottheit angerufen, sie solle das Opfer entzünden. Ausführlich wird erzählt, wie die Baalspriester bis zur Ekstase rasen, ja sich sogar Schnittwunden beibringen. Aber nichts geschieht. Elija verhöhnt die Priester mit den Worten:

> *1Kö 18,27 Und es geschah am Mittag, da verspottete Elia sie und sagte: Ruft mit lauter Stimme, denn er ist ja ein Gott! Er ist sicher in Gedanken, oder er ist austreten gegangen, oder er ist auf der Reise; vielleicht schläft er, dann wird er aufwachen. (Elberfelder Übersetzung)*

Natürlich passiert weiterhin nichts.

Elija erschwert die Bedingungen. Er lässt mehrfach Wasser über das Opfer schütten und bittet sodann Gott um die Annahme des Opfers. Feuer kommt vom Himmel und das Opfer vom Opfertier bis zu den Steinen wird verbrannt. Elija befiehlt dem anwesenden Volk, die Baalspriester zu töten. Die Aussage ist klar: Mit dem Opfer und der Vernichtung der Baal-Anhänger endet die mehrjährige regenlose Zeit, die Elija in 17,1 angekündigt hatte.

Elija ist der Prophet des Feuers: Auf sein Gebet hin kommt das Feuer auf das Opfer herab. „Der König von Samaria" will Elija verhaften lassen und sendet zweimal einen Hauptmann mit 50 Soldaten aus, über die Elija Feuer vom Himmel kommen lässt. Der dritte Hauptmann bittet um Gnade und Elija geht mit ihm, um dem König seinen Tod anzukündigen (2Kön 1).

Zuvor hat sich Elija noch einen Nachfolger erwählt (1Kön 19,19–21).

Sowohl zum himmlischen Feuer wie zur Nachfolge finden sich Anklänge im NT bei Lukas unter 9,51–62, der Jesu mehrfach als Prophet stilisiert.

Eine besonders infame Tat Ahabs findet sich mit der Geschichte von Nabots Weinberg: Neben dem Königspalast befindet sich der Weinberg des Nabot. Ahab, der König, möchte ihn kaufen, um einen Gemüsegarten daraus zu machen. Nabot verkauft nicht, denn es ist sein Erbbesitz. Auf Betreiben Isebels werden Falschzeugen bezahlt, die Nabot der Gottes- und Majestätsbeleidigung anklagen. Nabot wird zu Tode gesteinigt und der König bemächtigt sich des Grundstücks. Elija kündigt Ahab daraufhin seinen Tod und den Tod seiner Familie mit Analogien zum Tod Nabots an, ausdrücklich auch den Tod seiner Frau Isebel. Weil Ahab bußfertig ist, verschiebt Gott die Bestrafung Ahabs auf die nächste Generation. Das Motiv des Aufschubs oder gar der Rücknahme der Pläne Gottes findet sich immer wieder, am deutlichsten in der Geschichte des Propheten Jona.

Kap 22 überliefert einen Krieg des Ahab gegen die Aramäer. Er kann für diesen Feldzug sogar die Unterstützung von Joschafat, dem König von Juda gewinnen.

Joschafat
35 Jahre
871–848

Vermutlich ist es ein übliches Vorgehen, dass zunächst Propheten zum Ausgang des Krieges befragt werden. Da die Propheten im Dienst des Königs stehen, werden sie kaum einen negativen Ausgang vorhersagen, so auch hier. Allerdings wird betont, dass die falsche Aussage nicht etwa dem Unvermögen der Propheten geschuldet ist, sondern ein Lügengeist Gottes sie auf die falsche Fährte bringt. An der Fähigkeit der Propheten wird hier folglich nicht gezweifelt. In 22,11 untermauert ein gewisser Zidkija seine Aussage sogar mit einer prophetischen Symbolhandlung.

Allein Joschafat ist misstrauisch und fragt nach einem weiteren Prophetenspruch. Dazu wird ein gewisser Micha ben Jimla herbeigeholt, der eine Niederlage prophezeit, sehr zum Unwillen des Königs. Er lässt ihn daraufhin gefangen setzen. Ob es sich in dieser Geschichte tatsächlich um Ahab handelt, ist nicht sicher, denn es ist durchweg nur vom „König von Israel" die Rede, bis hin zu seinem Tod. Er wird in der Schlacht durch einen aufs Geratewohl abgeschossenen Pfeil eines gegnerischen Bogenschützen getroffen, obwohl er sich verkleidet hatte und nicht als König zu erkennen war. Er verblutet in seinem Streitwagen.

Ahasja
2 Jahre
853–85

Im Schlussvers heißt es kurz und lapidar: (V 40) Ahab entschlief zu seinen Vätern und sein Sohn Ahasja wurde König an seiner Stelle.

Es erfüllt sich freilich noch eine prophetische Verheißung. Gott gibt Elija den Auftrag, gegen Ahab und Isebel auszusagen:

> *21,19 Sag ihm: So spricht der HERR: Hast du gemordet und auch in Besitz genommen? Weiter sag ihm: So spricht der HERR: An der Stelle, wo die Hunde das Blut Nabots geleckt haben, werden Hunde auch dein Blut lecken.*
>
> *21,23 Und über Isebel verkündet der HERR: Die Hunde werden Isebel an der Mauer von Jesreel auffressen.*

Die Vorhersage gegen Ahab erfüllt sich:

> *1Kön 22,37 So starb der König; man brachte ihn nach Samaria und begrub ihn dort. 38 Als man im Teich von Samaria den Wagen ausspülte, leckten Hunde sein Blut und Dirnen wuschen sich darin, nach dem Wort, das der HERR gesprochen hatte.*

Ebenso jene gegen Isebel:

> *2Kön 9,32 Jehu [ein Usurpator] schaute zum Fenster [des königlichen Palastes in Samaria] empor und fragte: Ist jemand da, der zu mir hält? Zwei oder drei Hofleute sahen zu ihm herab 33 und er befahl ihnen: Werft sie herunter! Sie warfen sie herunter und Isebels Blut bespritzte die Wand und die Pferde, die sie zertraten. 34 Dann ging Jehu hinein, um zu essen und zu trinken. Schließlich befahl er: Seht nach dieser Verfluchten und begrabt sie; denn sie ist eine Königstochter. 35 Doch als sie hinkamen, um sie zu begraben, fanden sie von ihr nur noch den Schädel, die Füße und die Hände. 36 Und sie kamen zurück, um es ihm zu melden.*

Er aber sagte: Das ist das Wort, das der HERR durch seinen Knecht Elija aus Tischbe verkündet hat: Auf der Flur von Jesreel werden die Hunde das Fleisch Isebels fressen. 37 Die Leiche Isebels soll wie Mist auf dem Feld in der Flur Jesreels liegen, sodass man nicht mehr sagen kann: Das ist Isebel.

In die Zeit Ahabs fällt ein Thronwechsel in Juda. Dort wird Joschafat, der Sohn Asas, König von Juda, das er angeblich 25 Jahre regiert.

Ihm wird testiert, dass er so gut regierte wie sein Vater Asa. Er tat, was dem Herrn gefiel. Dass er die Kulthöhen nicht abschafft, auf denen das Volk weiterhin opfert, kann der Autor offensichtlich verschmerzen. Immerhin beseitigt er die letzten Hierodulen – wer oder was immer das auch gewesen sein mag. Von Tempelprostitution am Jerusalemer Tempel ist jedenfalls nichts bekannt. Joschafat baut eine Schiffsflotte und unternimmt im Roten Meer eine Expedition. Es wird betont, dass er mit Israel in Frieden lebte. Ahasja, Sohn Ahabs, bietet seine Beteiligung an der Expedition an, die Joschafat allerdings ablehnt. Sie scheitert ohnedies.

Joschafat soll mit „dem König von Israel" einen Krieg gegen Aram um die Stadt Ramot Gilead geführt haben. Im weiteren Textverlauf heißt es dann, dieser König sei Ahab (1Kön 22,20.39 vgl. oben) gewesen, der am Tag der Schlacht in Folge einer Verletzung den Tod findet (1Kön 22).

Ahasja folgt also seinem Vater Ahab auf den Thron, regiert aber nur zwei Jahre und stirbt infolge eines Unfalls. In dieser kurzen Zeit tut er, was dem Herrn missfällt. Er hält an den Verfehlungen Jerobeams fest etc.

In seine Zeit fällt die „Entrückung" des Propheten Elija. Im AT heißt es nur von zwei Menschen, sie seien nicht gestorben: Zum einen betrifft dies Henoch in der sechsten Generation nach Adam, mit Adam also der siebten. Von ihm heißt es, dass er „seinen Weg mit Gott" ging und dann nicht mehr da war (Gen 5,24). Gott habe ihn aufgenommen. Wie dies geschehen sein soll und warum gerade ihm, erfährt der Leser nicht.

Da wird die Entrückung Elijas schon eindrucksvoller erzählt:

2Kön 2,11 Während sie miteinander gingen und redeten, erschien ein feuriger Wagen mit feurigen Pferden und trennte beide voneinander. Elija fuhr im Wirbelsturm zum Himmel empor. 12 Elischa sah es und rief laut: Mein Vater, mein Vater! Wagen Israels und seine Reiter! Als er ihn nicht mehr sah, fasste er sein Gewand und riss es mitten entzwei. 13 Dann hob er den Mantel auf, der Elija entfallen war, kehrte um und trat an das Ufer des Jordan.

Der Prophetenmantel scheint ein wichtiges Attribut eines Propheten zu sein (vgl. 1Kön 11,29).

Der ehemalige Schüler des Elija namens Elischa führt das Werk seines Meisters fort. Auch er hat eine Schar von Schülern um sich und auch er wirkt eine ganze Reihe von Wundern. Auch er hat einen engen Schüler, einen Mann namens Gehasi, der aber längst nicht so bedeutend ist wie Elischa als Schüler des Elija.

Joram von Israel, Sohn Ahabs 12 Jahre 852–841

Joram von Juda 8 Jahre 848–841

Nun wird es kompliziert, denn es treten zwei Könige mit dem Namen Joram auf, einer in Israel und einer in Juda. Es soll sogar eine Verschwägerung gegeben haben, die zwangsläufig negative Auswirkungen in Bezug auf Götzendienst mit sich bringt:

> *2Kön 8,1 Im fünften Jahr Jorams, des Sohnes Ahabs, des Königs von Israel, während Joschafat noch König von Juda war, wurde Joram, der Sohn Joschafats, König von Juda. 17 Er war zweiunddreißig Jahre alt, als er König wurde, und regierte acht Jahre in Jerusalem. 18 Er folgte den Wegen der Könige von Israel, wie es das Haus Ahab getan hatte; denn er hatte eine Tochter Ahabs zur Frau und er tat, was böse war in den Augen des HERRN*

Immerhin wird Joram von Israel attestiert, dass er es nicht so schlimm getrieben habe wie sein Vater und seine Mutter. Er schafft die Mazebe, das Steinmal, weg, das sein Vater dem Baal errichtet hatte, folgt aber weiterhin den Sünden des Jerobeam. Dennoch fällt unter Joram von Israel das Land Moab mit seinem König Mescha von Israel ab und versucht, Selbständigkeit zu gewinnen. Das sollte man angesichts seiner etwas besseren Bewertung nicht erwarten. Zusammen mit Joschafat von Juda und dem König von Edom als Verbündete versucht er, Moab wieder unter seine Kontrolle zu bringen. Dank Elischa, der ein Wasserwunder vollbringt – nur zugunsten Joschafats, wie er ausdrücklich sagt –, schlägt die Allianz das moabitische Heer.

In höchster Not tut der König von Moab Folgendes:

> *2Kön 3,27 Nun nahm er seinen erstgeborenen Sohn, der nach ihm König werden sollte, und brachte ihn auf der Mauer als Brandopfer dar. Da kam ein gewaltiger Zorn über Israel. Sie zogen von Moab ab und kehrten in ihr Land zurück.*

In der späteren jüdischen Literatur wird das hier verwendete Wort Ketzef (Wut/Zorn) als Name des Engels der Zerstörung angegeben, aber das kann nicht einfach auf die hiesige Stelle übertragen werden. Trotz der Hilfe J"s durch das „Wasserwunder" geht Moab verloren.

Interessant ist in diesem Abschnitt schließlich ein Hinweis auf „ökologische" Kriegsführung:

> *2Kön 3,24b–25 Unaufhörlich drängten die Israeliten nach und machten sie nieder. 25 Sie zerstörten die Städte und auf alle guten Äcker warf jeder seinen Stein, bis sie ganz bedeckt waren. Auch schütteten sie alle Wasserquellen zu und fällten alle wertvollen Bäume.*

Wie oben unter Elija existiert hier eine weitere Stelle, die nicht zeitlich eingeordnet werden kann. Es kommt zu Überfällen von Aramäern bis zur Belagerung von Samaria, welche durch ein Wunder nach Vorhersage von Elischa, beendet wird. Es ist nur vom „König von Israel" die Rede und außer dem Kontext, in dem die Erzählung steht, weist nichts auf Joram von Israel hin.

In seiner Zeit kommt es in Juda zum Thronwechsel: Ahasja, Sohn des Joram von Juda, besteigt den Thron. Auch er ist mit einer Prinzessin aus dem Israel, dem Hause Ahab, verheiratet und tut zwangsläufig, was dem Herrn missfällt.

Ahasja von Juda, Sohn der Atalja 1 Jahr 841

Zwischenzeitlich, noch während der Regierung Jorams von Israel, salbt Elischa einen General der Streitwagentruppe Jorams namens Jehu zum König, der sowohl Joram wie auch Ahasja von Juda tötet – und schließlich die offensichtlich noch immer lebende Isebel, Ehefrau von Ahab (9,30–37). Damit beendet Jehu die Dynastie der Omriden, denn er lässt auch die ganzen Nachkommen der Ahab-Linie ermorden, 70 Söhne. Auch zwei Prinzen aus Juda, Söhne des Ahasja von Juda, nebst Begleitung von 42 Mann lässt er ermorden.

Jehu von Israel, 28 Jahre 841–813 Usurpator Ende der Omriden

An diesem vorausgegangen Abschnitt stellt sich die Frage, ob der biblische Text stimmig ist: Unklar bleibt auch hier, wie bei Ahab, von welchem „König" die Rede ist.

Des Weiteren wird ein Sohn Ahabs namens Ahasja nach ihm König von Israel, aber auch ein König von Juda aus diesem geschichtlichen Umfeld trägt diesen Namen. Und schließlich verwirren Joram von Israel und Joram von Juda den Leser. Zu guter Letzt ist zweimal von einer Verschwägerung eines judäischen Königs mit einer Prinzessin aus dem Hause Ahab die Rede (mehr dazu s.u.).

Joasch, der legitime Davidide, wird von Joscheba, der Schwester Ahasjas vor Atalja in Sicherheit gebracht. Denn wie so oft wird versucht, die gesamte Königsfamilie auszurotten. Der Prinz ist also im höchsten Maße gefährdet. „Im siebten Jahr", nachdem er versteckt wurde, putscht die dynastietreue Wachmannschaft am Tempel unter Leitung des Priesters Jojada gegen Atalja und bringt Joasch auf den Thron. Atalja wird getötet.

Atalja, Ehefrau des Joram, Tochter Ahabs und Mutter des Ahasja 840–835

Joasch beginnt zusammen mit dem Priester eine Reform und zerstört die Baal-Altäre, die Tempel und tötet die Priester. Der Jerusalemer Tempel wird mittels Spenden und Zahlungen vom Königshof aufwändig renoviert. Es wird eigens erwähnt, dass die Bauleute ihre Ausgaben nicht abrechnen mussten, weil sie als zuverlässig galten. Die Renovierung scheint nur bescheiden ausgefallen sein, denn wenige Jahrzehnte später steht angeblich unter Joschija (2Kön 22) erneut eine Sanierung an. Die Renovierungen lassen sich historisch und natürlich auch archäologisch nicht nachweisen – auf dem Platz des ehemaligen Tempels steht mutmaßlich die Omar-Moschee, der so genannte Felsendom –, aber es besteht der Verdacht, dass gerade die Maßnahmen unter Joschija theologischen Überlegungen geschuldet sind: Joschija, der frömmste aller Könige, muss nahezu zwangsläufig in Analogie zu seinen großen Vorgängern David und Salomo am Zustand des Kultzentrum mitgewirkt haben. Es kommt hinzu, dass der

Joasch von Juda, Sohn Ahasjas 40 Jahre 835–796

Fund des Gesetzbuches nirgendwo anders als am Tempel geschehen konnte, denn dies unterstützt seine Dignität wesentlich.

Unter Joaschs Regierung erstarken die Aramäer (das Königreich Damaskus) mit seinem König Hasaël. Joasch kauft sich durch die Übersendung eines Goldschatzes aus Tempel und Palast frei, wird aber kurze Zeit später „von seinen Dienern" namens Sabad und Josabad ermordet.

Ihm folgt sein Sohn Amazja auf den Thron.

Amazja, Sohn des Joasch 30 Jahre 796–767

In der Regierungszeit Joaschs kommt es auch in Israel zu einem Thronwechsel. Jehus Sohn folgt ihm auf den Thron. Offensichtlich leidet auch das Nordreich Israel unter den Aramäern. Sie haben in einem Krieg das Heer des Joahas gehörig dezimiert. Und obwohl Joahas tut, was dem Herrn missfällt, sendet der Herr erneut einen Retter, sodass sich Israel aus der Oberhoheit der Aramäer befreien kann. Wer dieser „Helfer" ist, sagt der Text nicht. In Frage kommt das erstarkende Reich Assur: Die Schrift hat kein Problem damit, fremde Mächte als Gottes Hilfe für Israel zu bezeichnen. So wird der Perserkönig Kyros laut Jes 45 gar als der „Gesalbte" Gottes, als Maschiach bezeichnet, weil er das Volk aus der Hand des Königs von Babel befreit. Nach dem Tod des Joahas folgt ihm sein Sohn Joasch auf den Thron. Von ihm wird nur das Übliche berichtet: die Regierungsdauer, er tut, was dem Herrn missfällt und hält an den Sünden Jerobeams fest etc.

Joahas, Sohn des Jehu 17 Jahre 813–797

Joasch, 16 Jahr 797–782

Jerobeam II von Israel 41 Jahre 782–747

Freilich kommt es vor seinem Tod zu einer Begegnung mit dem Propheten Elischa. Dieser fordert den König zu einer Symbolhandlung auf, welche einen vernichtenden Sieg Israels bei Afek über die Aramäer beinhaltet. Es heißt, Joasch hätte den Aramäern die okkupierten israelischen Städte wieder entreißen können, insbesondere nach dem Tod des Hasaël, als ihm sein Sohn Ben Hadad auf den Thron folgt (2Kön 13,22–25). Diese Darstellung ist nicht richtig: Ben Hadad war der Vorgänger Hasaëls und Letzterer vermutlich auch nicht der Sohn Ben Hadads.

Amazjah von Juda tut zwar, was dem Herrn gefällt, aber nicht so gut wie David. Nach wie vor gibt es Kulthöhen, die er nicht vernichtet. Er will unbedingt gegen Israel Krieg führen, weil er Edom besiegt hat. Angeblich rät Joasch seinen Nachbarn, das doch zu unterlassen. Amazjah bleibt stur und zettelt einen Krieg an. Das Treffen der Heere findet in Beth Schemesch statt. Joasch siegt, nimmt Amazjah gefangen, zieht nach Jerusalem und reißt ein Stück der Mauer ein. Amazjah muss sich freikaufen und Geiseln stellen, bevor Joasch wieder abzieht. Es kommt zu einer Verschwörung und Amazjah wird getötet.

Nachdem die Aramäergefahr gebannt ist, kommt es unter Jerobeam, dem Sohn des Joasch zu einer wirtschaftlichen Blüte im Land, freilich auch mit vielen negativen Auswüchsen, über welche der Prophet Amos schreibt. Gott sieht die Not Israels und sendet Jerobeam als Retter, der auch die Grenzen des Reiches wieder ausdehnen kann, gemäß der Vorhersage des Propheten

Jona – womit freilich nicht der biblische Prophet Jona gemeint ist, der gegen Ninive prophezeit.

Der knappe Text über Jerobeam enthält eine merkwürdige Notiz, die zunächst nicht verständlich ist:

> *2Kön 14,27 Er hatte nicht im Sinn, den Namen Israels unter dem Himmel auszutilgen. Darum half er ihnen durch Jerobeam, den Sohn des Joasch.*

Gab es da etwa eine Aussage, die Jerobeam und Israel etwas anderes angedroht haben? Eine Aussage des Amos könnte in diese Richtung gehen!

Und ein Zweites: Er bekommt keine schlechten Noten obgleich auch er an den Sünden Jerobeams I. festhält.

Asarja/
Usija von Juda
28 Jahre
767–739

Amazjahs Sohn Asarja besteigt den Thron in Juda, „nachdem der König zu seinen Vätern entschlafen war". Diese Wendung ist auffällig, denn sie lässt darauf schließen, dass der König eben nicht gewaltsam zu Tode gekommen ist.

Von ihm werden nur zwei Dinge berichtet: Er habe die Stadt Elat am Roten Meer ausgebaut, habe aber Aussatz bekommen, sodass er in einem abgesonderten Haus leben musste. Reichsverweser und Interimsherrscher ist sein Sohn Jotam, der nach Asarjas Tod König wird.

Secharja
6 Monate
747 Ende der
Jehu-Dynastie

Secharja von Israel gehört noch immer zur Dynastie, die mit Jehu ihren Anfang nahm. Er regierte allerdings nur ein halbes Jahr, dann putscht ein gewisser Schallum gegen ihn und ermordet ihn.

Schallum
1 Monat
747
Usurpator

> *2Kön 15, 9 Wie seine Väter tat er, was böse war in den Augen des HERRN. Er ließ nicht von den Sünden ab, zu denen Jerobeam, der Sohn Nebats, Israel verführt hatte.*

Menachem
10 Jahre
747–742
Usurpator

Schallum regiert noch kürzer, gerade einmal einen Monat, und auch er fällt einem Putsch zum Opfer. Er wird von Menachem beseitigt.

Immer wieder wird auf die Chronik der Könige von Israel verwiesen, die aber nicht mehr vorliegt.

Über ihn wird berichtet

> *2Kön 15,16 Damals eroberte Menahem von Tirza aus die Stadt Tifsach und tötete alle Bewohner der Stadt und ihrer Umgebung, weil sie ihm die Tore nicht geöffnet hatten. Er eroberte sie und ließ ihren schwangeren Frauen den Leib aufschlitzen.*

Bei Tifsach/Tiphsach könnte es sich um eine Stadt am Euphrat handeln, die ursprünglich das Reich Salomos im Osten begrenzte (1Kön 5,4). Bei Griechen und Römern firmiert sie unter dem Namen Thapsakus. Allerdings liegt diese Stadt meilenweit von Tirza nahe Samaria entfernt.

Menachem lässt natürlich auch nicht ab von den Sünden der Väter und von denen des Jerobeam, regiert aber beachtliche zehn Jahre. Nun erfährt man auch, warum die Aramäer keine Gefahr mehr darstellen. Am Horizont der Geschichte erscheinen die Assyrer, welche sich zunächst mit Aram/Damaskus auseinandersetzen. Ob Menachem nun einen Tribut auferlegt bekam oder eine freiwillige Abgabe an die Assyrer richtete, um seine Herrschaft zu stabilisieren, wie der Text sagt, weiß man nicht so genau. Auf jeden Fall halten ihm die Assyrer mit ihrem König Pul/Tiglat Pileser III. die Aramäer vom Leibe. Der „Preis" für diese „Gefälligkeit" beträgt 1.000 Talente Silber.

Pekachja
2 Jahre
742–740

Sein Sohn Pekachja folgt ihm auf dem Thron, während in Juda noch immer Asarja regiert, in seinem 50. Jahr. Pekachja fällt einem Putsch zum Opfer. Sein Adjutant/Vorkämpfer Pekach ben Remalja ermordet ihn in seinem Palast.

Pekach
20 Jahre
740–731
Usurpator

Von Pekach lesen wir auch noch im Buch Jesaja. Unter seiner Regentschaft kommt es zu einer ersten Deportation von Menschen aus Israel durch die Assyrer. Der Tribut, den Menachem geleistet hatte, brachte offensichtlich nur einen Aufschub der Katastrophe. Die Schrift nennt eine kleine Liste jener Städte, deren Bevölkerung verschleppt wurde, dazu erneut das ganze Land Naftali (vgl. auch 1Kön 25).

Jotam
16 Jahre
739–734

Jotam von Juda erhält, wie die meistern Davididen, gute Noten. Nur die Höhenheiligtümer und Opferplätze im Land bleiben erhalten. Dieser Umstand würde einem König aus Israel allerdings ein dickes Minus einbringen.

Unter seiner Regentschaft kommt es zu einem Kriegszug der Aramäer und Israels gegen ihn. Er stirbt, ehe die Gefahr akut wird, die nun seinen Sohn Ahas belastet.

Ahas
16 Jahre
734–728

Es heißt in 2Kön 15:

37 In jenen Tagen begann der HERR, Rezin, den König von Aram, und Pekach, den Sohn Remaljas, gegen Juda ziehen zu lassen.

Über dieses Ereignis berichtet auch der Prophet Jesaja.

Ahas erhält durchweg schlechte Noten, weil er sich nicht so verhält wie sein großer Vorfahre David. Er beteiligt sich an Festen und Opfern auf den Höhenheiligtümern und soll seinen Sohn sogar „durch das Feuer" habe gehen lassen, ihn also möglicherweise geopfert haben. Der Text erzählt noch einmal von dem Kriegszug Rezins und Pekachs gegen Juda.

Ahas unterwirft sich den Assyrern bzw. ruft diese zu Hilfe und bringt die Abgaben – oder besser: die Bezahlung für diese Hilfe – selbst in das eroberte Damaskus, um sie Tiglat Pileser zu übergeben. Als er den Altar (welchen Gottes?) in Damaskus sieht, befiehlt er, in Jerusalem eine Kopie anzufertigen und vor den Tempel zu stellen. Den ursprünglich dort befindlichen bronzenen Altar lässt er dafür zur Seite rücken. Zusätzlich befiehlt er seinem Oberpriester Urija, alle Opfer in Zukunft auf dem neuen Altar darzubringen. Der Altar scheint auf einem künstlich angelegten Hügel zu stehen, denn es heißt, man müsse hinaufsteigen. Mit Rücksicht auf den König von Assur, wie es heißt, entfernt er etliche Teile vom Tempel, wie z.B. den Unterbau des „ehernen Meeres“, jenes riesigen Kessels, der von Salomo errichtet worden sein soll. Das Metall, das er hier entfernt hat, wird möglicherweise eingeschmolzen und dem Tribut hinzugefügt. Auch einen überdachten Gang und den Zugang zwischen Tempel und Palast lässt er entfernen. All diese „Neuerungen“ tragen zu seiner negativen Bewertung bei und sind ursächlich mit der Unterwerfung unter die Assyrer verknüpft. Die Hilfe lässt sich eine Großmacht nicht nur ordentlich bezahlen, sondern man wird diese Großmacht dann gewöhnlich auch für längere Zeit nicht wieder los. Und so ist es bis zum heutigen Tag, würde ein biblischer Verfasser wohl hinzufügen.

Hoschea
731–722
Usurpator

In Israel kommt es erneut zum Sturz des Königs: Pekach wird durch Hoschea ben Ela beseitigt.

Gegen ihn zieht Salmanassar (Šulmānu-ašarēd III.) von Assur und Hoschea muss sich unterwerfen.

Kurze Zeit später bricht er den Vassalleneid mit den Assyrern und sendet die jährlich fälligen Abgaben stattdessen an den König von Ägypten, der in So/Sais residiert.

Salmanassar lässt sich das nicht bieten, inhaftiert den König und erobert Damaskus nach drei Jahren Belagerungszeit.

Die Bevölkerung wird ins Exil verschleppt und wird „in den Städten der Meder“ und an einem Fluss namens Habor angesiedelt, auf jeden Fall dezentral. Die Folge davon ist, dass die Exilierten Israels nie mehr zurückkehren.

> *2Kön 17,23 Schließlich verstieß der HERR Israel von sich, wie er es durch seine Knechte, die Propheten, angedroht hatte. So wanderte Israel aus seinem Land weg in die Verbannung nach Assur und blieb dort bis zum heutigen Tag.*

Gleichzeitig werden Volksgruppen aus dem Reich der Assyrer in Israel angesiedelt, die ihre Religion mitbringen und damit einen Synkretismus in Israel einleiten.

Man darf sich das sicher nicht so vorstellen, dass das Land durch die Exilierung menschenleer geworden ist. Assur will ja weiterhin Tribute abschöpfen. Aber der Bevölkerungsaustausch dürfte in einem größeren Ausmaß erfolgt sein.

In 2Kön 17,7–23 werden die Gründe für den Untergang des Nordreiches Israel genannt. Sie bleiben aber relativ allgemein: Wieder einmal wird die Sünde Jerobeams genannt, dazu der Abfall von der Davidsdynastie. Ferner ist von Fremd-Götterverehrung, u.a. Baalskult, dem Erstellen der Stierbilder, Wahrsagerei und Zauberei die Rede und es findet sich auch die Aussage, dass man Söhne und Töchter durchs Feuer gehen ließ.

Hiskija von Juda 29 Jahre 728–699

Historisch gesehen führt der Abfall Hoscheas von Salmanassar und das Bündnis mit dem Pharao zum Untergang des Reiches, also eine politische Fehlentscheidung und vielleicht auch ein Stück Hybris, man könne es mit den Assyrern aufnehmen.

Eine Merkwürdigkeit sei angezeigt: Die neue Bevölkerung weiß nicht, wie man den Gott Israels richtig verehren soll. Deshalb schickt der Herr Löwen ins Land. Dies meldet man dem König von Assur. Er erlaubt daraufhin, dass ein Priester aus dem Exil wieder nach Samaria geschickt wird, der die Neubürger unterrichten soll, wie man Gott richtig verehrt. Damit hört die Löwenplage scheinbar auf (2Kön17,24–28). Im folgenden Abschnitt ist aber davon die Rede, dass die Neubürger ihre Götter und Religionen mitbringen und diese ausüben. Dennoch kommt es nicht zu einer neuen Löwenplage, wie man dies eigentlich erwarten würde. Dass in Samaria J“ ebenfalls verehrt wird, steht damit außer Frage.

In den angesiedelten Fremdvölker, die angelblich nicht mehr J“ dienen, wird bereits die Wurzel für die bleibende Trennung nach dem Babylonischen Exil gelegt. Die Bewohner Samarias gelten als Schismatiker, auch wenn sie selbst sich keineswegs so sehen.

Damit endet das Nordreich Israel im Jahr 722 vor Chr.

Zusammenfassung

Die Königszeit ist von einem Schwarz-weiß-Denken geprägt wie zuvor schon die Zeit der Richter. Zunächst erhalten nahezu alle Könige in der Davidsdynastie des Südreiches Juda gute Noten – mit einer Einschränkung: Die Höhenheiligtümer verschwinden nicht und dort werden nach wie vor Opfer dargebracht. In der Regel steht die Formulierung: Wie sein Vater xy tat er, was dem Herrn gefiel. Nur die Kulthöhen verschwanden nicht; das Volk brachte noch Schlacht- und Rauchopfer auf ihnen dar. Selbstverständlich geht der Verfasser davon aus, dass diese Opfer an J“ adressiert waren. Ob dies tatsächlich der Fall war, wird sich nicht belegen lassen. Wenn trotzdem etwas „Schädliches“ passiert, wird nicht begründet, wieso dieses oder jenes Unheil über den König oder das Land hereingebrochen ist. So heißt es bei Asarja: „Doch der Herr schlug ihn mit Aussatz...“ (2Kön 15,5). Im Gegenteil: Selbst ein König wie Abija, der Sohn Rehabeams und Enkel Salomos „verfiel all den Sünden, die sein Vater vor ihm begangen hatte...Nur Davids wegen ließ ihm der Herr, sein Gott, eine Leuchte in Jerusalem, indem er seinen Sohn als Nachfolger einsetzte...“ (1Kön 15,3f). Das heißt: Im Süden hält Gott auch bei einem abtrünnigen oder sündhaften König Davids wegen an der Dynastie fest.

Ganz anders sieht es im Nordreich aus: Zunächst wird allen Königen unterstellt, dass sie an den Sünden Jerobeams festhielten, zu der dieser Israel verführt hatte. Worin diese „Sünden“ des Jerobeams bestanden, wird in 1Kön 12,30 kurz festgehalten und dürfte in 1Kön 12,26–33 als Zusammenfassung vorliegen:

Reichstrennung, religiöse Trennung durch die Aufstellung der beiden Stierbilder in Bet-El und Dan, Ernennung von Priestern, die keine Leviten waren, Stiftung neuer Festzeiten, Errichtung von Höhenheiligtümern und deren Besetzung mit Priestern – wohl gemerkt: Hier werden die Kulthöhen nicht nur mit Billigung des Königs, sondern als Einrichtung des Königs betrieben.

Unheil über König und/oder Volk wird ausdrücklich damit begründet, dass der jeweilige König an den Sünden Jerobeams festhält. Damit wird auch das häufige Auftreten von Usurpatoren begründet. Dass diese dann erneut an den Sünden Jerobeams festhalten (und sich nichts bessert), wird einfach konstatiert.

Die Sünden Jerobeams durchziehen die ganze Königszeit des Nordreiches. Nur gelegentlich ist vom Erbarmen Gottes die Rede, etwa dann, wenn trotz des „Festhaltens an der Sünde Jerobeams“ keine Strafe erfolgt, sondern das Reich prosperiert, wie etwa zur Zeit des Jerobeam II (2Kön 14,27).

Die ganze Geschichte Judas und Israels ist mithin eine Heils- oder Unheilsgeschichte, in der Gott durch sein Eingreifen seine Spuren hinterlässt. Er ist es, der Juda und Israel führt, beschützt, oder bestraft, zuletzt durch den Untergang des Nordreiches durch die Großmacht Assur.

Nur andeutungsweise ist hier und da einmal vermerkt, wie ein König durch seine Realpolitik und durch verkehrte Entscheidungen das Unheil über den Staat bringt, aber letzten Endes ist auch das die Folge von Gottes Handeln.

13.3.2 Die Historie

Durch außerbiblische, archäologische Funde, aber auch durch biblische Aussagen aus anderen Büchern, lässt sich die Zeit der Könige noch weitaus genauer darstellen und es lassen sich auch einige offene Fragen beantworten.

Da gibt es zum einen Texte über die Omridendynastie, welche von dem aus dem Südreich und unter dem Eindruck der Davidsdynastie schreibenden Verfasser durchweg schlechte Noten erhält. Zunächst wird diese Dynastie von dem Mann gegründet, dessen Namen sie trägt. Warum es eine Spaltung im Volk gab, wie 1 Kön 16,21f sagt, sodass Omri sich mit einem Gegenkönig namens Tibni auseinandersetzen musste, lässt sich historisch nicht verifizieren. Immerhin scheint Tibni einfach gestorben zu sein.

Das negative Urteil der Verfasser betrifft vor allem die Person Ahabs, den Sohn Omris. Unabhängig davon, wie zutreffend die Informationen über die Propheten Elia und Elischa sein mögen, wird dem Nordreich Israel und seinen Bewohnern und Königen durch diese immer wieder vorgeworfen, sie „gingen nicht auf den Wegen J“s, sondern dienten (auch noch?) anderen Göttern, vorzugsweise dem Gott Baal. Dieser Gott scheint von seinem Wirkungsbereich und seiner Dynamik J“ durchaus ähnlich zu sein. In der Auseinandersetzung mit ihm ändert sich auch das Bild J“s. Elia, wie auch der Prophet Hosea, reklamieren für J“, er sei auch für Fruchtbarkeit und Regen zuständig, und nicht etwa Baal, der diesbezüglich als

Konkurrent gesehen wird. Gleichzeitig wird Baal als Gewittergott und Kriegsgott gesehen, zumindest kann man seine Attribute entsprechend deuten. Gewitter, Sturm und Feuer sind aber auch Attribute, die mit dem Auftreten J"s verbunden sind. Wenn daher daran gezweifelt wird, dass J" auch für diese Bereiche zuständig ist, bzw. sie für ihn in Konkurrenz zu Baal reklamiert werden, ergibt sich zwangsläufig daraus, dass es mit dem Monotheismus für die Königszeit noch nicht weit her ist. Selbst wenn man davon ausgeht, dass die Verfasser der Königsbücher (und ihre Quellen) im hohen Maße tendenziös über das Nordreich berichten, lässt sich der Verdacht des Polytheismus oder zumindest der Monolatrie nicht völlig aus der Welt schaffen. Schließlich ist der kontinuierliche „Abfall" von J" auch der Grund für den Untergang des Nordreiches, wie zusammenfassend in 2Kön 17 erzählt wird. Neben der politischen Grenze von Nord- und Südreich gab es offensichtlich auch eine religiöse.

Abb. 25: Verschiedene Baal-Darstellungen, eine als Relief und zwei als Statuetten.

Der Gott Baal wurde als Bronzefigur wie auch als Abbildung auf Stelen gefunden. Die Abbildung im Halbprofil, ähnlich ägyptischer Personendarstellungen, lässt erkennen, dass der Gott in der erhobenen Rechten einen Stock oder Ähnliches hält, bereit, zuzuschlagen. Mit der Linken umfasst er einen Baum oder, wahrscheinlicher, ein Bündel Blitze. Um die Hüfte trägt er ein Schwert in einer Scheide und vor ihm kniet eine offensichtlich gefesselte Figur, vermutlich stellvertretend für einen Feind.

Die Darstellung erinnert stark an die im ägyptischen Bilderkanon immer wieder vorkommende Geste der „Erschlagung der Feinde" durch den Pharao. Eine De-

Abb. 26: Der Gott Baal mit einem gehörnten Helm

taildarstellung zeigt, dass es sich bei den „Locken“ über der Stirn um Hörner handelt, die am Helm befestigt sind, auch wenn diese bei den beiden Figurinen fehlen.

In den Ausführungen über Ahab wird dieser freilich nicht als Primärschuldiger dargestellt. Es ist vielmehr seine phönizische Frau, die „ihren“ Gott aus ihrer Heimat, dem Libanon, mitgebracht und in Israel verbreitet hat. Möglicherweise handelt es sich dabei um eine „politische“ Ehe, welche im Zuge einer antiasyrischen Koalition der palästinischen Kleinstaaten geschlossen wurde. Es wird ausdrücklich erwähnt, dass Ahab seiner Frau die für die Verehrung von Baal erforderlichen Einrichtungen erstellen ließ. Die besondere Skrupellosigkeit des Königspaares wird in der Erzählung von Nabots Weinberg sichtbar. Nabot, der sein Grundstück, seinen Erbbesitz, nicht verkaufen will, wird durch die beiden, hier einmal mehr besonders durch die Königin, per Justizmord aus der Welt geschafft. Vielleicht spiegelt sich hier das unterschiedliche Verständnis von Königtum. Isebel, die phönizische Königstochter, vertritt ein absolutistisches Königsbild: Der König ist unumschränkter Herrscher über sein Reich. Diese Vorstellung ist mit dem Ideal des israelitischen Herrschers jedoch nicht zur Deckung zu bringen. Hier ist der König idealerweise der Beschützer der Menschen, der im Auftrag J“s regiert. Die Erzählung selbst erinnert im Übrigen an die Erzählung von David und Batseba (Kunz, Frauen 173–182).

Und noch etwas wird deutlich: Die Gerichtsbarkeit im Falle von Nabot liegt offensichtlich nicht beim König, sondern bei den Ältesten. Dieses Gericht wurde i.d.R. im Stadttor abgehalten (vgl. das Buch Rut). Andererseits lesen wir bei Abschalom und David, dass die Menschen Petitionen an den König einreichen konnte, demnach also der König Recht sprach.

Angesichts dieser Charakterisierung von Ahab und Isebel sind zwei Dinge unmöglich und müssen daher korrigiert werden: Der König kann keine Erfolge haben und vor allem kann er nicht eines natürlichen Todes sterben. Dies wird notfalls im Sinne der Theologie korrigiert.

Wenn hier von Erbbesitz und Gerichtsbarkeit die Rede ist, muss ein kurzer Blick auf die sozialen Verhältnisse erlaubt sein. Grundsätzlich ist davon auszugehen, dass sich diese immer wieder geändert haben. Angefangen von nomadischen Verhältnissen mit unterschiedlicher Teilsesshaftigkeit in einer Clan- und Stammesstruktur kommt es in der Zeit der Sesshaftigkeit und Staatenbildung zu einer Kultur von Kleinbauern, die zunächst vorzugsweise in den bis dato zumindest teilweise noch nicht bevölkerten Landstrichen siedelten. Mit der Prosperität der Städte wie auch der Ausbildung einer differenzierten Gesellschaft im Zuge von Königtum, Hofhaltung, Beamten- Priester- und Militärkaste, dazu, regional unterschiedlich, Händler und Kaufleute kommt es zu den v.a. von den Propheten beklagten Zuständen von Verarmung der Landbevölkerung einerseits und Großgrundbesitz andererseits. Zu Letzterem sind auch die Königsgüter zu zählen, welche von Zeit zu Zeit an den Herrscher fielen. Mit der Verarmung konnte es zur Versklavung von Bevölkerungsteilen kommen und in der Folge zu Rechtsvorschriften, wie mit Sklaven aus der eigenen Gesellschaft umzugehen sei (vgl. Ex 21; Lev 25; Dtn 15). Ob es je so etwas wie einen zugelosten Erbbesitz gegeben hat, ist angesichts der komplizierten „Landnahme" mehr als fraglich, zumindest, was die chronologische Verortung dieser „Einrichtung" betrifft.

Wie oben bereits angesprochen, kann es nicht angehen, dass die Omriden im Allgemeinen und Ahab im Besonderen als erfolgreiche Regenten dargestellt werden. In Erinnerung an die Aussage in den Samuelbüchern, wo es von David heißt: Und „David gelang alles, was er tat, denn der Herr war mit ihm" ist der Herr ja gerade nicht mit den Omriden. Also verzichtet man gegebenenfalls darauf, durchaus bekannte Erfolge dieser Könige zu berichten.

Auf der so genannten Kurkh-Stele, die in der Türkei ausgegraben wurde und sich heute im Britischen Museum befindet, berichtet Salmanassar III. von seinen ersten sechs Regierungsjahren, unter anderem von der Schlacht von Qarqar im Jahre 853 v. Chr. Auf dieser Stele wird ein König A-ha-ab-bu genannt, der Mitglied einer antiassyrischen Allianz von Kleinkönigen war. Diese Allianz, zu der auch der Aramäer Adad-idri/Hadadezer gehörte, ist den Assyrern entgegengezogen, und dies vermutlich mit einigem Erfolg, auch wenn Salmanassar hier angeblich einen Sieg verbucht. Die Kurkh-Stele berichtet, dass an der Koalition folgende Könige/Staaten beteiligt waren:

1. König Adad-ʿidri (Hadad-ʿEzer) von Aram-Damaskus mit 1200 Streitwagen, 1200 Kavalleristen und 20.000 Fußsoldaten
2. König Urahilina von Hamath mit 700 Streitwagen, 700 Reitern und 10.000 Fußsoldaten
3. König Achabbu von Israel mit 2.000 Streitwagen und 10.000 Fußsoldaten
4. 500 Soldaten aus Gubla
5. 1.000 Soldaten aus dem Land Muzraʿa (Ägypten)
6. Der König von Arqa mit zehn Streitwagen und 10.000 Soldaten
7. König Matinu-baʿli von Arwad mit 200 Soldaten
8. Der König von Usnu mit 200 Soldaten
9. König Adunu-baʿli von Siannu mit 30 Streitwagen und 10.000 Soldaten

10. Gindibu von Arabien mit 1.000 Kamelen
11. Ba'asa, Sohn aus dem Haus Rehob, König der Amana (Amanusgebirge) mit ... [Lücke] 00 (x-hundert) Soldaten

Abb. 27: Die so genannte Kurkh-Stele, auf der König Salmanasser seinen angeblichen Sieg gegen die Koalition der Kleinstaate festhält

Es ist zu bezweifeln, dass Ahab die unglaubliche Anzahl von 2.000 Streitwagen aufbieten konnte. Es könnte sich um einen Schreibfehler handeln. Wahrscheinlicher wird hier, wie üblich, die Zahl der Gegner weit übertrieben, um den angeblichen Sieg umso glanzvoller erscheinen zu lassen. Wie dem auch sei, Ahab dürfte mit einem zahlenmäßig großen Kontingent an dieser Schlacht teilgenommen haben. Dass sie für Salmanassar eben nicht siegreich ausging, wird aus der Tatsache geschlossen, dass Letzterer für einige Jahre nicht weiter nach Westen vorrückt.

Abb. 28: Die Tel-Dan-Stele und ihre Inschrift

Über die Folgezeit berichtet die in Dan, im Norden Israels, gefundene Tel Dan-Stele mit folgendem Text:

1. [...]
2. [Be]n[ha]dad, mein Vater kam [(und) zog hinauf um] mit ’[...] zu [k]ämpfen.
3. Und mein Vater legte sich nieder und ging zu seinen [Vätern]. Und der König von Israel zog
4. Damals hinauf in das Land meines Vaters. [Und] Hadad machte mich zum König.
5. Und Hadad ging vor mir her [und] ich ging von den siebe[n ...]
6. [...] und ich tötete [sie]ben Kön[ige], die ta[usend Wa]gen eingespannt hatten,
7. und tausend Reitpferde. [Und ich tötete Jo]ram, den Sohn des [Ahab],
8. den König von Israel und [ich] töte[te Ahas]ja, den Sohn [Jorams, des Köni]gs
9. des Hauses David. Und ich legte [...]
10. ihr Land [in Trümmer]
11. [... und Jehu, den K]önig
12. über Is[rael ... Und ich]
13. belagerte [...]

(Donner/Röllig, Inschriften 76. Vgl. https://de.wikipedia.org/wiki/Tel-Dan-Inschrift)

Immerhin wird hier auch Ahasja aus dem Hause Davids erwähnt, der zusammen mit Joram von Israel in den Krieg gegen Hasael gezogen sein soll, ob freiwillig oder als Vasall Jorams, lässt sich nicht beantworten. Laut der Tel Dan Inschrift fällt Joram in dieser Schlacht, ebenso wie Ahasja, der König von Juda. 2Kön berichtet dagegen zunächst von einer Verwundung Jorams, aber dann auch vom Tod der beiden Könige durch den Usurpator Jehu – und nicht durch den Sohn des Hadad.

Dass auf der Tel Dan Inschrift allerdings auch schon Jehu genannt worden sein soll (Zeile 11), ist eher unwahrscheinlich.

Unterschlagen wird in den Königsbüchern, dass Ahab mit hoher Wahrscheinlichkeit bereits *vor* der Schlacht von Qarqar einen Krieg gegen die Aramäer führte, den er siegreich beenden konnte. Und was die Omri-Dynastie betrifft, trägt auch die Meschastele, die oben schon zitiert wurde, einige Informationen bei:

> *Omri war König von Israel, und er bedrängte Moab lange Zeit, denn Kamosch zürnte seinem Lande. Und es folgte ihm sein Sohn. Und er sprach: Ich will Moab bedrängen. In meinen Tagen sprach er so, aber ich triumphierte über ihn und sein Haus.*

Unter welchem Sohn des Omri sich Moab aus der Vorherrschaft Israels befreien konnte, wird hier nicht berichtet. Laut 2Kön 1,1 geschah dies erst unter Ahabs Sohn Ahasja und nicht unter Ahab selbst, laut 2Kön 3 gar erst unter Joram, dem Nachfolger von Ahasja.

Unter den Omriden waren die Könige Israels und Judas angeblich miteinander verschwägert. Auf die Namensgleichheit verschiedener Könige von Nord- und Südreich wurde oben schon aufmerksam gemacht. Es sei hier die Überlegung erlaubt, ob Juda zu dieser Zeit überhaupt einen eigenen König besaß und nicht unter (Ahasja?), Joram und Joasch vom gleichnamigen König des Nordreiches regiert wurde. Das würde bedeuten, Juda hatte zu dieser Zeit keinen eigenen König, sondern es gab in der Geschichte tatsächlich einmal für kurze Zeit ein „geeintes Königreich" aus Israel und Juda unter der Regentschaft der Könige des Nordreiches Israel. Ein weiterer Hinweis in dieser Richtung ergibt sich daraus, dass 2Kön 3 zufolge Joschafat erneut ein Bündnis mit dem König des Nordreiches eingeht. Als weiterer Bündnispartner steht auch noch der König von Edom auf der Seite der israelisch-judäischen Koalition. Ein vereintes Vorgehen von Nord und Südreich im Sinne eines militärischen Bündnisses finden wir zu Zeiten der namensgleichen Könige gleich drei Mal:

- Joschafat von Juda verbündet sich mit Ahab laut 1 Kön 22 gegen Ramot Gilead (siehe Karte). Ahab wird verwundet und stirbt in der Schlacht. Die Hunde lecken bei der Reinigung des Streitwagens sein Blut am Teich von Samaria, entsprechend der Worte des Elija.
- Der gleiche Joshafat von Juda verbündet sich mit Joram von Israel gegen Mescha von Moab (vgl. Meschastele; 2Kön 3). Der Krieg endet erfolglos an der Mauer der Hauptstadt. Mescha fällt von Israel ab
- Ahasja von Juda (Sohn des Joram von Juda), zieht mit Joram von Israel (dem Sohn Ahabs), gegen den Aramäerkönig Hasael nach Ramot Gilead. Laut der Dan-Stele führen sie allerdings gegen dessen Vorgänger Hadad Krieg. Beide werden von diesem getötet.
- Die Schrift hingegen berichtet nichts über den Ausgang dieser Schlacht. Es heißt nur, dass Joram verletzt wird und sich in seine Residenz nach Jesreel zurückzieht (2Kön 8,29 vgl. 9,14f). Ahasja besucht ihn dort. Bei dieser Gelegen-

heit werden beide von Jehu ermordet. Der Leichnam Jorams wird wegen der Verfehlungen seines Vaters Ahab auf den Acker des Nabot geworfen, entsprechend der Worte des Herrn gegen Ahab (2Kön 9). Denn Elija prophezeit, dass das Unheil nicht Ahab selbst treffen werde (1Kön 21,27–29) – dies steht aber gegen 1 Kön 22. Und: Es wird nicht prophezeit, dass der Leichnam des Nachkommen (oder Ahabs selbst) auf den Acker des Nabot geworfen würde.

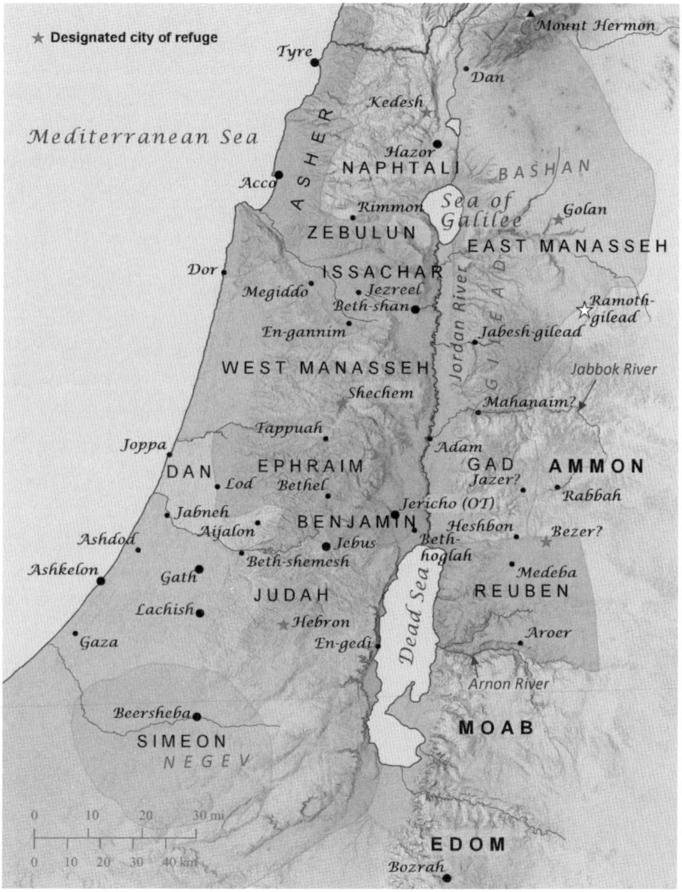

Abb. 29: Ramot Gilead im Ostjordanland. Dort soll Ahab von Israel in der Schlacht gefallen sein.

Hier geht also offensichtlich mit den Namen der Könige einiges durcheinander: Mehrere Möglichkeiten sind in Betracht zu ziehen, die sich gegenseitig nicht völlig ausschließen:

- Im Kontext der Omridendynastie gab es eine Personalunion der Könige von Juda und Israel. Die Könige von Israel waren gleichzeitig Regenten von Juda.

- Dem/den Verfassern waren die Namen der Könige von Juda und Israel aus dieser Zeit nicht mehr genau bekannt und es kommt zu Verwechselungen.
- Es gibt hier eine (mehrfache) redaktionelle Überarbeitung des Stoffes, verbunden mit der Einführung der Elija-Weissagungen. Diese mussten aber eine Entsprechung in der Geschichtserzählung finden! Daher ist der Tod des Ahab im Krieg gegen Ramot Gilead wegen der gleichzeitigen Notiz, er sei „zu seinen Vätern entschlafen" (1Kön 22,40) am wenigsten historisch wahrscheinlich, zumal es in 1Kön 21,27–29 heißt, das von Elija prophezeite schmähliche Ende der Omridendynastie werde erst nach Ahab einsetzen.
- Schließlich kann es tatsächlich Könige im Nord- und Südreich gegeben haben, die gleiche Namen trugen. Denn in dieser Zeit gab es offensichtlich enge Verbindungen zwischen den Königshäusern, welche durch die Eheschließung der Südreichkönige mit Nachkommen Ahabs untermauert wird. Die Nachkommen bekamen dann einfach den Namen des Onkels/Verwandten aus dem Nordreich.

Unter Joram, dem Bruder von Ahasja, beginnt jedenfalls der Niedergang Israels, hervorgerufen durch das Erstarken der Aramäer/des Königreichs Damaskus, das erst unter Jerobeam II. von Israel und Ahas von Juda durch die Assyrer seine Grenzen aufgezeigt bekommt. Joram von Juda aus der Davidsdynastie (2Kön 1,17; 2Kön 8,16) regiert zeitweise parallel zu Joram von Israel.

Joschafat zieht mit Joram von Israel gegen Mescha von Moab. Der Kriegszug endet wohl mit einer Niederlage der Allianz, und Mescha kann die Oberherrschaft Israels abschütteln. Vor allem gelingt die Eroberung der Stadt Kir-Heres nicht (identisch mit Kir Moab? – möglicherweise das antike Kerak, vermutlich die Hauptstadt von Moab). Angeblich hat Mescha auf der Mauer der Stadt, in die er sich mit seinem Heer zurückgezogen hat, für alle sichtbar, seinen Sohn als Brandopfer dargebracht. 2Kön 22,27b heißt es darauf:

> *Da kam ein gewaltiger Zorn über Israel. Sie zogen von Moab ab und kehrten in ihr Land zurück*

Wenn die Könige über diese unglaubliche Tat in Zorn gerieten, wäre die naheliegendste Handlung, dass sie nun erst recht gegen die Stadt vorrücken, um sie zu erobern und Mescha für diese „Abscheulichkeit" zur Rechenschaft ziehen. Vielleicht war das für die Belagerer aber auch das Signal, dass Mescha niemals aufgeben würde. Eine dritte Möglichkeit muss allerdings auch in Betracht gezogen werden: Der Gott, dem dieser Sohn geopfert wird, vermutlich Kamosch, entfaltet seine Macht und zwingt die Belagerer zum Abzug.

Wie dem auch sei: Mescha konnte sich aus der Vorherrschaft Israels befreien (2Kön 1,1; 2Kön 3,5). Diesbezüglich stimmen die Aussagen der Schrift halbwegs mit der Meschastele überein. Zeitgleich fallen auch Edom und die Stadt Libna von Juda ab (2Kön 8,20–23). Wo sich Libna befunden hat, ist bis zur Stunde umstritten.

Eine weitere kriegerische Auseinandersetzung zwischen Israel und seinem Nachbarn wird in 2Kön 6,24–7,20 berichtet. Es geht um einen Krieg zwischen den Aramäern unter Ben Hadad und „dem König" von Israel. Wer dieser König ist, erfährt man nicht. Je nach Einordnung der Elischaerzählungen, welche den Kontext bilden, kommen verschiedene Könige in Betracht. Es kommt zu einer schweren Hungersnot in Folge der Belagerung von Samaria, sodass die Bewohner selbst vor Kannibalismus nicht zurückschrecken. Aufgrund eines nächtlichen Wunders – Gott hat den Lärm eines großen Heeres über die Aramäer kommen lassen – fliehen die Aramäer und lassen ihr gesamtes Lager zurück. Damit wird die Stadt frei und die Hungersnot beendet. Kurze Zeit später wird Ben Hadad durch seinen Adjutanten Hasael ermordet (2Kön 8,15), welcher Israel allerdings weiter unter Druck setzt (vgl. 2Kön 10,30–36; 13,22–25). Diese Stelle steht freilich im Widerspruch zu 2Kön 13,22–25: Ben Hadad ist der Sohn von Hasael.

Das Haus Omri – und angeblich auch die Familie Ahasja von Juda, wird von dem Usurpator Jehu ben Joschafat, ein Oberst im Heer des Joram, beseitigt. Mit dem König gleichen Namens hat er freilich nichts zu tun. Er bekommt für einen König des Nordreiches erstaunlich gute Noten, zumal er, wie seinerzeit David, von einem Schüler Elijas noch zu Lebzeiten Jorams zum König gesalbt wird. Der Text erweckt den Eindruck, als sei Jehu erst durch die Salbung zum Putsch ermutigt worden. Ihm wird von Neuem die Prophetie des Elija gegen Ahab und seine Nachfolger vorgetragen (2Kön 9,7–10), die er dann auch erfüllt:

Angeblich erschießt er Joram, der ihm mit seinem Wagen entgegenfährt, ebenso seinen Schwager Ahasja von Juda, der verwundet noch bis Megiddo fliehen kann und dort stirbt. Unmittelbar im Anschluss daran werfen seine Anhänger die inzwischen sicher schon betagte Isebel aus dem Erscheinungsfenster des Palastes in Jesreel. Sie überlebt den Sturz nicht, wird von den Wagenpferden Jehus zertreten und von den Hunden gefressen. Die 70 Söhne des Ahab, die in Samaria leben, werden auf Befehl Jehus von den Ältesten und Vornehmen der Stadt geköpft und die Köpfe zu Jehu gebracht. Auch alle noch verbliebenen Nachkommen Ahabs werden umgebracht, ebenso die Angehörigen Ahasjas, sodass niemand aus dem ganzen Haus Ahabs überlebt.

Die Häufung von Thronusurpatoren im Nordreich lässt verschiedene Schlüsse zu:

1. Das Königtum ist im Bewusstsein des „Volkes" nicht sehr tief verankert.
2. Es gibt sehr heterogene und einflussreiche Gruppen, die versuchen, „ihren" Mann auf den Thron zu bringen und ggf. auch vor Königsmord nicht zurückschrecken. Dies könnte das Militär sein, die „Bürgermeister" größerer Städte, potente Landbesitzer oder schließlich eine mächtige Beamtenschaft.

Die Gründe für einen Thronwechsel liegen wohl stets in den unterschiedlichen Eigeninteressen jener Gruppe, die den Putsch verursacht.

Auch die Baalspriester und der zugehörige Tempel werden vernichtet. Man beachte, dass die ganzen Bluttaten zunächst von der Prophetie des Elija gedeckt werden, dann von Jehu, der sie als „Eifer für den Herrn" (2Kön 10,16) rechtfertigt und schließlich vom Herrn selbst, der ihm eine Dynastiezusage über vier Geschlechter zusagt (2Kön 10,30f). Im Kontext, dass Hasael Israel zu schaffen macht und Israel etliche Landverluste zu verzeichnen hat, findet sich die Bemerkung, dass Jehu dann doch nicht perfekt war, denn er hält an den Sünden des Jerobeam fest. Es wird nicht ausdrücklich gesagt, dass die Unterdrückung durch Hasael daraus resultiert, aber der Zusammenhang wird nahegelegt. Hasael hat in einem Krieg gegen Israel im Jahre 838 das Heer dezimiert und Teile des ursprünglich israelischen Ostjordanlandes annektiert. Aufgrund analoger Texte aus dieser Zeit ist kaum daran zu zweifeln, dass Jehu bei seiner Machtübernahme ein regelrechtes Blutbad angerichtet hat. Der Tod von Ahab allerdings geht nicht auf sein Konto.

Diese heilsgeschichtliche Sicht, durch welche die Morde des Jehu legitimiert werden, findet sich aber keineswegs überall: Insbesondere der Prophet Hosea verurteilt die Bluttaten des Jehu (Hos 1,4) und kritisiert den Umgang Israels mit seinen Königen (Hos 7,3–7; 10,3). Er wendet sich gegen die Wankelmütigkeit „Ephraims" (= Israels), die er schon beim Stammvater Jakob festmacht. (Hos 12). Und noch etwas ist zu beachten: Bereits Jehu wird gegenüber der aufstrebenden Macht der Assyrer tributpflichtig. Es wird erwogen, dass es sich bei diesem Tribut um ein Entgelt des Jehu an Assur für die Unterstützung im Kampf gegen die Omriden handelt: Nach einem Feldzugsbericht zu seinem 18. Regierungsjahr griff Salmanassar III. Hasael von Aram-Damaskus an. Dieser ist zu dieser Zeit offensichtlich noch so mächtig, dass ihn Salmanassar nicht besiegen kann. Im Kontext dieses Feldzuges treibt er im Jahre 853 Tribute von Tyrus, Sidon und von Jehu ein, der fälschlicherweise als „Sohn des Omri" ausgewiesen wird. Noch wenige Jahre davor hatte Ahab zusammen mit einer Koalition, der auch Hadad von Damaskus angehörte (vgl. die Kurkh-Stele), den Vormarsch Salmanassars in der Schlacht von Qarqar aufgehalten. Dies sollte nicht der letzte Aufstand der Aramäer gegen Salmanassar sein. Die Tributzahlung des Jehu wird auf dem so genannten „Schwarzen Obelisken" Salmanassar III. abgebildet.

Nach den Omriden gelingt es Jehu, wie vom Propheten gesagt, eine Dynastie über vier Glieder zu errichten (vgl. 2Kön 10,30; 15,12). Sie reicht von ihm aus über Joahas, dessen Sohn Joasch, Jerobeam II., Sohn des Joasch, bis zu Secharja. Im Laufe der Dynastie erholt sich Israel allmählich wieder, da der nördliche Nachbarstaat Aram sich mit den Assyrern auseinandersetzen muss. Spätestens unter Jerobeam II. gibt es einen nicht zu übersehenden Reichtum, der freilich, so die Prophetie, (auch) auf Kosten der Armen erwirtschaftet wird. Dies führt zu einer zunehmend auseinanderklaffenden Schere des Wohlstands, verursacht durch Verlust der Existenzgrundlage infolge von Missernten, Krankheit und damit einhergehender Verschuldung einerseits und Akkumulation von Land und Arbeitskraft (Schuldknechtschaft; Sklaverei) durch wenige Reiche andererseits. Es macht einen guten und gerechten König aus, derartige Auswüchse zu unterbinden.

Abb. 30: König Salmanassar III. erhält Tribute von Jehu „aus dem Hause Omri", Darstellung auf dem Schwarzen Oblisken

Abb. 31: Jehu wirft sich vor Salmanassar III. nieder, Darstellung auf dem Schwarzen Oblisken

Von Joahas von Israel wird berichtet, dass er weiterhin unter Hasael zu leiden hatte und sein Heer bis auf zehn Kampfwagen und 10.000 Mann Fußtruppen dezimiert worden sei. Nun sind 10.000 Mann ja durchaus noch eine beachtliche Zahl, aber über deren Aktivitäten erfährt man nichts. Sein Verhalten und das Verhalten Gottes ihm gegenüber ist ausgesprochen ambivalent: Der Zorn Gottes entbrennt wider Joahas wegen dessen Festhalten an der Sünde Jerobeams. Andererseits habe Joahas den Herrn besänftigt, wodurch auch immer, sodass er ihn erhörte und ihm einen „Helfer" (מוֹשִׁיעַ Moschija) sandte, sodass sich Israel aus der Gewalt Arams befreien konnte. Wer dieser Retter ist, wird nicht genannt, aus der historischen Perspektive kann dies aber nur Assur gewesen sein. Die Nachrichten über seinen Sohn Joasch von Israel sind zunächst unspektakulär: Er regierte 16 Jahre, tat was dem Herrn missfiel, hielt an der Sünde Jerobeams fest und starb. Weitere Informationen seien, wie üblich, der Chronik von Israel zu entnehmen, die leider nicht mehr existiert. Angeblich, so 2Kön13,22–25, konnte Joasch den Aramäern unter Ben Hadad, dem Sohne Hasaëls, die einst israelitischen Städte wieder entreißen, die Hadad und Hasael ihrem Reich einverleibt hatten. Unter den Informationen über Amazja von Juda finden sich dann allerdings weitere Nachrichten. Mit dem Untergang der Omriden ist es offensichtlich auch mit der Freundschaft mit dem Nordreich vorbei. Amazja, König von Juda, habe die Edomiter geschlagen und daraufhin Israel den Krieg erklärt. Juda wird geschlagen, Amazja gefangen genommen und zunächst gegen Lösegeld wieder frei gelassen. Joasch habe alles Silber und Gold aus Jerusalem mitgenommen und auch Geiseln genommen. Später wird Amazja durch judäische Verschwörer ermordet. Vorstellbar ist, dass die Verschwörer aus den Reihen des Militärs oder aus der Aristokratie stammten, die mit dem Krieg gegen Joasch nicht einverstanden waren. Eine theologische Erklärung wird auch geliefert: Er war dem Herrn nicht so zugetan wie sein Ahnherr David.

Jerobeam II. gelingt es, die verlorenen Gebiete zurückzuerobern, von Lebo-Hamat im Norden bis zum Meer der Araba (Meer der Wüste, Totes Meer). In seiner Regierungszeit tritt Amos auf (Am 1,1; 7,10). Unabhängig von der Frage nach der zeitlichen Entstehung der verschiedenen Abschnitte des Amosbuches und seiner sekundären Zufügungen verweisen die Worte des Buches auf verheerende Zustände im Land. Wie schon erwähnt klafft die Schere zwischen Reich und Arm immer weiter auseinander, die Armen werden unbarmherzig ausgebeutet und gedemütigt, auch sexuell (2,4–16), die Reichen feiern rauschende Feste auf den Pfändern, die man den Armen abgenommen hat. Den König trifft eine Mitschuld, weil er dieses Treiben nicht unterbindet. Und so verkündet der Prophet das Gericht über Israel, das in 2Kön 14,27 allerdings noch einmal relativiert wird. Von dem Prophet Jona wissen wir nichts. Er ist jedenfalls nicht der Jona aus dem Zwölfprophetenbuch, der ja angeblich in Ninive und nicht in Israel weissagt.

Der letzte König aus der Jehu-Dynastie ist Secharja. Nach kurzer Regierungszeit wird er von einem gewissen Schallum, Sohn des Jabesch ermordet.

Die Königsmorde häufen sich: Nach angeblich nur einem Monat Regierungszeit wird Schallum durch Menahem ben Gadi aus Tirza in Samaria ermordet. Man gewinnt den Eindruck einer völlig zerrütteten Gesellschaft, in der ein Usurpator auf den anderen folgt. In Juda ist dies nicht der Fall, weil die Gesellschaft aus ehemaligen Kleinviehhirten insgesamt wesentlich homogener war. Eine beachtenswerte Überlegung zu dem Phänomen der ständigen Thronwechsel besteht darin, dass in Israel die Spannungen zwischen den Stämmen und den bereits vor der „Landnahme" existierenden Stadtstaaten eine bleibende Rolle spielten. Im

Jakobssegen in Gen 49 ist zudem davon die Rede, dass die einzelnen Stämme (untereinander?) nicht sehr friedlich sind. Da mögen Stammesrivalitäten bis in die Königszeit hinein eine Rolle gespielt haben, zumal sich „die Stämme" aus Alteingesessenen und Neuzugewanderten zusammensetzen.

Menahem eroberte die Stadt Tifsach und bringt die gesamte Bewohnerschaft um, weil sie ihm bei seinem Aufstand die Tore nicht geöffnet und damit die Nachfolge verweigert hatte. Den schwangeren Frauen lässt er die Bäuche aufschlitzen. Spätestens unter ihm ist der kurze Aufschwung Israels wieder vorbei. Die Assyrer unter dem König Pul (=Tiglat-Pileser III; 2Kön 15,19) dringen nach Israel ein und Menahem muss sich durch einen hohen Tribut freikaufen. Zuvor wurden schon große Teile des Aramäerstaates von den Assyrern annektiert. Rezin von Damaskus gehört ebenso zu den Tributpflichtigen wie Menachem. Er muss die gewaltige Summe von tausend Talenten Silber entrichten = ca. 41.000 kg Silber. Um diese Summe aufbringen zu können, erlässt er eine Reichensteuer von je 50 Silberschekel (je 11,5g, mithin ein halbes Kilo Silber pro Person). Von der Sondersteuer waren ungefähr 72.000 Personen betroffen, sofern Menahem die Summe tatsächlich alleine von den Reichen forderte. Sein Sohn und Nachfolger wird von seinem Adjutanten Pekach ben Remalja ermordet, der mit einem Trupp von 50 Mann in den Palast eindringt. Möglicherweise geht dieser Königsmord schon auf das Konto der Aramäer, die mit Pekach einen willfährigen Koalitionsgenossen finden. Pekach selbst findet sein Ende durch den Usurpator Hoschea ben Ela. Unter ihm endet die Geschichte Israels.

Die Assyrer scheinen die unterworfenen Völker in einem Dreierschritt sanktioniert zu haben. In der ersten Stufe wird ein Tribut gefordert, das Land, der König und die Bevölkerung bleiben unangetastet. Nach einem Aufstand gegen die Assyrer unter Pekach ben Remalja folgt eine zweite Stufe: Das Land wird teilweise verwüstet, die Städte erobert und die Bevölkerung der eroberten Landstriche und Städte werden exiliert. Im dritten und letzten Schritt wird das ganze Land inclusive der Hauptstadt erobert. Der König wird gefangen gesetzt und die *ganze* Bevölkerung exiliert. Letzteres ist allerdings wenig wahrscheinlich, denn die Großmacht wollte ja auch weiterhin Steuern und Abgaben aus dem Lande ziehen, wie alle Großmächte. Der Bevölkerungsaustausch, den die Assyrer laut 2Kön 17 veranlassten, indem sie Leute aus Babel, Kuta (unbekannt), Awa (unbekannt), Hamat (Hama; Stadt in Syrien zwischen Aleppo und Damaskus; unter anderem von König Zakkur (s.o.) regiert) und Sefarwajim (unbekannt) in Israel ansiedelten (2Kön 17,24), dürfte nicht vollständig gewesen sein. Wie noch zu zeigen ist, floh eine große Gruppe aus Israel in den Süden und kam unter anderem in der Neustadt Jerusalems unter. Ein Teil blieb aber auch im Land und verehrte selbstverständlich weiterhin J" als ihren Gott, ob nun im Sinne eines Monotheismus oder als Monolatrie (2Kön17,41), sei dahingestellt. Angeblich verehrten die Zuzügler neben ihren traditionellen Gottheiten aber auch den Landesgott, eben J" (2Kön 17,24–41). Es gab offensichtlich auch Gruppen, die zur Verehrung J"s nach Jerusalem zum Tempel zogen (Jer 41,4–6).

Im Süden bleibt die Davidsdynastie an der Macht, auch wenn Atalja aus dem Hause Omri nach dem Tod ihres Sohnes Ahasja (durch Jehu oder im Krieg gegen die Aramäer gefallen) versucht, die davidischen Prinzen auszurotten. Ein Prinz namens Joasch wird von der Schwester des Königs Ahasja gerettet und versteckt, um zu gegebener Zeit den Thron zu besteigen. Vorläufig aber regiert Atalja, die Königinmutter das Land. Nach Quellenlage war dies die einzige Königin Judas, auch wenn bei minderjährigen Königen die Mutter zusammen mit den Erziehern, vielleicht Schreibern und/oder Priestern, die Amtsgeschäfte bis zur Volljährigkeit führte. Dies ist zwar nur bedingt mit der Herrschaft der Königin Hatschepsut (zwischen 1467 und 1458) in Ägypten zu vergleichen, zeigt aber, dass eine Regentin im alten Orient kein Ding der Unmöglichkeit war. Hatschepsut war mit Thutmosis II. verheiratet und regierte nach dessen Tod anstelle ihres noch minderjährigen (Stief-) Sohnes Thutmosis III.

> *Thutmosis trat an die Stelle als König beider Länder, er herrschte auf dem Thron dessen, der ihn gezeugt hatte. Seine Schwester, die Gottesgemahlin Hatschepsut, sorgte für das Land. Die beiden Länder lebten nach ihren Plänen, man diente ihr in Demut. Sie war der Same, der aus dem Gott kam, Bugtau Oberägyptens, Hecktau Unterägyptens, Landepflock der Südvölker, Herrin des Befehlens, vortreffliche Pläne, die die beiden Länder beruhigte, wenn sie redete.*
> (https://de.wikipedia.org/wiki/Hatschepsut#cite_note-14)

Joasch sei allerdings schon mit sieben Jahren auf den Thron gekommen. Der Putsch gegen Atalja wird vom Priester Jojada und der Palastwache angezettelt. Das Unternehmen des Priesters gelingt, Atalja wird ermordet, Joasch zum König gekrönt und der aus Zeiten der Omriden stammende Baalstempel zerstört. Die aus der Sicht der Verfasser bedeutendste Tat des Joasch war die (erste) Renovierung des Tempels, zu der v.a. Spendengelder verwendet wurden (2Kön 12).

Einen Kriegszug Hasaëls, der nicht nur das Nordreich in Schwierigkeiten brachte, sondern offensichtlich auch Juda, wendet Joasch durch einen Tribut ab, zu dem er auch die Tempelschätze heranziehen musste. Obwohl er aus Sicht der Chronisten ein „guter“ König war, wird er von seinen Dienern ermordet. Wie üblich, werden die Gründe dafür nicht genannt, weder bei den Königen des Nordreiches, noch bei denen des Südreiches. Man kann lediglich vermuten, dass es sich um eine Revolte am Hof handelte, aber die Gründe dafür sind unbekannt.

Ihm folgt sein Sohn Amazja mit 25 Jahren auf den Thron. Wenn sein Vater mit sieben Jahren die Regierung übernahm und angeblich 40 Jahre regierte, war er etwa 22 Jahre alt bei der Geburt Amazjas. Zu Amazja ist oben schon das Wesentliche gesagt. Ihm folgt sein Sohn Asarja/Usija, der durchaus politisch erfolgreich gewesen zu sein scheint. Er gewinnt Elat für Juda zurück, doch dann trifft ihn der Aussatz und er muss in Quarantäne. An seiner Stelle regiert sein Sohn Jotam als Mitregent. Unter seiner Regentschaft zeichnet sich bereits die Auseinandersetzung zwischen Nord- und Südreich ab, die unter Ahas ausbrechen sollte und in der Forschung als Syrisch-Ephraimitischer Krieg bezeichnet wird. Zu den Ausführungen in 2Kön 16 gibt es eine Dublette bei Jesaja. Die beiden Texte dürften allerdings nicht völlig unabhängig voneinander entstanden sein.

Bei Jes 7 wird die Szene aber etwas ausführlicher dargestellt. Dort heißt es:

> *1 In der Zeit, als Ahas, der Sohn Jotams, des Sohnes Usijas, König von Juda war, zogen Rezin, der König von Aram, und Pekach, der Sohn Remaljas, der König von Israel, gegen Jerusalem in den Krieg; aber sie konnten die Stadt nicht einnehmen. (Nach 2Kön 16,5 heißt es: Sie konnten ihn nicht zum Kampf zwingen.)*
>
> *2 Als man dem Haus David meldete: Aram hat sich mit Efraim verbündet! da zitterte das Herz des Königs und das Herz seines Volkes, wie die Bäume des Waldes im Wind zittern. 3 Der Herr aber sagte zu Jesaja: Geh zur Walkerfeldstraße hinaus, zusammen mit deinem Sohn Schear-Jaschub (ein Rest kehrt um), an das Ende der Wasserleitung des oberen Teiches, um Ahas zu treffen. 4 Sag zu ihm: Bewahre die Ruhe, fürchte dich nicht! Dein Herz soll nicht verzagen wegen dieser beiden Holzscheite, dieser rauchenden Stummel, wegen des glühenden Zorns Rezins von Aram und des Sohnes Remaljas. 5 Zwar planen Aram, Efraim und der Sohn Remaljas Böses gegen dich und sagen: 6 Wir wollen gegen Juda ziehen, es an uns reißen und für uns erobern; dann wollen wir den Sohn Tabeals dort zum König machen. 7 Doch so spricht Gott, der Herr: Das kommt nicht zustande, das wird nicht geschehen. 8 ... Noch fünfundsechzig Jahre, dann wird Efraim zerschlagen, es wird aufhören, ein Volk zu sein. 9...Glaubt ihr nicht, so bleibt ihr nicht.*

Man geht davon aus, dass Pekach von Israel und Rezin von Aram (Damaskus) um 734/33 wieder einmal eine antiassyrische Koalition zusammenziehen wollen, um die Oberherrschaft der Assyrer abzuschütteln. Beide sind gegenüber den Assyrern tributpflichtig, wie aus den Analen Tiglat-Pilesers hervorgeht. Ahas von Juda ist offensichtlich nicht bereit, dieser Koalition beizutreten, sei es aus Furcht, sei es aus politischer Weitsicht. Pekach und Rezin haben die Absicht, Ahas abzusetzen und den Sohn Tabeals (Gott ist gut) an Ahas Stelle zum König zu machen. Jesaja trifft den König auf Geheiß Gottes an der Wasserleitung. Es ist kein Zufall, dass die Wasserleitung in der Walkerfeldstraße liegt, denn zum Walken ist Wasser unerlässlich. Möglicherweise ist der König dabei, diese im Kontext oder angesichts der bevorstehenden Belagerung zu inspizieren, um die Wasserversorgung zu sichern. Die Botschaft des Jesaja ist einfach: Habe keine Angst, verlasse dich auf Gott. Die Pläne deiner Feinde werden nicht gelingen.

Eine dem syrisch-ephraimitischen Krieg vergleichbare Situation, in der ebenfalls ein König in eine antiassyrische Koalition gezwungen werden sollte, wird in der Inschrift des Zakkur von Hamat überliefert. Dieser hat sich geweigert, einer von Bar-Hadad von Damaskus (=Ben-Hadad) im Jahr 797 v. Chr. gegründeten Koalition beizutreten. Daraufhin wurde seine Stadt von Koalitionstruppen belagert, wie die Zeilen 13–15 der genannten Inschrift berichten:

[wj'mr 13lj] b'lšmjn 'l tzchlkj 'nhhml[ktkw'nh] 14['q]m 'mkw'nh 'chṣlkmnkl [mlkj' 'l zj] 15mch'w 'ljkmṣr (Donner, Inschriften Nr. 202).

„und es sprach 13 zu mir Beelschamajn [Herr der Himmel]: Fürchte Dich nicht, denn ich habe dich zum König gemacht und ich 14 werde bei dir stehen und ich werde dich erretten von allen diesen Königen, die 15 einen Belagerungswall gegen dich errichtet haben" (vgl. Texte aus der Umwelt des Alten Testamens I/3, 626 = TUAT).

Abb. 32: Stele des Zakkur von Hamat

Gemäß der Inschrift wurde Zakkur von Hamat von den Belagerern befreit, wobei unklar bleibt, aus welchen Gründen diese wieder abzogen. Das Mittel, Koalitionspartner durch militärische Intervention und Inthronisation eines neuen Herrschers zu gewinnen, war – das zeigt diese Inschrift – ein gängiges Mittel.

Zumindest nach den Aussagen bei Jesaja will sich Ahas jedoch nicht auf die Botschaft des Propheten verlassen. Er hat – so auch 2Kön 16,7–18 – längst politische Realitäten geschaffen, indem er in einer Gesandtschaft den Assyrer Tiglat-Pileser um Hilfe gebeten und ihm durch Tribute seine Vasallenschaft angeboten hat (16,7). Daraufhin erhält er durch den Propheten die Botschaft von der Geburt des Immanuel (Gott mit uns) als Zeichen, dem sich Ahas aus eigenem Entschluss verweigert hat. Ob dies eine Heils- oder Unheilsbotschaft ist, bleibt in der Diskussion. Die Ankündigung des Immanuel ist jedenfalls Gottes Reaktion auf das fehlende Vertrauen des Ahas, der ohnedies schon von Anfang an negativ aufgefallen ist, denn „er ließ seinen Sohn durch das Feuer gehen" (16,3). Die freiwillige Unterwerfung unter eine Großmacht geschieht bis zum heutigen Tag, mit immer den gleichen Folgen: Die Großmacht, die man (angeblich!) zu Hilfe gerufen hat, wird man nicht mehr los. Tiglat-Pileser hilft und vernichtet das Königtum der

Aramäer mit Deportation der Bevölkerung. Kurze Zeit später wird auch Israel unter seinem König Hoschea vernichtet. Entgegen der Prophetie des Jesaja hat der Untergang des Reiches keine 65 Jahre auf sich warten lassen: Bereits elf Jahre später, im Jahr 722, ist das Nordreich Israel erledigt.

Die Gründe für den Untergang werden in 2Kön allerdings nicht in der Historie gesucht. Mit etwas Weitblick hätte Hoschea erkennen müssen, dass er den Assyrern, mit welcher Koalition auch immer, nicht gewachsen ist. Aber das spielt für die Verfasser – hier eindeutig die Deuteronomistischen Redaktoren – überhaupt keine Rolle. Die Gründe für den Untergang liegen ganz allein am Verhältnis Israels zu seinem Gott. Die ganze – übliche – Litanei wird aufgezählt: die Sünde Jerobeams, die Verehrung falscher Götter auf den falschen Plätzen, die beiden Stierbilder, die Nichteinhaltung der Gebote allgemein, das Nachahmen der Sitten und Bräuche der Völker aus ihrer Umgebung. Es findet sich hier nicht viel anderes als in den Anschuldigungen aus der Zeit der Richter.

Zusammenfassung

Die Differenzen zwischen den Aussagen der Schrift und der Historie, die Dank außerbiblischer Inschriften z. T. gut zu rekonstruieren sind, werden an manchen Stellen sehr deutlich.

Die Zeit der Omriden wird anders dargestellt, die Historie wird der theologischen Bewertung untergeordnet. Dies betrifft z.B. die Erfolge des Ahab, die gemindert werden, aber auch dessen Tod, der wegen seiner Verbrechen (Baalskult; Justizmord an Nabot) absolut unehrenhaft ausfällt. Sein Schicksal fällt dann aber wegen seiner Umkehr wesentlich harmloser aus, als angekündigt und wird teilweise auf seine Nachfolger verschoben. Bestätigt wird immerhin durch eine Inschrift eine kriegerische Allianz zwischen Süd- und Nordreich, wie auch die Auseinandersetzungen mit Aram und Assur.

Das Südreich bleibt freilich weitestgehend im Schatten des übermächtigen Nordreiches. Es scheint, dass sich die Davidsdynastie, mit einer kleinen Lücke unter Atalja, ununterbrochen halten konnte, wenngleich die Situation in der Zeit der gleichnamigen Könige nicht zu klären ist. Die Dynastie ist jedenfalls für das Südreich das einigende Band und hält den Fortgang der Erzählungen zusammen.

Die Elija- und Elischaerzählungen stammen aus einer eigenen Überlieferung und sind z. T. nur sehr lose in die Zeitgeschichte eingebunden. Ob nun Ahab oder einem seiner Nachkommen wegen der o.a. Verbrechen von den Propheten ein gewaltsames Schicksal angekündigt wird, ist nicht mit Sicherheit zu sagen. Hier sind die Könige austauschbar. Dass es in der Hauptsache Ahab trifft, hat theologische Gründe.

Theologisch ausgerichtet ist auch insgesamt die Bewertung der Könige. Kaum einer aus der Davidsdynastie erhält schlechte Noten, obwohl unter ihnen die Opfer auf den Höhen weiterhin betrieben werden. Schon hier kann festgestellt werden: Das von den Verfassern angestrebte Ideal ist von Anfang an der eine Tempel als einziger Kultplatz zur Verehrung des einzigen Gottes. Damit wird der von Salomo begonnene Kult des einen Tempels zu seinem Ziel geführt.

Dagegen kann das Nordreich nicht ankommen, zumal keiner seiner Könige auch nur im Entferntesten ein Bedürfnis danach verspürt, sich dem Kult am Jerusalemer Tempel (wieder) anzuschließen. Alle Könige halten fest an „der Sünde Jerobeams", der damit begonnen hatte, zwei Reichstempel mit je einem Stierbild zu betreiben. Dazu gehören Steinmale, Kultpfähle, Opfer auf den Kulthöhen und in allen Städten, und natürlich der zeitlich begrenzte Abfall zu Baal, welcher durch eine fremde Frau ins Land gebracht wurde.

Dass die Menschen des Südreiches diesbezüglich kaum „besser" waren, es auch im Südreich Kulthöhen, Steinmale, Kultpfähle etc. gab, wird zwar erwähnt, spielt aber für die „gute" Bewertung der Südreichkönige kaum eine Rolle.

14. Das Ende des Südreiches

14.1 Was sagt die Schrift?

Rund 150 Jahre überlebt das Südreich Juda das nördliche „Brudervolk". Sein Ende verläuft allerdings nach vergleichbarem Muster: Wieder versucht man sich in Koalition mit anderen, jetzt v.a. im Bündnis mit Ägypten, von der Vorherrschaft der Großmacht zu befreien. Die Großmacht wechselt in dieser Zeit. Am Horizont der Geschichte erscheinen die (Neu-) Babylonier, welche die Assyrer als Großmacht im vorderen Orient ablösen. Auch diese Bemühungen sind zum Scheitern verurteilt, nicht zuletzt wegen der Ägypter, die einen höchst wankelmütigen Bündnispartner abgeben. So heißt es schon z.Z. des Hiskija:

> *Du vertraust gewiss auf Ägypten, dieses geknickte Schilfrohr, das jeden, der sich darauf stützt, in die Hand sticht und sie durchbohrt. Denn so macht es der Pharao, der König von Ägypten, mit allen, die ihm vertrauen. (Jes 36,6).*

Die Zeit des Jesaja ist bald vorüber, doch haben wir mit Jeremia und Ezechiel zwei weitere Propheten, welche die Zeit vor dem Exil und die ersten Jahre im Exil begleiten und kommentieren.

Vor dem Ende ereignet sich für die deuteronomistischen Verfasser allerdings noch ein absolutes Highlight: Es regiert der König Joschija – es gab keinen vor ihm oder nach ihm, der wie Joschija war (2Kön 23,25). Doch zunächst zu Hiskija und Manasse.

Noch vor dem Zusammenbruch des Nordreiches kommt im Südreich der Davidide und Sohn des Ahas, Hiskija auf den Thron (meine Stärke ist J" oder J" hat mich stark gemacht). Er bekommt Bestnoten, weil er nunmehr auch die Kulthöhen und Steinmale abschaffte und sogar die Kupferschlange, den Nehuschtan, aus der Zeit des Mose zerstörte. Keiner war wie er, sagt der Text in 2Kön 18,5. Ein Großteil der Hiskijaüberlieferung findet sich noch einmal am Ende des Protojesaja in Jes 36–39. Sein Vater hatte durch den „Hilferuf" an Assur das Königreich unter assyrische Vorherrschaft gebracht, aber Hiskija konnte sich kurzfristig aus dieser Abhängigkeit befreien:

> *2Kön 18,6 Er hing dem HERRN an, ohne von ihm abzuweichen, und bewahrte die Gebote, die der HERR dem Mose gegeben hatte. 7 Daher war der HERR mit ihm; in allem, was er unternahm, hatte er Erfolg. So fiel er vom König von Assur ab und war ihm nicht länger untertan. 8 Auch schlug er die Philister bis Gaza und den Umkreis dieser Stadt, vom Wachtturm bis zur befestigten Stadt.*

Juda kann sich allerdings nicht sehr lange an der neu erworbenen Selbständigkeit erfreuen. Acht Jahre nach dem Untergang des Nordreiches, im 14. Jahr Hiskijas (2Kön 18,13), zieht nunmehr Sanherib (Nachfolger Sargons II. * etwa 745 v. Chr.; † 16. Januar 680 v. Chr.) nach Westen, um das abgefallene Juda wieder „zur Vernunft" zu bringen. Im Laufe des Kriegszuges wurden offensichtlich nahezu alle Festungen des Königreiches erobert.

Hiskija liefert 300 Talente Silber und 30 Talente Gold als Tribut an Sanherib als Zeichen der Unterwerfung. Das scheint nicht genug gewesen zu sein, denn Sanherib schickt drei seiner Beamten von Lachisch, das er gerade belagert, vor die Tore von Jerusalem und fordert die Übergabe der Stadt. Er verspricht Frieden für die Menschen, freilich nur im Kontext einer Deportation (2Kn 18,32). Die drei Gesandten versuchen – psychologisch nicht ungeschickt, wenngleich allzu durchsichtig – Stimmung gegen Hiskija zu machen und das Vertrauen der Bevölkerung auf eine Hilfe Gottes zu erschüttern. Dennoch hofft Hiskija (im Gegensatz zu seinem Vater Ahas) auf den Herrn und glaubt den Worten des Propheten Jesaja, der um Rat gefragt worden war. Was Jesaja schon Ahas gesagt hatte, wiederholt er: Fürchte dich nicht. Er verspricht den Abzug der Assyrer und verkündet den gewaltsamen Tod des Sanherib. Möglicherweise schickt der König Tirhaka von Kusch eine Armee zum Entsatz, über die aber sonst nichts weiter berichtet wird (2Kön 19,9). Diese Konstellation veranlasst Sanherib, eine zweite Gesandtschaft zu Hiskija zu senden und erneut die Übergabe zu fordern. Er verweist darauf, dass kein König und kein Land ihm standhalten konnten. In einer zweiten Anfrage verspricht der Prophet, dass Jerusalem nicht erobert werden wird:

> *2Kön 19,33 Auf dem Weg, auf dem er gekommen ist, wird er wieder zurückkehren. Aber in diese Stadt wird er nicht eindringen – Spruch des HERRN.*
> *34 Ich werde diese Stadt beschützen und retten, um meinetwillen und um meines Knechtes David willen.*

Der Engel des Herrn geht in der folgenden Nacht durch das Lager der Assyrer und erschlägt 185.000 Mann. Sanherib muss abziehen und wird von seinen Söhnen Adrammelech und Sarezer erschlagen. Beide müssen allerdings fliehen; sein Nachfolger wird Asarhaddon.

Historisch völlig unbedeutend, dafür theologisch umso wichtiger, ist die kurze Erzählung von der Krankheit Hiskijas. Auf die Fürsprache des Propheten Jesajas und aufgrund der Gebete Hiskijas selbst, heilt ihn Gott von einer tödlichen Krankheit. Der König hat eine Geschwulst (Pest? Verletzung mit Sepsis?), die auf Anordnung des Propheten mit einem Feigenbrei bestrichen wird, was zur Heilung führt.

Im Anschluss daran erscheint eine Gesandtschaft aus Babel bei Hiskija, um ihm zu seiner Genesung zu gratulieren. Hiskija zeigt der Gesandschaft alle seine Reichtümer – zum Missfallen des Propheten. Allerdings dürfte das, was Hiskija zu zeigen hatte, nach den Tributen an Sanherib, nicht so umfangreich gewesen sein. Wie auch immer: Jesaja ist wohl zu Recht der Ansicht, dass die Reichtümer für die Babylonier eine Verlockung sein könnten, diese zu erbeuten.

Eine kleine Notiz in 20,20 erwähnt, dass Hiskija eine Wasserleitung angelegt und das Wasser in die Stadt geleitet habe. Darüber wird noch zu reden sein. 2Chr 32,30 präzisiert:

> *Hiskija war es auch, der den oberen Abfluss des Gihonwassers verstopfte und es nach Westen in die Davidsstadt hineinleitete.*

Ihm folgt sein Sohn Manasse im Alter von zwölf Jahren, dem die unglaubliche Regierungszeit von 55 Jahren bescheinigt wird, und dies, obwohl er äußerst schlechte Noten erhält: Er habe die Kulthöhen, Baalsaltäre und Kultpfähle wieder errichtet, die Hiskija zerstört hatte, sowie Altäre im Tempel. Er „warf sich vor dem ganzen Heer des Himmels nieder“ (21,3) und baute Altäre für den Kult des Himmelsheeres. Schließlich ließ er seinen Sohn durch das Feuer gehen, trieb Zauberei und Wahrsagerei. „Manasse verführte sie [das Volk], noch Schlimmeres zu tun als die Völker, die der Herr vor den Augen der Israeliten vernichtet hatte“ (21,9). Und: „Manasse vergoss unschuldiges Blut in Strömen, bis er Jerusalem von einem Ende zum anderen damit anfüllte“ (21,16). Was ihn dazu getrieben haben mag, als zwölfjähriger mit einem derart frommen Vater so zu handeln, erfährt man nicht.

Jetzt sollte man eigentlich einen schmachvollen Tod erwarten, aber nichts dergleichen wird berichtet. Manasse stirbt friedlich und wird im Garten seines Hauses begraben.

Schon für die Verfasser der Chronik ist ein solches Schicksal unzumutbar. Sie korrigieren die Ereignisse dahingehend, dass Manasse von den Assyrern gefangen genommen und eingekerkert wird. Dort besinnt er sich, wendet sich Gott zu und kommt wieder auf freien Fuß. Er kehrt auf den Thron zurück und regiert im Sinne seines Vaters, indem er die heidnischen Einrichtungen wieder beseitigt. In den Aufzeichnungen über die Könige Israels und in der Geschichte der Seher ist sogar sein Reuegebet aufgezeichnet (2Chr 33,11–20). Nachdem diese Aufzeichnungen nicht mehr existieren, wurde in hellenistisch-römischer Zeit ein „Gebet des Manasse“ in Griechisch verfasst und als außerbiblische Schrift publiziert.

Auf Manasse folgt sein Sohn Amon, der die Vergehen seines Vaters fortsetzt und von seinen Dienern ermordet wird. Gegen diese wenden sich die Bürger des Landes, erschlagen die Mörder und bringen Joschija auf den Thron.

Joschija wird im Alter von acht Jahren gekrönt. Mit 18 Jahren, mithin im zehnten Regierungsjahr, befiehlt er die Renovierung des Tempels, in ähnlicher Weise wie Joasch. Auch hier vertraut man den Bauhandwerkern und rechnet nicht das übergebene Geld ab. Der Hohepriester Hilkija teilt dem Staatsschreiber Schafan mit, dass er im Tempel ein Gesetzbuch gefunden habe. Dieser überbringt es dem König, welcher es liest. Er ist entsetzt darüber, welche Vorschriften laut Gesetzbuch nicht eingehalten worden waren. Deshalb schickt er eine Delegation aus

Priestern und Mitglieder der einflussreichen Schafan-Familie zu der Prophetin Hulda, die in Neujerusalem wohnt, wahrscheinlich im Westen der Davidsstadt. Sie verkündet den Untergang Jerusalems wegen der Vergehen, prophezeit aber Joschija selbst, dass er das Unheil über die Stadt nicht mehr erleben, sondern in Frieden in sein Grab kommen werde (2Kön 22,3–20).

Hier wird deutlich, dass die Aussagen der Chronik nicht zutreffen, denn es ist laut 2Kön 23 eben erst Joschija und nicht der bekehrte Manasse, der die ganzen heidnischen Bauten und Einrichtungen seines Großvaters Manasse zerstört.

Die Aktivitäten Joschijas sind ohne Beispiel und man wundert sich, was es da am Tempel von Jerusalem alles gegeben haben soll, von dem zuvor kaum oder auch gar nicht die Rede war:

> *2Kön 23,1 Der König ließ alle Ältesten Judas und Jerusalems bei sich zusammenkommen. 2 Er ging zum Haus des HERRN hinauf mit allen Männern Judas und allen Einwohnern Jerusalems, den Priestern und Propheten und allem Volk, Jung und Alt. Er ließ ihnen alle Worte des Bundesbuches vorlesen, das im Haus des HERRN gefunden worden war. 3 Dann trat der König an die Säule und schloss vor dem HERRN diesen Bund: Er wolle dem HERRN folgen, seine Gebote, Bundeszeugnisse und Satzungen von ganzem Herzen und ganzer Seele bewahren und die Worte des Bundes einhalten, die in diesem Buch niedergeschrieben sind. Das ganze Volk trat dem Bund bei. 4 Hierauf befahl der König dem Hohepriester Hilkija, den Priestern des zweiten Ranges und den Wächtern an den Schwellen, alle Gegenstände aus dem Tempel des HERRN hinauszuschaffen, die für den Baal, die Aschera und das ganze Heer des Himmels angefertigt worden waren. Er ließ sie außerhalb Jerusalems bei den Terrassen des Kidrontals verbrennen und die Asche nach Bet-El bringen. 5 Auch setzte er die Götzenpriester ab, die von den Königen von Juda bestellt worden waren und die auf den Kulthöhen, in den Städten Judas und in der Umgebung Jerusalems Opfer verbrannt sowie dem Baal, der Sonne, dem Mond, den Wandelsternen und dem ganzen Heer des Himmels geopfert hatten. 6 Den Kultpfahl schaffte er aus dem Haus des HERRN und aus Jerusalem hinaus in das Kidrontal und verbrannte ihn dort; er zermalmte ihn zu Staub und streute diesen auf die Gräber des einfachen Volkes. 7 Ferner riss er die Gemächer der Hierodulen [Geheiligten] am Tempel nieder, in denen die Frauen Schleier für die Aschera webten. 8 Er holte alle Priester aus den Städten Judas weg und machte die Kulthöhen von Geba bis Beerscheba, auf denen die Priester geopfert hatten, unrein. Er zerstörte die Torhöhen, die am Eingang zum Tor des Stadtobersten Josua auf der linken Seite des Stadttores waren. 9 Doch durften die Höhenpriester nicht an den Altar des HERRN in Jerusalem treten, sondern nur von den ungesäuerten Broten inmitten ihrer Brüder essen. 10 Ebenso machte er das Tofet im Tal der Söhne Hinnoms unrein, damit niemand mehr seinen Sohn oder seine Tochter für den Moloch [Melech = König] durch das Feuer gehen ließ. 11 Er entfernte die Pferde, die die Könige von Juda zu Ehren der Sonne am Eingang zum Haus des HERRN bei der Zelle des Kämmerers Netan-Melech am Parwar aufge-*

stellt hatten, und verbrannte die Sonnenwagen im Feuer. 12 Auch die Altäre, die die Könige von Juda auf dem Dach über dem Obergemach des Ahas errichtet hatten, sowie die Altäre, die Manasse in den beiden Höfen des Tempels aufgestellt hatte, ließ der König abbrechen. Er schlug sie dort in Trümmer und warf ihren Schutt in das Kidrontal. 13 Desgleichen entweihte der König die Kulthöhen östlich von Jerusalem, südlich vom Berg des Verderbens, die Salomo, der König von Israel, für Astarte, die Göttin der Sidonier, für Kemosch, den Götzen der Moabiter, und für Milkom, den Gräuel der Ammoniter, erbaut hatte. 14 Er zerbrach die Steinmale, hieb die Kultpfähle um und füllte ihre Stätten mit Menschenknochen. 15 Auch den Altar von Bet-El, die Kulthöhe, die Jerobeam, der Sohn Nebats, der Verführer Israels, errichtet hatte, auch diesen Altar zerstörte er samt der Kulthöhe. Er steckte das Höhenheiligtum in Brand, zermalmte die Steine zu Staub und verbrannte den Kultpfahl. 16 Als Joschija sich umwandte und die Gräber sah, die dort auf dem Berg waren, ließ er die Gebeine aus ihnen nehmen und auf dem Altar verbrennen. So machte er ihn unrein gemäß dem Wort des HERRN, das der Gottesmann ausgerufen hatte, der diese Drohung aussprach. 17 Und als dann der König fragte: Was ist das für ein Denkmal, das ich hier sehe?, antworteten ihm die Männer der Stadt: Das ist das Grab des Gottesmannes, der aus Juda gekommen war und vorausgesagt hatte, was du am Altar von Bet-El getan hast. 18 Da befahl er: Lasst ihn ruhen! Niemand soll seine Gebeine berühren. So ließ man seine Gebeine samt den Gebeinen des Propheten, der aus Samaria stammte, ungestört. 19 Auch beseitigte Joschija alle Höhentempel in den Städten Samariens, die die Könige von Israel errichtet und durch die sie den HERRN erzürnt hatten. Er verfuhr mit ihnen so, wie er es in Bet-El getan hatte. 20 Alle Höhenpriester, die dort waren, ließ er auf den Altären hinschlachten und Menschengebeine auf den Altären verbrennen. Darauf kehrte er nach Jerusalem zurück. 21 Nun befahl der König dem ganzen Volk: Feiert das Pessachfest zur Ehre des HERRN, eures Gottes, wie es in diesem Bundesbuch vorgeschrieben ist! 22 Ein solches Pessach war nämlich nicht gefeiert worden seit den Tagen der Richter, die Israel regierten, auch nicht in der ganzen Zeit der Könige von Israel und Juda. 23 Erst im achtzehnten Jahr des Königs Joschija wurde dieses Pessach zur Ehre des HERRN in Jerusalem begangen. 24 Auch die Totenbeschwörer und Zeichendeuter, die Hausgötter, Götzen und alle Gräuel, die im Land Juda und in Jerusalem zu sehen waren, fegte Joschija hinweg. So führte er die Worte der Weisung aus, die in dem Buch niedergeschrieben waren, das der Priester Hilkija im Haus des HERRN gefunden hatte. 25 Es gab vor ihm keinen König, der so mit ganzem Herzen, mit ganzer Seele und mit all seinen Kräften zum HERRN umkehrte und so getreu die Weisung des Mose befolgte, und auch nach ihm war keiner wie er.

Diesen Ausführungen zufolge fand am Tempel von Jerusalem ein umfassender Polytheismus statt. Mit der Beseitigung sämtlicher Kultanlagen in seinem gesamten Königreich (und darüber hinaus?) existiert alleine der Jerusalemer Tempel als Heiligtum. Die Landpriester werden an den Tempel beordert und mit niedrigeren

Kultdiensten betraut, wodurch jeglicher Kult außerhalb Jerusalems unterbunden wird. Erstaunlich ist auch, dass es angeblich seit der Richterzeit, und das ist noch die Zeit der Stämme, kein Pessach mehr gegeben haben soll, obgleich ihm doch eine zentrale Stelle im Festkalender zukommt und zeitweise nach ihm sogar der Beginn des Jahres angesetzt worden war. Dass die Göttin Aschera mit J" zusammen als Götterpaar verehrt wurden, ist inschriftlich allerdings belegt.

„Genützt" hat dies freilich nichts. Der Zorn Gottes war entbrannt und der Untergang von Juda und Jerusalem waren beschlossen.

Im Gegensatz zur Prophetie der Hulda geht Joschija auch nicht in Frieden zu seinen Vätern, sondern wird von Pharao Necho zu Tode gebracht – wie auch immer.

Auf Joschija folgt Joahas im Alter von 23 Jahren. Er regiert allerdings nur drei Monate. Er wird nicht ermordet, sondern von Pharao Necho einfach abgesetzt. Juda muss Tribute an Necho leisten und dieser setzt statt Joahas dessen Bruder Eljakim zum König ein, dem er den Namen Jojakim gibt (der Herr richtet auf). Die Tribute werden durch Sondersteuern eingezogen. Für eine kurze Zeit haben die Ägypter das Sagen über das Gebiet. Das Reich der Assyrer ist im Niedergang, die Neubabylonier sind gerade erst dabei, ihr Großreich aufzubauen. Die Umbenennung Eljakims zu Jojakim ist eine Demonstration der Macht: Selbst den Namen eines Menschen kann der Pharao ändern!

Jojakim geht freilich nicht auf den Wegen seines Vater Joschija. Mittlerweile hat der König von Babel die Vorherrschaft übernommen, die Ägypter auf ihr Kernland zurückgedrängt und Juda wird Vasallenstaat, fällt aber nach drei Jahren ab. 2Kön 24,2:

> *Der HERR sandte nun die Räuberscharen der Chaldäer, Aramäer, Moabiter und Ammoniter gegen ihn. Er ließ sie über Juda herfallen und es verwüsten, wie er durch seine Diener, die Propheten, angedroht hatte.*

Auch das unschuldige Blut, das Manasse vergossen hatte, erscheint noch einmal auf dem Konto der Verbrechen und wird Mitursache für den Niedergang.

Ehe die Babylonier selbst anrücken, um Juda unter ihre Botmäßigkeit zu zwingen, stirbt Jojakim und sein Sohn Jojachin (der Herr bestätigt) folgt auf den Thron. Er hat nun den Abfall seines Vaters auszubaden und wird von Nebukadnezzar, dem König von Babel, mit den sprichwörtlichen „Oberen Zehntausend" ins Exil geführt. Dies betrifft die Königsfamilie, den Hof und wichtige Beamte, v.a. aber auch Schmiede und Schlosser, sodass die Waffenproduktion unterbunden wird. Dazu wird der Tempel geplündert. An seiner Stelle wird der Onkel Jojachins, d.h. ein Bruder Joschijas mit Namen Mattanja zum König eingesetzt und auch hier folgt man der neuen „Mode" und ändert seinen Namen in Zidkija (J" ist meine Gerechtigkeit).

Auch Zidkija wird nachgesagt, dass er dem Herrn missfiel. Es ist klar, dass hier keine positive Bewertung mehr erfolgen kann: Wegen der Vergehen Manasses und des (von ihm verführten) Volkes kann es nur noch abwärts gehen. Einzig Joschija bleibt als retardierendes Moment, doch reicht dieses nicht, um den Zorn Gottes aufzuhalten: Das Ende ist beschlossen.

Zidkija fällt nach drei Jahren Regierungszeit von den Babyloniern ab und Nebukadnezzar erscheint zu einer Strafexpedition. Der König versucht aus der belagerten Stadt zu fliehen, wird aber aufgegriffen, seine Söhne vor seinen Augen ermordet und er selbst geblendet nach Babylon gebracht. Die Stadt wird geplündert und geschleift, der Tempel zerstört, die Bevölkerung bis auf Teile der Landbevölkerung deportiert. Die Generäle werden z. T. hingerichtet. Über den verbliebenen Rest des Volkes setzt Nebukadnezzar einen probabylonisch gesinnten Mann aus der Schafanfamilie mit Namen Gedalja zum Stadthalter ein. Er wird einige Jahre später von nationalistischen Oppositionellen und/oder versprengten Truppenresten und ihren Anführern ermordet, vermutlich aus davidischem Haus. Bei Gedalja dürfte auch seine Landreform zu Gunsten der Armen ein Grund für seinen Tod gewesen sein. Jeremia, der stets gegen den Abfall von Babel gesprochen hatte und deswegen auch schikaniert und eingekerkert wurde, wird nach Ägypten verschleppt. Eventuell kommt es hierbei noch einmal zu einer – dritten – Deportation (Kessler, Sozialgeschichte 128; Albertz 68). Er und auch Ezechiel versuchen bei den Exilierten die allzu hohen Erwartungen nach einer baldigen Rückkehr einzudämmen. Exilierte und zurückgebliebene Volksteile waren offensichtlich gut vernetzt.

Die Bücher enden mit der Rehabilitation des Vorgängers von Zidkija, der im Jahre 561 von Amel-Marduk/Ewil Merodach begnadigt wird. Für die Exilierten jedenfalls ist er nach wie vor „der König". Vom Heimweh der Exilierten nach Jerusalem erzählt Ps 137, aber auch von Rache, die Hoffnung auf das Ende des Exils und die Rückkehr dank der (erneuten) Offenbarung J"s berichtet u.a. Jes 40. Die scheinbare Gottesferne und Untätigkeit J"s im Exil dürften sicherlich ein Problem gewesen sein.

Insgesamt folgt die biblische Geschichtsschreibung dem gängigen Muster, dass Israel blüht und gedeiht, wenn Volk und Regierung die Weisungen Gottes beachten und sich damit bundesgemäß verhalten. Weicht Israel ab von den Wegen des Herrn, kündigt der Herr seine Hilfe auf und fremde Völker bedrängen Israel – bis hin zur Verbannung im babylonischen Exil. In den Königsbüchern ist der Zorn des Herrn in einer Weise entbrannt, dass ein absolut frommer und weisungstreuer König das Ende nur noch aufhalten, nicht aber aus der Welt schaffen kann.

14.2 Zur Historie

Möglicherweise standen die Assyrer im Kontext der Eroberung Samarias und der Zerstörung des Nordreiches i.J. 722 schon einmal in Juda, um der spätestens unter Ahas begonnenen Vasallenschaft noch einmal Nachdruck zu verleihen. Ein Feldzug in den Westen ist für Sanherib für das Jahr 702 bezeugt. Dabei ging es gegen einige aufsässige Philisterstädte, besonders gegen Askalon und Ekron. In beide Städte setzt Sanherib botmäßige Könige ein. Zuvor hatte er die ägyptischen Verbündeten bei Elteke besiegt. Zum Kreis der abtrünnigen Fürsten gehörte auch Hiskija von Juda. Das mag erstaunlich sein, da Hiskija nur 20 Jahre zuvor den Untergang des Nordreiches erlebt hatte. Mit einem Feldzug gegen die Philisterstädte scheint er zunächst die Grenzen seines Reiches erweitert zu haben. In Ekron setzte er den dort regierenden und assurtreuen König Padi ab, ließ ihn verhaften und einkerkern. Er wird durch einen anderen Regenten ersetzt, der der antiassyrischen Koalition beitritt. Wer hier letztendlich direkt tätig war – die Bewohner von Ekron oder Soldaten von Hiskija – ist nicht bekannt. Schließlich erscheint auch noch ein gewisser Merodach-Baladan auf der Bildfläche, der als „König von Babel" (2Kön 20,12) bezeichnet wird und mittels einer Gesandtschaft Hiskija „Geschenke" machen lässt. Vermutlich handelt es sich auch hierbei um eine Vereinbarung zwischen Hiskija und der langsam aufstrebenden Großmacht der Neubabylonier, welche den Assyrern von Osten her zusetzten und dort Kräfte banden.

Die Bevölkerung Judas war durch Flüchtlinge aus dem Nordreich angeblich deutlich gewachsen. Wie schon erwähnt ist darauf die Erweiterung Jerusalems nach Westen zurückzuführen. Archäologische Funde legen nahe, dass er auch für eine Verstärkung der Stadtmauern Jerusalems sorgte. Aber nicht nur das: Er befestigte im Land etliche weitere Städte, z.B. das südwestlich von Jerusalem gelegene Lachisch.

Den Abfall eines Vasallen konnte sich keine Großmacht bieten lassen. Bei Untätigkeit käme es zweifelsohne zu einem Dominoeffekt. Deshalb ist es nicht überraschend, dass Sanherib in den Westen zieht, um die alten Verhältnisse wiederherzustellen. Er „zog gegen alle befestigten Städte Judas und nahm sie ein" (2Kön 18,13).

Und Hiskia vom Lande Juda, der sich meinem Joch nicht gebeugt hatte, 46 seiner festen Städte, mit Mauern versehene, und die kleinen Städte in ihrer Umgebung, ohne Zahl, durch Niedertreten mit Bohlenbahnen und durch Ansturm mit Belagerungsmaschinen, durch den Kampf der Fußtruppen, durch Einbruchsstellen, Breschen und Mauerbrecher, belagerte und eroberte ich sie. 200.150 (21.500?) Leute, jung und alt, männlich und weiblich, Rosse, Maultiere, Esel, Kamele, Rinder und Kleinvieh ohne Zahl führte ich von ihnen heraus und rechnete sie als Beute.

Das so genannte Taylor-Prisma, ein 38,5 cm hohes und 16,5 cm breites, sechsseitiges Prisma aus gebranntem Ton, auf dem der Krieg Sanheribs schriftlich festgehalten wird, bietet des Weiteren folgenden Text:

Ihn selbst, wie ein Käfigvogel, inmitten der Stadt Jerusalem, der Stadt seines Königtums, schloss ich ein. Befestigungen gegen ihn warf ich auf, und den aus dem Tore seiner Stadt Herauskommenden vergalt ich ihre Übertretung. Seine Städte,

Abb. 33: Sanheribs Strafexpedition ist auf einem sechseckigen Zylinder festgehalten

welche ich geplündert hatte, aus der Mitte seines Landes trennte ich sie ab, und dem Mitinti, König der Stadt Asdod, dem Padi, König der Stadt Ekron, und dem SilBel, König der Stadt Gaza, gab ich sie und verminderte sein Land. Zu dem früheren Tribut, der Abgabe ihres Landes, fügte ich eine Abgabepflicht als Geschenk für meine Herrschaft hinzu und legte sie ihnen auf.
Ihn, den Hiskia, die Furcht vor dem Glanz meiner Herrschaft überwältigte ihn und die Araber und seine guten Truppen, die er zur Verstärkung der Stadt Jerusalem, der Stadt seines Königtums, hatte hereinkommen lassen – verließen ihn. Außer 30 Talenten Gold, 800 Talenten Silber, Edelsteinen, Schminke, Daggassu-Steinen, großen Lapislazuli-Steinen, Betten aus Elfenbein, Thronsesseln aus Elfenbein, Elefantenhaut, Elefantenzähnen, Ahornholz, Buchsbaumholz, allerlei wertvollen Schätzen, seine Töchter und Palastfrauen, Sänger und Sängerinnen ließ er nach Ninive, der Stadt meiner Herrschaft, mir nachbringen, und zur Abgabe des Tributs und zur Erklärung der Botmäßigkeit schickte er seinen Gesandten.

Wie im Taylor-Zylinder belegt, erfolgte neben den Kriegstoten eine größere Deportation von Judäern. Die Zahlen, die das Prisma mit 200.150 angibt, mögen übertrieben sein. Es ist eine Information des Siegers! Ein spürbarer Aderlass war es in jedem Fall. Zudem wurden Teile des Reiches abgetrennt und den Philistern zugeschlagen.

Um Jerusalem wurde ein Belagerungsring gezogen, erobert wurde die Stadt aber nicht. Wahrscheinlich bestätigte Hiskija sein Vasallenverhältnis und zahlte die in 2Kön 18,13–37 genannten Tribute. Dass Sanherib erst nach der Überstellung der Tribute Jerusalem eingekreist und seine Übergabe gefordert hätte, ist unwahrscheinlich. Zu der Rettung der Stadt durch einen Engel, der die Assyrer in ihrem Lager schlug, ist aus historischer Sicht nichts zu sagen. Der vorchristliche Schriftsteller Berossos (4./3. Jh. v.) schreibt dazu:

> *Als nun Senacherib [Sanherib] von dem Zuge gegen Ägypten nach Jerusalem zurückkehrte, fand er, dass die unter Rapsakes [der Rabschake, vermutlich ein Oberbefehlshaber] zurückgelassenen Truppen schwer an der Pest litten. In der ersten Nacht, da er gemeinsam mit diesen Truppen die Belagerung weiterführte, tötete die Seuche in seinem Heer hundertfünfundachtzigtausend Mann samt ihren Führern und Hauptleuten (zitiert bei Jos. Ant X, 602).*

Ob dies der Fall war oder Sanherib dringend in den Osten zurückmusste, weil es dort Aufstände gab, wird man nicht beantworten können. Sanherib musste jedenfalls mindestens sechs verschiedene Kriege führen, um sein Reich zusammenzuhalten und weiter zu expandieren. In seinem letzten Kriegszug eroberte er Babylon und machte es dem Erdboden gleich.

Der Tod Sanheribs laut 2Kön 19,37 wird durch eine assyrische Inschrift bestätigt:

> *Sanherib wurde von zwei seiner Söhne ermordet: „Sie empörten sich ... / Um die Königsherrschaft auszuüben, töteten sie Sanherib“*
> (Prisma B, III R15, Kol I, Zeile 45f; Gressmann, Texte). Nach einer anderen Überlieferung war es nur ein Sohn (Galling, Textbuch 69).

Die Eroberung Judas und seiner Festungen waren für Sanherib nicht eine Aktion so gerade im Vorbeigehen. Insbesondere die Belagerung Lachischs, die neben Jerusalem die massivste Festung des Reiches Juda war, dürfte eine Herausforderung gewesen sein, sodass er dieses Ereignis in seinem Palast in Ninive auf einem 2,50x19 m großen Relief darstellen ließ. Dieses befindet sich heute im Britischen Museum in London und in Kopie im Israelmuseum in Jerusalem. Es zeigt die Belagerung der Stadt mittels Bogenschützen, Rammböcken, Steinschleuderern sowie ihre Verteidigung durch Bogenschützen, durch Steine, die von der Mauer geworfen wurden und ebenso Brandfackeln. Die Überlebenden werden ins Exil geführt, Soldaten der Verteidiger gepfählt und gehäutet.

Festungen der damaligen Zeit waren nicht nur durch unterschiedlich mächtige Mauern geschützt (in Lachisch bis zu 6m Stärke). Vor diesen lag in der Regel eine Steigung, die gepflastert oder mit Mörtel geglättet war, sodass man nicht ohne

Abb. 34: Lachischrelief, links Bogenschützen, die durch Schilde geschützt sind und ein Rammbock auf Rädern, besetzt mit Bogenschützen und einem Pionier, der ein Feuer mit einem Wasserschöpfer löscht; rechts gepfählte Gefangene

Abb. 35: Lachisch. Zustand März 2012: Die mutmaßlich ursprüngliche, assyrische Belagerungsrampe

weiteres mit dem Rammbock an die Mauer vorrücken konnte. Deshalb wurden, wie auch noch in römischer Zeit, Wälle zur Mauer geführt, auf denen die Belagerungsmaschinen an die Mauern herangebracht werden konnten. Bei den Toren handelte es sich häufig um Mehrkammerntore. Auch Lachisch wurde u.a. durch ein Sechs-Kammerntor geschützt.

Neben den Festungen sorgte Hiskija auch für die Wasserversorgung Jerusalems, indem er den so genannten Hiskijatunnel bauen ließ.

Neuere Untersuchungen festigen die These, dass der Wassertunnel an der Ostseite der Davidsstadt, dem Ophel, von Hiskija gebaut wurde. Dies wird mit Blick auf weitere Inschriften, die erst 2022 entdeckt wurden, festgestellt (vgl. https://de.wikipedia.org/wiki/Hiskija-Tunnel Zugriff: 24.02.2025).

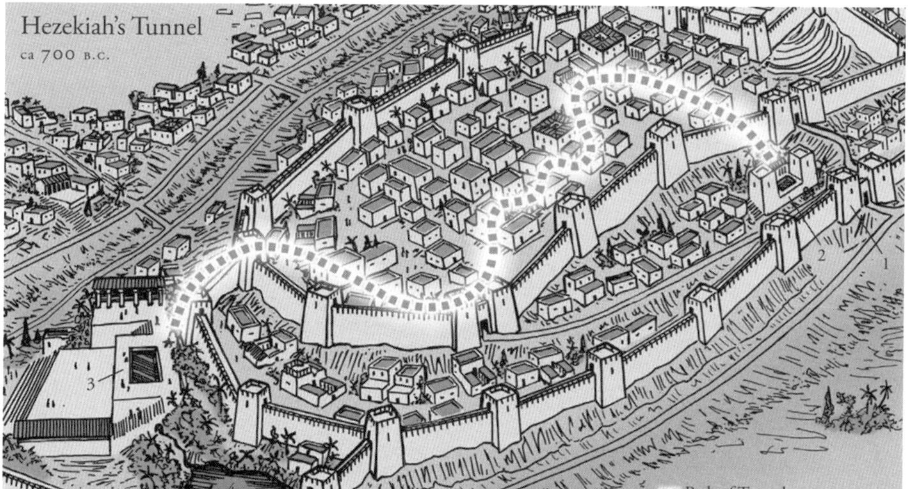

Abb. 36: Der kurvenreiche Verlauf des Wassertunnels unter der Davidsstadt. Die „Rekonstruktion" Jerusalems entspringt der Phantasie des Zeichners

Der Tunnel ist in jeder Hinsicht bemerkenswert. Mit ihm wird eine Quelle, die am Osthang entspringt – und die ursächlich für den Bau Jerusalems auf diesem Hügel gewesen sein dürfte – in die Stadt selbst, innerhalb der Befestigung geleitet. Auf einer Inschrift, die im Tunnel gefunden wurde und heute im archäologischen Museum in Istanbul zu sehen ist, wird der Augenblick des Tunneldurchbruchs festgehalten, denn, wie es auf der Tafel heißt, wurde der Tunnel von beiden Richtungen aus in den Fels geschlagen.

Dort heißt es, in althebräischer Schrift geschrieben:

[...]des Durchbohrens. Und so war das Ereignis des Durchbohrens. Während [die Bergleute?] die Axt schwangen, ein jeder gegen seinen Kameraden, und während noch drei Ellen zu durchbohren waren, [hörte] man die Stimme eines jeden, der seinem Kameraden zurief, denn es war ein Spalt (?) im Felsen rechts [und links?]. Und am Tag des Durchbohrens schlugen die Bergleute zu, ein jeder gegen seinen Kameraden, Hacke gegen Hacke, und das Wasser floss von der Quelle bis zum Teich 1.200 Ellen weit. Einhundert Ellen war die Höhe des Felsens über den Köpfen der Bergleute.

(Es existieren verschiedene Übersetzungen, welche geringfügig variieren.)

Abb. 37: Die sogenannte Schiloachinschrift aus dem Tunnel, in welcher der Tunneldurchbruch geschildert wird (s.o.) Archäologisches Museum Istanbul

Leider fehlen auf dieser Inschrift jegliche Hinweise auf die Entstehungszeit und den Auftraggeber. Das Außergewöhnliche am Tunnel ist, dass er nicht in gerader Richtung verläuft, sondern in Kurven und Windungen. Es ist kaum nachzuvollziehen, wie die Bauarbeiter damals vorgingen, vor allem aber, warum der Tunnel nicht geradlinig verläuft. Deshalb gehen Vermutungen dahin, dass es einen Sprung im Felsen gab – vielleicht floss durch diesen von jeher eine kleine Menge Wasser in die Stadt – den man ausgeweitet und gangbar gemacht hat.

Im Übrigen wurde auch dieses Bauwerk im Laufe der Geschichte verändert. So entspricht der früher gezeigte Schiloachteich nicht jenem zur Zeit des Hiskija, der an etwas anderer Stelle lag und erst vor wenigen Jahren teilweise ausgegraben wurde.

Auf Hiskija folgt sein Sohn Manasse im Alter von zwölf Jahren auf den Thron. Er regierte laut 2Kön 21,1 die unglaubliche Zeit von 55 Jahren und damit länger als jeder andere König. Seine Bewertungen sind äußerst negativ, da er nahezu die ganzen Kulthöhen und Heiligtümer, die sein Vater beseitigt hatte, wieder aufbaute und noch manches darüber hinaus. Seine „Untaten" führen letztlich dazu, dass Jerusalem in absehbarer Zukunft zerstört wird.

Sieht man einmal von seiner religiösen Bewertung ab, kommt ein anderer Manasse ins Bild. In seiner Regierungszeit kommt es in seinem Reich zu einer bescheidenen Blüte, und dies, obwohl die fruchtbaren Gebiete der Scheffela, des von der Küste aus langsam aufsteigenden Gebietes bis zum Judäischen Bergland, an die Philister gefallen war. Manasse kompensiert den Ausfall durch neue Anbauflächen im Trockengebiet in Richtung Beerscheba, vor allem mit dem Anbau von Getreide. Er baut die Befestigung Jerusalems durch neue Mauern aus. Um Jerusalem werden einige größere Hofgüter als Königsgüter Manasses identifiziert. Eine lukrative Geldquelle war sicher auch die Beteiligung der Siedlungen im südlichen Wüstengebiet wie auch Jerusalems am Fernhandel, insbesondere am Weihrauchhandel. Dazu wird vermutet, dass Manasse auch mit Produkten aus dem Toten Meer, sowie mit Balsam, dem Harz des Balsamstrauches, handelte.

Eine Rückgabe der an die Philister gefallenen Gebiete in der Regierungszeit Manasses an Juda ist sehr ungewiss. Das gehäufte Auffinden von beschrifteten Siegeln aus dem 7. Jh. weist nicht nur auf zunehmende Schreibkompetenz hin, sondern auch auf eine Zentralisierung des Landes durch den König und seinen Beamtenapparat.

Die Behauptung, Manasse habe viel unschuldiges Blut vergossen, lässt auf unterschiedliche Szenarien schließen: Mit der Zentralisierung könnte es zu Auseinandersetzungen mit einer mächtigen Opposition gekommen sein, die sich aus politischen, wirtschaftlichen, religiösen oder auch sozialen Gründen gegen die Regierung stellte. Politisch, weil man, wie etwa zur Zeit der Könige nach Joschija, den König zum Abfall von Assur bewegen wollte. Eine Opposition aus wirtschaftlichen Gründen könnte Anstoß am Zentralismus genommen haben, weil die Gewinne in erster Linie an den Königshof liefen. Widerstände aus der Priesterschaft und von Seiten der religiösen Orthodoxie setzen voraus, dass Manasse tatsächlich den Synkretismus in Juda unterstützt hat – wozu er möglicherweise im Rahmen seines Vasallenstatus gezwungen war. Soziale Gründe könnten aus der vermehrten Anlage größerer landwirtschaftlicher Güter resultieren, in denen viele als Landarbeiter, Tagelöhner oder gar Sklaven arbeiten mussten. Alle vier Möglichkeiten bergen in sich genügend Zündstoff für eine Opposition gegen die königliche Marschroute. Ein kleiner Fingerzeig in eine Richtung beinhaltet die Erzählung über Manasses Sohn und Nachfolger Amon, der nach zwei Jahren Regierungszeit von „Dienern", also Hofbeamten, getötet wird. Das Volk des Landes, das am ha-arez, erschlägt die Verschwörer und macht den acht Jahre alten Sohn Joschija zum Nachfolger. Die kurze Bemerkung zeichnet eine gesellschaftliche Spannung zwischen dem Hof einerseits und dem Landvolk andererseits. Wodurch diese Spannung ausgelöst wurde, verrät der Text aber nicht. Dabei darf man unter „Volk des Landes" sicher nicht die einfachen Bauern verstehen. Diese hatten kaum die Möglichkeit, einen anderen König einzusetzen. Viel eher hat man hier an Clanchefs oder Großgrundbesitzer zu denken.

Auf Amon folgt der laut alttestamentlicher Aussage frömmste und gottgefälligste König der ganzen Davidsdynastie. Gerade vor der Negativfolie des Manasse ragt er in ganz besonderer Weise heraus, aber nicht etwa aus politischen oder wirtschaftlichen Gründen, sondern aufgrund seiner religiös-kultischen Maßnahmen. Auf ihn geht die Kult- und Tempelzentralisation bis zum Ende des Tempels zurück. Neben den Priestern in den oberen Rängen werden die ehemaligen Landpriester zu niedrigeren Diensten am Tempel eingeteilt, welche sie wahrscheinlich jeweils für einen Monat des Jahres verrichten. Ganz gleich, woher das gefundene Gesetzbuch stammt – es bildet die Richtschnur für die Beurteilung von Religion und Gesellschaft im Sinne der so genannte Deuteronomisten, welche z.B. auch für die Hervorhebung der Davidsdynastie und damit für das Südreich Juda verantwortlich sind.

Angeblich endet die Reform des Joschija nicht an den Grenzen Judas. Er soll auch in Samaria aktiv gewesen sein (2Kön 23,15–20). Man schloss früher darauf, dass es Joschija gelungen sei, auch das Nordreich, zumindest in Teilen, seinem Reich einzuverleiben. Der Tod des Königs in Megiddo diente mit als Beleg für diese These. Inzwischen ist man etwas vorsichtiger geworden, denn es gibt nirgends eine Notiz darüber, dass Joschija tatsächlich Teile des Nordreiches okkupiert habe. Seine Maßnahmen in Bet-El und Samaria sind ausschließlich kultischer Natur und können daher auch dazu dienen, die vorbildhafte Amtsführung herauszustellen: Ihm sei es gelungen, ganz Israel wieder dem Herrn zuzuwenden.

Der König sei auch nur aufgrund des Buches auf die Idee gekommen, wieder einmal ein Pascha durchzuführen, denn *„ein solches Pascha war nämlich nicht gefeiert worden seit den Tagen der Richter, die Israel regierten, auch nicht in der ganzen Zeit der Könige von Israel und Juda.“* (2Kön 23,22) Nach 2Chr 30 wird freilich schon unter Hiskija ein Pascha gefeiert, wozu auch die verbliebenen Menschen aus dem Nordreich eingeladen werden. Die angebliche Unterbrechung der Paschafeier über Jahrhunderte ist höchst erstaunlich. War nicht das Pascha so bedeutend, dass man sogar den Beginn des neuen Jahres danach ausrichtete? Und wurde dieses Fest nicht auch als Beginn der ultimativen Befreiung aus der ägyptischen Sklaverei gefeiert? Wird das hier nur so erzählt, um den Stern des Joschija besonders hell erscheinen zu lassen? Wohl kaum, denn die Begehung dieses Festes hätte man sicher auch gerne bei David gelesen. Neu an der Feier des Joschija könnte allerdings sein, dass das Fest gemäß seiner Reform erstmals ausschließlich in Jerusalem gefeiert wird, weil dies der einzig legitime Platz ist, um die Paschalämmer zu schlachten.

Hier wird deutlich, dass die Feier des Pascha zur Geschichtsdeutung der Deuteronomisten zählt, aus deren Hand die Einführung des Pascha im Buch Genesis hervorgeht. Anderen Geschichtsinterpretationen erscheint sie bei weitem nicht so wichtig. Trotzdem kann nicht die Rede davon sein, eine Joschijanische Reform habe es nie gegeben, auch wenn ihr Umfang aufgrund der deuteronomistischen Darstellung nicht mehr erhoben werden kann.

Nach dem plötzlichen Tod des hoffnungsvollen Königs bei Megiddo läuft die weitere Geschichte auf das Ende des Königreiches Juda zu. In einem kurzen Augenblick des Machtvakuums zwischen Assyrern und Neubabyloniern, in dem der Pharao Necho versucht, in den Lauf der Geschichte einzugreifen, fällt Juda letztlich aus den gleichen Gründen wie das Nordreich: In den Bemühungen, sich aus dem Vasallenverhältnis der Großmächte zu befreien, geht der Staat schließlich durch eine Militäraktion der Neubabylonier unter. Die Zeit des Pharao Necho bleibt eine kurze Episode, in der dieser freilich die Politik Judas mitbestimmt.

Wieder sind es die Bürger des Landes, die einen Sohn Joschijas namens Joahas auf den Thron bringen. Necho legt dem Land nicht nur einen gewaltigen Tribut auf, sondern setzt auch noch Joahas nach drei Monaten Regierungszeit ab und ersetzt ihn durch dessen Bruder Eljakim, den er als Zeichen seiner völligen Macht über das Land zu Jojakim umbenennt. Eljakim kann den Tribut nur durch eine Sondersteuer aufbringen, die ihm vermutlich kaum Freunde eingebracht hat. Dennoch regiert er elf Jahre, wobei er möglicherweise schon kurz nach Regierungsantritt die Seiten wechseln muss: Babylon hat sich so weit konsolidiert, dass die Ägypter keine Rolle mehr spielen konnte: 605 wird das ägyptische Heer von König Nebukadnezzar von Babylon bei Karkemisch am Euphrat vernichtend geschlagen (2Kön 24,7):

> *Der König von Ägypten unternahm keinen Kriegszug mehr aus seinem Land, denn der König von Babel hatte ihm alles genommen, was vom Grenzbach Ägyptens [Wadi El Arisch] bis zum Eufrat den Königen von Ägypten gehört hatte.*

Nach drei Jahren Abhängigkeit von Babylon glaubt Jojakim, das Vasallenverhältnis beenden zu können. Was ihn dazu ermutigt hat, sagt der biblische Text nicht. Es könnten wieder einmal die Kleinstaaten und/oder auch die Ägypter gewesen sein, die einen Aufstand initiierten, gerade weil Ägypten so viel verloren hatte.

Ehe die Babylonier mit einem Heer vor Jerusalem auftauchen, stirbt Jojakim und sein Sohn Jojachin kommt auf den Thron. Dieser ergibt sich dem Babylonier und wird mitsamt dem Hofstaat und der Nobilität sowie den kriegswichtigen Handwerkern und kriegstüchtigen Männern ins Exil geführt, insgesamt 10.000 Mann. Dies ereignet sich im Jahr 597. Zu den Exilierten gehört auch der Prophet Ezechiel, ein mutmaßlicher Priester aus der höheren Priesterkaste. Er hofft und erwartet die Wiederherstellung Israels. Dieser Gedanke findet sich freilich nicht nur bei Ezechiel, sondern auch bei Jesaja, Jeremia und in den Psalmen. Erwartet wird dabei nicht etwa das Ende des Exils für Juda, sondern die Wiederherstellung des Zwölfstämmevolkes, entweder durch J“ selbst oder durch seinen Messias. Jerusalem bleibt unversehrt bei dieser ersten Deportation (eigentlich ist es nach Hiskija schon die zweite). Nebukadnezzar setzt den Onkel Jojachins namens Zidkija zum König ein. Es wird deutlich, dass der häufige Königswechsel – auch wenn die Dynastie scheinbar erhalten bleibt – aus der Unsicherheit erwächst, welche Großmacht – Ägypten oder die Neubabylonier – letzten Endes dominieren werde. Eine falsche Entscheidung, der Abfall zu dem letzendlichen Verlierer, musste fatale Konsequenzen nach sich ziehen. Es wird ferner deutlich, dass der König offensichtlich nicht frei walten und schalten konnte: Im Lande gab es proägyptische wie auch probabylonische Gruppen, die mehr oder weniger starken Einfluss auf den König nahmen. Auch Zidkija fällt nach kurzer Zeit von Nebukadnezzar ab, der erneut mit seinem Heer erscheint und dieses Mal Jerusalem belagert. Der König wird auf der Flucht über einen Geheimweg abgefangen und ins Exil geführt (vgl. auch Jer 39,1–10). Jerusalem wird geplündert, in Brand gesteckt, die Mauern geschleift. Ein Großteil der verbliebenen Einwohner wird erneut ins Exil verschleppt. Für den Rest setzt er den Gedalja aus der Schafanfamilie als Statthalter ein. Die Schafans stellen eine Beamtenfamilie dar, die mehreren Königen über mehrere eigene Generationen hinweg gedient haben, mithin großes Vertrauen genießt. Es dürfte auch noch andere Familien gegeben haben, wie etwa die Zadokiden, die einen vergleichbaren Status hatten.

Die dramatischen letzten Jahre vor dem Ende werden noch einmal aus der Sicht Jeremias beschrieben. Angeblich war er 23 Jahre als Prophet tätig (Jer 25,3). Wegen seiner Warnungen vor einem Abfall von den Babyloniern wird er gefangen gesetzt – es wird sogar von Mordplänen gegen Jeremia berichtet. Offensichtlich gibt es in Juda eine einflussreiche Opposition, die gegen die Großmacht rebellieren möchte (Jer 11,18–23). Der König, der durchaus die Bedenken Jeremias teilt aber unentschlossen ist, ist nicht in der Lage, Jeremia gegen diese Opposition zu schützen und sich gegen die Aufstandspläne zu wehren. Er führt sogar Geheimgespräche mit Jeremia (Jer 37; 38,24–28). Jeremia wird allerdings wegen Wehrkraftzersetzung angeklagt und (erneut?) in eine Zisterne geworfen. Auf Befehl des Königs wird Jeremia durch einen Höfling namens Ebed-Melech (Knecht/Diener des Königs) wieder herausgeholt. Nach Aussage der Schrift handelt es sich dabei um einen „Kuschiter", d.h. einen Afrikaner, also einen „Ausländer", der den Propheten befreit. In verschiedenen prophetischen Symbolhandlungen, Drohreden und Gottesworten sagt Jeremia Stadt und Staat den Untergang voraus. Sogar Kannibalismus während der Belagerung prophezeit er (Jer 19,9). Zum Schluss empfiehlt er den Bewohnern dringend, sich zu ergeben, um am Leben zu bleiben.

Eine besonders perfide Angelegenheit beklagt Jeremia öffentlich: In einer öffentlichen Aktion hatte man alle Sklaven in Juda freigelassen. In Jer 34,8–22 (vgl. die Ausführungen im Bundesbuch Ex. 21,2–11) geschah dies im Kontext einer turnusmäßigen Sklavenbefreiung im siebten Jahr, von der jedoch im AT ansonsten kaum die Rede ist. Jedenfalls haben die Sklavenhalter ihre Sklaven nach deren Freilassung wieder zurückgeholt und erneut versklavt.

Auch Lachisch spielt in diesem Krieg noch einmal eine Rolle. Es war längst nicht wieder so stark befestigt wie unter Hiskija, ist aber interessant, weil sich eine ganze Reihe von Briefen als Ostraka (beschriebene Scherben) erhalten haben (vgl. https://de.wikipedia.org/wiki/Lachisch-Briefe (02.05.2025)).

Nach dem Fall Jerusalems wird Jeremia auf Befehl des Nebukadnezzars befreit und an Gedalja überstellt. Auf eigenen Wunsch bleibt Jeremia beim Statthalter und damit im Land. Man hatte es ihm freigestellt, ob er mit den Exilierten nach Babylon gehen wolle (Jer 40,1–6). Dies lässt darauf schließen, dass die Babylonier ziemlich genau Bescheid wussten, wie es in Jerusalem unter der Belagerung zuging. Unter Gedalja kehren die Menschen, die angesichts der Babylonier in die Nachbarländer geflohen waren, wieder nach Juda zurück.

Die Zeit Gedaljas währt aber nicht lange: Ein Mann namens Jischmael aus königlichem Geschlecht, wohl ein Davidide, der angeblich vom König der Ammoniter gesandt worden war, ermordet Gedalja und dazu die militärische Besatzung der Babylonier. Auch eine Gruppe von Pilgern aus Sichem, also aus dem ehemaligen Nordreich, die nach Jerusalem zum Tempel ziehen wollten, wird von Jischmael ermordet. Er und seine Spießgesellen fliehen zu den Ammonitern, als sie von Johanan ben Kareach, einem Parteigänger Gedaljas, verfolgt werden. Aus Angst vor einer Bestrafungsaktion durch die Babylonier flieht Johanan nun seinerseits mit „allen Truppenführern, die bei ihm waren" (Jer 41,16), nach Ägypten – gegen den Rat Jeremias und gegen ein Gotteswort, das den nach Ägypten Ziehenden den Untergang ankündigt. Erneut gerät Jeremia ins politische Abseits und wird mit nach Ägypten verschleppt. Dort verliert sich seine Spur.

Zurück bleibt im Jahre 586 ein über weite Strecken verwüstetes Land ohne Städte. Dass insgesamt „nur" 4.600 Personen exiliert worden sein sollen, wie es in Jer 52,30 heißt, dürfte nicht zutreffen, da laut 2Kön 24,14 bereits bei der ersten Deportation unter Jojachin 10.000 Personen weggeführt worden sein sollen. Neuerdings rechnet man mit dem Tod und der Deportation der Hälfte der Bevölkerung Judas, die somit auf 40.000 Einwohner geschrumpft sei (Albertz 80).

Am Ende des Jeremiabuches finden sich noch einige Drohreden gegen die Nachbarvölker, die nach der Deportation ihre Staatsgrenzen auf Kosten Judas arrondieren, ohne dass die Babylonier dagegen einschreiten.

Zusammenfassung

Darstellung und Bewertung der Geschichte sind auch für die letzten Jahre Judas sehr unterschiedlich: Das zweite Königsbuch behält das schon bekannte Wertesystem bei und stellt ausschließlich den Davididen im Gesamten halbwegs gute Noten aus. Besonders herausragend sind dabei die Könige Hiskija und Joschija, wobei Letzterer in seinem kultisch-religiösen Wohlverhalten sogar seinen Stammvater David übertrifft. In einer derartigen Szenerie muss schon Gravierendes passieren, um dennoch den Untergang des Reiches Juda zu begründen. Dies geschieht, indem der Sohn Hiskijas, Manasse, die schlechtesten Bewertungen aller Könige erhält. Er bildet somit auch die Folie, vor der die Regentschaft Joschijas umso heller erstrahlen kann.

Dies ist jedoch nur eine Möglichkeit, die Geschichte Judas darzustellen, denn historisch zeichnet sich ein völlig anderes Bild ab. Letztlich geht der Untergang

Judas auf die gleichen politischen Fehler zurück wie der Untergang des Nordreiches. Man glaubt stark genug zu sein, um sich aus dem Vasallenverhältnis der Großmächte zu befreien. In diesen Versuchen kommt es ebenfalls zu Allianzen mit benachbarten Klein- und Stadtstaaten und man hofft auf die Hilfe Ägyptens. Einleuchtend scheinen diese Versuche nicht zu sein, vor allem nicht die Hoffnung auf ägyptisches Engagement, denn auch Ägypten als Großmacht weiß nichts Besseres zu tun, als den Kleinstaat Juda gnadenlos auszubeuten, wie dies die kurze Vorherrschaft unter Necho zeigt. Das Bindeglied zwischen historischer und heilsgeschichtlicher Interpretation ist der Gott Israels: Man ist sich der Hilfe seines Gottes bei den Befreiungsversuchen gewiss, wie Kap 28 aus Jeremia zeigt. Doch wieder einmal ist die Verheißung des Heils nur die Botschaft eines im Nachhinein erkannten falschen Propheten. Er wird zwar von Jeremia korrigiert, aber die starke antibabylonische Partei in Juda lässt sich davon nicht aufhalten.

Zum Gottesbild ist zu bemerken: Es ist noch immer das gleiche, wie in vorausgehenden Büchern, wie etwa im Richterbuch: Wenn Israel unterliegt, liegt dies nicht daran, dass sein Gott nicht stark genug ist, um Israel zu schützen. Es ist vielmehr so, dass er sich zurückgezogen hat, dass er nicht helfen will, weil Israel ihn „verlassen“ hat, seine Weisungen nicht befolgt. Die Großmächte sind dann ein Instrument in den Händen J“s, der Israel bedrückt und bestraft. Gott selbst hat diese Mächte herbeigerufen, wie es in Jesaja heißt.

Die Theologie ist somit durchaus ähnlich den Vorstellungen, die wir aus der Meschastele erheben können.

15. Exkurs[2]: Joschija und Ahab – zwei Seiten einer Medaille.

15.1 Der Tod des Joschija in der Begegnung mit Necho

Im zweiten Buch der Könige findet sich eine außerordentlich spärliche Notiz zum Tod eines Königs, der in der deuteronomistischen Bewertungsskala beste Noten erhält. Es ist die Rede von Joschija, König von Juda, der im Jahre 609 stirbt.

An der entsprechenden Stelle 2Kön 23,29 heißt es:

> *In seinen Tagen zog der Pharao Necho, der König von Ägypten, zum/gegen den König von Assur an den Eufrat. König Joschija ging ihm entgegen. Und er [Pharao Necho] tötete ihn* בְּ*·bei (oder: in) Megiddo, als er ihn sah.*

Das ist alles.

Gerade im Blick auf die Bedeutung, die man diesem König ansonsten zukommen lässt, ist diese knappe Aussage in verschiedener Hinsicht außergewöhnlich: Man erfährt nicht den Grund für den Tod und nicht die näheren Umstände. Es ist noch nicht einmal bekannt, weshalb es zu einem Treffen zwischen Joschija und Necho kommt und warum gerade in Megiddo.

In ägyptischen Quellen ist dieser Vorgang nicht belegt, wohl aber das historische Umfeld dieses Ereignisses. Abgesehen natürlich von der Möglichkeit, dass ein entsprechender Bericht verloren gegangen sein könnte, liegt eher der Schluss nahe, dass es sich bei diesem Ereignis aus ägyptischer Sicht um eine absolute Nebensächlichkeit handelt. Somit ist eine bedeutende Schlacht als historischer Hintergrund mit einem überragenden Sieg des Pharao höchst unwahrscheinlich: Einen größeren militärischen Erfolg hätte man sicherlich zum Ruhm des Pharao aufgezeichnet.

Pharao Necho II., von dem hier die Rede ist, ist der Sohn und Nachfolger Psametichs I. Er bestieg im Sommer 610 v. Chr. den Thron und regierte bis 595 und damit in der Zeit des Niedergangs des Assyrischen Reiches (Eroberung Ninives 612 durch Nabopolassar von Babylon (625–605 v. Chr.)) und dem beginnenden Aufstieg Babylons zur Großmacht. Necho II. gehört zur 26. Dynastie der saitischen Könige, die von Necho I. begründet worden war.

616 wie auch 610 bewegte Ägypten seine Truppen unter Psametich I. über den Euphrat gegen die wachsende Macht von Nabopolassar von Babylon. Die Babylonische Chronik (BM 21901, Zeilen 10ff und 61ff) weist aus, dass Psametich ver-

2 Joschija und Ahab – zwei Seiten einer Medaille. Beobachtungen zur alttestamentlichen Geschichtsschreibung, in: J. Negel/M. Gruber (Hrsg.); Figuren der Offenbarung. Ökumenische Beiträge aus dem Theologischen Studienjahr Jerusalem 1 (JThF 24), Münster 2012.

sucht, eine Invasion des syrischen Raumes durch die Babylonier und die mit ihnen verbündeten Meder abzuwehren. Darauf beruht auch die Allianz Psametichs mit dem Assyrer Sin-šar-iškun.

Nechos Kriegszug ins Zweistromland hatte daher wahrscheinlich andere Gründe als der Text 2Kön 23,29 andeutet: Necho zog nicht *gegen* den König Aššuruballit II. von Assur, sondern er versuchte, wie zuvor Psametich, den Niedergang des Assyrischen Reiches aufzuhalten. Erwogen wird zudem die Möglichkeit, dass Necho sein Einflussgebiet nach Nordosten in die Stammlande Assurs auszudehnen versuchte. Dies steht jedoch keinesfalls im Gegensatz zur Hilfeleistung für den Assyrer, denn ein schwaches, aber dennoch als Puffer gegen die Neubabylonier fungierendes Assur entsprach sicherlich im hohen Maße den ägyptischen Interessen (Schneider 169). Der Text in 2Kön 23,29 ist daher in der oben bereits angegebenen Weise zu ändern. Diese Version deckt sich mit den Angaben aus den Babylonischen Chroniken, wo es heißt: „(Im 17. Jahr) im Monat Du'uzu überschritt Assur-uballit, der König von Assyrien, (und) ein großes Heer des Landes Ägypten...den Fluss (Euphrat) und zog nach Haran, um es zu erobern. ...eroberten sie (?). Die Garnison, die der König von Akkad (in der Stadt?) stationiert hatte...töteten sie (?), und er belagerte die Stadt Haran. Bis zum Monat Ululu unternahm er Angriffe gegen die Stadt, nahm (aber) nichts, und sie zogen sich (auch) nicht zurück. ....“ (z.n. Jepsen, 188). Vergleichbar schreibt Ant XI, 74.

Der Kriegszug Nechos II. im Jahre 609, in dessen Verlauf Joschija zu Tode kommt, ist zunächst erfolgreich: Necho setzt sich im Gebiet Haran/Karkemisch fest. Erst im Jahre 605 erleidet das ägyptische Heer in der Schlacht bei Karkemisch eine vernichtende Niederlage und wird aufgerieben (vgl. Jer 46,2):

> *Über Ägypten: Gegen das Heer des Pharao Necho, des Königs von Ägypten, das bei Karkemisch am Eufrat stand und das Nebukadnezzar, der König von Babel, geschlagen hat. Es war im vierten Jahr Jojakims, des Sohnes Joschijas, des Königs von Juda.*

Der palästinische Raum fällt damit unter die Oberhoheit der Neubabylonier. Einen Angriff der Babylonier auf Ägypten kann Necho abwehren, zu größeren Hilfsaktionen, insbesondere bei der Eroberung und Zerschlagung Judas in den Jahren 597 und 586 ist jedoch weder er noch sein Enkel Apries fähig – oder willens.

Die Fragen nach den Umständen, unter denen Joschija zu Tode kommt und dem Ort jenes Ereignisses, finden erst in den sekundären Wiederaufnahmen des Stoffes eine mehr oder weniger befriedigende Antwort. Eine erste interpretierende Neuerzählung mit entsprechenden Erweiterungen findet sich in 2Chr 35,20–25, daneben eine weitere und erweiterte Variante im nichtkanonischen dritten Buch Esra. Sowohl 2Chr 35,20–25 wie auch 3Esra sind jedoch deutlich von 2Kön abhängig und jüngeren Datums. Vermutlich können beide Texte auf keine anderen Quellen als auf die kanonischen Königsbücher zurückgreifen. Ältere oder zusätzliche historische Informationen lagen wohl kaum vor (Pfeiffer, 304; Talschir 227).

Immerhin wird in den beiden Texten zum Ausdruck gebracht, dass es sich bei dem Treffen zwischen Necho und Joschija um eine kriegerische Auseinandersetzung handelt, denn aus 2Kön geht dies keinesfalls hervor. Die häufig anzutreffende Vermutung, Joschija habe seinen Machtbereich in der Zeit des Niedergangs der Assyrer und dem erst allmählichen Aufstieg der Babylonier seinen Herrschaftsbereich weit nach Norden hin ausgedehnt und Megiddo unter seine Kontrolle gebracht, lässt sich nicht belegen. Es bleibt festzuhalten, dass die hier gebrauchte Wendung „er ging ihm entgegen“ (וַיֵּלֶךְ לִקְרָאתוֹ) weder ausschließlich feindlich noch freundlich verwendet wird (Pfeiffer 306; Talschir 216).

Es ist demnach denkbar, dass Necho den König Joschija bei einem Treffen einfach ermorden ließ. Schließlich heißt es ja nur: Er tötete ihn בִּמְגִדּוֹ in/bei Megiddo.

Mit der Hypothese einer militärischen Begegnung lässt sich aber immerhin der Ort des Treffens, Megiddo, begründen. Wenn Joschija den Aufmarsch Nechos verhindern wollte, dürfte dies am erfolgversprechendsten in Megiddo, am Pass der Via Maris über den Karmel, gewesen sein.

Als bedeutsame Weiterführung gegenüber 2Kön ist in 2Chr 35,21f eine Begründung für den Tod des Joschija zu lesen: Necho wird als *Gesandter Gottes* ausgewiesen, dem Joschija, freilich unwissentlich, nicht gehorcht. Die Aussage liefert mithin ein individuelles Vergehen Joschijas als Grund für seinen Tod und verifiziert somit den Tun-Ergehen-Zusammenhang: Der äußerst positiv dargestellte Joschija erleidet sein Schicksal, weil er sich dezidiert gegen Gott wendet. Eine zweite Erweiterung bietet 2Chr 35,24: Joschija stirbt demzufolge nicht gewaltsam durch die Hand des Necho, sondern erst zu Hause, in Jerusalem, freilich an seinen Verletzungen, die er im Kampf gegen Necho erlitten hat.

15.2 König Joschija und seine Bedeutung

König Joschija regiert über das Südreich Juda und ist dynastisch ein Nachkomme Davids. Trotz anders lautender Darstellungen des AT ist das Südreich Juda nach der Reichstrennung unter Davids Enkel Rehabeam im Jahre 931 nur ein unbedeutender Kleinstaat in Palästina. Während das Nordreich Israel zumindest zeitweise unter den Omriden und unter Jerobeam II. einen gewissen Aufschwung nimmt, ist vergleichbares im Süden nicht nachzuweisen. Die ausgesprochen positiven Bewertungen, die die meisten Südreichkönige im Alten Testament erhalten, resultieren aus der *theologischen* Position der Autoren: Die Davidsdynastie ist das einzig legitime und Gott wohlgefällige Königtum. Der Tempel von Jerusalem ist der einzige Ort, an dem der Gott Israels in legitimer Weise verehrt werden kann und darf.

Unter diesen Prämissen ragen die beiden „Reformer“ Hiskija, der Urgroßvater Joschijas, und vor allem Joschija selbst hervor, denn Letzterer hat die Stellung Jerusalems als Ort der wahren Gottesverehrung durch seine Kultzentralisation gefestigt. Die schlechtesten Noten aller Könige des SR erhält dagegen Joschijas

Großvater Manasse, der – freiwillig oder unter dem Druck der assyrischen Oberhoheit – assyrische Kulte am Tempel in Jerusalem bedient haben soll.

Joschija kommt ca. 641 im Alter von acht Jahren an die Macht. Sein Vorgänger mit Namen Amon, der Sohn des außerordentlich lange regierenden Königs Manasse, wird nach nur zweijähriger Regierungszeit gestürzt und ermordet: Es war ein Putsch am Hofe – der nicht auf Gegenliebe bei dem „Volk des Landes", der „politisch aktiv werdenden Mittelschicht" (Albertz: Israel TRE XVI) stieß. Letztere eliminiert die Putschisten und bringt Joschija auf den Thron. Es ist anzunehmen, dass der Hof, sei es die Königinmutter, sei es die Priester- oder Beamtenschaft, weitgehenden Einfluss auf die Regierungsgeschäfte nahm bzw. stellvertretend für den minderjährigen König die Geschäfte führte. Die erste eigenständige Aktivität des jungen Königs wird im Buch der Könige (anders 2Chr 34,3) erst vom 18. Jahr seiner Regentschaft berichtet, also etwa in seinem 24. bis 26. Lebensjahr. Damit setzen die Verfasser des Textes einen inhaltlichen Schwerpunkt: Zu diesem Zeitpunkt gibt Joschija Reparaturarbeiten am Tempel in Auftrag. Dabei „findet" der Hohepriester im Tempel ein Gesetzbuch, das er dem König zukommen lässt. Nach den Vorgaben dieses Buches wird daraufhin die schon erwähnte Kult- und Tempelreform durch den König initiiert und durchgeführt. Nach verbreiteter Forschungsansicht handelt es sich um das Buch Deuteronomium oder doch zumindest um Kernteile aus diesem. Da sich dieses Buch als Reden des Mose an sein Volk präsentiert, erweckt es den Eindruck, es sei sehr alt. Es hätte demnach als verschollen gegolten und sei bei den Arbeiten wieder aufgetaucht. Spötter sind nicht zu Unrecht der Ansicht, dass, als es „gefunden" wurde, die Tinte noch nass war, denn viele Maßnahmen, insbesondere die Kultzentralisation, sind nur unter der Voraussetzung realistisch, dass das Staats- oder besser kultische Einzugsgebiet äußerst überschaubar ist – d.h. sich auf Jerusalem und ein umliegendes Gebiet von vielleicht 20 bis 30 km beschränkt. Unter anderen Umständen sind ein zentraler Kult und ein Abgabensystem in Naturalien, und dies dreimal im Jahr, kaum durchführbar. Wegen der Reform heißt es über Joschija: Er tat, was dem Herrn gefiel, und folgte ganz den Wegen seines Vaters David, ohne nach rechts oder links abzuweichen. In 23,25 wird diese Beurteilung in deuteronomistischem Sprachstil noch einmal kräftig nachgebessert:

> *Es gab vor ihm keinen König, der so mit seinem ganzen Herzen und mit seiner ganzen Seele und mit seiner ganzen Kraft (vgl. Dtn 6,5) zum Herrn umkehrte und das ganze Gesetz des Mose (befolgte), und auch nach ihm trat keiner auf wie er.*

Ausgerechnet von diesem herausragenden König wird nun aber neben der kurzen Notiz von seinem gewaltsamen Tod in 23,29f eine zweite Aussage geboten, die der bisher vorgestellten diametral entgegensteht. In 2Kön 22,19f wird Joschija als „Spruch des Herrn" im Munde der Prophetin Hulda verheißen, einen friedlichen, und das heißt gewaltfreien, Tod zu finden.

15.3 Die Prophetie der Hulda

Nachdem das bei den Restaurierungsarbeiten am Jerusalemer Tempel gefundene Buch der Weisung (סֵפֶר הַתּוֹרָה Sefer haTora) dem König vorgelesen wurde, ist dieser völlig entsetzt, zerreißt seine Kleider und erteilt den Auftrag, einen Prophetenbescheid von einer zu dieser Zeit offensichtlich bekannten Prophetin namens Hulda, der Ehefrau eines königlichen Beamten, einzuholen. Die Prophetin wohnte in der Jerusalemer Neustadt, deren Entstehung mit der Zerstörung des Nordreiches und dem Zuzug von Flüchtlingen aus dem Norden zusammenhängen dürfte.

Ihre Prophetie fällt vernichtend aus: Es ist eine Ansage des Unheils (רָעָה) über „diesen Ort und seine Bewohner“ (2Kön 22,16.19.20 vgl. Jer 44,3–6) – den Tempel, die Stadt Jerusalem und vielleicht die ganze Region. Ausdrücklich wird in der Prophetie jedoch auch festgestellt, dass der König das Eintreffen des Unheils aufgrund seiner Selbstdemütigung (22,19) nicht mehr erleben werde: “Deine Augen werden all das Unheil nicht sehen“ (22,20b). Vielmehr wird ihm gesagt (2Kön 22,20 par 2Chr 34,28):

Deshalb: Siehe ich versammele dich zu deinen Vätern und du wirst versammelt zu deinen Gräbern in Frieden (b^{e}Schalom).

Dieser Ausdruck aus 2Kön und 2Chr ist einmalig im AT, lediglich zum Tod des Abraham lautet der Text ähnlich (Gen 15,15):

וְאַתָּה תָּבוֹא אֶל־אֲבֹתֶיךָ בְּשָׁלוֹם תִּקָּבֵר בְּשֵׂיבָה טוֹבָה׃

Und du, du wirst zu deinen Vätern in Frieden gehen und du wirst begraben in gutem Alter.

Schließlich spricht noch Jer 34,5 von einem friedlichen Tod mit der Formulierung „b^{e}Schalom tamut“: In Frieden wirst du sterben. Ausgesagt wird dies über König Zidkija, zu dem der Prophet spricht:

Doch höre das Wort des HERRN, Zidkijahu, König von Juda! So spricht der HERR über dich: Du sollst nicht durch das Schwert umkommen (34,4).

Der Tod „in Frieden“, der dem Zidkija verheißen wird, erscheint somit im ausdrücklichen Gegensatz zu einem gewaltsamen Tod.

Verschiedentlich setzen Vertreter des so genannten „Blockmodells“ (v.a. F.M. Cross) eine Zäsur vor 2Kön 23,28: Hier setze ein Verfasser ein, der nach dem Tod des Joschija schreibt. Die Prophetie der Hulda sei dagegen älteren Datums. Dagegen ist zu vermuten, dass hier „nur“ heilsgeschichtliche Theologie und historische Fakten aufeinandertreffen, mithin kein literarischer Bruch infolge verschiedener Redaktionsstufen vorliegt.

15.4 König Ahab von Israel – eine Charakterisierung

Die Geschichte Ahabs ist eng mit dem Auftreten der Propheten Elija und Elischa verwoben. Er bekommt die schlechtesten Noten von allen Königen des Nordreiches (NR) ausgestellt:

> *Er tat was dem Herrn missfiel, mehr als alle seine Vorgänger*

heißt es von ihm in 1Kön 16,30.33. Er hält – wie alle Könige Israels – an den „Sünden des Jerobeam“ fest. Unter dem Einfluss seiner Frau Isebel, einer phönizischen Prinzessin, dient er dem Baal in einem eigens errichteten Tempel. Er stellte einen Kultpfahl auf

> *und tat noch vieles andere, womit er den Herrn, den Gott Israels, mehr erzürnte als alle Könige Israels vor ihm.*

Seine Frau lässt angeblich die Jahwe-Propheten verfolgen und ermorden. Sie ist es, die die Idee des Erbbesitzes (vgl. u.a. Dtn 9,14; Mi 2,2) und damit von der Unveräußerlichkeit des Ackerbodens nicht kennt oder missachtet und ihrem Mann durch Justizmord den Weinberg des Nabot verschafft, welcher sein Grundstück, seinen Erbbesitz, nicht verkaufen will. Der Kommentar auf diese Handlungsweise lässt nicht auf sich warten:

> *Es gab in der Tat niemand, der sich wie Ahab hergab zu tun, was dem Herrn missfiel, da seine Frau Isebel ihn verführte. Sein Tun war überaus verwerflich; er lief den Göttern nach und folgte den Gebräuchen der Amoriter, die der Herr vor den Israeliten vertrieben hatte (1Kön 21,25f).*

Es ist nun heilsgeschichtlich völlig unmöglich, dass sich ein König wie Ahab „(in Frieden) zu seinen Vätern“ legt, angeblich im Kontext einer – verlorenen – Schlacht gegen Aram (vgl. 1Kön 22,40). Dagegen hat Ahab historisch nachweisbar – zusammen *mit* Aram – eine durchaus erfolgreiche antiassyrische Koalition gebildet, die im Jahre 853 bei Qarqar gegen Salmanassar III. zumindest ein militärisches Patt erreicht (Donner, 262). Diese Information wird von dem/den Verfassern der Ahabgeschichte allerdings unterschlagen. Stattdessen wird ihm durch Elija angekündigt:

> *Weiter sag ihm: So spricht der Herr: An der Stelle, wo die Hunde das Blut Nabots geleckt haben, werden die Hunde auch dein Blut lecken (1Kön 21,19b).*

Gleichzeitig aber weiß der Text eben in 1Kön 22,40 kurz und lapidar zu berichten:

> *Und Ahab legte sich zu seinen Vätern und sein Sohn Achazjahu wurde König an seiner Stelle.*

Wie gesehen ist die Wendung „legte sich zu seinen Vätern" die auch für die Könige des Südreiches Verwendung findet, ausdrücklich auf jene Könige beschränkt, die eines gewaltfreien Todes sterben. Wie aber passt 1Kön 22,40 zum Tod des Ahab in der Schlacht (1Kön 22,36)?

15.5 Joschija und Ahab: Ihr Wirken, ihr Tod und ihre Bewertung in den Königsbüchern – Ein Vergleich

Es steht außer Frage, dass der Tod des Joschija in der Darstellung von 2Chr auffallende Parallelen zur Ahab-Geschichte aufweist. Ahab kann als Kontrastfigur zu Joschija bezeichnet werden. Beide Male ziehen die Könige verkleidet in die Schlacht (1Kön 22,30; 2Chr 35,22), also vermutlich nicht in der königlichen Rüstung oder auf dem königlichen Streitwagen, um das Risiko einer gezielten Attacke auf sie zu minimieren. Beide Male erweist sich diese Maßnahme jedoch als nutzlos: Sie können ihrem Schicksal nicht entgehen und werden von einem Pfeil getroffen (1Kön 22,34; 2Chr 35,23). In 1Kön 22,34 heißt es sogar ausdrücklich, der Schütze habe לְתֻמּוֹ – ohne (seine) Absicht, aufs Geradewohl, – geschossen und den König zufällig getroffen.

Die Übereinstimmungen zwischen Ahab und Joschija beschränken sich allerdings keineswegs auf diese eine sachliche Parallele, und auch nicht auf 2Chr.

Ahab erhält die schlechteste Bewertung aller Könige (1Kön 16,30; 21,25), Joschija hingegen die beste (2Kön22,2; 23,25); Ahab erstellt einen Altar für Aschera (2Kön 21,3), Joschija zerstört einen solchen (2Kön 23,15). Sowohl Ahab als auch Joschija demütigen sich vor Gott und zerreißen ihre Gewänder, sodass das Unheil, der Untergang der beiden Reiche, nicht sofort eintritt (1Kön 21,27–29; 2Kön 22,11.18–20). Das Unheil an sich ist dennoch unwiderruflich (1Kön 21,20b–22; 2Kön 23,26). Schließlich wird den Königen ein unterschiedliches Todesschicksal prophezeit: Während dem Ahab per Prophetie ein gewaltsamer Tod verheißen wird und auch die Erfüllung dieser Prophetie erzählt wird, findet sich in einer kurzen Notiz in 1Kön 22,40 die Nachricht vom friedlichen Ableben des doch so negativ gezeichneten Königs. In der Erzählung von König Joschija verhält es sich genau umgekehrt: Die Prophetin Hulda sagt ihm als Gottesspruch ein friedliches Ableben, nämlich die Versammlung mit seinen Vätern und die Beisetzung in seinem Grab in Frieden, zu. Später wird allerdings vermerkt, dass Joschija (in der Schlacht?) von Necho zu Tode gebracht wird. In beiden Fällen ist zu vermuten, dass die theologisch unpassende Aussage die historisch Zutreffende ist: Ahab stirbt in seinem Bett und nicht auf dem Schlachtfeld, Joschija dagegen gewaltsam und nicht „in Frieden". Auf eine redaktionelle Glättung des Endtextes wurde offensichtlich verzichtet, die Unstimmigkeiten bewusst in Kauf genommen.

Dieses Vorgehen macht deutlich, dass es sich zumindest an diesen beiden Stellen um eine Redaktion handelt, die mit dem Mittel der Prophetie eine näher an der Historie orientierte Geschichtsschreibung im Sinne einer individuellen

Schuldzuweisung korrigiert, sofern dies aus theologischen Gründen opportun erscheint. Eine Zensur liegt gleichwohl nicht vor – die Historie wird trotz aller Spannungen ja ebenfalls überliefert.

Was sagt ein Theologe nun einem ratlosen Leser angesichts derartiger Diskrepanzen in der Schrift? „Und wo die zwei Arten von Wahrheit nicht übereinstimmen, muss ich verlangen, dass wir der Lehre folgen...?“ (Heym: König David Bericht 47)

Dass hier zwei „Wahrheiten“, die nicht übereinstimmen, nebeneinanderstehen, ist wohl kaum zu bestreiten. Hier findet sich *eine* Wahrheit, wie Gott handelt, wenn er denn ein Gott der Heilsgeschichte, ein in der Geschichte wirkmächtiger Gott ist: Souverän, und keineswegs so, wie es die atl. Theologen oder Verfasser gerne hätten – und eine *andere* Wahrheit, wie atl. Erzähler glauben, dass Gott eigentlich hätte handeln müssen. Anders ausgedrückt: Neben der Historie findet sich eben auch die theologische Deutung von Historie in einer Theologie, die darum bemüht ist, einer dem menschlichen Denken verhafteten Gerechtigkeit Gottes zum Durchbruch zu verhelfen.

Diese Erzählungen sind jedenfalls keine Anfragen an das Wirken Gottes in der Geschichte, sondern letztlich eine Anfrage an das Gottesbild der Autoren: Nicht die Buchführung Gottes ist fehlerhaft, sondern fehlerhaft ist die Vorstellung, wie diese Bücher geführt werden müssten.

Ein Wandel der Deutung von Geschichte, eine Veränderung des Blicks auf die Heilsgeschichte, geschieht indes hier nicht. Israel, Nord- wie Südreich, haben gesündigt, haben den Bund mit Gott gebrochen und werden dafür zur Rechenschaft gezogen. Wie üblich wird das Gericht von einer fremden (Groß-) Macht vollzogen, die Gott selbst herbeigerufen hat (Jes 5,26; 7,18). Dass der Herr eine Frist bis zum Untergang einräumt, das Übel erst ein, zwei Generationen später vollzieht, ist nicht außergewöhnlich. In seltenen Fällen kann es noch zur Umkehr kommen, woraufhin Gott seine Meinung ändert, sich erweichen lässt. Aber am Ende von Nord- und Südreich wird dies von vorneherein ausgeschlossen. Die Reiche werden untergehen, mit König und Volk.

16. Exil und Rückkehr

Das Exil umfasst den Zeitraum von 597/586 bis 538. Ein eigenes biblisches Buch über diese Zeit liegt nicht vor, obwohl sie mit zu den literarisch und theologisch bedeutsamsten Epochen der Geschichte Israels gehören dürfte: Spätestens jetzt, unter der Erfahrung der Heimatlosigkeit, entfaltet sich der Glaube, dass der Gott Israels „auch im Ausland" angerufen werden kann, beisteht und hilft. Er ist nicht mehr länger eine Lokalgottheit, die auf das kleine Land Israel beschränkt bleibt. Und ein zweites: Dieser Gott kann auch ohne den Tempel von Jerusalem verehrt werden. Aus der Zeit des Exils geht mit hoher Wahrscheinlichkeit die Synagoge als Versammlungs- und Gebetsort hervor, und damit zwangsläufig auch die Rolle eines wie auch immer gearteten, gebildeten Synagogenvorstands. Inwieweit dieser zunächst priesterlich gewesen sein könnte, ist nicht zu erhellen. Was die exilische Literatur betrifft, wird vermutet, dass die so genannte Priesterschrift, aus der beispielsweise die erste Schöpfungserzählung hervorgeht, am Ende des Exils oder früh-nachexilisch verfasst wurde: Der Gott Israels ist es, der die Welt erschaffen hat und etwa die Gestirne, die andere Völker als Götter verehren, als Beleuchtung an den Himmel gesetzt hat. Er ist es auch, der die Urwasser gebändigt hat, ganz im Gegensatz zu chaldäisch-babylonischen Vorstellungen.

Im Gegensatz zum assyrischen Exil werden die Juden nicht über das assyrische Reich verstreut angesiedelt, sondern in verschiedenen Regionen, in denen sie zusammenleben und Religion, Kultur und Identität pflegen und weiterentwickeln können. Auf diese Weise kommt es ab dem Jahre 538 zu mehreren Wellen von Rückwanderern, welche durchaus ein elitäres Bewusstsein an den Tag legen, und dies nicht nur, weil sie ursprünglich zur Elite zählten, sondern weil sie als Exilierte die Strafe Gottes über sein Volk tragen mussten.

Versklavt wurden die Menschen im Exil nicht. Sie gingen ihren Berufen nach und konnten sogar in höhere Ränge aufsteigen, wie Siegelfunde mit jüdischen Namen belegen. Ob es „die jungen Leute um Daniel" tatsächlich an den Babylonischen oder dann auch den persischen Hof geschafft haben, wie das Danielbuch und das Buch Esther suggerieren, sei dahingestellt. Die weitere Geschichte macht jedoch deutlich, dass das Babylonische Judentum eine bedeutende Größe darstellt, und dies über Jahrhunderte hinweg. Denn aus ihm geht letzten Endes der babylonische Talmud hervor, auch wenn zu vermuten ist, dass weitere Juden zur Zeit der beiden Kriege gegen die Römer in den Jahren 70 und 135 n. Chr. nach Babylon (und Ägypten) flohen.

Die Beschneidung als Identitätsmerkmal des Judentums geht vermutlich auch auf die Exilzeit zurück. Es trifft zwar zu, dass auch andere semitische Völker die Beschneidung pflegten, aber dies keineswegs umfassend. Die Edomiter, Israels Nachbarn, wurden erst in der Zeit der Makkabäer und auf deren Anordnung zwangsbeschnitten. Eine Beschneidung im Exil macht nur dann Sinn, wenn die

Babylonier nicht beschnitten waren und Israel somit eine Besonderheit beansprucht. Inwieweit auch Kaschrutgebote die Speisen betreffend, also was gegessen werden darf und welche Zubereitung erforderlich ist, erst im Exil entstanden sind, wird sich im Einzelnen nicht mehr klären lassen. Das Buch Daniel aus dem 2. Jh. v. Chr. geht jedenfalls davon aus, dass man auf Reinheit der Speisen achtete. Vielleicht wird auch die Sabbatruhe erst hier zu einem Unterscheidungsmerkmal (vgl. Albertz 94), der Synagogengottesdienst wird zum Ersatz des Tempeldienstes.

Wie oben schon genannt, gehen auch etliche Erzählungen von Abraham aus der Exilszeit hervor, so z.B. der Befehl Gottes an Abraham, das Zweistromland zu verlassen und sich in Israel anzusiedeln. Es ist dies eine Erzählung, welche die Zauderer nach Ende des Exils veranlassen sollte, in ihre ursprüngliche Heimat, nach Israel, zurückzukehren.

Auch aus den Büchern Esra und Nehemia sowie aus den spät- oder nachexilischen Propheten können einige Informationen zum Exil und dessen Ende gewonnen werden. Ein Problem bei Esra und Nehemia besteht darin, dass die Reihenfolge der Ereignisse wie auch das Auftreten der beiden nicht exakt zu rekonstruieren ist. Auch die Namensabfolge der Persischen Regenten ist nicht stimmig (vgl. Dorn, Basiswissen Altes Testament 2. Aufl. 151–158).

Dort findet sich in Esra 1 das so genannte Rückkehredikt des Persers Kyros, der in späten Zufügungen des Jesajabuches als großer Befreier Israels und als Gottesknecht dargestellt wird (Jes 41–48). Hier wird der Wiederaufbau des Tempels angeordnet sowie die Erlaubnis zur Rückkehr des Volkes jenes Gottes gegeben. Auch die geraubten Tempelgeräte sollen nach Anordnung des Kyrus wieder mit zurückgenommen werden (Esra 1,7–11). Dies setzt die Rückkehr zumindest eines Teils der Exilierten voraus. „Feinde von Juda und Benjamin" (Esra 4,1) wollen am Tempelbau mitwirken, werden aber von Serubbabel, einem Anführer der Rückkehrer davidischer Herkunft, von den Bauarbeiten ausgeschlossen. Daraufhin erwirken sie einen Baustopp, der erst Jahre später wieder aufgehoben wird, indem das Edikt des Kyrus erneut vorgelegt wird. Die Bauarbeiten werden dann von Serubbabel wieder aufgenommen. Allerdings ist auch von einem Scheschbazzar die Rede (Esra 5), der die Fundamente gelegt habe. Vermutlich gehen schon die Verfasser von Esra davon aus, Serubbabel und Scheschbazzar seien identisch. Esra 7 berichtet freilich, *Esra* sei mit Genehmigung des Königs Artaxerxes nach Jerusalem gezogen. Er habe auch die erforderlichen Geräte für den Tempeldienst zurückgebracht, dazu vom König gespendetes Silber und Gold, soviel erforderlich, plus Naturalien.

> *Esra 7,16 Bring auch alles Silber und Gold dorthin, das du in der ganzen Provinz Babel bekommst, samt den Spenden, die das Volk Israel und die Priester für das Haus ihres Gottes in Jerusalem geben.*

In langen Listen werden am Ende des Esrabuches (Esra 8) die zurückkehrenden Laien und Priester genannt, aufgereiht nach ihren Sippenoberhäuptern und ihrer Herkunft. Insgesamt sollen sich 42.360 Personen plus Knechte und Mägde auf den Heimweg gemacht haben, plus Pferde, Maultiere, Kamele und Esel. Auch das vorhandene Vermögen in Gold und Silber wird angegeben. Diese Darstellung gibt einen Hinweis darauf, wie sich die Exilierten in der Gola, dem Exil, organisiert haben. Offensichtlich spielten Familien- und Sippenverbände eine tragende Rolle.

Esra und Nehemia haben angeblich eine ganze Reihe von Maßnahmen zur Wiederherstellung Judas durchgeführt, so z.B. die Wiederansiedelung der Rückkehrer, den Bau der Stadtmauer von Jerusalem, der zeitweise unter Bewaffnung durchgeführt werden musste, weil immer wieder Gegner aus dem Umland einfielen (auch Frauen sind am Bau beteiligt), ferner die Ansiedelung von Rückkehrern in der Stadt per Losentscheid. Als besonders hinterhältig werden in diesem Kontext „Sanballat, der Horoniter" erwähnt, dazu Tobija, der Knecht von Ammon sowie der Araber Geschem (Neh 2,19). Dazu habe Esra auf Anweisung oder zumindest mit Billigung der Perser „das Buch mit dem Gesetz des Mose verlesen", welchen Umfangs und Inhalts auch immer, und er war es auch, der massiv gegen Mischehen einschritt, diese verbot und sogar Ehen auflöste (Esr 9–10), auch die Ehen der Priester. Die Frauen wurden ggf. mitsamt ihren Kindern weggeschickt. Möglicherweise stammen die diversen atl. Einlassungen über fremde Frauen und die Warnung vor ihnen, insbesondere in der vorstaatlichen Zeit, erst aus dieser Epoche. Einen Grund dafür sah man in der Möglichkeit, dass diese Frauen ihre Familien religiös mit fremden Göttern und Riten in Kontakt bringen und damit den Abfall von J" förderten, ganz wie angeblich in der Zeit der Richter. In Esra kommt jedoch noch ein ganz anderer Grund dazu: Laut Esra 9,2 wurde mit der Eheschließung mit Nichtjüdinnen „der heilige Same mit den Völkern des Landes vermischt". Dahinter steckt einerseits eine reichlich elitäre Haltung, andererseits bestand natürlich durchaus die Gefahr, dass sich „Israel" durch Vermischung auflöst. Nicht zuletzt deshalb ist auch vermehrt davon die Rede, dass das „Gesetz" verlesen, Feste gefeiert (Neh 8,13–18: das Laubhüttenfest) und die Sabbatordnung konsequent durchgesetzt wird (Neh 13,15–22). Eine oppositionelle Reaktion auf diese Ehescheidungen stellt möglicherweise das Buch Rut dar. Es ist der jüdische Landbesitzer Boas, der eine Moabiterin ehelicht. Die Frau wird überaus positiv dargestellt, und das nicht ohne Grund – ist sie doch die Großmutter Davids (Rut 4,17).

Der Tempelneubau sei im zweiten Jahr der Rückkehr begonnen (536), nach dem erwähnten Baustopp aber erst 515 fertiggestellt worden. Nach anderer Zählung der Propheten Haggai und Sacharia wurde der Tempel unter dem Hoffnungsträger und Statthalter (Sir 49,11; Hag 2,2.21) Serubbabel aus der Davidsdynastie (Hag 2,23) ca. 522 begonnen (vgl. Sach 4,9) und ist 515 beendet worden; wie auch in der konkurrierenden Darstellung. Esra und Nehemia konnten dann aber kaum an diesem Bau gearbeitet haben. Dieses chronologische Problem ist nicht endgültig zu lösen.

Die davidische Herkunft Serubbabels ergibt sich aus der Tatsache, dass er immer wieder als Sohn des Schealtiël bezeichnet wird, der laut 1Chr 3,17 der Sohn des letzten Königs Jojachin war. Andererseits heißt es in 1Chr 3,19, er wäre der Sohn des Pedaja gewesen, ebenfalls ein Sohn Jojachins. So oder so wäre Serubbabel damit ein Enkel des Jojachin. Wie bei Haggai und Sacharja zu lesen ist, knüpfte man an Serubbabel große Hoffnungen, vermutlich die Erwartung einer Wiederbelebung der Dynastie. Es wird vermutet, dass diese Hoffnungen den Persern allmählich suspekt wurden und man Serubbabel wieder zurück nach Persien oder Babylon beorderte. Er verschwindet jedenfalls ohne weitere Erklärung aus der Geschichte und Juda wird zu einer Theokratie, d.h. der Hohepriester, nach Sach1,1 ein gewisser Jeschua, Sohn des Jozadak, wird auch „weltlicher" Regent bzw. Statthalter. Mit Serubbabel enden die Davididen.

Noch ein Wort zu Sanballat: Sanballat – er dürfte der Statthalter in Samaria gewesen sein – stellt einen Antrag, am Tempel mitzubauen und behindert angeblich den Tempelbau. Zumindest Letzteres ist fraglich, denn Sanballat wird in die Zeit um 450 datiert. Da ist der Tempel längst fertig. In Nehemia fällt sein Name im Kontext der Mischehen: Einer der Söhne Jojadas, des Hohepriesters, soll der Schwiegersohn des Sanballat gewesen und von Nehemia des Landes verwiesen worden sein. Trifft die Datierung von Sanballat um 450 zu, gab es zwischen ihm und Nehemia keine Berührungspunkte – es sei denn, Nehemia wird falsch datiert oder der Name Sanballat kommt (in der gleichen Funktion als Statthalter) mehrfach vor. Erneut wird allerdings deutlich, dass auch in Samaria J" verehrt wird. Bei der Missachtung Samarias aus jüdischer Sicht dürften neben der schon fast als Erblast bestehenden Abwertung in der Königszeit auch familiäre und persönliche Animositäten eine Rolle gespielt haben.

In der jetzt vorliegenden Datierung hat Nehemia, vermutlich schon kurz nach dem Kyrosedikt, in Judäa seine Maßnahmen begonnen und dazu zählt auch der Mauerbau, der am meisten Sinn ergibt, wenn er tatsächlich schon bald nach der Rückkehr der Exilierten begann.

Es soll hier darauf verzichtet werden, die zeitlichen Unstimmigkeiten zu bereinigen oder den Bau des Tempels genauer zu bestimmten. Dies wird durch die von der Historie abweichenden Abfolge der persischen Regenten in Esra/Nehemia weitgehend unmöglich gemacht.

Einige weitere Informationen bieten die Propheten Haggai und Sacharja, die teilweise den Ereignissen zeitlich sehr nahekommen. Die beiden Bücher sind vermutlich durch einen Redaktor direkt aufeinander bezogen und treffen ähnliche Aussagen, wobei der zweite Teil Sacharjas ab Kap 9 aus späterer, vermutlich hellenistischer Zeit stammt.

Laut Hag werden im zweiten Jahr des Darius I. (520 n. Chr.) noch immer keine Anstalten gemacht, mit dem Bau des Tempels zu beginnen. Deswegen, so der Prophet, gibt es Missernten (Hag 2,15–19) und Trockenheit (Hag 1,9–11). Mit dem Beginn des Baus verspricht der Prophet eine neue Fruchtbarkeit des Landes. Während also bei Esr und Neh die äußeren Feinde den Bau des Tempels verzögern und sogar eine Unterbrechung erreichen, sind es nach Hag die Rückkehrer selbst, die dafür verantwortlich sind, dass sich der Baubeginn verzögert. Ihnen sei – durchaus verständlich – viel mehr daran gelegen, erst einmal selbst ein Dach über dem Kopf zu bekommen. Der Appell, endlich anzufangen, richtet sich vorrangig an Serubbabel und Jeschua ben Jozadak (vgl. Esr 3,8), den Hohepriester. Mit dem Aufruf zum Bau versucht Hag auch die Gräben zwischen den Neuzuzüglern und den im Lande verbliebenen Menschen einzuebnen.

Der Letzte aus der Reihe der kleinen Propheten, der Prophet Maleachi (mein Bote) listet eine ganze Reihe von Vergehen Israels auf, die Gerichtsdrohungen zur Folge haben. Es ist die Rede von minderwertigen Opfertieren, die Gott dargebracht werden und die Unterschlagung des Hebeopfers (3,6–12) einerseits und diversen Vergehen gegen die Mitmenschen (bes. 3,17–3,5) andererseits wie Ehebruch, Meineid, Lohndrückerei, Unterdrückung von Witwen und Waisen. Mit der Verkettung von (a-) sozialem Verhalten und Opfer tritt er in die Fußstapfen des Amos. Gleichwohl muss hierbei berücksichtigt werden, dass die „untauglichen" Opfer nicht auf mangelnde Frömmigkeit oder Verachtung des Gottes schließen lassen. Es ist vielmehr zu fragen, ob die Abgaben an den Tempel, der jetzt auch die politische Führung wesentlich mitbestimmt, eventuell die Leistungsfähigkeit der Bevölkerung überstieg (vgl. Kessler 155).

Es ist denkbar, dass diese Ereignisse aus den ersten wirren Jahren nach Ende des Exils genommen sind, gerade weil auch noch einmal vor Mischehen gewarnt wird, aber Sicherheit ist nicht zu gewinnen. Damit endet jene Zeit, die sich (auch) in und an den biblischen Büchern rekonstruieren lässt. Die folgenden Jahrzehnte bis zum Auftreten der Griechen sind weitgehend dunkel.

Zusammenfassung

Das von den Babyloniern deportierte Volk ist nicht zerstreut worden und auch nicht untergegangen. Mit dem Wechsel der Großmacht von den Babyloniern zu den Persern kommt es zur Neuerrichtung des Tempels und zur Rückkehr eines Teils der Exilierten. Esra und Nehemia, zwei (?) Statthalter der Perser in der Provinz Jehud, beginnen mit einer Neuorganisation des jüdischen Gemeinwesens, das offensichtlich nicht reibungslos verläuft, auch, aber nicht allein, durch Spannungen zwischen Alteingesessenen und Neuzuzüglern, dazu auch Auseinandersetzungen mit den Nachbarvölkern.

Der Tempelneubau beginnt eher in der Zeit um 520 als gleich nach der Rückkehr um 536. In den ersten Jahren wird ein Mann namens Serubbabel immer wieder genannt, der das Gemeinwesen wiederherstellen soll. Er gilt als Ring am Finger Gottes und stammt mit sehr hoher Wahrscheinlichkeit aus dem Kreis der Davididen. So plötzlich, wie er auftritt, verschwindet er aber wieder in der Geschichte. Man hört nichts von ihm und seinem Verbleib und „Israel" wird zu einer – nicht unumschränkt herrschenden – Hierokratie, einer Provinz, die sowohl religiös als auch politisch von einem Hohepriester entscheidend mitgetragen wird. Dessen Status wird sich im Laufe der Zeit noch wesentlich stabilisieren.

Heilsgeschichtlich wird Kyros II., der die Erlaubnis zum Wiederaufbau des Tempels erteilt und damit auch die Rückkehr des Volkes in seine Heimat als

Knecht Gottes, mit messianischen Zügen ausgestattet. Gott selbst hat ihn gesandt, um sein Volk wiederherzustellen und in sein zugesagtes Land zurückkehren zu lassen. Die Menschen des Exils betrachten sich als das „bessere“ Israel – nicht allein, weil die Exilierten aus den obersten Zehntausend der Gesellschaft stammten, sondern weil sie diejenigen sind, die diese Strafe für den Ungehorsam des ganzen Volkes auf sich nehmen mussten.

Es ist dies zum letzten Mal der Fall, dass eine fremde Macht, ein fremder König von Israel als heilvoll erfahren wird. Im Kontext der griechischen Eroberung wird es bald heißen: Parteigänger der Ptolemäer gegen jene der Seleukiden, Hellenisierungswillige aus der Oberschicht gegen traditionelles Volk des Landes, und das heißt letzten Endes: Kampf um die Frage was es heißt, ein Jude zu sein.

17. Die hellenistische Zeit

	Hellenistische Zeit		
	Hellenistische Herrscher in Ägypten		Hellenistische Herrscher im Gebiet von Teilen Kleinasiens, des Libanon, Syrien, dem Irak, Persien sowie des östlich davon liegenden Baktrien (heute Afghanistan)
323 (305)–285	Ptolemäus I.	323 (305)–281	Seleukos I.
285–246	Ptolemäus II.	261–246	Antiochus II.
			anhaltende Thronwirren im Reich der Seleukiden
198	Nach mehreren ptolemäisch-syrischen Kriegen fällt Israel nach der Schlacht von Paneas an die Seleukiden		
167	Makkabäeraufstand	175–164	Antiochus IV. Epiphanes
	Römische Zeit		
66–64	Pompejus		
40 (37) – 4 v. Chr.	Herodes der Große		

Für diese Zeit kommt das AT als Quelle nur noch sehr bedingt in Frage. Als deuterokanonische, d.h. nicht der jüdischen (und protestantischen) Bibel zugehörig, gibt es nur die beiden Makkabäerbücher aus einer relativ späten Zeit (2. Jh. v. Chr.). Sie liegen in Griechisch vor und sind allem Anschein nach von Parteigängern der Makkabäer geschrieben. Es handelt sich auch nicht um Fortsetzungen, sondern das zweite Buch, das vermutlich älter als das erste ist, behandelt nur einen Ausschnitt aus der Geschichte dieser Familie. Zeitgeschichtlich stehen sie der erzählten Zeit sehr nahe und die zitierten Quellen in Form von Briefen und Verträgen gelten zumindest teilweise als echt. Kanonisch aus dieser Zeit ist allein das Buch Daniel.

„Neu“ ins Spiel kommt freilich die Chronik des Josephus Flavius, der seine Werke (Antiquitates Judaicae (Jüdische Chronik), Bellum Judaicum (der [erste] Jüdische Krieg, eine Vita sowie eine Verteidigungsschrift des Judentums Contra Apionem) gegen Ende des 1. Jh. n. Chr. verfasst. Diese Schriften wurden bislang nur gelegentlich herangezogen, da für die Geschichtsstrecke bis hierhin primär die grundsätzlich zeitnäheren biblischen Bücher verwendet wurden.

Josephus stammt aus der Jüdischen Oberschicht, spielt im Jüdisch-Römischen Krieg eine Rolle als Verteidiger der Stadt Jotapata in Galiläa, fällt in die Hände der

Römer und prophezeit dem römischen Feldherrn Vespasian die Kaiserwürde. Nachdem dieser tatsächlich Kaiser wurde, begnadigt er Josephus und stellt ihm eine Staatspension aus. Zum Dank für seinen Mäzen nimmt er den Beinamen des Kaiserhauses, Flavius, an.

Die Zeit der Perser und auch der Oberherrschaft Israels, endet mit Alexander dem Großen. Beim Versuch der Perser, weiter in den Westen vorzustoßen, kommt es bereits 480 v. Chr. in der Seeschlacht bei Salamis zu einer Niederlage der Perser durch die vereinte griechische Flotte. Im gleichen Jahr findet die Schlacht bei den Thermopylen statt, die als Beispiel des heroischen Kampfes der Spartaner gegen das persische Landheer in die Geschichte einging.

In der Folgezeit (ca. 448) soll es unter dem athenischen Staatsmann Perikles zu einem Friedensvertrag/Waffenstillstand zwischen Athenern und Persern gekommen sein, der allerdings nicht lange währte, denn die Perser schlugen sich in den Auseinandersetzungen zwischen Sparta und Athen um die Vormachtstellung auf die Seite der Spartaner.

17.1 Alexander der Große

Alles in allem war dem Streben der Perser, weiter in den Westen vorzudringen, ein Riegel vorgeschoben worden. Die Verhältnisse änderten sich grundlegend mit dem Aufstieg der Makedonen, zunächst des Philipp von Makedonien, dem Vater Alexanders und dann durch Alexander selbst. Ohne weiter auf Details einzugehen, begann Alexander mit der Zerstörung des persischen Weltreiches durch eine ganze Reihe von kriegerischen Auseinandersetzungen, als deren markanteste wohl die Schlacht bei Issus in Kleinasien gelten kann. Viele kennen sie noch aus dem Geschichtsunterricht: Drei, drei, drei, bei Issus Keilerei, d.h. sie fand 333 v. Chr. statt.

Nach Issus zieht Alexander die palästinische Küste Richtung Süden hinunter, erobert die Küstenstädte, dann Ägypten, um sich dann nach Osten zu wenden, um Darius endgültig zu besiegen. Es dürfte bekannt sein, dass er mit einem Truppenkontingent den Indus erreichte, ehe er sich auf Druck seiner Generäle wieder nach Westen wenden musste. Nach einem Symposion (Trinkgelage) stirbt Alexander im Jahre 322 in Babylon. Ob Alexander auf seinem Weg nach Ägypten auch Jerusalem besucht, den Hohepriester getroffen sowie ihm Privilegien verliehen hat, ist ebenso umstritten wie die Aussage, er habe den Samaritanern die Erlaubnis zum Bau eines Tempels erteilt (Ant XI, 322–324.329–339). Gerade bei der letztgenannten Aussage kann es sich gut um eine böswillige Verleumdung handeln, mit der zum Ausdruck gebracht werden sollte, der dortige Tempel sei aufgrund eines Gnadenaktes eines heidnischen Regenten entstanden, der die ganze Welt ins Unglück stürzte.

Abb. 38: Alexandermosaik. Alexander in der Schlacht gegen Darius

17.2 Die neue Sicht auf Geschichte

Was man von Alexander, seinem Reich und seinen Nachfolgern hält, kommt im Buch Daniel zum Ausdruck:

> *Dan 7,7 Danach sah ich in meinen nächtlichen Visionen ein viertes Tier; es war furchtbar und schrecklich anzusehen und sehr stark; es hatte große Zähne aus Eisen. Es fraß und zermalmte alles, und was übrig blieb, zertrat es mit den Füßen. Von den anderen Tieren war es völlig verschieden. Auch hatte es zehn Hörner. 8 Als ich die Hörner betrachtete, da wuchs zwischen ihnen ein anderes, kleineres Horn empor und vor ihm wurden drei von den früheren Hörnern ausgerissen; und an diesem Horn waren Augen wie Menschenaugen und ein Maul, das anmaßend redete. 9 Ich sah immer noch hin; da wurden Throne aufgestellt und ein Hochbetagter nahm Platz. Sein Gewand war weiß wie Schnee, sein Haar wie reine Wolle. Feuerflammen waren sein Thron und dessen Räder waren loderndes Feuer.*

Etliche apokalyptische Schriften (Offenbarung des Johannes; Tiervision des Äthiopischen Henochbuches) bedienen sich der Form von „Tiervisionen“, um die Geschichte bildlich darzustellen und vor allem, um sie damit auch zu kommentieren!

Wenn Daniel hier vom vierten Tier spricht, bedeutet das, dass er bereits drei weitere Tiere vorgestellt hat. Jedes der Tiere verkörpert eine Weltmacht, die gekommen und gegangen ist. Das letzte, vierte Tier übertrifft die vorhergehenden, ist aber noch nicht das Ende, denn aus ihm tritt, gewissermaßen als letzte Potenz, das kleine Horn hervor, das die letzte Zuspitzung darstellt. Auf dieses Horn folgen Endzeit und Endgericht. Ähnlich formuliert das äthiopische Henochbuch, dass kurz vor der Endzeit einem Schaf ein großes Horn wächst, mit dem es gegen Adler, Geier Raben etc., welche die Schafe bedrohen, vorgeht. Vermutlich handelt es sich bei diesem Schaf mit dem großen Horn um einen der Makkabäer (äthHen 89,9–14). Die kurze Aussage in Daniel lässt erkennen, wie der „Alexandersturm" erlebt wurde: als eine nicht mehr zu überbietende Kriegsmacht, die nur noch durch Gott selbst beendet werden kann. Die Vorstellung, dass eine neue Weltmacht für Israel Frieden und Freiheit bringen könnte, hat man trotz der relativ komfortablen Zeit als Vasall im Perserreich ein für alle Mal aufgegeben.

Für manche Kreise muss man hier von einer Änderung des Geschichtsverständnisses, also einer anderen Interpretation der Geschichte als Heilsgeschichte ausgehen. Es gibt kein Zurück mehr. Es wird keine Wendung zum Besseren mehr geben, wie es in der bisherigen Geschichte doch zumeist der Fall war. Keine Umkehr Israels, kein neuer Herrscher oder Helfer, der das Gottesvolk wieder auf den Pfad des Bundes zurückgeführt hätte, kein Prophet, der zu einer Kehrtwende mahnen würde. Die Geschichte bietet keine Lösungsmodelle, auf die man zurückgreifen könnte und in der Zukunft wird sich nichts ereignen, was so oder ähnlich schon einmal geschah. Das bedeutet, dass eine heilvolle Zukunft nur noch durch das direkte Eingreifen Gottes gewährleistet wird. Deshalb sprich das Buch Daniel angesichts der großen Statue, welche die Weltreiche verkörpert, von dem einen Stein, der ohne Zutun von Menschenhand herbeirollt und das Standbild zu Staub zermalmt (Dan 2,34). Danach erfolgt kein Wiederaufbau, keine Neugründung auf dem Schutt der Vergangenheit, sondern Gottes Gericht und das Eschaton, das Ende.

Einen Schritt weiter geht die Zehnwochenapokalyse des nichtbiblischen Henochbuches (äthHen 93 u. 91,12–17), in der es am Ende nur noch für die „auserwählten Gerechten der ewigen Pflanze der Gerechtigkeit" eine Zukunft gibt. Um welche erhabene Gruppe es sich dabei handeln könnte, ist nicht auszumachen, aber die ganze Geschichte beschäftigt sich schon mit diesen Gerechten, zu denen vor allem auch Abraham gehört, der in der dritten Woche auftritt (Hen 93,5). Die großen Themen der Geschichte Israels spielen kaum mehr eine Rolle: Der Exodus wird gar nicht erwähnt, auch nicht König David und Salomo oder gar der überaus gerechte Joschija. Es geht nur noch um eine Binnengruppe (die Reihenfolge der Abschnitte ist in dem Buch vertauscht worden):

> *Äth Hen 93,2 Henoch sprach: Von den Kindern der Gerechtigkeit, den Auserwählten der Welt und von der Pflanze der Gerechtigkeit und Rechtschaffenheit will ich zu euch reden; ja, ich, Henoch, tue es euch, meinen Söhnen, kund, alles, was mir*

in dem himmlischen Gesichte gezeigt wurde, was ich durch der heiligen Engel Wort weiß und was ich aus den himmlischen Tafeln lernte. 3 so begann Henoch, aus den Büchern zu erzählen...

... 91,15 Danach findet in der zehnten Woche, im siebten Teil, das große ewige Gericht statt, wobei Er die Strafe an den Engeln vollzieht.

16 Der erste Himmel wird verschwinden und vergehen; dann erscheint ein neuer Himmel, und alle Kräfte des Himmels leuchten dann siebenfach immerdar.

17 Danach wird es viele zahllose Wochen bis in Ewigkeit in Güte und Gerechtigkeit geben, und die Sünde wird von da an bis in Ewigkeit nicht mehr erwähnt werden. (https://de.wikisource.org/wiki/Henochbuch_(oder_Erster_Henoch)) (27.05.2025)

Wie erwähnt, handelt es sich bei den Verfassern von äthHen um eine Gruppe mit eigener Geschichtsvorstellung, deren es jedoch mehr als nur eine gab. Man beachte dazu die so genannte Kriegsrolle aus Qumran, die ebenfalls von einem (blutigen) Krieg als Beginn des Endgerichts ausgeht. Ein Zeichen des Wandels der Geschichtsdeutung ist auch die Tatsache, dass das Judentum nach der Vernichtung des Staates Israel mit dem Ende des Bar Kochba Krieges 135 n. Chr. nahezu immun gegen messianische Ideen wurde.

17.3 Die Diadochen

17.3.1 Die Herrschaft der Ptolemäer

Nach Alexander übernehmen die sog. Diadochen (griechisch διάδοχοι/diadochoi, Nachfolger), die Generäle Alexanders, die Herrschaft über sein Reich (vgl. 1Makk 1,1–10): Ptolemäus in Ägypten und Palästina, Seleukos über Syrien und den gesamten Osten. Das Reich des Kassandros (Griechenland und Makedonien) sowie des Lysimachos (Thrakien und der vordere Teil Kleinasiens) spielen im Weiteren für die Geschichte Israels keine Rolle. Eigentlich sollte die palästinische Landbrücke an die Seleukiden fallen, aber letztlich verleiben sich die Ptolemäer dieses strategisch wichtige Gebiet als Puffer zu ihrem seleukidischen Nachbarn ein. In der Folge kommt es zu einer Reihe von „Ptolemäisch-Syrischen Kriegen“ (auch als „syrische Kriege“ bezeichnet) um die Vorherrschaft in Palästina, welche die Seleukiden um 200 zu ihren Gunsten entscheiden. Natürlich wird damit auch ein Zeitrahmen für die Abfassung des Buches Daniel gegeben. Das Buch entsteht entgegen seiner eigenen Angaben nicht etwa am Hof in Babylon, sondern vor dem Hintergrund der seleukidischen Herrschaft. Daniel und seine Freunde erleben nicht die Glaubensverfolgung und Glaubensproben im Exil, sondern in Judäa und ergänzen damit die Aussagen der Makkabäerbücher. Religionsgeschichtlich von allergrößtem Interesse ist die erstmalige endzeitliche Totenauferweckung sowie die Gerichtsaussagen in einem alttestamentlichen Buch. Angesichts des Eintretens vieler Frommer für ihre Religion, das ihnen Verfolgung und Tod einbrachte, stellte sich die Frage nach einem gerechten, postmortalen Ausgleich. Ähnlich sehen das die Makkabäerbücher, in denen davon die Rede ist, dass man für die Gefallenen Sühneopfer darbringt, weil sie, obwohl für den Glauben kämpfend, unter ihrer Kleidung fragwürdige Amulette tragen.

In der Zeit der Ptolemäer spielen die Ereignisse des Tobiadenromans, die von Josephus in seinen Antiquitates verarbeitet werden und die ein Licht auf das Verhältnis zu den Ptolemäern werfen. – Mit dem atl. Buch Tobit hat dieser Roman nichts zu tun:

Es ist die Rede von einer offensichtlich begüterten Familie aus dem Ostjordanland. Die Erzählung setzt ein mit einem gewissen Josef, Sohn des Tobias. Letzterer ist in der Zeit um 258/57 v. Chr. als Kommandeur einer jüdisch-makedonischen Reitereinheit bezeugt. Josef ist zugleich auch Neffe des Jerusalemer Hohepriesters Onias II. Diesem Tobias verdankt die Familie ihren Namen. Josef greift in die Politik ein, indem er den Hohepriester dazu zwingt, seine antiptolemäische Haltung aufzugeben. Bei Josephus wird dieser Hohepriester ausgesprochen negativ dargestellt: Er sei nicht nur antiptolemäisch gewesen, sondern habe als Ausdruck dieser Haltung und aus Geiz dem König (den Ptolemäern) die ihm zustehenden Abgaben in Höhe von 20 Talenten nicht entrichten wollen (Ant XII,158). Natürlich brachte er damit das Volk in Gefahr, aber dies habe ihn nicht berührt. Josef habe sich daraufhin angeboten, die Dinge wieder ins Lot zu bringen, was ihm der Hohepriester auch gestattete. Josephus zeigt hier einen völlig anderen Blick auf die Dinge und gibt sich hier, wie auch später in seinen Schriften, als ausgesprochen wohlwollend gegenüber der fremden Oberherrschaft aus.

Obwohl der Hohepriester den Forderungen seines Neffen und dessen Anhang nachkommt, wird er politisch entmachtet und Josef nimmt seine Position als Ansprechpartner gegenüber dem ptolemäischen König ein. In dieser hervorgehobenen Position erwirbt er das Amt des Generalsteuerpächters für die ptolemäische Provinz Juda, indem er das Höchstgebot seiner Mitbieter in Höhe von 8.000 Talenten verdoppelt (Ant XII, 175). Diese Zusage erfüllt er durch Unterdrückung und militärische Maßnahmen. Hierfür bekommt er eine Truppe von 2.000 Mann genehmigt.

Zum Steuersystem ist zu sagen, dass jemand das Recht, Steuern einzuziehen, käuflich erwerben konnte. Dazu musste er ein Angebot über die einzuziehende Steuer abgeben und bei Zuschlag diesen Betrag im Voraus entrichten. Es war dann seine Sache, die verauslagte Summe im Laufe des Steuerjahres von den Steuerpflichtigen wieder einzukassieren plus einen Gewinn für sich selbst abzuschöpfen. Diese Vorleistung scheint laut Josephus allerdings bei Josef nicht erforderlich gewesen zu sein (Ant XII,184). Dazu verpachtete er die verschiedenen Regionen seines Steuergebiets seinerseits an Unterpächter, die entsprechend verfuhren, sodass sich die Steuerlast nach unten weiter vergrößerte. Dieses System praktizierten auch noch die Römer zur Zeit Jesu. Die Steuereintreiber, im NT als Zöllner bezeichnet, forderten angeblich zur Vergrößerung ihres Gewinns abweichend von gewissen Vorgaben höhere Beträge, um auf ihre Kosten zu kommen. Deshalb galten die Zöllner nicht nur als Kollaborateure der jeweiligen Großmacht, sondern zusätzlich noch als unehrlich. Ihr Image in der Bevölkerung war entsprechend negativ.

Der jüngste Sohn Josefs, Hyrkanos, versucht zwar seinen Vater durch hohe Zahlungen an die Ptolemäer auszustechen, doch kommt er damit nicht zum Zug und muss sich auf das väterliche Landgut zurückziehen, das er festungsmäßig ausbauen lässt. Es kommt zur folgenreichen Spaltung der Tobiadenfamilie und ihrer Parteigänger (Ant XII,229), die sich in Zukunft teilweise mit den Seleukiden arrangieren, denn Hyrkanos bleibt proptolemäisch. Als Antiochus IV. an die Macht kommt, begeht Hyrkanos aus Angst vor ihm Selbstmord (Ant XII,236).

Mit der Niederlage der Ptolemäer im Kampf um die palästinische Landbrücke ändert sich die Situation für Israel:

Unter ptolemäischer Herrschaft war Israel/Palästina ein kleines, aber wichtiges Anhängsel Ägyptens. Die Ptolemäer hatten den Vorteil, dass Ägypten schon vor Alexander als eine relativ stabile Größe existierte. Das Geschick Ägyptens wurde unter ihrer Herrschaft einfach weitergeführt, sie assimilierten sich und setzten politisch und religiös die Tradition der Pharaonen einfach in modifizierter Weise fort.

17.3.2 Die Herrschaft der Seleukiden

Das Reich der Seleukiden hingegen war ein Vielvölkerstaat, der nicht einfach unter einem Vorzeichen wie Kultur oder Religion zu einen war. Dies aber versuchten die Seleukiden, angeblich indem sie rigoros gegen die jüdische Tradition und Religion vorgingen und diese gewaltsam unterdrückten, indem Opfer, Feste und Beschneidung verboten wurden, Besitzer biblischer Schriften sollten hingerichtet werden, die griechische Sprache und Kultur wurde zur Pflicht. Zudem sollten angeblich heidnische Altäre errichtet und auf ihnen Schweine und unreine Tiere geopfert werden. Auf dem Opferaltar in Jerusalem ließ der König den „unheilvollen Gräuel" aufstellen, was immer das auch gewesen sein mag – möglicherweise ein Altaraufsatz. Aus dieser Unterdrückungssituation erwächst der Aufstand der so genannten Hasmonäer oder auch Makkabäer, einer Familie aus dem mittleren Priesterstand.

1Makk schildert die Ereignisse folgendermaßen: Unter der Herrschaft der Seleukiden, genauer unter dem König Antiochus IV. Epiphanes, der im Jahre 137 (=175 v. Chr.) die Herrschaft antritt, treten Verräter aus dem eigenen Volk hervor, die viele zum Abfall verleiten, indem sie „einen Bund" mit den fremden Völkern schließen und nach deren Gesetzen leben wollten. Mit diesem Anliegen gehen sie zum König und erhalten die Erlaubnis, entsprechend zu verfahren. So heißt es u.a. in 1Makk 1,14:

> *...Sie errichteten in Jerusalem eine Sportschule, wie es bei den fremden Völkern Brauch ist, 15 und ließen bei sich die Beschneidung rückgängig machen. So fielen sie vom heiligen Bund ab, vermischten sich mit den fremden Völkern und gaben sich dazu her, Böses zu tun.*

In einer konzertierten dreistufigen Aktion geht Antiochus in der Folge zunächst gegen den Tempel vor, den er betritt und ausraubt. Zwei Jahre später plündert er die Stadt Jerusalem durch Steuereintreiber und errichtet eine Burg mit heidnischer Besatzung als beständige Bedrohung des Heiligtums. Schließlich wendet er sich auch gegen die Bevölkerung mit den o.g. Maßnahmen (vgl. 1Makk 1).

17.4 Die Makkabäer

Obwohl das Makkabäerbuch nicht müde wird zu behaupten, das alles habe der verhasste König befohlen, kann es doch nicht verschweigen, dass er Unterstützung durch die „Verräter" aus dem Volk bekam. In der Tat scheint es insbesondere in der Aristokratie Neigungen gegeben zu haben, sich „hellenisieren" zu lassen und daran eifrig mitzuarbeiten. Es wird aber auch deutlich, dass die seleukidischen Parteigänger keinesfalls auf eine allgemeine Unterstützung rechnen konnten, weder in den Führungsetagen noch im Volk.

Das erste Makkabäerbuch erzählt in der Folge vom Beginn des Aufstandes durch den Priester Mattatias, der die vom König ausgesandten Kultinspektoren erschlägt und sich mit seinen Parteigängern dann in die Berge zurückziehen muss. Die Haltung, am Sabbat nicht zu kämpfen, wird bald aufgegeben und die Aufstandsbewegung erhält Zulauf, auch durch eine Gruppe von so genannten „Hasidäern" oder Asidäern, hebr. Chasidim (= die Frommen vgl. 1Makk 2,42; 2Makk 14,6). Funktion und Bedeutung dieser Gruppe ist ungewiss. Der Aufstand wird in der Folgezeit durch die Söhne des Mattatias weitergeführt, zunächst durch seinen Sohn Judas, der als „Judas Makkabäus" nicht nur in die Geschichte, sondern auch in die Musik Eingang gefunden hat: Georg Friedrich Händel schreib dazu ein Oratorium mit der Bezeichnung Judas Makkabäus (Händel-Werk-Verzeichnis 63)

Diesem Judas wird also der Name Makkabäus beigegeben. Ob das Wort auf das griechische Makkabaios zurückgeht, das wiederum vom aramäischen Makkaba (Hammer) abgeleitet wird, ist ungewiss. In den Aufstand ist nach und nach die ganze Familie involviert – deshalb die Genealogie in Abbildung 39.

Durch militärische Erfolge und durch Diplomatie, die sich die Zerstrittenheit ihrer Gegner zunutze macht und die aufstrebende neue Weltmacht Rom einbe-

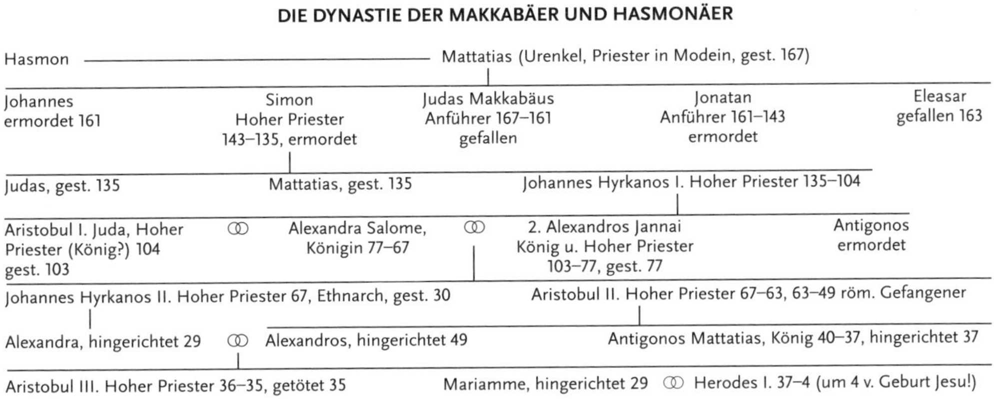

Abb. 39: Übersicht über den Stammbaum der Makkabäer/Hasmonäer

zieht, schaffen die Hasmonäer ein mehr oder weniger autonomes jüdisches Staatswesen für etwa 100 Jahre, das aber schließlich durch innerfamiliäre Konflikte wieder zerbricht und durch die Herodianer abgelöst wird. Die Einheit der Gesellschaft wieder herzustellen, gelingt ihnen nicht, zumal sie zunehmend selbst als Despoten regieren. Das Judentum zerfällt in dieser Zeit zu Gruppen und Grüppchen mit heterogenen Interessen und teilweise dem elitären Anspruch, das eigentliche und letzte „Israel" zu sein. Aus dieser Zeit gehen die schon genannten Asidäer, die Sadduzäer, möglicherweise als Ableitung der Zadokiden und damit der dynastischen Priestergruppierung, angeblich aus der Zeit Davids, sowie die Pharisäer hervor. Vielleicht haben wir mit den Asidäern die Wurzel der Essener vor uns – eine namentlich Herleitung wäre jedenfalls möglich.

Eine zentrale Ursache für die Aufspaltung des Judentums dürfte dabei die Auseinandersetzungen um das Hohepriesteramt gewesen sein. Diese Würde ist an sich erblich und wird auf Lebenszeit ausgeübt. Josephus berichtet davon, dass der Hohepriester Onias etwa zeitgleich mit dem Tobiaden Joseph verstarb. Auf ihn folgte sein Sohn Simeon als Hohepriester und nach ihm erneut ein Mann mit Namen Onias (Ant XII, 224f). Weil der Sohn dieses Onias noch zu jung gewesen sei, setzt „der König" Antiochus IV. des Onias Bruder Jason/Jesus ein. Dieser fällt aber bald darauf beim König in Ungnade und wird wieder entlassen. Statt seiner setzt er seinen Bruder wieder mit dem Namen Onias ein, der dann den Namen Menelaos annimmt. Es kommt zum Zerwürfnis zwischen Jason und Menelaos, wobei der Großteil des Volkes sich dem Jason zuwendet, der kleinere Teil nebst den Tobiaden dagegen zum Parteigänger des Menelaos wird. Nach Josephus ist es die Menelaospartei (gegen 2Makk 4,10b–20), die wie in 1Makk 1,14 beschrieben die Sportstätte in Jerusalem errichtet und die Beschneidung an sich rückgängig macht – wie immer das auch funktionieren mag. Diese Maßnahme ist augenfällig, weil die sportlichen Aktivitäten nackt ausgetragen werden (Ant XII, 237–241).

Was Josephus hier so en passant erzählt, ist nicht weniger als ein massiver Bruch der Tradition, denn es steht dem Herrscher in keiner Weise zu, die Erbfolge der Hohepriester zu übergehen, geschweige überhaupt Hohepriester ein- oder abzusetzen. Was Josephus auch verschweigt ist die Tatsache, dass die Erbfolge nicht deshalb verlassen wurde, weil der Nachkomme des Onias zu jung war, sondern weil jener Jesus/Jason sich die Hohepriesterwürde erkauft und in der Folgezeit von Menelaos finanziell noch überboten wird (2Makk 4,7–9. 24–26). Möglicherweise erhält Jason auch deshalb das Amt, weil ein Tempelvorsteher namens Simeon, der Finanzbeamte des Tempels, den Hohepriester Onias (III.) bei Antiochus als Parteigänger der Ptolemäer angeschwärzt hatte. Somit war Jason ein willkommener Kompromisskandidat, wenn weder Simeon noch Onias als Hohepriester in Frage kamen (Haag 57). Immerhin war Jason ein Oniade.

Josephus dürfte auch unzutreffend berichten, wenn er Menelaos eine priesterliche Herkunft bescheinigt. Stattdessen ist er laut 2Makk der Bruder eines Tempelvorstehers mit Namen Simeon gewesen, der sich den Seleukiden andient (2Makk 3,4–7.23). Jener Menelaos habe zu allem Überfluss den rechtmäßigen Hohepriester Onias umbringen lassen. Dabei bleibt leider unklar, um welchen Onias es sich dabei handelt. Mit den Aussagen des Josephus können die Erzählungen aus 2Makk jedenfalls nicht in Einklang gebracht werden. Wie auch in seinen anderen Werken, insbesondere in Bellum Judaicum, ist Josephus bemüht, der Großmacht und deren Herrscher einen möglichst geringen Schuldanteil an den Auseinandersetzungen zuzuschreiben. Aber auch das jüdische Volk wird möglichst pazifistisch dargestellt: Es hat sich einfach von kriminellen „Räubern“, wie er die Aufstandsführer nennt, verführen und mitreißen lassen. Ab dieser Zeit werden die Hohepriester jedenfalls von den politischen Herrschern ein- und abgesetzt.

Ein Onias jedenfalls, der dritte oder vierte, flieht nach Ägypten und begründet dort einen eigenen jüdischen „Konkurrenz“-Tempel in Leontopolis östlich von Kairo (heute Tell el-Yahudiya), der von Jerusalem immerhin geduldet wurde.

Dazu schreibt Josephus:

> *(426) Diese Worte fanden die Zustimmung des Ptolemäus, und er schenkte ihm [dem Onias] einen Strich Landes, der 180 Stadien von Memphis entfernt, im sogenannten Kreise von Heliopolis gelegen war. (427) Hier legte Onias zunächst eine feste Burg an und machte sich dann an den Bau des Tempels, der übrigens mit dem zu Jerusalem keine Ähnlichkeit haben sollte, sondern die Gestalt eines Turmes bekam und mit seinen gewaltigen Quadern zu einer Höhe von 60 Ellen aufragte. (428) Bei der Konstruktion des Brandopferaltares dagegen nahm er sich vollständig den in der Heimat zum Muster, wie er auch die Prunkstücke im Tempel in ganz ähnlichen Formen herstellte. Nur die Arbeit am Leuchter machte eine Ausnahme, (429) indem Onias hier kein Leuchtergestell anwendete, sondern nur eine goldene Lampe, von der unmittelbar das Licht ausstrahlte, anfertigen und an einer goldenen Kette schweben ließ. Der ganze Tempelbezirk war von einer Mauer aus*

gebrannten Ziegeln eingefasst, deren Tore aber Steinbauten waren. (Bell VII, 426–429).

Die große Bedeutung der ägyptischen Diaspora wird auch schon vorher deutlich, denn hier, vorzugsweise in Alexandria, entsteht um 250 v. Chr. die so genannte Septuaginta, die Übersetzung der Thora ins Griechische. Im Laufe von etwa 200 Jahren folgt auch die Übersetzung der übrigen Werke des Alten Testaments, sodass dieses um 100 n. Chr. komplett vorliegt. Dabei werden in die Septuaginta (abgekürzt LXX) nicht nur die Bücher der hebräischen Bibel aufgenommen, sondern etliche Werke, die keinen Eingang in das hebräische Alte Testament gefunden haben, wie etwa das Buch Tobit, Jesus Sirach, Ergänzungen im Buch Daniel und andere, sowohl aus theologischen Gründen, wie auch aus sprachlichen. Das Werk ist im umgangssprachlichen Griechisch jener Zeit, der Koine geschrieben (vom altgriechischen ἡ κοινὴ διάλεκτος hē koinē diálektos, „der allgemeine Dialekt", eine Art Pidgin-Englisch der Antike).

Das Diasporajudentum hat einige Anstrengungen unternommen, um dem Werk den Status einer inspirierten Schrift zu verleihen und es damit gleichwertig neben den hebräischen Text zu stellen. Dazu dient ein Werk, das als „Aristeasbrief" vorliegt und eine Entstehungslegende liefert. Aristeas – Name oder Pseudonym – schreibt an einen Freund namens Philokrates, er sei auf Anweisung des Königs Ptolemaios (Ptolemaios II Philadelphos) beauftragt worden, nach Jerusalem zu ziehen und dort über die jüdischen Gebote zu diskutieren. Ptolemaios habe nämlich deren hohen Wert erkannt. Mit Thorarollen und 72 Übersetzern ausgestattet sei er, Aristeas, nach Alexandria zurückgekehrt, und die Übersetzer hätten innerhalb von 72 Tagen die Thora ins Griechische übertragen. Diese Entstehungslegende wurde in der Folgezeit noch weiter ausgeschmückt, wonach jeder der 72 Übersetzer eine je eigene Übersetzung vorgelegt habe und diese wunderbarer Weise wörtlich übereinstimmten. Dies konnte natürlich nur durch göttliche Eingebung erfolgt sein, sodass der Septuaginta damit der Rang einer inspirierten Schrift bescheinigt wird. Diese Übersetzung sei vom König dann in seine weltberühmte Bibliothek von Alexandria aufgenommen worden. Das Werk ist für das spätere Christentum von allergrößter Bedeutung, denn von den Verfassern des Neuen Testaments werden atl. Aussagen in der Regel nach der LXX zitiert.

Die Makkabäer verlieren durch ihre politischen wie religiösen Machenschaften bald einen Teil ihrer Anhänger. Deutlich wird dies im Buch Daniel (11,34), wo man ihnen bescheinigt, nur eine „kleine Hilfe" zu sein. Die Koalition mit den „Frommen" dürfte bereits um 150 geendet haben, als mit Alkimus/Alkimos für kurze Zeit wieder ein rechtmäßiger Hohepriester seinen Dienst antritt (1Makk 7,12–18.21–25). Abgelöst wird er von dem Makkabäer Jonatan, Bruder des Judas, der nach dessen Tod die Führung übernimmt und sich zum Hohepriester erheben lässt. In dieser Funktion ist er aus erwähnten Gründen illegal und spätestens jetzt dürfte er all jene Unterstützer verloren haben, die in erster Linie an einem legitimen Hohepriester interessiert waren. Nach dem Tod Jonatans durch Meuchelmord übernimmt dessen Bruder Simeon das Hohepriesteramt und wird auch zum „Fürsten“ des Volkes, zum Volksherrscher (Ethnarch) erklärt (1Makk 13), auch dies ein Sakrileg, denn er stammt nicht aus der davidischen Linie. Seine glorreiche Herrschaft wird in einem „Loblied“ (1Makk 14,4–15) besungen. Simeon sollte für immer Hohepriester und Anführer sein, „bis ein wahrer Prophet auftrete“ (1Makk 14,41). De facto ist das ein Freibrief für alle Zeit, denn wer konnte schon beurteilen, ob jemand ein Prophet und noch dazu „ein wahrer“ sei.

Aus dem Stammbaum ergibt sich die weitere wechselhafte Geschichte der Hasmonäer als Hohepriester und Regenten/Könige bis auf Herodes den Großen, der mit der Makkabäerin Mariamne verheiratet war und Söhne mit ihr hatte. Sowohl die Frau als auch seine Söhne fallen einer Intrige am Hof zum Opfer, sodass Herodes sie hinrichten lässt. Auch etliche ihrer Vorfahren fielen im Laufe der Geschichte diversen Mordanschlägen zum Opfer. Aus dem zeitgenössischen Judentum gibt es zumindest eine Schrift, welche die Makkabäer sehr kritisch beurteilt, auch die Übernahme des Hohepriesteramtes. Bei jener Schrift handelt es sich um 1QpHab (= Qumranfund; Höhle eins, Pescher, d.h. um einen aktualisierten Kommentar bzw. eine Auslegung zum Propheten Habakuk), in der satzweise eine Deutung des Buches auf die Makkabäer in der konkreten Zeit des Autors vorgenommen wird.

Hervorzuheben ist noch, dass es Judas gelang, die von den Seleukiden besetzte Stadt Jerusalem und den Tempel zu befreien (1Makk 4,36–61; 2Makk 10,1–8). In Erinnerung daran feiert das Judentum bis heute das mithin relativ junge Fest Chanukka. Die Festlegende erzählt, nach der Rückeroberung des Tempels durch Judas wollte man den siebenarmigen Leuchter im Tempel wieder in Betrieb nehmen. Es fand sich aber nur ein kleines Behältnis mit reinem Öl, das normalerweise für einen Tag gereicht hätte. Auf wundersame Weise reicht dieses Öl jedoch für acht Tage, bis der Hohepriester wieder ausreichend neues Öl hergestellt hatte. In Erinnerung daran entzündet man über acht Tage hinweg einen achtarmigen Leuchter, jeden Tag ein weiteres Licht, das von einem neunten Licht, dem Schamasch (= Diener) abgenommen wird.

Eine zweite Maßnahme aus der Zeit der Makkabäer ist die vermutlich durch Johannes Hyrkanos I. (Regierungszeit ca. 135–104 v. Chr.), Sohn des Simeon, erfolgte militärische Annexion Idumäas um 110 v. Chr., ein Gebiet südlich von Judäa. Ob die Bevölkerung arabisch/nabatäische war oder sich hinter Idumäa das alte Edom verbirgt, ist umstritten. Ebenso unklar ist, ob die Beschneidung der männlichen Bevölkerung und damit deren Eingliederung ins Judentum zwangsweise oder freiwillig erfolgte. Die Herodianer jedenfalls sind Idumäer und wurden nur mehr oder weniger als Juden betrachtet.

Und schließlich zerstörte Hyrkan I. auch den samaritanischen Tempel auf dem Garizim in Galiläa. Er konnte sich dies erlauben, weil die Seleukiden (wieder einmal) mit reichsinternen Auseinandersetzungen beschäftigt waren.

Im Übrigen wurden die Kriege der Makkabäer ab etwa der Mitte des 2. Jh. nicht mehr durch die aufgebrachte und thoratreue jüdische Bevölkerung geführt, sondern durch Söldner, welche von den Makkabäern angeworben und bezahlt wurden.

In die Zeit der Makkabäer gehören auch diverse Schriften der so genannten Qumranliteratur, jener Schriften, die per Zufall ab 1947 in Höhlen rings um die Ruinen von Khirbet Qumran gefunden wurden. Es wurden sowohl Lederrollen als auch Papyri, religiöse und biblische Texte wie auch nichtbiblische entdeckt. Zeitweise hieß es einmal, auf der Grundlage dieser Schriften müsste das Neue Testament neu geschrieben werden, weswegen die Kirche die Veröffentlichung unterbunden oder zumindest verzögert habe (Verschlusssache Jesu). Nichts davon trifft zu. Soweit Schriften rekonstruiert werden konnten, sind inzwischen alle veröffentlicht und frei einsehbar. Eine zweite „Legende" von den ersten Ausgräbern der École Biblique et Archéologique Française de Jérusalem geschaffen, besagt, die in Qumran gefundenen Schriften seien von der frommen Gruppe der Essener vor Ort geschrieben und vor dem Ansturm der Römer im Jahre 68 n. Chr. in den diversen Höhlen versteckt worden. Ältere Schriften, die eindeutig nicht in der Zeit der Besiedelung entstanden sein konnten, wurden teilweise als „Musterrollen" identifiziert, welche von den Schreibern in Qumran kopiert worden waren. Bei den Essenern gab es zwar auch solche, die eine Familie bei sich hatten – dies konnte nach der Entdeckung von Frauengräbern nicht in Frage gestellt werden – im Wesentlichen handelte es sich aber angeblich um zölibatär lebende Männer (wie die Archäologen selbst). Die Besonderheit der Gruppe bestand darin, sich von der sündigen Umwelt abzugrenzen, daher die Siedlung in der Wüste, und sich durch rituelle Waschungen die kultische Reinheit zu behalten. Inzwischen wird diese Sicht kaum mehr so vertreten. Es ist noch nicht einmal zu belegen, dass tatsächlich alle Schriften von den gleichen Leuten dort verborgen wurden. Die so genannte Kupferrolle, die ein Schatzverzeichnis enthält, wurde zwar auch an einer Höhle abgelegt, aber nicht *in* dieser, sondern an deren Eingang. Es bestehen berechtigte Zweifel, dass es sich bei Khirbet Qumran um eine Art Klosteranlage handelte. Es ist daher nicht erstaunlich, dass die Anlage angeblich verschiedensten Zwecken gedient hat, wie z.B. als Gerberei, Landgut oder Handelsstation. Man weiß damit natürlich auch nicht, ob die Anlage überhaupt von Essenern besiedelt war. Letztere wohnten nach Aussagen der zeitgenössischen Historiker angeblich in abgeschlossenen Gruppen in ganz Israel. Eine, allerdings verbreitet akzeptierte, These geht davon aus, dass die Schriften aus Jerusalem stammen und im Kontext des sich zuspitzenden Verhältnisses zu den Römern im Jordangraben in Sicherheit gebracht wurden. Bei den Schriften handelt es sich um Schreiben in hebräischer, aramäischer wie auch griechischer Sprache, geschrieben auf Leder (Pergament gab es noch nicht) wie auch auf Papyrus. Vom Inhalt her geht es um biblische Texte (hervorzuheben sind zwei nahezu vollständige Rollen des Buches Jesaja), um so genannte (biblische) Apokryphe wie Pseudepigraphe, sowie um inhaltlich variierende Schriften, die das Zusammenleben einer Gruppe regeln und gewöhnlich „Sektenregeln" genannt wurden. Dazu kommt die so genannte Kriegsrolle, die den apokalyptischen Endkampf zum Inhalt hat, aber beispielsweise auch Schriften, in denen biblische Bücher kommentiert wurden und einen gewissen Einblick auf zeitgeschichtlichen Probleme und Fragen der Verfasser erkennen lassen.

Zusammenfassung

Nach einer Zeit relativer Ruhe für Judäa, das unter der Oberherrschaft der in Ägypten regierenden Ptolemäer stand, kommt es nach mehreren ptolemäisch-seleukidischen Kriegen zu einem Machtwechsel und Judäa unter seleukidische Oberherrschaft. Ein Teil der Bevölkerung, in erster Linie der Jerusalemer Aristokratie, ist bereit, sich kulturell zu assimilieren. Diese Bemühungen gehen im Gegensatz zu Josephus und auch des ersten Makkabäerbuches keineswegs ausschließlich auf Zwangsmaßnahmen der Seleukiden zurück. 1Makk koinzidiert immerhin, dass es „Verräter" im Volk gab, welche die Assimilationsbemühungen der Seleukiden unterstützten. Das apokalyptische Buch Daniel skizziert das Reich Alexanders und seiner Nachkommen als kaum mehr zu überbietende Gewaltherrschaft, schlimmer als alle vorausgehenden Großreiche, in der es darum gehen muss, im Glauben standhaft zu bleiben, denn das Gericht stünde schon bevor. Eine innerhistorische Wendung zum Guten scheint Daniel und seinen Getreuen nicht mehr vorstellbar.

Gegen Mitte des 2. Jh. kommt es durch eine Priesterfamilie mittleren Ranges zu einem Aufstand mit anschließendem Guerillakrieg. In der Anfangszeit hat die Bewegung reichlich Zulauf, zumal der seleukidische König Antiochus IV. Epiphanes das Hohepriesteramt nach Zahlungskraft der Bewerber vergibt, ein Traditionsbruch größten Ausmaßes. Der offensichtlich großen Familie der Hasmonäer oder Makkabäer gelingt es unter Ausnutzung der Instabilität und Machtkämpfe der Seleukiden, für Judäa eine relativ große Freiheit zu gewährleisten. Die Aufstandsbewegung erleidet Rückschläge, weil die Makkabäer unter Johnatan (etwa um 150) sich selbst die Hohepriesterwürde verschafften, zu der sie aus dynastischen Gründen nicht berechtigt waren. In der Folgezeit gerieren sich die hasmonäischen Machthaber ganz wie totalitäre Fürsten ihrer Zeit und vereinen in einer Person Herrscher- und Hohepriesterwürde. Darüber zerbricht der innergesellschaftliche Zusammenhalt des Judentums. Letzten Endes erleiden die Hasmonäer das gleiche Schicksal wie die seleukidischen Herrscher, indem sie in innerfamiliären Auseinandersetzungen ihre Macht verlieren.

Zusätzlich kommt es zu gesellschaftlichen Brüchen. Es bilden sich verschiedene Gruppen, die wir möglicherweise nicht einmal alle kennen, die nach eigenen Regeln lebten und sich für den „heiligen Rest", das eigentliche Israel verstanden.

18. Herodes der Große und die Herodianer

Die Quellenlage zu diesem Zeitabschnitt ist sehr dünn. In erster Linie ist man hier auf Josephus Flavius und seine Antiquitates sowie den Bellum Judaicum verwiesen, die nicht überall übereinstimmen. Für die herodianische Zeit bezieht Josephus seine Informationen vorwiegend vom Hofbiographen des Herodes, Nikolaos von Damaskus, dessen Werk nicht mehr existiert. Nur wenige Stellen aus dem NT können zusätzlich herangezogen werden, dazu solche aus Tacitus und Sueton.

Nicht übersehen werden sollten hier freilich archäologische Zeugnisse, etwa von Masada, Funde aus dem Nahal Hever, aus Jericho, aus dem Herodium und auch aus Jerusalem. Das AT freilich trägt nichts mehr zu dieser Geschichtsstrecke bei.

Zunächst wird der Makkabäer Simeon (143–135) ab 141 auch von Rom, der neu aufsteigenden Großmacht, als Regent anerkannt und darf sich „Freund der Römer" nennen. Innerfamiliäre Zwistigkeiten (vgl. Ant XIV,1), in die auch der Nabatäerkönig Aretas III. involviert ist, rufen jedoch Rom auf den Plan. Dem ca. 63 bis 40 regierenden Johannes Hyrkan II. stellt Pompeius den Idumäer Antipater (ca. 100 – 43 v. Chr.), Vater des Herodes, als „Berater" zur Seite. Er war zum Judentum konvertiert – vielleicht auch konvertiert worden – und seine Frau, eine Nabatäerin namens Kypros, ist die Mutter des Herodes (des Großen), Phasaels, sowie Josephs, Pheroras und Salomes. Damit aber war Hyrkan II. de facto politisch entmachtet, offiziell durch den Legaten von Syrien namens Gabinius (57–54).

Der Vater Antipaters war bereits vom Makkabäer Alexander Jannäus zum „Strategen" Idumäas ernannt worden. Antipater, ein Mann der idumäischen Oberschicht, „arbeitet" bereits in vielfältiger Weise für Rom durch militärische Unterstützung diverser römischer Feldherrn. Auch Gaius Julius Cäsar, der im Kontext des römischen Bürgerkrieges zwischen Cäsar und Pompeius in Alexandria eingeschlossen worden war, wird von Antipater mit einem jüdischen Truppenkontingent aus Leontopolis entsetzt. Cäsar gewährt Antipatros daraufhin eine Reihe von Privilegien, wie das römische Bürgerrecht und Steuerfreiheit, setzt aber auch Hyrkanos wieder als Hohepriester und Ethnarch von Judäa ein. Auch die Stadtmauern Jerusalems durften auf Geheiß Cäsars wieder hergestellt werden, wodurch sich Cäsar große Beliebtheit in Judäa erwarb. Bei Sueton heißt es jedenfalls, die Juden Roms hätten bei der Verbrennung seines Leichnams besonders heftig geklagt und auch noch den abgebrannten Scheiterhaufen besucht (Sueton 85. Kapitel).

Aber auch Antipatros erwarb sich die Gunst des Volkes, wie Josephus schreibt (Ant XIV). Er machte seinen älteren Sohn Phasael zum Verwalter Jerusalems. Zu seinen Aufgaben gehörte auch der Wiederaufbau der Mauern. Den jüngeren Herodes beauftragte er mit der Verwaltung Galiläas. In dieser Eigenschaft kämpfte er erfolgreich gegen „Räuber" in Galiläa. Wie schon bemerkt, handelt es sich nach dem Sprachduktus des Josephus höchstwahrscheinlich um Aufständische, wie sie auch in der Folgezeit immer wieder auftreten, in erster Linie in Galiläa. Es ging diesen nicht etwa um Machteinfluss und auch nicht um religiöse Fragen, sondern um die Verarmung der Bevölkerung, die durch die zunehmenden Steuern bereits in der hellenistischen Zeit, wie auch zugunsten Roms und Herodes, offensichtlich stetig zunahm. In der Zeit der Makkabäer oblag es neben den reichen Frommen unter anderem dem Tempel, den Armen Almosen zu geben. Einige der Haupträdelsführer des Aufstandes ließ Herodes hinrichten, obwohl er aus jüdischer Sicht dazu keine Berechtigung besaß. Zu einer Verurteilung kommt es insbesondere deshalb nicht, weil Herodes zum Prozess vor Hyrkan mit Leibwache und königlicher Kleidung auftrat und später auch noch mit einem Heer vor Jerusalem erschien, das ihm Sextus, der Statthalter von Syrien, zur Verfügung stellte. Letzten Endes wird Antipater aber in Folge des Bruderkrieges zwischen Cäsar und Pompeius kurz nach der Ermordung Cäsars ebenfalls mit Gift getötet (Ant XIV, 281).

Nach seinem Tod kommen Herodes und sein Bruder Phasael an die Macht, die zu Tetrarchen (Viertelfürsten) ernannt werden.

Im Jahre 40 kommt es zu einem Einfall der Parther in Palästina. Die Parther waren ein ständiger Unruheherd an der Ostflanke des römischen Reiches, zunächst auf Kosten der Seleukiden, später auch gegen die expandierenden Römer. Diese bekamen sie trotz einiger Kriege nie wirklich unter ihre Kontrolle. Crassus, einer der drei Triumvirn, fällt im Krieg gegen die Parther. Er hatte diesen angeblich aus Ruhmsucht und wegen der zu erwartenden Beute angezettelt. Die Juden sahen in seinem Tod die Strafe Gottes für die Plünderung des Jerusalemer Tempels (Ant XIV, 105–109). Herodes Bruder Phasael begeht ca. 40 v. Chr. in aussichtsloser Lage in der Gefangenschaft der Parther Selbstmord (Ant XIV,367). Herodes flieht angesichts der Gefahr nach Rom zu seinem Freund Marcus Antonius. Unter dessen Einfluss erklärt ihn der römische Senat zum Freund der Römer und zum König über Galiläa und Judäa. Dies war zunächst ein Titel ohne Mittel, denn de facto war Herodes in Rom erstmal nur ein Privatmann. Herodes war indes für Rom wertvoll, weil er sich auskannte in der Region, weil er Sitten, Bräuche und Befindlichkeiten bzw. Empfindlichkeiten der Juden kannte, weil er nicht nur „Freund der Römer" (er kannte Augustus und seinen Mitregenten Agrippa = Schwiegersohn des Augustus – persönlich) und römischer Staatsbürger war, sondern dem jeweiligen Herrscher auch treu ergeben – auch wenn er dafür öfter mal kurzfristig die Seiten wechselte.

Mit militärischer Unterstützung der Römer erobert er sich „sein" Königreich und setzt als neuer Herrscher zwangsläufig die Makkabäer ab. Freilich fehlt ihm jegliche Legitimation für seine Herrschaft, die er sich auf unterschiedliche Weise zu erwerben hofft. Sofern es sich bei den Idumäern um Edomiter handelte, waren von daher keine grundsätzlichen Probleme gegeben:

Dtn 23:8 Der Edomiter dagegen soll dir kein Greuel sein; denn er ist dein Bruder. Der Ägypter soll dir kein Greuel sein; denn du hast als Fremder in seinem Land gewohnt.

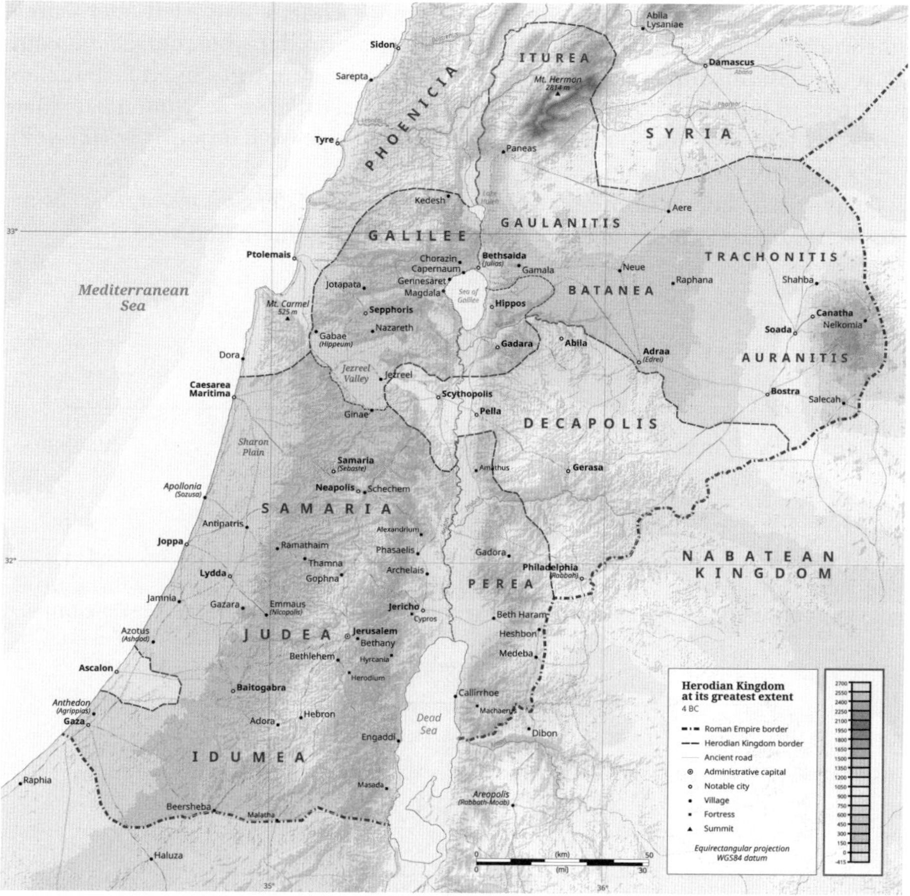

Abb. 40: Das Reich des Herodes in seiner größten Ausdehnung

Betrachtet man allerdings die Genealogie von Seiten seiner nabatäischen Mutter, dann war Herodes eben kein Edomiter. Um akzeptiert zu werden, ehelicht er zum einen die hasmonäische Prinzessin Mariamne, die Enkelin Hyrkans II, welche er laut Josephus sehr geliebt habe (Bell I,22, 436. 444). Zum anderen verwandelte er den vermutlich sehr bescheidenen, nachexilischen Tempel zu einem Prachtbau und ebenso seine Hauptstadt Jerusalem. In Zeiten einer Hungersnot habe er auf eigene Rechnung und mit eigenem Geld ausreichend Weizen in Ägypten erworben und an das Volk verteilen lassen, bzw. nach einer weiteren die Steuern um ein Drittel gesenkt.

Dennoch hielt sich seine Akzeptanz in Grenzen, weshalb er auch als Despot herrschte, wenngleich vielleicht doch nicht in der Weise, wie dies Josephus behauptet. Unter anderem ließ er seine geliebte Ehefrau, die von Josephus als zänkisch und zickig beschrieben wird, hinrichten, nachdem sie verleumdet wurde, Ehebruch begangen zu haben. Ebenso ließ er deren Bruder Aristobul, der von ihm als junger Mann zum Hohepriester gemacht worden war, von seinen Leibwachen im Palast in Jericho ertränken, weil er dessen Popularität bei den Juden beneidete und fürchtete. Eine Aufstellung aller Herodianer findet sich unterhttps://de.wikipedia.org/wiki/Herodianer.

Zu einem späteren Zeitpunkt ließ er auch noch zwei der Söhne von Mariamne, Alexander und Aristobul, hinrichten, kurze Zeit vor seinem Tod.

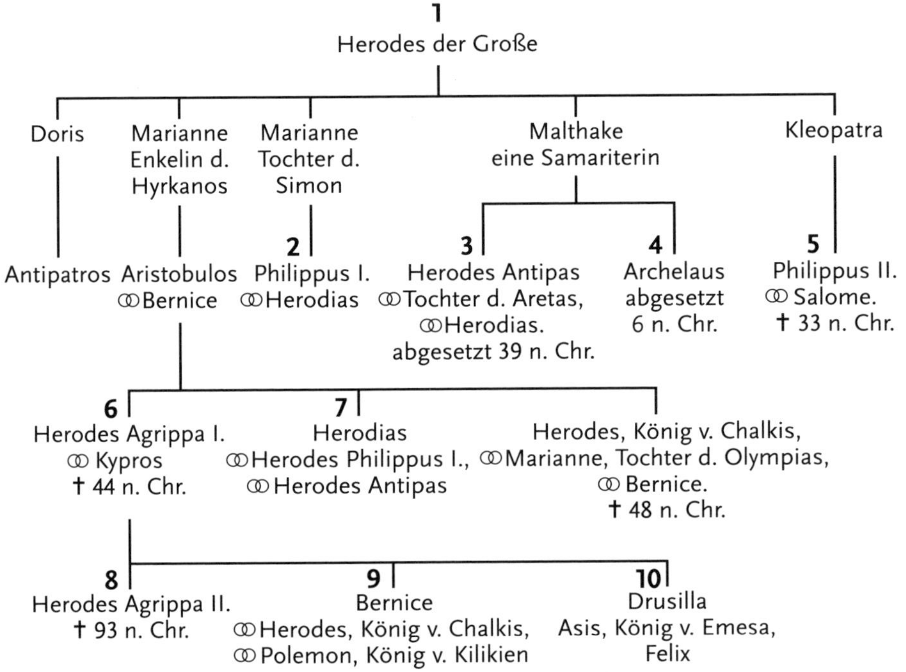

1. König Herodes Mt 2,1–22; Lk 1,5
2. Philippus Mt 14,3; Mk 6,17; Lk 3,19
3. Tetrarch Herodes Mt 14,1–6.9; Lk 3,1–19; 9,7; Apg 13,1
4. Archelaus Mt 2,22
5. Philippus, Tetrarch von Ituräa und Trachonitis Lk 3,1
6. Herodes Agrippa I. Apg 12,1–23
7. Herodias Mt 14,3–6; Mk 6,17–22; Lk 3,19
8. Herodes Agrippa II. Apg 245,13; 26,1–32
9. Bernice oder Berenike Apg 25,13; 26,30
10. Drusilla Apg 24,24

Abb. 41: Stammbaum Herodes des Großen und seiner Nachkommen

Wie schon erwähnt, tat sich Herodes in den stabilen Zeiten seiner Herrschaft als Baumeister hervor. Josephus widmet einen größeren Abschnitt in seinem Werk Bellum Judaicum den Bauten des Herodes (Bell I, 401–429).

Seine Bauten dienten aber keineswegs nur der Repräsentation: In Judäa legte er Fluchtburgen an, sei es aus Furcht vor dem eigenen Volk, sei es als Grenzbefestigung gegen Kleopatra, mit der er verfeindet war – die aber unter dem Schutz von Cäsar und von Marc Anton stand. Josephus charakterisiert sie wie folgt:

> *Unterdessen kam es in Syrien wieder zu Unruhen, da Kleopatra nicht aufhörte, den Antonius [Marcus Antonius, ihren römischen Geliebten und späteren Ehemann] zum Krieg gegen ihre sämtlichen Nachbarn zu hetzen... Habgierig von Natur, wie sie war, schreckte sie vor keiner noch so großen Ungerechtigkeit zurück... Kurz, es war dem üppigen und sinnlichen Weibe nichts genug, und es fehlte ihr alles, wenn sie auch nur etwas nicht besaß, wonach sie verlangte... Deshalb lag sie beständig dem Antonius in den Ohren, dass er anderen ihre Besitzungen nehmen und ihr schenken möge... (Ant XV, 1)*

Marc Anton schenkte ihr i.J. 37/36 oder erst 34 Land am Toten Meer, das durch die dort existierenden Balsamplantagen sowie die Gewinnung von Asphalt („Bitumen Iudaicum“ für Schiffsabdichtung und Mumifizierung) hohe Einnahmen abwarf. Darüber hinaus bekam sie auch Teile von Syrien, das Königreich Chalkis in der Senke zwischen Libanon und Antilibanon, die Insel Kypros, Gaza, ein Stück des Reiches der Nabatäer und anderes. Da Herodes auf sein Gebiet nicht verzichten und in seinem Herrschaftsgebiet keinen Brückenkopf der Kleopatra haben wollte, pachtete er das Gebiet von Jericho und ein Gebiet der Nabatäer am Roten Meer – Transitstrecke für Weihrauch – für eine horrende Pachtsumme (200 Talente – angeblich die Hälfte seiner jährlichen Steuereinnahmen!) zurück. (Jos. BJ 1,18,5/362 sowie Ant XV, 2). Nach anderer Schätzung belief sich sein Jahreseinkommen auf 1.000 Talenten Silber (= 27 Tonnen).

Neben den Burgen baute Herodes auch Paläste, wie etwa einen Winterpalast in Jericho am Ausgang des Wadi Qelt. Zu den bedeutendsten Bauten gehören sicherlich die Palastfestung Masada am Toten Meer, das Herodium nahe Bethlehem, auf dem er auch begraben wurde, die Stadt Cäsarea Maritima nördlich von Haifa, die Burg Machaerus/Machairus östlich des Toten Meeres und last not least der Jerusalemer Tempel auf dem heute noch vorhandenen Plateau, der aber „nur“ als Umbau des nachexilischen, zweiten Tempels zählt. An die Nordseite des Tempels baute er eine Burg/Kaserne, die er nach seinem Gönner benannte, die Burg Antonia. Von hier aus ließ sich das Tempelareal beobachten und nach Bedarf auch kontrollieren. Jedes dieser Bauwerke ist auch ein Ausweis hervorragender Architektur und Bautechnik. In Cäsarea am Meer baute er einen künstlichen Hafen ins Meer hinaus, indem er große Container aus Holz sowie Schiffe mit Steinen und Sand füllen und darauf die Hafenmauern aufsetzen ließ. In Masada errichtete er große Magazine für Lebensmittel, diverse Paläste und Schwimmbäder. Das Wasser leitete er aus benachbarten Wadis auf den Felsenpalast. Das Abrahamsgrab in Hebron und das Abrahamsheiligtum in Mamre sind im herodianischen Stil gebaut und dürften ebenfalls auf ihn zurückgehen.

Diese Bauten verschlangen natürlich exorbitante Summen, die er von seinen Untertanen in Form unterschiedlicher Steuern eintrieb (Kopf-, Ertrags-, Grund-, Gewerbe-, Besitzsteuer, Kranzgeld, Ein- und Ausfuhrzölle, Brücken- und Wegegelder, Strafsteuer bei Aufsässigkeit, Einnahmen aus eigenen Latifundien, aus Minen, Handelseinnahmen u.a.). Diesbezüglich waren und sind Regierungen schon immer sehr phantasievoll. Zudem erwies sich Herodes auch außerhalb seines Herrschaftsgebietes im römisch-griechischen Raum als auffallend spendabel und als Mäzen. Die Folgen waren Verarmung sowie das Auftreten von „Räuberbanden", insbesondere aus Galiläa, die er ergreifen und kreuzigen ließ. Ob die Herkunft Jesu von Nazareth aus Galiläa seine Verurteilung beschleunigte und/oder auch seine Todesart bestimmte, wird sich nicht beantworten lassen.

Diese Aufstandsgruppen sind letzten Endes die Hauptprotagonisten im ersten Jüdisch-Römischen Krieg unter der Bezeichnung „Zeloten" (Eiferer) und „Sikarier" (Dolchmänner). Freilich kam es unter der Regierung des Herodes auch zu einer wirtschaftlichen Blüte, verursacht durch einen ausgedehnten Handel, in besonderem Maße durch das Luxusgut des Balsams. Auch das Pilgerwesen der Diasporajuden zum Tempel in Jerusalem generierte erhebliche Einnahmen.

Herodes starb vermutlich im März des Jahres 4 v. Chr., nach kurzer, schwerer Krankheit. Die genaue Todesursache lässt sich nicht bestimmen, zum einen, weil die Angaben mehrere Möglichkeiten zulassen, zum anderen, weil die Angaben auch theologisch aufgeladen sind: Herodes, wie auch Agrippa sterben den Tod eines Gottesfeindes, der als Erkrankung der inneren Organe beschrieben wird, kombiniert mit Ausflüssen und übelsten Gerüchen. Von Darm- oder Magendurchbruch, Blinddarmentzündung bis zu Leberentzündung kommt hier alles in Frage. Jos. Bel. I, 656–57:

> *Von da an verbreitete sich die Krankheit über den ganzen Leib und äußerte sich in den verschiedensten qualvollen Erscheinungen. Bei nur mäßigem Fieber stellte sich auf der ganzen Hautoberfläche ein unausstehliches Jucken ein, wie auch ein beständiges kolikartiges Grimmen im Darm. Rings an den Füßen bildeten sich Wülste, wie bei einem Wassersüchtigen. Der Unterleib war entzündlich aufgeschwollen, und ein fauliges Geschwür, in dem schon Würmer wuchsen, durchfraß seine Schamteile. Dazu gesellten sich bei liegender Stellung Erstickungsanfälle und in jeder anderen Lage wenigstens Atembeschwerden und endlich Krämpfe an allen Gliedern. Kein Wunder, wenn prophetische Männer diese furchtbaren Krankheitszustände als eine Strafe Gottes für die Hinrichtung der Gesetzeslehrer bezeichneten. Obgleich nun Herodes mit so entsetzlichen Schmerzen zu kämpfen hatte, so hielt er dennoch zäh am Leben, hoffte immer noch auf Hilfe und suchte Heilung. So ließ er sich zu diesem Zwecke auch über den Jordan bringen, um die heißen Quellen von Kallirrhoë zu gebrauchen, die in den Asphaltsee abfließen und, weil*

Süßwasserquellen, auch trinkbar sind. Hier hielten es die Ärzte für geraten, mit einem heißen Ölbad seine ganzen Lebensgeister wieder aufzuwärmen: kaum war er aber in die volle Badewanne mit Oel hineingelassen worden, als er plötzlich in Ohnmacht fiel und die Augen wie ein Sterbender zu verdrehen begann.

Abb. 42: Die Felsenfestung Masada am Toten Meer

Abb. 43: Die Palastburg Herodeion

Abb. 44: Das Herodesgrab mit dem Sarkophag – Rekonstruktion im Israelmuseum
Foto 2008: Klaus Dorn

Abb. 45: Der Tempel von Jerusalem aus einem Modell der Stadt Jerusalem z.Z. des Herodes im Israelmuseum

Kurz vor seinem Tod hatte er noch einmal sein Testament geändert: Antipater lässt er angeblich durch den Statthalter Quinctilius Varus (der i. J. 7 n. Chr. gegen Arminius im Teuteburger Wald fällt), richten und wegen eines geplanten Giftanschlags auf ihn, Herodes, hinrichten. Er gab sodann noch den Befehl, aus ganz Judäa die Söhne der Notablen zusammenzuholen und in der Rennbahn von Jericho einzusperren. Dort sollten sie, wenn er stirbt, hingerichtet werden, damit das Volk bei seinem Tod wirklich in echte Trauer fiele (Bell I, 659). Seine ihm besonders nahestehende Schwester Salome verhindert die Durchführung dieses Massenmordes und entlässt die Menschen wieder nach Hause.

Sein Reich wird unter Philippus, Herodes Antipas und Archelaos aufgeteilt, wobei Archelaos den Titel „König" erben sollte. Die Römer akzeptierten dieses Testament allerdings nur teilweise: Keiner seiner Erben erhielt den Königstitel.

Der Leichnam wurde in einer Prozession von Jericho, wo er starb, über 70 Stadien (Bell I, 673; vgl. auch Ant XVII,196f) ins Herodium überführt. Dort wurde er begraben. Das mutmaßliche Grab mit einem zertrümmerten Sarkophag wurde erst vor wenigen Jahren (2007) an der Bergflanke des Herodium von Ehud Netzer, einem israelischen Archäologen, entdeckt und ausgegraben. Freilich ist seine Authentizität nicht unbestritten.

Bekanntermaßen trägt auch das Neue Testament maßgeblich zum Negativbild Herodes des Großen bei:

Die Magier aus dem Osten haben einen Stern gesehen, dem sie folgten. Unterwegs machen sie Station in Jerusalem und werden zu Herodes geführt. Dieser entlockt ihnen die Informationen über die durch den Stern angezeigte Geburt des „Königs der Juden". Sie seien dem Stern gefolgt, um diesem König zu huldigen. Herodes erschrickt über diese Nachricht und ganz Jerusalem mit ihm, schreibt Matthäus in seiner Kindheitsgeschichte. Schon hier zeichnet sich die Ablehnung Jesu durch sein eigenes Volk ab und seine Akzeptanz durch die Nichtjuden, wie sie dann in der Passion und der nachösterlichen Zeit verifiziert wird. Herodes gibt den Magiern den Auftrag, nach dem Kind zu suchen und ihm sodann seinen Standort zu melden. Auf Geheiß eines Engels kehren die Magier nicht zu Herodes zurück und Herodes beginnt daher, alle Kinder bis zum Alter von zwei Jahren in Bethlehem zu ermorden, während Josef mit Frau und Kind nach Ägypten geflohen ist. Von diesem Kindermord findet sich nirgends eine Notiz, auch bei Josephus nicht, der kein Freund des Herodes ist. Mit an Sicherheit grenzender Wahrscheinlichkeit hat sich dies nicht ereignet – der theologische Zweck wurde ja bereits angesprochen. Und dennoch „stimmt" diese Aussage auf ihre eigene Weise: Herodes hat sehr wohl „seine Kinder" und auch viele Kinder seines Volkes ermorden lassen, aus unterschiedlichen Gründen, zumeist aber aus Misstrauen.

Kaiser Augustus bestätigte das Testament Herodes des Großen, allerdings ohne Herodes Archelaos den Königstitel zu gewähren. Er bekam nur den Titel Ethnarch, Volksherrscher. Er wurde von Juden und Samaritanern beim Kaiser wegen seiner tyrannischen und brutalen Amtsführung verklagt und von diesem abgesetzt. Er hatte sich gleich nach dem Tod seines Vaters entsprechend eingeführt: Einen von Pharisäern verursachten Aufruhr am Tempel ließ er brutal niederschlagen, und

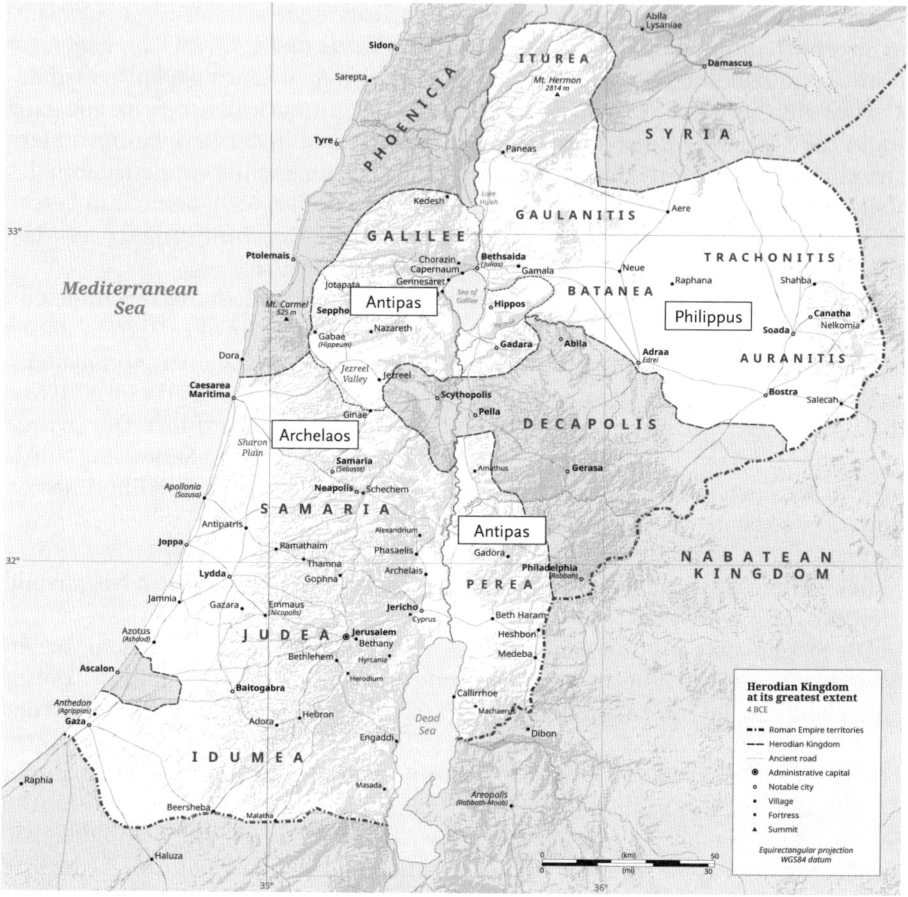

Abb. 46: Die Aufteilung des Reichs des Herodes unter drei seiner Söhne

dies noch ehe er nach Rom gereist war, um seine Regentschaft bestätigen zu lassen. Es gab um die 3.000 Tote. Das Amt des Hohepriesters besetzte er mehrfach willkürlich durch verschiedene Männer, dazu führte er nach jüdischem Recht eine illegitime Ehe.

Unter seiner Regentschaft ereigneten sich bereits diverse Aufstände – wie auch schon unter seinem Vater! Josephus berichtet von einem Judas, Sohn des „Räuberhauptmanns" Ezechias, der in Galiläa eine Truppe zusammenzog, mit der er die königlichen Waffenmagazine eroberte und seine Anhänger damit ausrüstete (Bell II, 55f), in Peräa sei ein ehemaliger Sklave des Herodes namens Simon mit einer Bande durch das Land gezogen und ein Hirte namens Athrongäus trat auch mit messianischen Ambitionen auf. Josephus beschreibt die beiden Letztgenannten als besonders große und kräftige Männer (Bell II, 57–65). Es bedurfte der Legionen des Statthalters Quinctilius Varus, um die Ruhe wiederherzustellen.

An dem Erfolg der Klage von Juden und Samaritanern wird deutlich, dass sich der römische Imperator durchaus die Probleme der Völker in den Provinzen anhörte und ggf. auch Regenten absetzte. Archelaos wird in die Provence verbannt und stirbt dort vermutlich i. J.18 n. Chr.

Im NT wird bei Mt die Flucht nach Ägypten mit dem drohenden Kindermord von Bethlehem durch Herodes den Großen angegeben und mit der Thronfolge durch Archelaos begründet, warum die Familie nach dem Tod des Herodes nicht wieder zurück nach Bethlehem geht, sondern sich im Reich des Antipas in Nazareth niederlässt.

Sein Bruder Antipas wurde Tetrarch von Galiläa und Peräa, zwei Landesteile ohne eine gemeinsame Grenze. Er erhielt ebenfalls den Titel Ethnarch und hielt sich zunächst in seiner Hauptstadt Sepphoris/Zippori/Tzippori auf, die er nach ihrem Wiederaufbau Autokratoris nannte. Die Stadt war nach einem antirömischen Aufstand von dem schon erwähnten Feldherrn Publius Quinctillius Varus zerstört worden. Die reichen Fußbodenmosaiken in der Synagoge von Sepphoris – unter anderem der Jahreskreis mit den Sternkreiszeichen neben alttestamentlichen und jüdischen Motiven – machen deutlich, dass in dieser Zeit das Bilderverbot nicht streng eingehalten wurde. Dabei muss man aber auch bedenken, dass Sepphoris als Residenzstadt kaum eine primär von Juden bewohnte Stadt war.

Um 19 n. Chr. siedelte er in das von ihm gegründete Tiberias über und zwang Juden dazu, sich dort ebenfalls anzusiedeln. Die Scheu der Juden lag daran, dass sich auf dem Gebiet ein Gräberfeld befand, der Ort somit unrein war.

Abb. 47: Die so genannte Mona Lisa von Galiläa; Fußbodenmosaik einer Unbekannten aus Sepphoris

Seine Regentschaft über die beiden Landesteile erklärt, warum er Landesherr von Johannes dem Täufer und gleichzeitig Landesherr von Jesus von Nazareth war.

In Lk 3,1 werden die Zeit, das Herrschaftsgebiet und der Titel von Antipas korrekt angegeben:

> *1 Es war im fünfzehnten Jahr der Regierung des Kaisers Tiberius; Pontius Pilatus war Statthalter von Judäa, Herodes Tetrarch von Galiläa, sein Bruder Philippus Tetrarch von Ituräa und der Trachonitis, Lysanias Tetrarch von Abilene; 2 Hohepriester waren Hannas und Kajaphas.*

Wenn im NT von Herodes die Rede ist, geht es zumeist um Antipas. Er ist es auch, der den Tod des Täufers verschuldet hat. Laut NT macht ihm Johannes Vorhaltungen, dass er die Frau seines Halbbruders heiratete, nachdem sich diese hat scheiden lassen.

Seine Ehefrau, eine nabbatäische Prinzessin, verstieß er und schickte sie zurück zu ihrem Vater. Der nabbatäische König Aretas zog daher gegen Herodes in den Krieg und brachte ihm eine schwere Niederlage bei, die ohne die Intervention der Römer noch heftiger ausgefallen wäre. Das Volk sah in dieser Niederlage die Strafe Gottes wegen seiner illegitimen Ehe.

Wegen der Vorwürfe des Johannes ließ ihn Antipas festnehmen und inhaftieren und auf Betreiben von Herodias hinrichten. Das Ganze ereignet sich auf der Burg Machärus im Ostjordanland.

Auch bei der Verurteilung Jesu zum Kreuz spielt er nach Lk eine Rolle. Pontius Pilatus findet an Jesus keine Schuld und überstellt ihn an Herodes, der sich zu Pessach in Jerusalem aufhielt. Er hält Jesus freilich ebenfalls für unschuldig und schickt ihn an Pilatus zurück. An jenem Tag wurden Pilatus und Herodes Freunde, weiß Lk zu berichten.

Josephus nennt freilich andere Gründe für den Tod des Johannes. Seiner Fassung nach habe Johannes zu viele Anhänger gehabt und wäre deshalb politisch gefährlich geworden. Die Ehe nennt Josephus zwar nicht als Grund, es spricht aber nichts dagegen, dass diese auch von Bedeutung war, wenn auch nicht in erster Linie.

Angeblich hat ihn seine Frau Herodias recht geplagt, er möge doch in Rom vorstellig werden und den Titel einfordern. So zog er i. J. 39 nach Rom, um den Königstitel zu erhalten. Stattdessen wurde er jedoch von Herodes Agrippa I., einem Nachkommen des Herodes des Großen aus der Makkabäerlinie, verklagt, ebenfalls seines Amtes enthoben und ins Exil nach Südgallien geschickt.

Insgesamt muss man den beiden Herodianern bescheinigen, dass sie eher noch schlechter als ihr Vater regiert hatten. Sie dürften als Nachkommen des Herodes ohnedies nicht besonders beliebt gewesen sein und taten durch ihre Amtsführung ein Übriges, um den Hass des Volkes, Juden und Samaritern, auf sich zu ziehen.

Lediglich der dritte Herodianer, Philippus, der über eine rein nichtjüdische Bevölkerung herrscht, regiert laut Josephus ohne Auffälligkeiten. Er baut Paneas aus und nennt die Stadt Cäsarea Philippi. Von der Anlage ist nicht viel übriggeblieben. Die verbliebenen, z. T. kunstvoll behauenen Steine liegen scheinbar ohne Plan einfach im Gelände herum und werden von den Touristen, welche die Jordanquellen besuchen, kaum beachtet.

Zusammenfassung

Die idumäische Familie der Herodianer regiert ihr Herrschaftsgebiet unter der Vorherrschaft Roms und löst damit die Hasmonäer ab, teilweise mit Gewalt. Trotz aller Versuche, besonders von Herodes dem Großen, eine Kontinuität zu den Hasmonäern herzustellen, unter anderem durch die Ehe mit der hasmonäischen Prinzessin Mariamne oder durch Baumaßnahmen, die den Juden zugutekommen, wird er von den Juden nicht akzeptiert. Das liegt sicher nicht alleine daran, dass er sich auch als nichtjüdischer Herrscher versteht. Er war als Sohn einer nabatäischen Mutter eben kein Jude. Das schlechte Verhältnis schaukelte sich hoch: Weil er nicht anerkannt wurde, war er misstrauisch und tyrannisch und umgekehrt. Diese Haltung schließt auch die Ermordung und Hinrichtung von Familienmitgliedern ein. Dazu kommen noch die Eingriffe in die Besetzung des Hohepriesteramtes.

Dem Volk dürfte es aufgrund hoher Steuern nicht besonders gut gegangen sein, wie die Aufstandsbewegungen insbesondere in Galiläa zeigen. Diese scheinen aus der prekären Situation des einfachen Volkes verursacht worden zu sein und wurden von Herodes gewaltsam unterdrückt.

Die drei Söhne, die er als Erbe einsetzte, erwiesen sich, von Philippus abgesehen, auch nicht als die Idealbesetzung. Herodes Archelaos, der das größte Gebiet regierte, begann seine Herrschaft mit der angeblichen Ermordung von 3.000 Pharisäern und wurde bald darauf suspendiert. Seine Nachfolge treten römische Präfekte und Prokuratoren an. Herodes Antipas, Regent über Peräa und Galiläa und damit Landesvater von Johannes und Jesus kann sich länger als sein Bruder im Amt halten, macht sich aber dennoch bei den Römern unbeliebt und wird daher ebenfalls entlassen. Philippus regiert die Ostgebiete Ituräa, Gaulanitis (Golan) und Trachonitis, ehemals Herrschaftsgebiet der Seleukiden, ohne besondere Vorkommnisse.

19. Die Zeit der Römer und der erste Jüdisch-Römische Krieg

Die frühe Abberufung des Herodes Archelaos als Tetrarch von Samaria, Judäa und Idumäa nötigt die Römer zu einer Neuordnung der Herrschaft.

Der Kaiser entschließt sich, das Gebiet zu einer kaiserlichen Provinz zu machen und von einem Präfekten, seit Claudius als Prokurator bezeichnet, verwalten zu lassen. Diese Herrscher stammten aus dem Ritterstand, wie eben auch der bekannte Pontius Pilatus.

Im Gegensatz dazu gab es auch senatorische Provinzen mit einem Prokonsul als Regenten, der zumindest formal dem Senat unterstand. Der Unterschied zwischen den beiden Regierungsformen besteht vor allem darin, dass die kaiserliche Provinz dem Kaiser direkt unterstand, der ggf. sofort in die Regierungsgeschäfte eingreifen konnte, sollte dies erforderlich sein. Es ist naheliegend, dass vor allem jene Regionen in den Status einer kaiserlichen Provinz erhoben wurden, die für das römische Reich von elementarer Bedeutung waren oder als unsicheres Territorium galten. Ersteres trifft für Ägypten, die Kornkammer des Römischen Reiches, zu, Letzteres für den Großraum Palästina.

Die Präfekten verfügen nur über Auxiliareinheiten, gewissermaßen über Polizeitruppen, die aber seit Kaiser Augustus ebenso gut ausgerüstet waren wie die Legionen und in Juda schätzungsweise 3.000 Mann umfassten, inklusive einer relativ starken Reitertruppe von circa 1.000 Mann. Die nächstgelegenen Legionen unterstanden dem Legaten aus Syrien, dem der Präfekt bzw. Prokurator verantwortlich war.

Die Prokuratoren regieren unterschiedlich lange und auch mit unterschiedlichem Erfolg bzw. Fingerspitzengefühl. Es wurde schon bemerkt, dass der romfreundliche Evangelist Lukas nicht umhinkann, einen der Prokuratoren als korrupt zu bezeichnen. Es war nicht zuletzt die Amtsführung dieser Prokuratoren, die den ersten Jüdisch-Römischen Krieg oder Aufstand zur Folge hatte.

Römische Präfekten und/oder Prokuratoren	
Coponius ca. 6–8 n. Chr.	
Marcus Ambibulus 9–12	
Annius Rufus 12–15	
Valerius Gratus15–26	Gratus entlässt den Hannas als HP (6–15)
Pontius Pilatus 26–36	Pilatus: HP Kaiaphas 18–37
Marcellus 36–37	

Römische Präfekten und/oder Prokuratoren	
Marullus 37–41 *König Antipas I: 41–44* Cuspius Fadus: 44–46 Tiberius Alexander 46–48, Ventidius Cumanus 48–52 Marcus Antonius Felix 52–60? Porcius Festus 58/60–62 Lucceius Albinus 62–64 GessiusFlorus 64–66	 *Antipas I. Enkel der Hasmonäerin Mariamne, unterbricht die Reihe der Prokuratoren* Neffe des Philosophen und Theologen Philo von Alexandria Streit zwischen Samaritanern und Juden; Cumanus wird abgesetzt Felix laut Apg 24,26 korrupt Festus in der Apg mit positiver Wertung
Jüdisch-römischer Krieg 68–70/73	
Diasporaaufstand 115–117	Jüdischer Aufstand in der Kyrenaika; Ägypten, Zypern, Mesopotamien
Bar-Kochba-Aufstand und Ende Israels als Gemeinwesen 132–135	

Bereits unter Coponius (6–8 n. Chr.) kam es zu einem ersten Aufstand, denn in seiner kurzen Regierungszeit findet die Volkszählung des Quirinius statt, die in Lk 2,1 fälschlicherweise in die Zeit vor der Geburt Jesus von Nazareth datiert wird. Es gab und gibt Versuche, Lukas und die römischen Angaben unter einen Hut zu bringen, beispielsweise dadurch, dass in der Zeit Jesu die Ankündigung des Zensus erfolgte, seine Durchführung aber erst in der Zeit des Quirinius stattfand, oder dass Quirinius zweimal Statthalter in Syrien gewesen sei, aber diesen apologetisch anmutenden Konstruktionen soll nicht weiter nachgegangen werden. Die Volkszählung stellte die Basis für einen Zensus, also eine Steuereinschätzung dar. Vermutlich befürchtete man mit einem gewissen Recht eine damit einhergehende Steuererhöhung. Viel gravierender scheint jedoch ein anderer Faktor, der schon bei der davidischen Volkszählung Unheil heraufbeschwor: Eine Volkszählung kann als Affront gegen die Gottes Zusage an Abraham aufgefasst werden, in der es heißt "Ich werde deine Nachkommen so zahlreich machen wie die Sterne am Himmel und der Sand am Ufer des Meeres". Diese Zusage gilt, sie ist nicht durch Nachzählen anzuzweifeln und es obliegt Gott allein, die Zahl seines Volkes zu kennen. Von daher ist ein Widerstand gegen die Zählung sowohl aus ökonomischen wie auch religiösen Gründen gerechtfertigt. Wie schon zuvor unter Herodes wurden die Aufstandsführer gefasst und gekreuzigt. In Apg 5,37 wird ein gewisser „Judas der Galiläer" genannt, der einen Aufstand wegen eines Zensus anzettelte.

Auch von einem Theudas als Aufstandsführer ist in dieser Zeit die Rede sowie von einem Mann namens Judas, der einmal mehr aus Galiläa stammte (Bell II, 118).

Ein weiteres erwähnenswertes Ereignis aus seiner Regierungszeit ergibt sich aus der Beziehung zwischen Juden und Samaritanern: Letztere warfen in der Pessachnacht menschliche Gebeine in den Tempel und verunreinigten ihn auf diese Weise (Ant XVIII, 29f).

Im Kontext des ersten Präfekten Coponius stellt Josephus die von ihm so genannten „drei Sekten" vor: die Essener, Pharisäer und Sadduzäer, wobei es sich bei diesen Gruppen natürlich nicht um Sekten im heutigen Sinne handelt (Bell II, 119–166).

Während es über die beiden nächsten beiden Prokuratoren nichts zu berichten gibt, ist von Valerius Gratus (15–26) bekannt, dass er gleich dreimal den Hohepriester abberief und schließlich im Jahre 18 den aus dem Neuen Testament bekannten Joseph Kajaphas (18–36/37) einsetzte (Ant XVIII, 34f).

Ihm folgte Pontius Pilatus aus dem römischen Ritterstand. Er wurde von Kaiser Tiberius als fünfter Präfekt in Juda eingesetzt und verwaltete das Gebiet in der Zeit von ca. 26/27 bis 36/37 n. Chr.

Pilatus wurde im Jahre 36/37aufgrund von Anklagen der Samaritaner, mit denen es zu einem bewaffneten Konflikt gekommen war – ein allerdings anachronistischer Reflex darauf ist möglicherweise noch bei Lk 13,1 vorhanden – vom Legaten abgesetzt und nach Rom überstellt, wo er sich vor dem Kaiser verantworten sollte.

Nach Aussagen des Historikers Philo von Alexandrien (Legatio = Gesandtschaft an Caligula 299f) ließ Pilatus goldene Schilde zu Ehren des Kaisers in Jerusalem am Herodespalast anbringen, Josephus (Bell II, 169–171; Ant XVIII, 55) erzählt, dass er seine Truppe mit den römischen Feldzeichen, an denen bildliche Darstellungen angebracht waren, in Jerusalem einmarschieren ließ. In der weniger romkritischen Schrift Bellum schreibt er allerdings, dies sei bei Nacht geschehen und die Bilder seien verhüllt gewesen. Pilatus muss auf Druck des Volkes die Feldzeichen bzw. die Schilde schließlich wieder entfernen lassen. Das Verhältnis zwischen dem Prokurator und dem Volk war alles andere als harmonisch.

Informationen über Pontius Pilatus sind neben dem NT den Schriften des Philo von Alexandrien (Legatio), Josephus Flavius (Bellum und Antiquitates) und Tacitus (Annalen) zu entnehmen, sodass Pilatus als der am besten bezeugte Statthalter Judäas gelten kann. Darüber hinaus existiert eine Fülle von christlicher Literatur, die sich mit Pilatus und seiner Funktion im Prozess Jesu und damit als göttliches Heilswerkzeug beschäftigt und z. T. abenteuerlich anmutende Legenden über ihn und sein weiteres Leben bieten.

Als bekennender Christ findet er schließlich u.a. aufgrund des apokryphen Gamaliel-Evangeliums (um 500) Eingang in die Schar der Heiligen der koptischen und äthiopischen Kirche.

Die Tatsache, dass kurz nach der Absetzung des Pilatus auch der Hohepriester Kajaphas abgesetzt wird, lässt darauf schließen, dass beide gut miteinander harmonierten, sodass der Tod Jesu, wie von Mk überliefert, ein Gefälligkeitsurteil des Pilatus gegenüber den jüdischen Führern gewesen sein könnte. Freilich dürfte die Hinrichtung Jesus, die in der Profangeschichtsschreibung kaum Erwähnung findet, weder für Pilatus noch für die Verantwortlichen auf Seiten der Juden von besonderer Bedeutung gewesen sein, denn zahlreich waren die Messiasaspiranten zu jener Zeit, die ein gleiches oder ähnliches Schicksal wie Jesus erlitten.

Die außerbiblischen Zeugnisse lassen vermuten, dass Pilatus zumindest in einem Fall mit der jüdischen Obrigkeit kooperierte: Laut Josephus (Bell II 9,4 und Ant XVIII 3,2) entnahm Pilatus zum Ausbau der Jerusalemer Wasserversorgung Geld aus dem Tempelschatz und provozierte damit einen Aufstand der Juden, den er von seinen mit Knüppeln bewaffneten Soldaten niederschlagen ließ. Es ist freilich unwahrscheinlich, dass sich Pilatus höchstpersönlich aus dem Tempelschatz bediente, der sicher gut verwahrt wurde. Ein Rückgriff auf dieses Geld konnte nur mit Wissen und auch mit Billigung der jüdischen Behörden erfolgt sein.

Schließlich wird berichtet, Pilatus habe ein Blutbad unter samaritanischen Pilgern angerichtet, die, angeleitet von einem Messiasanwärter, zum Garizim, dem „heiligen" Berg der Samaritaner zogen (vgl. Lk 13,1). Wahrscheinlich war es die Anklage des Pilatus durch die Samaritaner aber auch durch Agrippa, welche Pilatus schließlich sein Amt kostete.

Im Kontext mit Pilatus bietet Josephus in seinen Antiquitates das so genannte Testimonium flavianum, einen kurzen Text über Jesus von Nazareth (XVIII,3,63–64):

> *63 Um diese Zeit lebte Jesus, ein weiser Mensch, wenn man ihn überhaupt einen Menschen nennen darf. Er war nämlich der Vollbringer ganz unglaublicher Taten und der Lehrer aller Menschen, die mit Freuden die Wahrheit aufnahmen. So zog er viele Juden und auch viele Heiden an sich. Er war der Christus. 64 Und obgleich ihn Pilatus auf Betreiben der Vornehmsten unseres Volkes zum Kreuzestod verurteilte, wurden doch seine früheren Anhänger ihm nicht untreu. Denn er erschien ihnen am dritten Tage wieder lebend, wie gottgesandte Propheten dies und tausend andere wunderbare Dinge von ihm vorherverkündigt hatten. Und noch bis auf den heutigen Tag besteht das Volk der Christen, die sich nach ihm nennen, fort.*

Während man in der Vergangenheit diesen Abschnitt komplett als sekundäre christliche Einfügung verstand, urteilt man in neuerer Zeit differenzierter, sodass man einen Kern des Abschnitts für authentisch hält. Dieser könnte folgende Elemente umfasst haben:

> *63 Um diese Zeit lebte Jesus, ein weiser Mensch. Er war nämlich der Vollbringer ganz unglaublicher Taten. So zog er viele Juden [und auch viele Heiden?] an sich. 64 Und obgleich ihn Pilatus auf Betreiben der Vornehmsten unseres Volkes zum Kreuzestod verurteilte, wurden doch seine früheren Anhänger ihm nicht untreu.*

Und noch bis auf den heutigen Tag besteht das Volk der Christen, die sich nach ihm nennen, fort.

Der Statthalter in Syrien, Lucius Vitellius setzt daraufhin seinen Freund Marcellus (36/37) als Präfekt ein (vgl. Ant XVIII,89) und beruft auch Kajaphas von seinem Amt ab. An seiner Statt wird Jonatan ben Hannas Hohepriester.

Unter Marullus (37–41) kommt es zu der Absicht des Caligula, eine Zeusstatue mit seinen Gesichtszügen im Jerusalemer Tempel aufstellen zu lassen – als Rache dafür, dass Juden eine Caligulastatue zerstört hatten.

Agrippa I. ist Sohn des Aristobul und somit von mütterlicher Seite her ein Hasmonäer. Er unterbricht die Reihe der Prokuratoren in den Jahren 41 bis 44. Als Freund des Caligula wird er von diesem zunächst nach dem Tod seines Verwandten Philippus (10) zum König über dessen Reich gemacht. Nach der Verbannung des Antipas (6) erhält er auch noch dessen Gebiet. Nach der Ermordung des Caligula (41) erhält er als Dank für seine Beteiligung an der Thronerhebung des Claudius von diesem das Gebiet der Prokuratoren – das ehemalige Gebiet des Archelaos. Ausgerechnet er, der Hasmonäer, regiert, wenn auch nur für wenige Jahre, ein Reich in der Größe seines Vorfahren Herodes des Großen. Er lässt Jakobus, den Apostel hinrichten (Apg 12,12), der dann als Matamoros, als Maurentöter, noch einmal in Spanien Karriere macht, wohin ihn Wind und Wellen in seinem Sarg getrieben hatten.

Agrippa bemüht sich streng judäisch-pharisäisch zu regieren, zumindest in den jüdischen Stammlanden und wird daher aus heidnischer Sicht negativ bewertet. Er stirbt überraschend im Jahr 44 an Blinddarmentzündung, Magendurchbruch oder Gift, vielleicht aber aus ganz anderen Gründen, denn Lk stilisiert seinen Tod als Tod eines Gottesfeindes, wie dies auch von Judas dargestellt wird (Apg 12,23). Freilich spricht auch Josephus von schweren Bauchschmerzen. In der Erzählung, auch bei Josephus, heißt es, er sei in strahlendem Gewand aufgetreten und die Zuschauer hätten sein Auftreten als Gotteserscheinung bewertet (Ant XIX, 344–350).

Sein Sohn wird erst i. J. 50 König, allerdings nicht über Judäa. Erwähnt wird er auch noch in Apg 26 im Gespräch mit Paulus. Er soll zeitweise eine Liaison mit seiner Schwester Berenike gehabt haben.

In den Anfang der Regierungszeit Agrippas fällt der Befehl Kaiser Caligulas, im Jerusalemer Tempel ein Standbild aufzustellen. Es ist dem Statthalter Petronius von Syrien zu verdanken (s.o.) der die Aufstellung mit immer neuen Ausreden verzögerte, sodass dieser Befehl schließlich nicht umgesetzt wurde. Caligula soll Petronius wegen der Verzögerungen bereits den Befehl zum Selbstmord ausgestellt haben. Er wird nicht vollzogen, weil Caligula vorher von seiner Prätorianergarde, der Leibwache, ermordet wird. Das Aufstellen der Kaiserstatue im Tempel hätte einen gewaltigen Aufstand verursacht. Das war auch Petronius klar.

Auf Agrippa folgt Cuspius Fadus (46–48), der auf Anweisung von Kaiser Claudius erstmals im Range eines Prokurators regierte. Unter ihm trat der schon erwähnte Theudas auf, der gefangen und hingerichtet wird. Josephus berichtet aus seiner Regierungszeit von verschärften antirömischen Spannungen im Volk.

In diesem Kontext ist zu erwähnen, dass es immer wieder Streitigkeiten um die Amtsgewänder des Hohepriesters gab. Zeitweise hielten die Römer diese unter Verschluss, gaben sie nur zu den Festen heraus, um sie anschließend wieder wegzunehmen. Dies war nicht (primär) als Demütigung für die Juden gedacht, sondern in erster Linie handelte es sich um eine einfache, aber wirksame Kontrolle über die jüdischen Führer und das Volk: Bei unerwünschtem Verhalten konnten die Römer damit drohen, die Gewänder nicht herauszugeben und damit die Feier des Festes zu verhindern. Unter Fadus schickten die Juden eine Gesandtschaft zu Kaiser Claudius mit der Bitte, die Gewänder selbst verwahren zu dürfen. Dieser Bitte gab der Kaiser statt.

Unter seinem Nachfolger Tiberius Julius Alexander (46–48), einem Diasporajuden aus Alexandria, Neffe des bekannten Autors Philo von Alexandria, kam es zu einem Aufstand durch die Söhne des Galiläers Judas, die das Volk aufwiegelten, wie Josephus schreibt (Ant XX,102). Zudem unterstützte er später Titus bei der Eroberung Jerusalems im Jahre 70. Er wurde nicht abgesetzt, sondern wahrscheinlich nach Rom zu höheren Ämtern abberufen.

Ventidius Cumanus (48–52) hingegen war einer der Prokuratoren, die sich vor dem Kaiser verantworten mussten und in die Verbannung geschickt wurden. Er hatte in einer erneuten Auseinandersetzung zwischen Samaritanern und Juden die Position der Samaritaner vertreten, die ihn angeblich bestochen hatten. Der Fall landete jedenfalls vor dem Kaiser, der die Samaritaner als Ursache des Konflikts ausmachte (Bell II, 232–246).

Unter seiner Herrschaft kam es noch zu einem weiteren Zwischenfall: An Pessach, zu dem eine große Menschenmenge nach Jerusalem kam, standen die Soldaten der Burg Antonia in erhöhter Alarmbereitschaft. Ein Soldat auf der Säulenhalle des Tempels streckte den Feiernden seinen nackten Hintern entgegen und imitierte Geräusche, wie man sie sonst auf der Toilette hören kann. Ein Aufschrei der Entrüstung war die Folge. Cumanus ließ daraufhin die Wachen verstärken, was zu einer Panik unter den Juden führte. Laut Josephus seien 10.000 Personen umgekommen (Bell II, 224–27; vgl. Ant XX,105–112). Bei einer weiteren Aktion durch eine „Räuberbande" zerriss und verbrannte ein römischer Soldat eine Thora (Josephus spricht hier von einem Buch, nicht von einer Thorarolle). Cumanus blieb zur Eindämmung des Aufstandes der Bevölkerung nichts übrig, als den Soldaten hinzurichten (Bell II, 228–231).

Über die Amtsführung seines Nachfolgers Marcus Antonius Felix berichtet unter anderem Tacitus (Historien 5,9). Unter seiner Regentschaft häuften sich die Aufstände, es kam zu kriegsähnlichen Zuständen, unter anderem durch einen ägyptischen Juden, der mit messianischem Anspruch eine größere Gefolgschaft (die Rede ist von 4.000 bis 20.000 Mann) um sich sammeln konnte (vgl. Bell II, 262f; Apg 21,38) und vom Ölberg aus nach Jerusalem ziehen wollte. Josephus schreibt von umfangreichen Unruhen durch „Räuberbanden". Er erwähnt in diesem Kontext ausdrücklich die Sikarier (Bell II, 250–265). Nach Apg 21 kam es in Jerusalem wegen Paulus zu einem Aufstand, sodass er durch die römische Besatzung in Schutzhaft genommen werden musste. Der Oberst, der ihn verhaftet, hält Paulus für „den Ägypter", doch Paulus gelingt es, dies richtig zu stellen (vgl. Ant XX, 169–172). Laut Apg ist Felix für Bestechungsgelder sehr empfänglich. Josephus erzählt zudem, Felix habe bei der Ermordung des Hohepriesters Jonatan durch die Sikarier seine Hände im Spiel gehabt (Ant XX, 162–166). Selbst unter der Oberschicht kam es zu tätlichen Auseinandersetzungen. Es wird allmählich deutlich, dass die Prokuratoren die Situation im Land nicht mehr im Griff hatten und nur mit rigoroser Gewalt „Frieden" gewährleisten konnten.

Porcius Festus († 62 n. Chr.) gilt, auch in der Apg, als redlicher Mann, der versuchte, wieder Ordnung ins Land zu bringen. Angeblich hat er Paulus in Gegenwart des Agrippa II. verhört, weil er, sicher zutreffend, von den um Paulus diskutierten Fragen keine Ahnung hat (Apg 25 und 26). Paulus geht davon aus, dass er angesichts seiner Gegner kein gerechtes Urteil erwarten kann und appelliert bei Festus an den Kaiser, zu dem er wenig später auch per Schiff aufbrechen muss. Josephus ist zu entnehmen, dass Festus im Amt starb, sein Nachfolger Albinus leider nicht im gleichen Sinne handelte (Bell II, 272).

Die beiden letzten Prokuratoren werden den Unruhen schließlich nicht mehr Herr. Ein Merkmal dafür ist auch, dass in den letzten Jahren vor dem Beginn des Krieges die Hohepriester in kaum mehr zu überblickender Häufigkeit ein- und wieder abgesetzt werden. Ein Hohepriester Namens Ananus hatte das Glück, schreibt Josephus (Ant XX, 198), dass er selbst wie auch alle seine fünf Söhne der Reihe nach Hohepriester wurden. Die Besetzung des höchsten Jüdischen Amtes besorgte in dieser Zeit König Agrippa II. Einer seiner Söhne, der zur „Sekte der Saduzzäer" gehörte, ließ während der Sedisvakanz zwischen Festus und Albinus den Kopf der Jerusalemer Christen, den Herrenbruder Jakobus, steinigen. Dafür wird er freilich zur Verantwortung gezogen (Ant XX, 199–203) und abgesetzt.

Zusätzlich zu den „Räuberbanden", gegen die Albinus vorging, kam es auch noch zu „Unregelmäßigkeiten" durch die Hohepriester und ihre Familien, die nach allen Seiten Bestechungen verteilten. Die Sikarier versuchten durch die Gefangennahme von Mitgliedern der oberen Priesterschaft, verhaftete Sikarier freizupressen. Kurz vor seiner Abberufung im Amt lässt Albinus die Gefängnisse leeren, indem er die Gefangenen hinrichten oder gegen Zahlung von Bußgeldern frei ließ.

Gessius Florus wird von Josephus in dunkelsten Farben gezeichnet. Er habe den Tempelschatz plündern lassen, weil in dem zerrütteten Land nicht mehr genug Steuern abzuschöpfen waren. Er erscheint als derjenige, der die Juden in einem Maße drangsalierte, dass es zwangsläufig zum Aufstand kommen musste (Ant XX, 252–258). Auf diese Weise entlastet Josephus das Judentum. Zudem spricht er immer wieder von Leuten, welche die orientierungslose Masse an sich ziehen und so zur Katastrophe beitragen. Florus ist ein Räuber, ein Gewalttäter,

Erpresser und zu allem Überfluss auch noch habgierig, sodass er mit den „Räubern" die Beute teilt (Bell XIV; Ant XX und XI).

Im Jahre 68 kommt es zu einer Zuspitzung der Ereignisse. Inwiefern dabei der Tod Neros eine Rolle spielt, ist schwer zu sagen. Es ist natürlich denkbar, dass die jüdischen Aufstandsführer die ungeklärten Machtverhältnisse im römischen Reich bewusst ausnutzten. Nach Aussage Suetons sei Nero bei bestimmten Gruppen sehr beliebt gewesen, die ihm nachtrauerten, wie die Nerolegenden zeigen. Diesen zufolge werde Nero eines Tages an der Spitze parthischer Truppen siegreich auf den Kaiserthron zurückkehren. Nach anderer Leseart sei er nicht durch Selbstmord gestorben, sondern geflohen, um wiederzukehren. Es habe sogar Männer gegeben, die mit dem Anspruch auftraten, der Nero redivivus, der zurückgekehrte Nero zu sein (vgl. Sueton: Nero 57). Eine seiner Gattinnen, Poppaea Sabina, die Nero in schwangerem Zustand durch einen Fußtritt getötet haben soll (Nero 35), war angeblich sehr judenfreundlich, und dies habe bei einigen judenfreundlichen Maßnahmen Neros eine Rolle gespielt.

Jedenfalls beginnt im Jahr 68 der Jüdische Aufstand gegen Rom, wieder einmal ausgehend von Galiläa. Der Anfang wird markiert durch die Einstellung des Kaiseropfers durch den Tempelhauptmann El'azar: Das Judentum musste zwar nicht den römischen Göttern opfern, aber vor dem eigenen Gott ein Opfer zugunsten des Kaisers darbringen. Eine Beendigung dieses Opfers wurde von den Römern als Affront gegen die römische Herrschaft verstanden.

Sueton berichtet nur kurz darüber (Vespasian 4), über den Fall Jerusalems gar nur mit einem einzigen Satz (Titus 5).

Das römische Reich konnte nicht sofort mit aller Härte eingreifen, da nach dem Tod Neros gleich drei Generäle um den Kaiserthron kämpften: Galba, Otho und Vitelius. Keiner der drei konnte sich durchsetzen, sodass ein Vierter zum Zuge kam: Vespasian, der noch auf Befehl Neros mit insgesamt vier Legionen und vielen Hilfskräften zusammen mit seinem Sohn Titus damit begonnen hatte, den jüdischen Aufstand niederzuschlagen, wurde von seinen Legionen zum Kaiser ausgerufen. Er kehrte sofort nach Rom zurück, um sich den Thron (erfolgreich) zu sichern und überließ die weiteren Kampfmaßnahmen seinem Sohn Titus, der den Krieg mit der Eroberung Jerusalems im Jahre 70 (fast) beendete. Zuvor mussten die Römer mühsam eine befestigte Stadt nach der anderen erobern. Der Befehlshaber der Festung Jotapata in Galiläa war im Übrigen Josephus. Dies kostete nicht nur Zeit, sondern auch Opfer, auch unter der jüdischen Landbevölkerung. Die Römer bauten, wie üblich, einen Ringwall um Jerusalem, um den Belagerten eine Flucht zu verunmöglichen. Einige versuchten es trotzdem, und nachdem das Gerücht umging, die Flüchtlinge hätten Gold und Edelsteine verschluckt, um sie aus der Stadt zu bringen, schnitten ihnen die Römer die Bäuche auf. Zur Demoralisierung der Eingeschlossenen wurden auch rings um die Stadt Kreuze errichtet, an welche die gefangenen Flüchtlinge geschlagen wurden. Dies ermutigte freilich die Verteidiger umso mehr, da sie sehen konnten, dass ihnen keine Alternative blieb als der Tod im Kampf.

Josephus schreibt von katastrophalen Verhältnissen in der übervölkerten Stadt (laut Tacitus, Historien V,13 befanden sich angeblich 600.000 Menschen in der Stadt) in der Hungersnöte ausbrachen und in deren Folge Kannibalismus, während sich in Jerusalem selbst zwei Aufstandsgruppen (Sikarier und Zeloten?) bis aufs Messer bekriegten: Johannes von Gischala und Simon bar Giora. Letzterer war immerhin zu Anfang des Krieges gegen eine ganze römische Legion plus Hilfskräften unter Gaius Cestius Gallus erfolgreich. Erst mit Beginn der Belagerungsmaßnahmen durch Titus schlossen die beiden einen Waffenstillstand. Am längsten konnten sich das Tempelareal sowie die Oberstadt halten. Die Verteidiger hofften darauf, dass Gott seinen Tempel nicht den Heiden überlassen würde und erwarteten jeden Augenblick Gottes Eingreifen.

Schließlich wurde aber auch der Tempel erobert, ausgeraubt und verbrannt. Der Tempelbrand sei, so Josephus, gegen den ausdrücklichen Willen des Titus erfolgt: Ein Soldat habe eine brennende Fackel durch ein Fenster ins Innere des Tempels geworfen (Bell VI,252). Nach einer anderen Version habe ein Soldat die Tore des Tempels angezündet (Bell VI, 265).

Beide Darstellungen widersprechen sich nicht nur, sondern scheinen sehr unwahrscheinlich, denn es gehörte zur Kriegsstrategie – nicht nur der Römer – den Tempel des „unterlegenen" Gottes zu vernichten, zum einen um die Verlierer zu demütigen, zum anderen um seine und seiner Götter Überlegenheit hervorzuheben. Es hätte zudem wohl niemand gewagt, den Tempel gegen den Befehl des Heerführers in Brand zu setzen. Josephus als Parteigänger der Römer, der aber gleichzeitig die Sympathie des Judentums sucht, präsentiert hier ein paar anonyme Gestalten, die den Cäsar entlasten. Zudem wurde der Tempel nach der Eroberung von Jerusalem auch geschleift. Die geraubte Tempelausstattung wird auf dem Triumphzug des Titus in Rom mitgeführt und im Titusbogen

Abb. 48: Münzen, die anlässlich des Sieges über Judäa von Vespasian geprägt wurden

dargestellt. Hier vertritt auch der römische Historiker Tacitus eine andere Version. Auch die beiden Haupträdelsführer Johannes von Gischala sowie Simon bar Giora wurden auf dem Triumphzug mitgeführt und anschließend gefangengesetzt bzw. ermordet.

Die Münze in Abbildung 51 zeigt auf der einen Seite Kaiser Vespasian im Profil, auf der anderen die Inschrift Judaea capta mit einem Legionär, einer Palme und einer trauernden Frau. Die Münze existiert auch mit dem Kopf des Titus.

Der Krieg ist damit noch nicht völlig beendet, denn auf der Felsenfestung Masada halten ca. 1.000 Mann, Zeloten der Menahem-Partei mit Familien, der römischen Übermacht noch stand und verteidigen das Felsplateau unter dem Kommando von El'azar ben Ja'ir. Die Festung war zu Anfang des Krieges durch einen Zelotenführer namens Menahem erobert worden und befand sich seitdem in jüdischen Händen. Von seinem Erfolg beflügelt, zog er mit seiner Truppe nach Jerusalem und belagerte den Herodespalast. Die römischen Soldaten, die schließlich kapitulierten, ließ er, entgegen der Zusage auf freies Geleit, umbringen, ebenso den Hohepriester Hananias, der sich um Frieden bemühte. Menahem, der mit messianischem Anspruch auftrat, wurde schließlich von El'azar ermordet. Menahems Truppe zog sich nach Masada zurück und hielt es bis 73 n. Chr. besetzt. Am Tag vor dem entscheidenden Sturmangriff der Römer unter dem Kommando des Generals Lucius Flavius Silva, der unter Einsatz von Kriegsgefangenen eine Rampe zur Mauer gebaut und eine Bresche in die Mauer geschlagen hatte, begehen die Belagerten nach einer Rede des Anführers Selbstmord. So berichtet zumindest Josephus. Eine archäologische Bestätigung bei der Ausgrabung Masadas durch Yigael Yadin konnte hierfür nicht gefunden werden.

Die Niederlage bedeutete einen gewaltigen Aderlass für die Juden. Es wurden so viele Gefangene als Sklaven auf die Märkte gebracht, dass die Preise einbrachen.

Mit Einnahmen aus der Kriegsbeute wurde das Kolosseum gebaut, das von Vespasian in Auftrag gegeben wurde. In Jerusalem werden eine Legion plus weitere Truppen als Garnison stationiert. In diesem Krieg ging es nicht um ein neu zu eroberndes Gebiet, sondern um die Befriedung eines Gebiets, das sich das römische Reich bereits einverleibt hatte. Die Triumphzüge, der Einsatz von insgesamt vier Legionen sowie die Münzprägung nach dem Sieg machen deutlich, wie schwierig der Sieg zu erringen war und mit welchen Verlusten er auf beiden Seiten geführt wurde.

Christen haben sich an diesem Krieg nicht beteiligt und hatten vermutlich Jerusalem schon früh verlassen. Die Aussagen des NT, die vor vielen falschen Messiassen warnt, bilden für Christen eine gewisse Immunität gegen messianische Aufstände aus. Nur ganz nebenbei: Die Christenverfolgung des Nero endete nicht im Kolosseum, das zu dieser Zeit noch gar nicht existierte.

Die Zahl der Opfer dieses Krieges ist nicht mit letzter Sicherheit zu ermitteln. Josephus berichtet von 1,1 Mio. Toten und 97.000 Gefangenen, die als Sklaven verkauft oder als Galeerensträflinge und Bergarbeiter eingesetzt wurden. Die Zahl von 1,1 Mio. getöteten Juden wird allerdings heute als zu hoch beurteilt.

Abb. 49: Bild der Festung Masada mit der Rampe, welche die Römer aufgeschüttet haben um Belagerungsgeräte an die Mauer zu schaffen.

Viele Juden verließen das Land und zogen in die Diaspora. Nachdem auch der Tempel in Leontopolis von den Römern geschlossen wurde, gab es kein jüdisches Zentrum mehr.

Das Werk des Josephus über den Jüdischen Krieg endet mit dem Auftritt des Juden Jonathan im Gebiet von Cyrene, wohin sich offensichtlich eine Anzahl von Juden nach dem Aufstand flüchtete. Laut Josephus waren es Sikarier, die zusammen mit anderen auf die Reden des Jonathan hin mit ihm in die Wüste ziehen. Er und seine Gefolgsleute werden vom dortigen Statthalter namens Catullus gefangen bzw. niedergemacht. Jonathan wechselt die Seiten und bringt nun vor Catullus Anklagen gegen die Juden vor. Die Sache geht nach Rom, doch werden die Intrigen von Vespasian und Titus aufgedeckt. Jonathan wird hingerichtet, Catullus erhält nur einen Verweis, stirbt aber kurze Zeit später, geistig verwirrt, den Tod eines Gottesfeindes:

> *Bell VII, 452 Von furchtbaren Bildern aufgeschreckt, schrie er in einem fort, er sehe die Gespenster seiner hingemordeten Opfer vor seinem Bett stehen. Dann war ihm wieder, als würde man ihm mit allen Folterschrauben und Fackeln zu Leibe rücken, sodass er sich nicht mehr halten konnte und vom Lager heraussprang. 453 Das Übel machte immer größere Fortschritte, bis endlich infolge von Verschwärung sogar die Eingeweide heraustraten, und so der Tod erfolgte – gewiss ein Exempel, das, wie nur eines, den klaren Beweis liefert, wie die allwaltende Gerechtigkeit jedem*

Bösewicht die gebührende Strafe zuteilwerden lässt.
https://de.wikisource.org/wiki/Juedischer_Krieg/Buch_VII_7-11 (23.04.2025)

20. Der Diasporaaufstand unter Trajan (115–117)

Ein zweiter jüdischer Aufstand findet unter Trajan statt. Die Nachrichten darüber sind sehr dünn. Er bricht wiederum zu Zeiten einer gewissen Instabilität Roms aus. Kaiser Trajan befindet sich gerade in einem Krieg gegen die Parther. Der Aufstand beschränkt sich auf die Jüdische Diaspora. Das Judentum in Palästina greift mit Wahrscheinlichkeit nicht in die Kämpfe ein. Die eigentlichen Ursachen für die Aufstände sind unbekannt. Möglicherweise ging es „nur" um Streitereien wegen jüdischer Privilegien gegenüber ihrer heidnischen Umwelt. Die Aufstände betreffen die Kyrenaika (das östliche Libyen), die Stadt Alexandria in Ägypten mit einer zahlenmäßig sehr großen jüdischen Bevölkerung, die Insel Zypern sowie Babylon, in dem sich Juden seit dem Exil befanden.

> *Inzwischen hatten die Juden der Kyrenaika einen gewissen Andreas [oder Lukas] zum Anführer gemacht und vernichteten sowohl Römer als auch Griechen. Sie aßen vom Fleisch ihrer Opfer, machten sich Gürtel aus Eingeweiden, schmierten sich mit dem Blut ein und kleideten sich in die Häute; viele zersägten sie von oben nach unten, andere warfen sie wilden Tieren vor und wieder andere zwangen sie, als Gladiatoren zu kämpfen. Insgesamt starben 220.000 Menschen. (Cassius Dio: Historiae/Römische Geschichte, 68,32*
> https://de.wikipedia.org/wiki/Diasporaaufstand (23.04.2025)

Diese Schauermärchen entsprechen kaum der Wirklichkeit: Außer vielleicht bei Hungersnot wird kein Jude Menschenfleisch essen und ebenso wenig sich mit verunreinigendem Blut einschmieren. Die Zerstörungen in der Stadt Kyrene scheinen jedoch sehr weitgehend gewesen sein und richteten sich gegen römische Tempel wie auch gegen römische Kultur und Lebensweise. Die Tempel des Apollo, des Zeus, der Dioskuren [der beiden Zwillings-Halbbrüder aus der Verbindung von Leda und Zeus], der Tempel der Demeter [der Göttin der Fruchtbarkeit], der griechischen Artemis [ihr Tempel in Ephesus in Kleinasien gehörte zu den sieben Weltwundern der Antike] und der [ägyptischen] Isis, aber auch die Basilika und die Thermen wurden zerstört oder schwer beschädigt. Neu errichtete und sanierte Gebäude und Meilensteine geben als Grund der Erneuerung den jüdischen Aufstand (tumultus Iudaicus/*mered ha'galuyot*) an.

(vgl. https://de.wikipedia.org/wiki/Diasporaaufstand)

So heißt es in einer Inschrift in Kyrene an den trajanischen Thermen:

> *Der Imperator und Caesar, des göttlichen Traianus, Parthicus Sohn, des göttlichen Nerva Enkel, Traianus Hadrianus Augustus, Oberpriester, dreimal mit der tribu-*

> *nizischen Amtsgewalt ausgestattet, dreimal Konsul, befahl die Badeanlage mit den Säulenhallen und den Ballspielsälen sowie den übrigen angrenzenden [Gebäuden], welche durch den Jüdischen Aufruhr niedergerissen und eingeäschert wurden, für die Bürgerschaft von Kyrene wiederherstellen zu lassen.*
> https://de.wikipedia.org/wiki/Tumultus_Judaicus; 22.04.2025

Da der Anführer, jener „Andreas", als „König" bezeichnet wird, dürfte es sich um eine Aktion messianischen Charakters gehandelt haben.

Die Aufstände in den übrigen genannten Orten verliefen durchweg vergleichbar, die Reaktion der nichtjüdischen Bewohner auch: Sie brachten ihre jüdischen Nachbarn um, sobald sie deren habhaft werden konnten.

Die Aufständischen folgten freilich nicht nur diesem „Andreas". Auf Zypern trat eine andere Figur in den Vordergrund namens Artemion, über den allerdings nichts weiter bekannt ist. Es kam dort zu regelrechten Massakern an der griechischen Bevölkerung, sodass in der Folge Juden der Aufenthalt in Zypern verboten wurde.

In Mesopotamien behinderte der Aufstand die Kriegsführung Trajans und dann auch Hadrians so sehr, dass sie den Krieg gegen die Parther abbrechen mussten.

Die Römer schlugen mit aller militärischen Härte zurück und „befriedeten" die betroffenen Regionen wieder – mit katastrophalen Resultaten für das Judentum, das sich teilweise von den Folgen nicht mehr erholte.

Euseb berichtet dazu in seiner Kirchengeschichte Historia Ecclesiastica IV, 2:

> *In Alexandrien wie in dem übrigen Ägypten und auch in Cyrene ließen sie sich, von einem bösen, revolutionären Geiste ergriffen, dazu herbei, sich gegen ihre griechischen Mitbürger zu erheben. Da sie den Aufstand weithin ausdehnten, entfachten sie im folgenden Jahre, während Lupus Statthalter von ganz Ägypten war, einen nicht unbedeutenden Krieg. Im ersten Treffen siegten die Juden über die Griechen, welche nach Alexandrien flohen, wo sie die daselbst wohnenden Juden gefangen nahmen und niedermachten. Die Juden in Cyrene fuhren, obwohl sie von den alexandrinischen Juden keine militärische Unterstützung mehr zu erwarten hatten, fort, unter Führung des Lukas Ägypten zu plündern und seine Fluren zu verwüsten. Der Kaiser entsandte daher gegen sie Marcus Turbo mit Fußsoldaten, Kriegsschiffen und auch Reiterei. Dieser führte in zahlreichen Gefechten einen langwierigen, mühsamen Krieg und vernichtete zu Tausenden die cyreneischen Juden aber auch ägyptische Juden, die sich ihrem König Lukas angeschlossen hatten. Da der Kaiser befürchtete, es möchten sich auch die Juden Mesopotamiens erheben, befahl er dem Lusius Quietus, die Provinz von diesen Leuten zu reinigen. Dieser rüstete und vernichtete eine sehr große Anzahl der dortigen Juden. Zur Belohnung für diese Tat erhob ihn der Kaiser zum Statthalter von Judäa. Griechische Schriftsteller, welche die gleiche Zeit behandeln, berichten diese Ereignisse in gleicher Weise.*
> (https://bkv.unifr.ch/de/works/cpg-3495/versions/kirchengeschichte-bkv-2/divisions/86) (13.05.2025)

21. Der dritte Jüdisch-Römische Krieg: Der Bar-Kochba-Krieg und das Ende des jüdischen Gemeinwesens

21.1 Der Krieg

Der dritte Aufstand in der Zeit von 132–135 n. Chr. bricht wieder im Mutterland des Judentums aus, dieses Mal allerdings in Judäa und nicht in Galiläa. Offensichtlich hatte man sich gut eine Generation nach dem ersten Aufstand so weit erholt, dass dieser möglich wurde. Auch hier ist der Anlass bis zur Stunde nicht genau bekannt. Es ist vom Beschneidungsverbot durch die römische Obrigkeit die Rede, wobei nicht zu erheben ist, ob dies für alle (neugeborenen) Juden galt oder vielleicht nur für Nichtjuden, z.B. für Konvertiten. Möglich ist auch, dass das Beschneidungsverbot mit einem Kastrationsverbot verknüpft wurde. Es kann allerdings auch sein, dass das Verbot als Konsequenz dieses Krieges erlassen wurde. Als anderer Grund wird genannt, die Römer hätten Jerusalem als römische Stadt auf den Trümmern Jerusalems wiederaufgebaut. Dies geschah nach einem Besuch des Hadrian in der Region um 130. Der Name der Stadt war Aelia Capitolina (benannt nach Publius Aelius Traianus) mit eigenem Zeustempel.

Dank umfangreicher archäologischer Funde – es sind sogar Briefe erhalten – ist der Krieg besser bezeugt als der Diasporaaufstand. Anführer war ein gewisser Simon bar Kochba (Sternensohn vgl. Num 24,7: *Ich sehe ihn, aber nicht jetzt, ich erblicke ihn, aber nicht in der Nähe: Ein Stern geht in Jakob auf, ein Zepter erhebt sich in Israel...)* mit unverkennbar messianischem Anspruch. Der bedeutendste Rabbi seiner Zeit, Rabbi Akiba, erkennt ihn angeblich als Messias an – er selbst bezeichnet sich als Nasi = Fürst – und verschafft ihm dadurch erheblichen Zulauf. Möglicherweise wird dies auch nur Akiba zugeschrieben.

Die meisten Schriftgelehrten scheinen eher abseits gestanden zu haben. Nach dem Krieg wird er als Bar Koziba, Lügensohn, verunglimpft. Sein bürgerlicher Name war wohl Bar Koseba oder Kosiba. Neben ihm wird ein Priester El'azar genannt, über den jedoch wenig in Erfahrung zu bringen ist.

Der Krieg war wohl sorgfältig vorbereitet. Bei Dio Cassius 69,12,1–13,2 heißt es:

> *12,1 Zu Jerusalem gründete er an Stelle der zerstörten Stadt eine Stadt und nannte sie Aelia Capitolina, und an der Stelle des Tempels des Gottes errichtete er einen neuen Tempel für Jupiter. Dies führte zu einem Krieg von nicht geringer Bedeutung und kurzer Dauer, 2 denn die Juden hielten es für unerträglich, dass fremde Rassen in ihrer Stadt angesiedelt und fremde religiöse Riten dort gepflanzt wur-*

den. Solange Hadrian in Ägypten und wieder in Syrien in der Nähe war, schwiegen sie nämlich, es sei denn, dass sie absichtlich die Waffen, die sie zu liefern hatten, von schlechter Qualität anfertigten, damit die Römer sie verwerfen und sie selbst so den Gebrauch davon hätten; Als er sich aber weiter entfernte, empörten sie sich offen. 3 Freilich wagten sie es nicht, Römer auf offenem Felde anzugreifen, aber sie besetzten die vorteilhaften Stellungen im Lande und befestigten sie mit Minen und Mauern, damit sie Zufluchtsorte hätten, wenn sie hart bedrängt würden, und sich unbemerkt unter der Erde treffen könnten; und sie durchbohrten diese unterirdischen Gänge von oben in Zwischenräumen, um Luft und Licht hereinzulassen.

13,1 Anfangs schenkten ihnen die Römer keine Beachtung. Bald aber war ganz Judäa in Aufruhr geraten, und die Juden zeigten überall Zeichen der Unruhe, versammelten sich und bekundeten große Feindschaft gegen die Römer, teils durch geheime, teils durch offenkundige Handlungen; 2 Auch viele fremde Völker schlossen sich ihnen aus Gewinngier an, und die ganze Erde, man möchte fast sagen, wurde darüber aufgewühlt. Da schickte Hadrian seine besten Feldherren gegen sie.
(z.n. Cassius Dio-Epitome des 69. Buches: https://penelope.uchicago.edu/Thayer/E/Roman/Texts/Cassius_Dio/69*.html#12. (13.05.2025)

Seine Anhängerschaft, vor allem aus der Landbevölkerung, wuchs, auch wegen seiner beträchtlichen militärischen Anfangserfolge, in denen den stationierten Legionen schwerste Verluste zugefügt wurden. Die Römer waren mit der Guerilla-Taktik der Aufständischen nicht vertraut. Zudem, so behauptet Dio Cassius, nahmen an dem Aufstand auch Nichtjuden teil. Dies ist nicht erstaunlich, denn die Bevölkerung war in keiner Weise homogen. Dies gilt auch innerhalb des Judentums.

Die Erfolge der Aufständischen nahmen erst ab, als der kampferfahrene General Sextus Iulius Severus aus Großbritannien nach Palästina beordert wurde. Das Herrschaftsgebiet von Bar Kochba dürfte nicht wesentlich über die früheren Grenzen von Juda hinausgereicht haben. Die Samaritaner rebellierten zwar ebenfalls, erkannten aber Bar Kochba nicht als Anführer an. Ob die in der Schefela, dem Gebiet des allmählichen Aufstiegs von der Küste bis ins Judäische Bergland, gefundenen unterirdischen Gänge im Kontext des Krieges entstanden, ist unsicher.

Ähnlich dem ersten Krieg führten die Römer aber schnell eine ausreichend große Streitmacht herbei, um den Aufstand niederzuschlagen. Dennoch hatte der verbissene Widerstand der Juden starke Verluste zur Folge, auch bei den Römern. Der Aufstand dauerte immerhin so lange, dass von jüdischer Seite eigene Münzen geprägt wurden mit der Aufschrift Jahr x der Erlösung oder Befreiung Israels.

Gegen Ende des Krieges zogen sich die Aufständischen vor allem in die Höhlen in den Tälern des Jordangrabens zurück. Bei Ausgrabungen ab den 50er Jahren wurden viele Artefakte gefunden, viele aus dem alltäglichen Leben, wie Körbe, Kämme und Ähnliches. Sie befinden sich heute im Israelmuseum, auch die schon

Abb. 50: Münzfund aus der Bar-Kochba-Zeit

erwähnten Briefe, die z. T. von Bar Kochba selbst verfasst wurden. Sie sind Zeugen für die gnadenlose Jagd der Römer auf die Menschen. Höhle für Höhle wurde oft im wörtlichen Sinne ausgeräuchert oder ausgehungert, die Gefangenen niedergemacht. Spuren davon finden sich vor allem in den Höhlen des Wadi Murabba'at und im benachbarten Nahal Hever, beides Trockentäler in der Gegend des Toten Meeres. In diesem Krieg schätzt man die Zahl der Verluste auf etwa 580.000 Juden. Cassius Dio berichtet, dass 50 Städte und 985 Dörfer zerstört wurden. Die Zahl der römischen Soldaten wird auf 30.000 bis 60.000 Mann geschätzt.

Simon bar Kochba zog sich nach Betar/Betir zurück, einem Ort wenige Kilometer westlich von Jerusalem. Dort wurden die verbliebenen Aufständischen getötet bzw. gefangengenommen und hingerichtet, auch Rabi Akiba. Nachdem die Römer die Festung durch einen Ringwall abgeriegelt hatten, scheint sie relativ schnell gefallen zu sein, da den Eingekesselten der Zugang zum Wasser fehlte. Die Reste der Festung sind bis heute auf Luftaufnahmen deutlich zu erkennen. Eine Ausgrabung hat bislang nicht stattgefunden, da das Areal mit Obstbäumen des nahegelegenen Ortes bepflanzt ist. Die Koordinaten sind 31°43‘48.0“N 35°08‘08.3“E (Khirbet el-Yahud, Ruine der Juden). Eines der wenigen Textzeugnisse liefert Eusebius in seiner Historia Ecclesiastica 4,6:

Die unter Hadrian erfolgte letzte Niederwerfung der Juden.

Führer der Juden war ein Mann namens Bar Kochba, was „Stern“ [Sternensohn] bedeutet. Er war zwar eine Mörder- und Räubernatur, aber durch die Kraft seines Namens beherrschte er die Juden wie Sklaven; denn er gab vor, in ihm wäre das himmlische Licht gekommen, das den Bedrängten Erleuchtung brächte. Als im

18. Jahre der kaiserlichen Regierung der Kampf gegen Beth-ther [Betir oder Betar] eine kleine, stark befestigte, nicht weit von Jerusalem entfernte Stadt, seinen Höhepunkt erreicht, sich die Belagerung immer mehr in die Länge gezogen, Hunger und Durst die Aufständischen in äußerste Not gebracht hatte und der Urheber des Wahnsinnes in verdienter Weise bestraft worden war, wurde durch Gesetzesbestimmung und durch Verordnungen Hadrians dem gesamten Volke verboten, das Gebiet um Jerusalem von nun ab überhaupt noch zu betreten. Nach der Weisung Hadrians sollten die Juden den heimatlichen Boden nicht einmal mehr aus der Ferne sehen. So berichtet Ariston von Pella. Nachdem auf solche Weise die Stadt vom jüdischen Volke entblößt und der alten Einwohner vollständig beraubt worden war und Fremde sie bevölkert hatten, änderte die nun erstandene römische Stadt ihren Namen und nannte sich zu Ehren des Kaisers Aelius Hadrianus Aelia.
(z.n. BKV/ Bibliothek der Kirchenväter
https://bkv.unifr.ch/de/works/cpg-3495/versions/kirchengeschichte-bkv-2/divisions/90?query=Hunger%20und%20Durst)(13.05.2025)

21.2 Die Folgen des Krieges

Neben der erneuten Versklavung der jüdischen Bevölkerung kommt es zur Zerstreuung des Judentums im gesamten römischen Reich. Jerusalem wird, wie erwähnt, endgültig zu einer römischen Stadt namens Aelia Capitolina. Aus dieser Zeit stammt der heute in Jerusalem wieder begehbar Cardo, die Nord-Südachse der Stadt. Die ebenfalls erbaute West-Ostachse (Decumanus), ist dagegen nur rudimentär erhalten. Juden war es bei Todesstrafe verboten die Stadt zu betreten. Die Region Judäa wird umbenannt zu Syria Palestina und behielt diesen Namen auch bis in die Muslimische Zeit.

Aus der Mischna, der Sammlung mündlicher jüdischer Tradition, die um 400 verschriftlicht wurde, geht hervor, dass die Beschneidung verboten war und ebenso die Tefillin, die Gebetsriemen. Die Tosefta, eine Ergänzung zur Mischna, erwähnt das Verbot der Torah, der Megilla Esther (einer Festrolle mit dem Buch Esther als Inhalt), den Bau einer Sukka, einer Laubhütte, und schließlich auch die Mesusa, jene Kapseln mit den Schrifttexten Dtn 6,4–9 und 11,13–21, die an den Türen und Stadttoren angebracht wurden und an die Weisungen Gottes erinnern sollen. Dazu wurde eine Reiterstatue des Hadrian auf dem Tempelplatz aufgestellt, die feierliche Verkündung des Kalenders wird untersagt, die Sabbatheiligung behindert. Der Immobilienbesitz Gefallener und Gefangener ging an den römischen Staat. Für begüterte Juden galt freilich auch das Gebot, versklavte Volksgenossen freizukaufen und verstaatlichten Grund und Boden zurückzukaufen.

Etliche dieser Vorschriften des Hadrian wurden freilich nach dessen Tod i. J. 138 wieder zurückgenommen. Bestehen blieb das Verbot der Ansiedelung in Jerusalem.

Mit der Konstantinischen Wende und der zunehmenden Privilegierung des Christentums kommt es zur Diskriminierung und Verfolgung des Judentums durch die Christen – Vorwürfe, die man gegen die Christen erhoben hatte (auch von Seiten der Römer), richtete man nun gegen die Juden. Es kam zu antijüdischen Gesetzen wie z.B. die Nichtzulassung zu Staatsdienst und Militär sowie das Verbot, christliche Sklaven zu halten. Natürlich führte dies zur Zunahme von Neuchristen aus der Reihe der Sklaven.

Insgesamt war dieser Krieg das Ende eines jüdischen Territoriums bis zur Staatsgründung Israels am 14. Mai 1948. Das Land wurde und wird bis heute neben Juden von einer Mischbevölkerung bewohnt, die nach der Ausbreitung des Islam teilweise auch muslimisch ist.

Zusammenfassung

Die Zeit der Römer war insgesamt eine sehr unglückliche Zeit für Israel und das Judentum. Den Römern fehlte es vielfach an Fingerspitzengefühl für den Umgang mit dem Judentum, auch wenn ihm immer wieder von den verschiedenen Herrschern Privilegien zugesprochen wurden.

Andererseits gab es von Seiten des Judentums häufig keine Bereitschaft, sich der römischen Staatsmacht unterzuordnen. Hinzu kamen wirtschaftliche Not und Verarmung auf der einen Seite und Großgrundbesitz und Anhäufung von Reichtum auf der anderen. Eine wichtige Rolle spielten dabei zusätzlich die religiösen und gesellschaftlichen Unterschiede, die bereits unter der griechischen Herrschaft begonnen hatten. Es kam zu einem toxischen Gemisch von Religion, gesellschaftlichen Normen, Macht und Tradition, die zu den verschiedenen Aufständen führten.

Was die Aufständischen getrieben haben mag, gegen die bestens ausgerüsteten Armeen der Römer anzutreten, mag Hybris und/oder tiefes Vertrauen in die Heilsgeschichte gewesen sein, in der sich der Gott Israels immer wieder als helfend und siegreich erwiesen hatte. Die vor dem Hintergrund der Historie häufig gesteigerten Erzählungen über die Rettungsmacht Gottes dürften sich in der ein oder anderen geschichtlichen Epoche kontraproduktiv ausgewirkt haben.

Von Seiten des Judentums tat man in den folgenden Jahrhunderten gut daran, dem Auftreten von messianischen Gestalten größte Skepsis entgegenzubringen. Statt messianischer Vorstellungen vertiefte sich das Judentum in das Studium der Thora und der Tradition und brachte als „Neues Testament“ den Talmud hervor.

Zum Schluss

Entgegen der Annahme der Protagonisten in Stefan Heyms König David Bericht gibt es keineswegs nur zwei Wahrheiten. Das wird hier deutlich, wenn neben der Historie im Bereich der Könige die Heils- oder Unheilsgeschichte aus den Königsbüchern neben jenen der Chronik gelesen werden. Das wird deutlich, wenn man die Gefährdung der Ahnfrau dreimal liest und jede der drei Geschichten einen je eigenen Akzent besitzt. Und das wird deutlich, wenn in außerbiblischen Zeugnissen die Sachverhalte plötzlich anders überliefert werden als in den Biblischen Büchern.

Welche Erzählung ist denn nun „die Wahre", mag man sich fragen, und die Antwort darauf wird, ja muss lauten: Die gibt es nicht bzw. das können wir nicht (mehr) sagen, denn jede geschichtliche Überlieferung wird „nur" subjektiv mitgeteilt, zum einen, was die Historie, zum anderen was die theologische Interpretation betrifft. Da nun deutlich wurde, dass sogar mehrere theologische Darstellungen existieren können, verursacht durch die in mehreren Redaktionen erfolgende Überlieferung, liegt noch nicht einmal nur die „eine" heilsgeschichtliche Darstellung vor, sondern häufig ebenfalls mehrere.

Die Gründe dafür sind häufig in der Überlieferung selbst zu suchen, nämlich dann, wenn es Israel gut oder schlecht geht, wenn es frei ist oder unterdrückt. Betrachte ich die Geschichte als eine Geschichte Gottes mit seinem Volk, muss es Gründe für das eine oder andere Ergehen geben. Und diese Gründe erhebt Israel wiederum aus der Geschichte, aus seinem erkennbaren Umgang mit Gott und seinen Weisungen. Das mutet bisweilen sehr vereinfacht an: Geht es mir gut, dann bin/war ich gerecht. Das Gleiche gilt für das Volk: Hat es sich an die Satzungen gehalten, ging es ihm gut, wenn nicht – dann eben nicht. Notfalls wird die „Strafe" einfach auf nachfolgende Generationen verschoben. Fast möchte man sagen: Irgendwann passt es schon wieder einmal.

Gerät Heilsgeschichte damit nicht in den Bereich der Beliebigkeit? Die Gefahr besteht natürlich, und dennoch ist Geschichte nicht anders erlebbar denn als gedeutete Geschichte, und Israel hat seine Geschichte als eine erlebt, in dem Gott diese begleitet, ggf. sogar arrangiert hat. Diese Sicht gehört auch zum Glauben der Christen.

Und wie gehe ich jetzt damit um?
Der Historiker interessiert sich „nur" für die historischen Grundlagen, soweit diese noch zu ermitteln sind. Er deutet sie im Kontext der Geschichte des Vorderen Orients. Der Theologe und der glaubende Mensch deutet sie als Geschichte des Gottesvolkes, als Ausweis der Geschichte Gottes mit diesem seinem Volk. Dabei gleicht „die" Sicht von Gott und damit auch der Blick auf die Heilsgeschichte einem Kaleidoskop. Ich „sehe" Gott auch dann, wenn ich das Kaleidoskop im-

mer weiterdrehe und die bunte Welt darin jedes Mal anders daherkommt. Aber gleich, wie ich drehe, ich sehe immer nur einen Ausschnitt von Welt, aber einen Ausschnitt, von dem ich glaube: Es ist jedes Mal eine Sicht auf Gott.

Bildquellen

Abb. 1: Das Damaskustor in Jerusalem, Foto: Dirk D., 2012, lizensiert als Creative Commons Attribution-Share Alike 3.0 Unported unter https://commons.wikimedia.org/wiki/File:Damaskustor.jpg

Abb. 2: Eigene Darstellung nach Dmhawkins, 2009 (File: Genealogy abraham.jpg – Wikimedia Commons), https://2.bp.blogspot.com/-gj4aUvce2zg/VvOH-jfxjwCI/AAAAAAAACfw/_YpSfURkcwEMah6gZhZsljqLo1wMS3xMQ/s1600/abraham.png (24.01. 2024)

Abb. 3: Cain und Abel opfern Gott, aus: The story of the Bible from Genesis to Revelation: Told in simple language adapted to all ages, but especially to the young, 1837 © Grafissimo, iStock #176933702

Abb. 4: Eigene Darstellung, Brill Deutschland

Abb. 5: Siegesstele des Merenptah aus dem Totentempel des Königs der 19. Dynastie in Theben-West, ausgestellt im Ägyptischen Museum in Kairo, Ägypten, Foto: Olaf Tausch, 2019, lizensiert als Creative Commons Attribution 3.0 Unported unter https://commons.wikimedia.org/wiki/File:Kairo_Museum_Merenptah-Stele_01.jpg

Abb. 6: Ankunft Asiatischer Nomaden in Ägypten, Histoire de l'art égyptien, Émile Prisse d'Avennes, 1878 lizensiert als Creative Commons Attribution-Share Alike 4.0 International unter File:Egyptian illustration from the public domain, digitally enhanced by rawpixel-com 111.jpg – Wikimedia Commons

Abb. 7: Hungernde Beduinen, Département des antiquités égyptiennes du musée du Louvre, ID 010005798, Rama, lizensiert als Creative Commons Attribution-ShareAlike 3.0 France unter File:Bedouins starving in the desert-E 17381-IMG 9845-gradient.jpg – Wikimedia Commons

Abb. 8: Histoire Sainte, Delagrave, public domain

Abb. 9: Karte aus Henry S. Osborn: Biblical Tables, 1871

Abb. 10: Nahaufnahme gefangener Philister auf dem Totentempel Ramses III. in Medinet Habu, Foto: Klaus Dorn, 2008

Abb. 11: The Epigraphic survey, Reliefs and inscriptions at Karnak III: The Bubastide Portal. Oriental Institute Publications 74, Chicago 1954

Abb. 12: „Asiaten"/Fremdvölker aus dem Museum von Sakkara, Foto: Klaus Dorn

Abb. 13: Josua und Kaleb mit einer riesigen Traube (nach Num 13 und14), Detail aus der Fassade des Mailänder Domes, 19. Jahrhundert, https://christkatholisch.ch/post/aktuell-spiritualitaet-glaube/aktuell-betrachtungen/kundschafter/ (01.02.2024)

Abb. 14: Die 12 Stämme Israels, Kordas, lizensiert als Creative Commons Attribution-Share Alike 4.0 International unter https://commons.wikimedia.org/wiki/File:12_Tribes_of_Israel_Map-de.svg

Abb. 15: Darstellung aus dem Großen Tempel von Abu Simbel, Aoineko/Nataraja, lizensiert als Creative Commons Attribution-Share Alike 3.0 Unported unter https://commons.wikimedia.org/wiki/File:Egypt_Abou_Simbel1.jpg
Abb. 16: Alte Levante-Routen, Briangotts, rowanwindwhistler, lizensiert als Creative Commons Attribution-Share Alike 4.0 International unter https://commons.wikimedia.org/wiki/File:Ancient_Levant_routes-es.svg
Abb. 17: Statue des David von Michelangelo; Florenz, Foto: Klaus Dorn;
Abb. 18: City of David, Ritmeyer Archaeological Design
Abb. 19: Umzeichnung des „Seevölkerkrieges" an der Nordostwand des Totentempels Ramses' III. in Medinet Habu, Ägypten, Public domain unter https://commons.wikimedia.org/wiki/File:Medinet_Habu_Ramses_III._Tempel_Nordostwand_Abzeichnung_01.jpg
Abb. 20: Alamy Image ID: DX5YCR, Ivan Vdovin
Abb. 21: Eigene Darstellung unter Verwendung von Aerial View of Site from the North – Megiddo, Israel (pid000477) – American Society of Overseas Research (ASOR)(20.09.2024), https://www.asor.org/resources/photo-collection/pid000477
Abb. 22: A rendition of The Khirbet Qeiyafa Ostracon by Michael Netzer for illustration purposes, based on photographs of the potsherd by the Khirbet Qeiyafa project at the Hebrew University of Jerusalem, imaging illuminations of text and interpretations of faded script areas, lizensiert als Creative-Commons-Lizenz „Namensnennung – Weitergabe unter gleichen Bedingungen 3.0 nicht portiert" unter https://de.wikipedia.org/wiki/Datei:Khirbet_Qeiyafa_Ostracon.jpg
Abb. 23: Altar from Tel Be'er-Sheva, Foto: Tamarah, 2012, Elif Millim Project, lizensiert als Creative Commons Attribution-Share Alike 3.0 Unported unter https://commons.wikimedia.org/wiki/File:Altar_from_Tel_Be%27er-Sheva.JPG
Abb. 24: Kleinasien im 2. Jh. n. Chr., Römische Provinzen unter Trajan, Caliniuc 2012, lizensiert als Creative Commons Attribution-Share Alike 4.0 International unter https://commons.wikimedia.org/wiki/File:Asia_Minor_in_the_2nd_century_AD_-_general_map_-_Roman_provinces_under_Trajan_-_bleached_-_English_legend.jpg
Abb. 25: Zusammenstellung aus Baal with Thunderbolt, Sammlung Orientalische Altertümer, Louvre, Paris, ARK ID: 010140542, Jastrow 2006, public domain unter https://de.wikipedia.org/wiki/Datei:Baal_thunderbolt_Louvre_AO15775.jpg; Baal Ugarit Louvre AO17329, Sammlung Orientalische Altertümer, Louvre, Paris, ARK ID 010142083, Jastrow 2006, public domain unter https://de.wikipedia.org/wiki/Datei:Baal_Ugarit_Louvre_AO17329.jpg; Baal, God of Fertility and Storms, Megiddo, Strata IX-VII, Late Bronze Age, 1550–1200 BC, bronze – Oriental Institute Museum, University of Chicago, Daderot 2014, lizensiert als Creative Commons CC0 1.0 Universal Public Domain Dedication unter https://commons.wikimedia.org/wiki/File:Baal,_God_of_Fertility_and_Storms,_Megiddo,_Strata_IX-VII,_Late_Bronze_Age,_1550-1200_BC,_bronze_-_Oriental_Institute_Museum,_University_of_Chicago_-_DSC07738.JPG

Abb. 26: Ausschnitt aus Baal with Thunderbolt, Sammlung Orientalische Altertümer, Louvre, Paris, ARK ID: 010140542, Jastrow 2006, public domain unter https://de.wikipedia.org/wiki/Datei:Baal_thunderbolt_Louvre_AO15775.jpg

Abb. 27: Kurkh-Stele, British Museum, London, Foto: Osama Shukir Muhammed Amin FRCP(Glasg) 2016, lizensiert als Creative Commons Attribution-Share Alike 4.0 International unter https://commons.wikimedia.org/wiki/File:Kurkh_stele_of_Shalmaneser_III._From_Diyarbak%C4%B1r,_southern_Turkey._British_Museum.jpg

Abb. 28: Zusammenstellung aus The Tel Dan Stele on display at the Israel Museum, Jerusalem, Foto: Oren Rozen 2016, lizensiert als Creative Commons Attribution-Share Alike 4.0 International unter https://de.wikipedia.org/wiki/Datei:JRSLM_300116_Tel_Dan_Stele_01.jpg; Inscription from Tel Dan, Schreiber, lizensiert als Creative-Commons-Lizenz „Namensnennung – Weitergabe unter gleichen Bedingungen 3.0 nicht portiert“ unter https://de.wikipedia.org/wiki/Datei:Tel_dan_inscription.png

Abb. 29: Divided Kingdom, https://biblemapper.com/blog/index.php/2022/12/18/borders-of-the-promised-land/ (27.91.2025)

Abb. 30: Alamy, Image ID: WHBB8W, Smith Archive

Abb. 31: Ausschnitt aus Alamy, Image ID: WHBB8W, Smith Archive

Abb. 32: Stele des Zakkur. Marks the taking of the throne of Hamath by king Zakkur, Foto: Rama 2017, Louvre, Paris, AO 8185, lizensiert als Creative Commons Attribution-Share Alike 2.0 unter https://commons.wikimedia.org/wiki/File:Zakkur_Stele_0157b.jpg

Abb. 33: The Taylor Prism from the Neo-Assyrian empire, David Castor 2009, public domain unter https://commons.wikimedia.org/wiki/File:Taylor_Prism-3.jpg

Abb. 34: Zusammenstellung aus Lachischrelief, Bogenschützen und Gepfählte Gefangene, Britisches und Israelmuseum, Fotos: Klaus Dorn

Abb. 35: Lachisch. Zustand März 2012: Die mutmaßlich ursprüngliche, assyrische Belagerungsrampe, Foto: Klaus Dorn

Abb. 36: https://biblestudentarchives.com/documents/Hezekiah.pdf

Abb. 37: Alamy, Image ID: BP23MJ, Zev Radovan

Abb. 38: Alexandermosaik, Archäologisches Nationalmuseum, Neapel, Foto: Michael Paraskevas 2006, lizensiert als Creative Commons Attribution-Share Alike 3.0 Unported unter: https://commons.wikimedia.org/wiki/File:%22The_battle_of_Issos%22_-_Alexander_the_Great_against_Dareios_-_panoramio.jpg

Abb. 39: Eigene Darstellung, Brill Deutschland

Abb. 40: Herodian Kingdom of Judea at its greatest extent (4 BCE), DEGA MD 2023, lizensiert als Creative Commons Attribution-Share Alike 4.0 International unter https://commons.wikimedia.org/wiki/File:Herodian_Kingdom_topographic_map.svg

Abb. 41: Eigene Darstellung, Brill Deutschland

Abb. 42: Masada

Abb. 43: Herodium, Heritage Conservation Outside The City Pikiwiki Israel 2015, lizensiert als Creative Commons Attribution 2.5 Generic unter https://commons.wikimedia.org/wiki/File:PikiWiki_Israel_67388_herodiun_national_park.jpg

Abb. 44: Das Herodesgrab mit dem Sarkophag – Rekonstruktion im Israelmuseum, Foto: Klaus Dorn 2008

Abb. 45: Tempel von Jerusalem aus einem Modell der Stadt Jerusalem z.Z. des Herodes im Israelmuseum, Foto: Klaus Dorn

Abb. 46: Politische Karte des Königreich Herodes', DEGA MD 2023, lizensiert als Creative Commons Attribution-Share Alike 4.0 International unter https://commons.wikimedia.org/wiki/File:Herodian_Kingdom_political_map.svg

Abb. 47: The "Mona Lisa of the Galilee" (possibly Venus), part of the Dionysus mosaic floor in Sepphoris (Diocaesarea), Israel, Foto: Carole Raddato 2014, lizensiert als Creative Commons Attribution-Share Alike 2.0 Generic unter https://commons.wikimedia.org/wiki/File:The_%22Mona_Lisa_of_the_Galilee%22_%28possibly_Venus%29,_part_of_the_Dionysus_mosaic_floor_in_Sepphoris_%28Diocaesarea%29,_Israel_%2815004387483%29.jpg

Abb. 48: https://www.coinarchives.com/a/results.php?search=Judaea+Capta (26.08.2025)

Abb. 49: Aerial view of Masada, israeltourism 2010, lizensiert als Creative Commons Attribution 2.0 Generic unter https://commons.wikimedia.org/wiki/File:Aerial_view_of_Masada_-_israeltourism.jpg

Abb. 50: Münze aus der Bar-Kochba-Zeit, Emil Aladjem/Israel Antiquities Authority, https://www.livescience.com/archaeology/romans/1900-year-old-coins-from-jewish-revolt-against-the-romans-discovered-in-the-judaen-desert

Literaturangaben

(Die „alterthümlichen“ Schreibweisen der Josephus-Übersetzungen und anderer antiker Historiker wurden von mir in heutige Schreibweise übertragen. Die Literaturauswahl beschränkt sich, von wichtigen Ausnahmen abgesehen, auf die letzten 25 Jahre).

ALBERTZ, Rainer: Art. Israel I: Altes Testament. In: TRE (=Theologische Realenzyklopädie) XVI, 369–379.

DERS.: Die Exilszeit. 6. Jahrhundert v. Chr. Stuttgart 2001 (BE = Biblische Enzyklopädie 7).

ALT, Albrecht: Judas Gaue unter Josia: Palästinajahrbuch 21 (1925) 100–116 (= Kleine Schriften zur Geschichte des Volkes Israel II, München 1953, 276–288).

DERS.: Israel und Ägypten. Leipzig 1909 (BWAT = Biblische Wissenschaft Altes Testament 6).

Die ANFÄNGE Israels. Die Diskussion um die Landnahme. Stuttgart 2008 (Welt und Umwelt der Bibel 49).

ASTOUR, William: 842 B.C.: The first Assyrian invasion of Israel, in: Journal of the American Oriental Society 91 (1971) 383–389.

AVIOZ, Michael: What happened at Megiddo? Josiah's death as described in the book of Kings, in: BN (= Biblische Notizen) 142 (2009) 5–11.

BALSAM: https://www.die-bibel.de/ressourcen/wibilex/altes-testament/balsam.

BALTRUSCH, Ernst: Herodes. König im Heiligen Land. München ²2020.

DERS.: Wissen. Macht. Reich. König Herodes, die Juden Kleinasiens und Rom. In: Ernst Baltrusch, Julia Wilker (Hg.): Amici – socii – clientes? Abhängige Herrschaft im Imperium Romanum. Berlin 2015 (= Berlin Studies of the Ancient World) 31, 67–90.

BARNES, Timothy D.: Trajan and the Jews, in: JWS (= Journal of Jewish Studies) 40 (1989), S. 145–162.

BEGG, Christopher T.: The Death of Josiah in Chronicles: Another View, in: VT (= Vetus Testamentum) 37 (1987) 1–8.

BIEBERSTEIN, Klaus: Jerusalem. Der jüdische Aufstand gegen die römische Besatzung und die Zerstörung der Stadt, in: Bauks, Michaela u.a.(Hg.): Das wissenschaftliche Bibellexikon im Internet. Stuttgart 2016 (WiBiLex).

BILD der Wissenschaft über die archäologische Faktenlage in der Region Israel-Palästina um 1000 v. Chr:http://www.wissenschaft.de/archiv/-/journal_content/56/12054/1599540/Als-Jerusalem-ein-Kuhdorf-war/ (08.05.2025).

BLINZLER, Josef: Der Prozess Jesu. Regensburg ⁴1969.

BRANDSCHEIDT, Renate: Abraham. Glaubenswanderschaft und Opfergang des von Gott erwählten. Würzburg 2009.

BRINGMANN, Klaus: Geschichte der Juden im Altertum. Vom babylonischen Exil bis zur arabischen Eroberung. Stuttgart 2005.

BOURGEL, Jonathan/ PORAT, Roi: Herodium as a Reflection of Herod's Policy in Judea and Idumea. ZDPV (= Zeitschrift des Deutschen Palästina-Vereins) 135/2 (2019), S. 188–209.

CASSIUS DIO: Römische Geschichte, Übers. Otto Veh, Düsseldorf 2007. V. Epitome der Bücher 61–80.

CLAUS, Manfred: Das alte Israel. Geschichte, Gesellschaft, Kultur. München [3]2008 (Beck'sche Reihe 2073).

DERS.: Geschichte Israels. Von der Frühzeit bis zur Zerstörung Jerusalems (587 v. Chr.). München 1986.

CROSS, Frank Moore: The Themes of the Book of the Kings and the Structure of the Deuteronomistic History, in: Ders.: Canaanite Myth and Hebrew Epic: Essays in the History of the Religion of Israel. Cambridge, MA 1973, 274–289.

Tell DAN-Inschrift: https://de.wikipedia.org/wiki/Tel-Dan-Inschrift (09.05.2025).

DEANIN, Ferdinand: Der Hof des Herodes. Zu seiner Struktur und Geschichte, in: Historia 57,3 (2008) 274–297.

DELAMARTER, Steve: The Death of Josiah in Scripture and Tradition: Wrestling with the Problem of Evil? VT 54 (2004) 29–60.

DEMANDT, Alexander: Hände in Unschuld. Pontius Pilatus in der Geschichte. Köln-Weimar-Wien 1999.

Der DIASPORAAUFSTAND: https://de.wikipedia.org/wiki/Diasporaaufstand und https://de.wikipedia.org/wiki/Tumultus_Judaicus.

DIECKMANN, Bernhard: Judas als Sündenbock. Eine verhängnisvolle Geschichte von Angst und Vergeltung. München 1991.

DIETRICH, Walter: Von David zu den Deuteronomisten. Studien zu den Geschichtsüberlieferungen des Alten Testaments. Stuttgart 2002 (BWANT = Biblische Wissenschaft zum Alten Testament 156).

DERS.: Das Ende der Thronfolgegeschichte in: Pury A./Römer, Th. (Hg.): Die sogenannte Thronfolgegeschichte Davids. Neue Einsichten und Anfragen. Freiburg/Göttingen 2000 (OBO = Orbis Biblicus et Orientalis 176).

DERS.: Die frühe Königszeit in Israel. 10. Jahrhundert v. Chr. Kohlhammer 1997 (BE = Biblische Enzyklopädie 3).

DERS.: David, Saul und die Propheten. Das Verhältnis von Religion und Politik nach den prophetischen Überlieferungen vom frühesten Königtum in Israel. Stuttgart u.a. [2]1989 (BWANT 122).

DERS.: Die Josephserzählung als Novelle und Geschichtsschreibung. Neukirchen-Vluyn 1989 (Bibl.-theol. Studien 14).

DERS.: David in Überlieferung und Geschichte, in: BEvTh (= Beihefte zur Evangelischen Theologie) 22 (1977) 44–64.

DOHMEN, Christoph: Mose. Der Mann, der zum Buch wurde. Leipzig 201. (Biblische Gestalten 24).

DONNER, Herbert: Geschichte des Volkes Israel und seiner Nachbarn. Göttingen I 1984; II 1986.

DONNER, Herbert/RÖLLIG, Wolfgang: Kanaanäische und aramäische Inschriften. Band 1. Wiesbaden [5]2002 (KAI 310).

DORN, Klaus: Basiswissen Bibel: Das Alte Testament. Paderborn u.a. [2]2021.

DERS.: Basiswissen Theologie: Das Judentum. Paderborn u.a. 2016.

DERS.: Joschija und Ahab – zwei Seiten einer Medaille. Beobachtungen zur alttestamentlichen Geschichtsschreibung, in: J. Negel/M. Gruber (Hg.); Figuren der Offenbarung. Ökumenische Beiträge aus dem Theologischen Studienjahr Jerusalem 1 (JThF = Jerusalemer Theologisches Forum 24), Münster 2012, 83–106.

DERS.: Menahem, in: BBKL (= Biographisch-bibliographisches Kirchenlexikon) V (1993) 1243–1246.

DERS.: Jerobeam I., in: BBKL III (1992) 55–60.

DERS.: Jerobeam II., in: BBKL III (1992) 60–62.

ECK, Werner: Herrschaft, Widerstand, Kooperation: Rom und das Judentum in Judaea/Palaestina vor dem 4. Jh. n. Chr., in: Baltrusch, Ernst/ Puschner, Uwe (Hg.): Jüdische Lebenswelten. Von der Antike bis zur Gegenwart. Frankfurt/ Main u. a. 2016, 31–52.

EISSFELDT, Otto: Einleitung in das AT. Tübingen [3]1964.

EUSEBIUS VON CÄSARA: Historica Ecclesiastica. Kirchengeschichte. Bibliothek der Kirchenväter. https://bkv.unifr.ch/de/works/cpg-3495/versions/kirchengeschichte-bkv (23.04.2025).

FINKELSTEIN, Israel/SILBERMANN, Neil Asher: David und Salomo. München 2006

DIES.: Keine Trompeten vor Jericho. München 2006

FLAVIUS JOSEPHUS: Antiquitates Judaicae/Jüdische Altertümmer (Ant.) Übersetzt von Heinrich Clementz (https://de.wikisource.org/wiki/J%C3%BCdische_Altert%C3%BCmer).

DERS.: Bellum Judaicum/Der Jüdische Krieg (Bell.), Übersetzt von Philipp Kohout (https://de.wikisource.org/wiki/Juedischer_Krieg).

FOCKEN, Friedrich-Emanuel: Zwischen Landnahme und Königtum. Literarkritische und redaktionsgeschichtliche Untersuchungen zum Anfang und Ende der deuteronomistischen Richtererzählungen. Göttingen 2014 (Forschungen zur Religion und Literatur des Alten und Neuen Testaments 258)

FOHRER, Georg: Einleitung in das Alte Testament.Heidelberg [12]1979.

DERS.: Geschichte Israels. Von den Anfängen bis zur Gegenwart. Heidelberg [6]1993.

FREVEL, Christian: Geschichte Israels. Stuttgart [2]2018 (Kohlhammer Studienbücher Theologie 2)

DERS.: Der Gott JHWH und der Exodus. Wo und wann lernt Israel seinen Gott JHWH kennen? https://www.weltundumweltderbibel.de/fileadmin/verein/Dokumente/Welt_und_Umwelt/2019_03_downloads_wub_chr.frevel.pdf (14.03.2024).

FREY, Jörg (Hg.): Heil und Geschichte. Die Geschichtsbezogenheit des Heils und das Problem der Heilsgeschichte in der biblischen Tradition und in der theologischen Deutung. Tübingen 2009 (Wissenschaftliche Untersuchungen zum Neuen Testament WUNT 248).

FRIEDMAN, Richard Eliott: The Exile and Biblical Narrative. The Formation of the Deuteronomistic and Priestly Works, Harvard Semitic monographs 22, Chico1981.

FRITZ, Volkmar: Das zweite Buch der Könige. Zürich 1998, (ZBK AT 10,2).

DERS.: Die Entstehung Israels im 12. und 11. Jahrhundert v. Chr. Kohlhammer 1996 (Biblische Enzyklopädie 2).

DERS.: Das Buch Josua. Tübingen 1994 (Handbuch zum Alten Testament 1/7).

FROST, Stanley Brice: The Death of Josiah. A Conspiracy of Silence,in: JBL 87 (1968) 368–382.

Der GADDAFI Clan: https://www.bbc.com/news/world-africa-19966059#:~:text=Surviving%20Gaddafi%20family%20members%20have%20experienced%20mixed%20fortunes%20since%20October (18.09.2024).

GALLING, Kurt Hg.: Textbuch zur Geschichte Israels. Tübingen [3]1979.

GARDINER, Alan Henderson: Late Egyptian Miscellanies. Bibliotheca Aegyptiaca VII, 1957, 76/77.

GASS, Erasmus u.a.: Die Mescha-Stele und ihre Relevanz für die Erforschung der Geschichte Israels. Wiesbaden 2023 (Abhandlungen des Deutschen Palästina-Vereins 51).

Liste GEOGRAPHISCHER und ethnographischer Bezeichnungen in der Bibel. https://de.wikipedia.org/wiki/Liste_geographischer_und_ethnographischer_Bezeichnungen_in_der_Bibel (31.01.2025).

GERSTENBERGER, Eberhard S.: Israel in der Perserzeit. 5.und 4. Jahrhundert v. Chr. Stuttgart 2005 (BE 8).

DERS.: Theologien im Alten Testament. Pluralität und Synkretismus alttestamentlichen Gottesglaubens. Stuttgart 2001.

GIESELMANN, Bernd: Die so genannte Josianische Reform in der gegenwärtigen Forschung: ZAW (= Zeitschrift für Altestamentliche Wissenschaft) 106 (1994) 223–242.

GÖRG, Manfred: Die Beziehungen zwischen dem Alten Israel und Ägypten. Von den Anfängen bis zum Exil. Darmstadt 1997 (EdF = Erträge der Forschung 290).

DERS.: Art. Nehuschtan, in: NBL (= Neues Bibel-Lexikon) Zürich und Düsseldorf 1995, 918f.

GOTTHEIL, Richard/KRAUSS, Samuel: Bar Kokba and the Bar Kokba War. In: Jewish Encyclopedia II, 505–509 = https://www.jewishencyclopedia.com/articles/2471-bar-kokba-and-bar-kokba-war (05.05.2025).

GRESSMANN, Hugo: Altorientalische Texte und Bilder zum Alten Testament. Berlin/Leipzig ²1927.
GÜNTHER, Linda-Marie (Hg.): Herodes und Jerusalem. Stuttgart 2009.
DIES. (Hg.): Herodes und Rom. Stuttgart 2007.
DIES.: Herodes der Große. Darmstadt 2005.

HAAG, Ernst: Das hellenistische Zeitalter. Israel und die Bibel im 4.bis 1. Jahrhundert v. Chr. Stuttgart 2003 (BE 9).
HAHN, Joachim: Das „Goldene Kalb“. Die Jahwe-Verehrung bei Stierbildern in der Geschichte Israels. Frankfurt 1981.
HATSCHEPSUT: https://de.wikipedia.org/wiki/Hatschepsut#cite_note-14.
HERMISSON, Hans Jürgen: Alttestamentliche Theologie und Religionsgeschichte Israels. Leipzig 2000 (Theologische Literaturzeitung, Forum 3).
HERODES der Große: https://de.wikipedia.org/wiki/Herodianer.
HERRMANN, Siegfried: Geschichte Israels in alttestamentlicher Zeit. München ²1980.
HEYM, Stefan: Der König David Bericht. Frankfurt ²⁷2004 (1972).
HEYMER, Björn: Art. Necho II, in: BBKL VI, 548–549.
HORSLEY, Richard A. u.a: Bandits, prophets&messiahs. Harrisburg 2003.

IRSIGLER, Hubert: Gottesbilder des Alten Testaments. Von Israels Anfängen bis zum Ende der exilischen Epoche. Tb 1. Freiburg u.a. 2021.

JEPSEN, Alfred: (Hg.): Von Sinuhe bis Nebukadnezar. Dokumente aus der Umwelt des Alten Testaments. Stuttgart u.a. 1975.
DERS.: Ahabs Buße. Ein kleiner Beitrag zur Methode literarhistorischer Einordnung. In: Archäologie und Altes Testament. Fs. K. Galling. Tübingen 1970, 145–155.
JACOBSON, David M./KOKKINOS, Nikos (Hg.): Herod and Augustus. Papers Presented at the IJS Conference, 21st–23rd. IJS (= Studies in Judaica) VI. Leiden 2009.
JOST, Renate: Hure/Hurerei (AT): https://www.die-bibel.de/ressourcen/wibilex/altes-testament/hure-hurerei-at (05.05.2025).
JUSTIN DER MÄRTYRER: Erste Apologie. In: Frühchristliche Apologeten und Märtyrerakten Band I, BBKV 1, 12. München 1913. (https://bkv.unifr.ch/de/works/cpg-1073a/versions/erste-apologie-bkv/divisions/13).

KAISER, Helga (Hg.): Die Könige von Israel und Juda. Stuttgart 2020 (Welt und Umwelt der Bibel 25).
KAISER, Otto: Glaube und Geschichte im Alten Testament. Das neue Bild der Vor- und Frühgeschichte Israels und das Problem der Heilsgeschichte. Neukirchen-Vluyn 2014 (Biblisch-Theologische Studien 150).
DERS. (u. a. Hg.), Texte aus der Umwelt des Alten Testaments I, Gütersloh 1982–1985 (TUAT).

KEEL, Othmar/UEHLINGER, Christoph: Göttinnen, Götter und Gottessymbole. Freiburg u.a. 1992 (QD 134).

KELLER, Werner (u.a.): Und die Bibel hat doch recht: Forscher beweisen die historische Wahrheit. Düsseldorf 1955. Bearbeitet und mit einem Nachwort versehen von Joachim Rehork. Berlin 2009.

KESSLER, Rainer: Art. Joschija, in: BBKL III, 714–716.

DERS.: Studien zur Sozialgeschichte Israels. Stuttgart 2009 (SBAB = Stuttgarter biblische Aufsatzbände 46).

DERS.: Die Ägyptenbilder der Hebräischen Bibel. Stuttgart 2002 (SBS = Stuttgarter Bibelstudien 197).

KINET, Dirk. Geschichte Israels. Würzburg 2001 (NEB = Die neue Echter-Bibel, Ergänzungsband zum Alten Testament 2).

KNAUF, Ernst Axel: Geschichte Israels und Judas im Altertum. Berlin 2021.

DERS.: Elephantine und das vorbiblische Judentum, in: Kratz, R.G. (Hg.), Religion und Religionskontakte im Zeitalter der Achämeniden. Gütersloh 2002. (Veröffentlichung der Wissenschaftlichen Gesellschaft für Theologie 22, 179–188).

KÖCKERT, Matthias: Abraham: Ahnvater – Vorbild – Kultstifter. Leipzig 2017 (Biblische Gestalten 31).

KRATZ, Reinhard Gregor: Historisches und biblisches Israel. Drei Überblicke zum Alten Testament. Tübingen ^{2}1017.

DERS.: Mythos und Geschichte. Tübingen 2015.

KREUZER, Siegfried: Die Frühgeschichte Israels in Bekenntnis und Verkündigung des Alten Testamens. Berlin 1989.

KUNZ, Andreas: Die Frauen und der König David. Leipzig 2004 (Arbeiten zur Bibel und ihrer Geschichte 8).

DERS.: Ägypten in der Perspektive Israels am Beispiel der Josefsgeschichte, in: BZ (= Biblische Zeitschrift) 47 (2003) 206–229.

LAATO, Antti: Josiah and David Redivivus. The historical Josiah and the messianic expectations of exilic and postexilic times. Stockholm 1992. (Coniectanea Biblica Old Testament series 33).

LACHISCH: https://de.wikipedia.org/wiki/Lachisch.

LEICHT, Barbara (Red.): Abraham. Stuttgart 2003 (Welt und Umwelt der Bibel 30).

LEMCHE, Niels P.: Die Vorgeschichte Israels. Von den Anfängen bis zum Ausgang des 13. Jahrhunderts v. Chr. Stuttgart 1996 (BE 1).

LEVIN, Christoph: Entwurf einer Geschichte Israels. Berlin 2017 (Julius-Wellhausen-Vorlesung 5).

DERS.: Gesammelte Studien zum Alten Testament. Berlin 2003 (BZAW = Beihefte zur Zeitschrift für die alttestamentliche Wissenschaft 316).

LEWIN, Ariel Samuel (Hg.): Palästina in der Antike. Stuttgart/Darmstadt 2004.

LICHTENBERGER, Achim: Die Baupolitik Herodes des Großen. Wiesbaden 1999.

LOHFINK, Norbert: Zur neueren Diskussion über 2Kön 22–23. In: Studien zum Deuteronomium und zur deuteronomistischen Literatur II. Stuttgart 1991,

179–207. (= Das Deuteronomium. Entstehung, Gestalt und Botschaft, hg. v. N. Lohfink. BETS 68.) Louvain 1985, 24–48.
LORETZ, Oswald: Habiru-Hebräer. Eine sozio-linguistische Studie über die Herkunft des Gentiliziums ʿIbri vom Appellativum Ḫabiru. Berlin/New York 1984 (BZAW 160).

MARKL, Dominik: Gottes Volk im Deuteronomium. Wiesbaden 2012.
MÄRTIN, Ralf-Peter: Pontius Pilatus. Römer, Ritter, Richter; Biographie. Zürich-München1999.
MEISNER Norbert: Aristeasbrief, in: Kümmel, Werner Georg; Lichtenberger, Hermann (Hg.): JHhrZ =Jüdische Schriften aus hellenistisch-römischer Zeit. Bd. 2: Unterweisung in erzählender Form, Gütersloh 1973, S. 35–88.
https://egyptianwisdomcenter.org/de/das-agyptische-wissen-uber-metallurgie-und-METALLVERARBEITUNG/#:~:text=Im%20alten%20%EE%80%80%C3%.
METZGER, Martin: Grundriss der Geschichte Israels. Neukirchen-Vluyn[9]1994.
MOENIKES, Ansgar: Zur Redaktionsgeschichte des so genannten Deuteronomistischen Geschichtswerks, in: ZAW 104 (1992) 333–348.
MÜHLING, Anke: „Blickt auf Abraham, eueren Vater". Abraham als Identifikationsfigur des Judentums in der Zeit des Exils und des zweiten Tempels. Göttingen 2011 (FRLANT 236).

NEUMANN, Johannes: Der historische David. Legende und Wirklichkeit in der Geschichte Israels und Judas von der Frühzeit bis zur Dynastie Omri. Radebeul 1997.
NETZER, Ehud, Yaakov Kalman, Roi Porath, Rachel Chachy-Laureys: Preliminary report on Herod's mausoleum and theatre with a royal box at Herodium, in: Journal of Roman Archaeology 23 (2010) 84–108.
DERS.: The architecture of Herod, the great builder. Tübingen 2006.
DERS.: Die Paläste der Hasmonäer und Herodes' des Großen. Mainz 1999.
NITSCHE, Stefan Ark: König David. Gestalt im Umbruch, Zürich 1994.
DERS.: David gegen Goliath. Die Geschichte der Geschichten einer Geschichte. Zur Fächerübergreifenden Rezeption einer biblischen Story. Münster 1977. (Altes Testament und Moderne 4).
NOTH, Martin: Geschichte Israels. Göttingen [10]1986.
NOWACK, Wilhelm: Deuteronomium und Regnum. In: Budde, Karl (Hg.): Vom Alten Testament (Festschrift. K. Marti). Gießen 1925, 221–231 (BZAW 41).

OSWALD, Wolfgang: Geschichte Israels. Von den Anfängen bis zum 3. Jahrhundert n. Chr. Darmstadt 2016.
OTTO, Eckart: Jakob in Sichem. Überlieferungsgeschichtliche, archäologische und territorialgeschichtliche Studien zur Entstehungsgeschichte Israels. Stuttgart 1979.
OTTO, Susanne: Jehu, Elia und Elisa. Die Erzählung von der Jehu-Revolution und die Komposition der Elia-Elisa-Erzählungen. Stuttgart u.a. 2001 (BWANT 152).

PFEIFER, Gerhard: Die Begegnung zwischen Pharao Necho und König Josia bei Megiddo, in: MIO 15 (1969) 297–307.

REUTER, Eleonore Art.: Joschija. In: LThK (= Lexikon für Theologie und Kirche) V, 997.

ROBKER, Jonathan: The Jehu Revolution: A Royal Tradition of the Northern Kingdom and Its Ramifications. Berlin 2012.

DERS.: Jehu. In: Bauks, Michaela u.a.(Hg.): Das wissenschaftliche Bibellexikon im Internet Stuttgart 2005ff (WiBiLex).

ROCCA, Samuel: Herod's Judaea: A Mediterranean State in the Classical World. Tübingen 2008.

RUDOLPH, Wilhelm: Chronikbücher. Tübingen 1955 (Handbuch zum AT I/21).

RUPRECHT, Eberhard. Die Jothamfabel und außerisraelische Parallelen. Göttingen 2003.

SASSE, Markus: Geschichte Israels in der Zeit des Zweiten Tempels. Historische Ereignisse – Archäologie – Sozialgeschichte – Religions- und Geistesgeschichte. Neukirchen-Vluyn 2004.

SCHÄFER, Peter: Geschichte der Juden in der Antike. Die Juden Palästinas von Alexander dem Großen bis zur arabischen Eroberung. Tübingen [2]2010.

SCHALIT, Abraham: Herodes. Der Mann und sein Werk. Berlin [2]2001.

SCHERER, Andreas: Überlieferungen von Religion und Krieg. Exegetische und religionsgeschichtliche Untersuchungen zu Richter 3 – 8 und verwandten Texten. Neukirchen-Vluyn 2005 (WMANT 105).

SCHIPPER, Bernd U.: Geschichte Israels in der Antike. München 2018.

DERS.: Israel und Ägypten in der Königszeit. Die kulturellen Kontakte von Salomo bis zum Fall Jerusalems. Fribourg u.a. 1999 (OBO = Orbis Biblicus et Orientalis 170).

SCHMITT, Rüdiger: Die Religionen Israels/Palästinas in der Eisenzeit: 12.–6. Jahrhundert v. Chr. Münster 2020. (Ägypten und Altes Testament 94).

SCHMITZ, Barbara: Geschichte Israels. Paderborn [3]2022 (UTB 3547).

SCHNEIDER, Thomas: Lexikon der Pharaonen. Die altägyptischen Könige von der Frühzeit bis zur Römerherrschaft. Zürich 1994, 169–170.

SCHULTE, H.: Beobachtungen zum Begriff der Zonah [Hure] im Alten Testament, ZAW 102 (1992), 255–262.

SCHÜTTE, Wolfgang: Israels Exil in Juda. Untersuchungen zur Entstehung der Schriftprophetie. Fribourg u.a. 2016.

[SECHZEHNTER] 16. Brief eines Grenzbeamten an seinen Vorgesetzten (um 1192 v. Chr.). Text und Übersetzung: Select Papyri of the British Museum 111, 1844, pl. 125126 (= Papyrus Anastasi VI, 5161).

SETHE, Kurt: Urkunden der 18. Dynastie. Band 1, 4. Ab., Heft 1, Leipzig 1906, 53–74 (https://etana.org/sites/default/files/coretexts/15133.pdf).

SIEGERT, Volker (Hg.): Flavius Josephus. Über die Ursprünglichkeit des Judentums (Contra Apionem) Bd. I. Göttingen 2008.

SMEND, Rudolf: Die Entstehung des Alten Testaments. Stuttgart u.a. ²1981 (Theologische Wissenschaft 1).

SOGGIN, Alberto J.: Einführung in die Geschichte Israels und Judas. Von den Ursprüngen bis zum Aufstand des Bar Kochba. Darmstadt 1991.

SPEIDEL, Kurt A.: Das Urteil des Pilatus. Bilder und Berichte zur Passion Jesu. Stuttgart³1988.

SPIECKERMANN, Hermann, Art.: Joschija, in: TRE 17, 264–267.

DERS.: Juda unter Assur in der Sargonidenzeit. Göttingen 1982, (FRLANT 129).

STARK, Christine.: „Kultprostitution“ im Alten Testament? Die Qedeschen der Hebräischen Bibel und das Motiv der Hurerei. Fribourg/Göttingen 2006 (OBO 221).

STEMBERGER, Günter: Pharisäer, Sadduzäer, Essener. Stuttgart 1991 (SBS = Stuttgarter Bibelstudien 144).

DERS.: Das klassische Judentum. Kultur und Geschichte der rabbinischen Zeit, München 1979.

STOLZ, Fritz: Einführung in den biblischen Monotheismus. Darmstadt 1996.

DERS.: Jahwes und Israels Kriege. Kriegstheorien und Kriegserfahrungen im Glauben des alten Israel. Zürich 1972.

SUETON: De vita Caesarum/Leben der Caesaren. Übers. und hg. von Lambert, André. Zürich u.a. 1977 (DTV 6005).

TACITUS, P. Cornelius: Historiae, hg. v. Joseph Borst. München u.a. ⁵1984.

TALSHIR, Zipora; The Three Deaths of Josiah and the Strata of Biblical Historiography (2 Kings XXIII 29–30; 2Chronicles XXXV 20–5; 1 Esdras I 23–31). Vetus Testamentum 46 (1996) 213–236.

TERTULIAN: Apologeticum. https://www.tertullian.org/articles/kempten_bkv/bkv24_08_apologeticum.htm#C40 (24.01.2024).

THIEL, Winfried: Gedeutete Geschichte: Studien zur Geschichte Israels und ihrer theologischen Interpretation im Alten Testament. Neukirchen 2011 (Biblisch-theologische Studien 71).

DERS.: Die soziale Entwicklung Israels in vorstaatlicher Zeit. Neukirchen-Vluyn ²1985.

TILLY, Michael: Jehu, in: BBKL (= Biographisch-Bibliographisches Kirchenlexikon) III, 10–13.

DERS. u.a. (Hg.): Die Makkabäer. Tübingen 2017 (WUNT 382).

DERS. /OSWALD, Wolfgang: Geschichte Israels. Von den Anfängen bis zum 3. Jahrhundert n. Chr. Darmstadt 2016.

DERS.: Einführung in die Septuaginta. Darmstadt 2005.

TOORN, K. van der: Female Prostitution in Payment of Vows in Ancient Israel, JBL (= Journal for Biblical Literature) 108/2 (1989), 193–205.

VAN HENTEN, Jan Willem: Herod the Great in Josephus, in: Chapman, Howell/Rodgers, Zuleika (Hg.): A Companion to Josephus. Chichester 2016, 235–246.

VOGEL Manuel: Herodes. König der Juden, Freund der Römer. Leipzig 2002 (= Biblische Gestalten 5).

WEBER, Florian: Herodes – König von Roms Gnaden? Herodes als Modell eines römischen Klientelkönigs in spätrepublikanischer und augusteischer Zeit. Berlin 2003.
WEIKERT, Christopher: Von Jerusalem zu Aelia Capitolina. Die römische Politik gegenüber den Juden von Vespasian bis Hadrian. Göttingen 2016 (= Hypomnemata 200).
WEIPPERT, Helga: Das deuteronomistische Geschichtswerk. Sein Ziel und Ende in der neueren Forschung, in: ThR (= Theologische Revue) 50 (1985) 213–249.
WEIPPERT, Manfred: Historisches Textbuch zum Alten Testament, in: Grundrisse zum Alten Testament. Band 10, Göttingen 2010, S. 267–269 (HTAT 116).
WEISS, Hans-Friedrich: Art. Ägypten III. Judentum in Ägypten, in: TRE I, 505–512.
WELCH, Adam C.: The Death of Josiah, in: ZAW 43 (1925) 255–260.
WILLI, Thomas: Esra. Der Lehrer Israels. Leipzig 2012 (Biblische Gestalten 26).
WILLIAMS, Ronald J.: Art. Ägypten II. Ägypten und Israel, in: TRE I, 492–505.
WILLIAMSON, Hugh G. M.: Reliving the Death of Josiah. A Reply to T.C. Begg, in: VT 37 (1987) 9–15.
DERS.: The Death of Josiah and the Continuing Development of Deuteronomy History, in: VT 32 (1982) 242–248.
WILHELM, Rudolph: Chronikbücher. Tübingen 1955 (Handbuch zum AT I/21).
WISEMAN, Donald John: Chronicles of Chaldean Kings. London 1956.^{2}1961.
WITTMANN, Günther: Die Familie der saitischen Könige, in: Orientalia 44 (1975) 375–387.
WÜRTHWEIN, Ernst: Die Bücher der Könige. 1Kön 17–2Kön 25. Göttingen 1984 (ATD = Altes Testament Deutsch 11,2).

ZANGENBERG, Jürgen: Herodes. König von Judäa. Darmstadt 2016.
ZENGER, Erich (Hg.): Einleitung in das Alte Testament. Stuttgart ^{6}2006, (Studienbücher Theologie 1,1).
ZWICKEL, Wolfgang u.a.: Studien zur Geschichte Israels 2015. Orientalistische Literaturzeitung, 111 (2016), Nr. 4–5. pp. 349–352.
DERS.: Das Heilige Land. Geschichte und Archäologie. München 2009.